우울: 공적 감정

앤 츠베트코비치 지음   박미선·오수원 옮김

그레천에게

20년으론 부족해.
200년은 더 같이 있고 싶은 내 마음 알지…?

책을 쓰는 내내 나의 어리석음이라는 한계와 마주치는 동시에,
전할 수 있는 통찰의 선물이 다가오고 있는 희망적인 조짐도
느꼈다.

─이브 코소프스키 세지윅, 『만지는 느낌』

일러두기

1 본문의 각주는 모두 옮긴이의 것이다.

2 독자의 이해를 돕기 위해 옮긴이가 추가한 내용은 대괄
   호 안에 넣었다.

차례

감사의 말

오랫동안 이 책 작업을 하면서 썼던 부제는 "퍼블릭 필링스 프로젝트"A Public Feelings Project다. 이런 부제를 붙인 것은 내가 글을 쓸 수 있도록 해준 일련의 과정이 아직 종결되지 않아 결말이 열려 있는 프로젝트의 성격을 띠고 있다는 점, 그리고 그 과정이 협력이라는 공적 성격을 띠고 있다는 점을 알리기 위해서다. 오스틴, 시카고(필 탱크*), 뉴욕, 그리고 토론토에서 결성된 퍼블릭 필링스의 집단 에너지 덕에, 사유의 사변적 성격을 자유롭게 허용하고 느낌이라면 좋고 나쁨에 상관없이 환대하는 살롱 같은 모임의 비전을 유지할 수 있었다. 이 책의 첫 씨앗을 심은 계기는 시카고 대학교 필 탱크의 도움을 받아 개최했던 "우울: 무엇에 좋은가?"라는 제목의 학술대회였다. 그 전에는 시카고대학교, 바너드칼리지, 그리고 애리조나대학교에서 로런 벌랜트와 재닛 제이컵슨이 페미니즘과 섹슈얼리티의 미래를 주제로 조직한 모임에서 이 책의 단초를 얻었다. 이 씨앗은 미국학회, 현대언어학회, 그리고 문화연구학회에서 퍼블릭 필링스 멤버들과 열었던 모임을 통해 싹터 성장했고, 2007년과 2008년 퍼블릭 필링스에서 조직한 다수의 학회에서 정동과 우울에 관심을 둔 연구자들이 의미심장한 규모로

* Feel Tank. 정치 활동가, 예술가, 학자 들로 이루어진 시카고에 기반을 둔 단체로 비판적 연구와 정치 운동에 종사한다.

존재한다는 점도 확인되었다. 시카고대학교에서 열린 "불안, 절박함, 분노, 희망 … 정치적 감정에 관한 학술대회", 토론토대학교에서 열린 "철수: 퍼블릭 필링스 토론토 프로젝트", 그리고 텍사스대학교에서 열린 "정치적 감정들"이라는 제목의 학술대회 덕분이다.

오스틴에서 했던 나의 작업은 최소한 세 세대의 퍼블릭 필링스 그룹에게 자양분과 버팀목을 공급받았다. 교수진과 대학원생들이 포함된 초창기 그룹(특히 데버라 캅찬과 얼리사 해러드에게 고마움을 전한다), 시카고 퍼블릭 필링스 학술대회를 위해 일했던 제2세대 그룹의 샘 베이커, 네빌 호드, 앤 레이놀즈, 재닛 스테이거, 캐슬린 스튜어트, 마지막으로 새 동료 그룹에 속한 크레이그 캠벨, 조시 건, 헤더 힌드먼, 랜디 루이스, 소피안 메라벳, 그리고 서스 스텀에게도 감사한다. 시카고의 필 탱크 시카고(로런 벌랜트, 리베카 조라크, 데버라 굴드, 메리 패튼)와 뉴욕에서 우울 학술대회를 조직한 호세 무뇨스와 리사 더건에게 감사한다. 그리고 함께 참여해준 이들 중 특히 존 앤더슨, 나오 부스타만테, 리사 코언, 에드 코언, 퍼트리샤 클러프, 캐럴린 딘쇼, 데이비드 엥, 가야트리 고피나스, 재닛 제이컵슨, 마틴 마날란산, 타비아 눙오, 그리고 앤 펠레그리니, 토론토의 엘스페스 브라운, 마이클 콥, 메건 볼러, 그리고 특히 앨리슨 미첼과 케이트 아이크혼, 존 그레이슨, 조애나 하우스홀더, 존 리코, 데이나 세이틀러에게도 고마움을 표한다. 우리 모임에 없어선 안 되는 이들은 친애하는 동조자fellow traveler*들이다. 동조자는 대화, 행사, 그리고 감수성을 공유하는 더 큰 네트워크를 형성하는 친구들을 가리킬 때 우리가 쓰는 이름이다. 미란다 조지프, 샌디 소토(애리조나대학교에서 수많은 행사를 주최해주었다), 데이나 루치아노, 프레드 모튼, 캐슬린 우드워드가 우리의 동조자들이다. 특히 헤더 러브는 결국 이 책에서 가장 중요한 대화 상대가 되어주었다. 한 가지 생각을 뒤좇다 예상치 못한 곳에 도달하는 즐거움을 함께 나누었던 많은 이들 중 특히 로런 벌랜트와 호세 무뇨스, 캐슬린 스튜어트에게 감사한다. 나의 사유에 계속 영감을 주고 형태를 부여해주었다.

역동적 에너지가 넘치는 여러 행사 역시 중요한 장이 되어주었다. 책을 다듬기 위해 했던 강연들 못지않게 중요했던 행사는 오히려 비공식적인 성격의 것들이다. 특히 대학원생들과 함께 했던 행사들은 공식적 논의의 장보다 훨씬 더 생산적일 때가 많았다. 모임과 학술대회를 꾸리느라 노고를 아끼지 않은 대학원생들의 너그러움에 고마움을 표한다. 일리노이대학교 어배나-샴페인 캠퍼스의 래리 셰어, 캘리포니아대학교 산타크루즈 캠퍼스의 데이나 다카기, 마니토바대학교의 질라 고메시와 데이비드 처칠, 휴스턴대학교의 마고 배커스, 캘리포니아대학교 데이비스 캠퍼스의 후아나 마리아 로드리게스, 해버퍼드칼리지의 크리스

---

* 원래 20세기 초 소련의 볼셰비키 혁명에 동조한 작가와 예술가를 가리키는 이름이었다가 의미가 확대되어 특정 이데올로기 단체에 가입하지 않고 그 이데올로기에 동조하고 협력하는 사람들을 가리키는 말이 되었다. 원래 뜻은 길동무, 길벗이지만 여기서는 저자가 참여하는 운동에 동조하는 사람들이라는 의미에서 "동조자"로 번역했다.

티나 즈와그, 애리조나대학교의 샌디 소토, 랭커스터대학교의 게일 루이스와 앤마리 포티어, 앨버타대학교의 루카스 크로퍼드와 헤더 즈비커, 겔프대학교의 수전 브라운, 요크대학교의 바버라 고다르와 케이트 아이크혼, 맥매스터대학교의 메리 오코너, 뉴욕시립대학교의 에오빈 스위니, 그리고 컬럼비아대학교의 메리앤 허슈에게 감사한다.

　　내가 처음에 꾸었던 터무니없는 꿈은 한 학기 정도면 쓸 수 있는 작은 단행본으로 이 프로젝트의 성과물을 엮는 것이었다. 그 한 학기 휴가를 받기까지도 지난한 세월이 걸렸고, 받은 휴가 역시 충분하지 못했다. 내가 한 학기 대신 두 학기 연구 휴가를 얻도록 크게 애써준 텍사스대학교 영문학과 엘리자베스 컬링퍼드 학과장에게 감사한다. 교수진에 대한 학과장의 아낌없는 헌신 덕분에 영문과는 행복한 직장이 되었다. 듀크대학교 출판사의 편집자 켄 위소커에게 감사한다. 위소커는 책의 출발점부터 함께 하며 내가 직관을 따르도록 독려하고 더 나은 결과를 만들도록 도와주었다. 헤더 러브와 익명의 독자 한 분에게 지성과 지혜 가득한 지지를 받는 행운도 누렸다. 아베 루이즈 영과 로라 헬퍼-페리스에게도 감사한다. 나의 글을 다듬어 사유가 더 나은 방향으로 나아가도록 뒤에서 조용히 마술을 부려준 전문 편집인이다. 션 매카시, 페기 와일드와 할라 허블리에게도 감사한다. 탁월한 능력으로 자료조사를 도와준 이들이다.

　　책을 발간하는 여정에서 중요한 고비마다 귀중한 자료를 제공해준 킴벌리 알리디오, 모 앤젤로스, 조애나 브룩스, 낸시 캐프런, 에드 코언, 리사 코언, 캐럴린 딘쇼, 질

돌런, 리사 더건, 헤더 러브, 리사 무어, 앤 레이놀즈, 그리고 제이슨 토고에게 감사한다. 그 밖에 내가 자주 어울리는 패거리의 사랑하는 동료들 제니퍼 브로디, 메리 마셜 클라크, 캐시 데이비드슨, 에이버리 고든, 잭 핼버스탬, 샤론 홀랜드, 샹탈 나도, 그리고 크리스 뉴필드에게도 고마움을 전한다. 혹여 깜박 잊고 인사를 전하지 못한 이가 있다면 그건 내게 너무도 많은 사람의 도움이 필요했기 때문일 뿐 다른 이유는 없다. 오스틴에서 매일매일 나를 응원해준 헬렌 노드와 리사 무어와 앤 레이놀즈에게도 깊이 감사한다.

2부에 쓴 글 일부는 『페미니즘 이론』 제13권 2호 (2012), 131-146면에 게재된 나의 글 「우울은 일상적이다: 퍼블릭 필링스와 세이디야 하트먼의 『어머니를 잃다』」로 소개된 바 있다. 그리고 서론의 내용 일부는 재닛 핼리와 앤드루 파커가 편집을 맡은 『사우스 애틀랜틱 쿼털리』의 특집호 "섹스 이후: 퀴어 이론 이후 글쓰기에 관하여"(제106권 3호[2007], 459-468면)에 「퍼블릭 필링스」라는 글로 수록된 바 있으며, 이 글은 후에 출간된 『섹스 이후: 퀴어 이론 이후 글쓰기에 관하여』(듀크대학교 출판사, 2011, 169-179면)에 재수록되어 있다.

이 책은 과정의 가치와 일상생활의 예술을 다룬다. 친지들의 물심양면 지지와 응원에 감사드린다. 특히 내 어머니와 아버지 밸러리 헤이그-브라운과 조지프 츠베트코비치, 그리고 고모 실리아 헤이그-브라운, 내 글쓰기 벗 모 앤젤로스, 카멀밸리에서 조용히 글을 쓰도록 두 번이나 지낼 공간을 주선해준 헬렌 노드에게 고맙다. 퀴어 연구 학술지 『GLQ: 레즈비언과 게이 연구 저널』 편집의 모범적 동반자인 애나마리 야고스는 이 책에 실린 글을 쓰는 내내 어딜 가든 함께 존재하는 그림자처럼 동행해주었다. 내가 나의 생각을 직접 보고 느끼도록 해준 예술 작품의 창조자 앨리슨 미첼과 실라 페페에게 감사한다. 지성과 영혼의 마법사 케이 터너, 일정과 연락을 맡아 여러 과정에 큰 도움을 준 리즈 비젠에게도 고마움을 전한다. 그리고 내가 속한 수많은 공동체인 미시건 여성 음악 페스티벌, 쿤달리니 요가, 공동 상담, 다이크 예술가들, 오스틴 퀴어 공동체, 그리고 고양이들에게 감사한다. 누굴 말하는지 알 것이다. 그리고 드디어 그레천 필립스 차례입니다. 그와 함께한 20년이 섬광처럼 지나갔어요. 그레천은 이 이야기가 끝날 무렵 내게로 와, 내가 아침에 일어날 수많은 이유를 부단히 주는 소중한 사람입니다.

우울: 공적 감정

서론

퍼블릭 필링스: 집단 프로젝트

퍼블릭 필링스*라는 이름 아래 모인 학자들과의 협동 연구에서 결정적 통찰을 얻은 이 책에서 나는, 우울depression※을 의학적 질병이 아니라 문화적·사회적 현상으로 사유한다. 2001년 텍사스대학교에서 시작해 전국적으로 퍼진 우리의 퍼블릭 필링스 연구는 9·11과 거의 동시적이었고 그 파장 속에서 진행되었다—군사주의에 찬동하는 감정, 이

---

* Public Feelings. 로런 벌랜트, 앤 츠베트코비치 등을 중심으로 2000년대 초반 결성된 모임이다. 이 모임은 시카고를 중심으로 사회 활동가, 연구자, 예술가 들이 모여 비판 이론과 정치 활동을 연결하여 활동하면서 뉴욕과 오스틴 등에도 지회를 형성했다. 필 탱크(Feel Tank)로 불리기도 하며, 이는 부분적으로 1980년대부터 미국의 보수 우파가 지배집단에 유리한 통치 전략을 고안하기 위해 세운 싱크 탱크(think tank)를 비튼 명명이다. 합리성, 주권, 효율성, 목표 달성을 강조하는 싱크 탱크와 달리 필 탱크는 감정(emotion)과 정동(affect)을 분석 대상이자 연구 방법으로 삼는다. 필 탱크에 참여하는 이들의 연구에 붙인 명칭인 퍼블릭 필링스 프로젝트는 감정과 정동을 우리 시대 정치적·사회적 권력 구조와 문화 변동과 연결해 연구한다(후주 1번과 2번을 참조).

※ 이 책은 의학 담론에서 다루는 우울증을 포함하면서도 증상으로 포착되지 않은 우울의 여러 측면까지 다루기에 depression을 우울증이 아닌 우울로 번역했다. depression이 분명하게 진단명으로 사용될 때는 우울증으로 번역하기도 했다.

라크와 아프가니스탄 전쟁, 부시의 재선 등 9·11의 여파가 확산되던 때였다. 우리는 이런 일들이 계속되도록 떠받치는 지정학적 기반을 분석하기보다 이런 상황의 감정적 역학에 더 관심을 쏟았다. 무엇 때문에 사람들이 부시에게 투표하거나 전쟁에 찬성하게 되는가? 불안과 무감각이 결합하면서 만연해진 이런 정치적 결정은 일상생활의 맥락에서 어떻게 작동하는가? 지식인이자 활동가인 우리는 지금 겪고 있는 정치적 실망과 실패에 깃든 에너지를 변모시켜 변화를 도모할 힘으로 만들려면 어떻게 해야 하는가? 희망은 어디에서 가능해질까? 이 질문들은 퍼블릭 필링스의 한 지회인 필 탱크 시카고가 "정치적 우울"이라 부른 경험, 즉 직접 행동과 비판적 분석을 포함해 정치에 대응하는 관습적 형태가 더 이상 세상을 변화시키는 데 별 효과가 없으며, 우리의 기분을 나아지게 하는 데도 그다지 효과가 없다는 느낌을 감각하며 제기된다.

　　공적이든 우리끼리든 우리의 모임은 기분을 아이디어로 보는 데서 출발한다. 예를 들어 퍼블릭 필링스 전국 모임 중 어느 한 모임에서 여러 명이 직업적 책무로 탈진과 괴로움을 느낀다고 털어놓으면, 우리는 이런 상태로부터 어떤 종류의 프로젝트가 나올 수 있을지를 생각했다. 학술 대회, 논문 모음집과 단행본의 형식과 리듬에 맞추지 않는, 다른 학술 연구를 어떻게 생산할 수 있을지를.[1] 미국이 이라크를 침공한 직후 텍사스대학교에서 열린 한 공식 행사에서 사람들의 반응은 대체로 믿을 수가 없다는 것이었다. 이런 불신은, 흔히 트라우마를 동반하는 인식론적 충격의 수위를 표면상 보통 정도로 낮춘 반응이다. 허리케인 카트

　　　　　　　　　　　　우울: 공적 감정

리나[2005년]로 인한 피해를 둘러싼 반응을 논의하는 또다른 공식 행사에서도 많은 이들이 학기 초의 분주한 일상과 대재난이라는 긴급 상황 사이에서 우왕좌왕하는 분열된 감각을 묘사했다. 재난 상황으로 인해 그들은 무엇 하나에도 집중하기 어려운 상태가 되곤 했으며 이런 부산스러움이 현실에서 겪는 인종 및 계급차별 문제에 뚜렷한 영향을 미친다고 설명했다. 퍼블릭 필링스는 기나긴 부시 행정부 시절[2001-2009년]이라는 용광로에서 벼리어진 모임이긴 하지만, 그 스타일과 실체는 오바마 행정부 시절[2009-2017년]의 불확실한 성과와도 못지않은 관련성이 있다. 전쟁(이라크, 리비아, 아프카니스탄 안팎), 금융위기를 비롯한 파국, 아랍의 봄, 월가 점령 운동, 대학을 향한 공격 등 지속적인 흐름을 면밀히 추적하니, 뒤엉킨 희망과 절망이 보였다. 우울에 대한 정치적 분석이라면 약보다는 혁명을 지지하고 정권 교체를 주장할 수 있겠지만, 퍼블릭 필링스의 세계에 의학적인 것이든 정치적인 것이든 마법의 묘책이란 없으며, 느리고 꾸준한 작업을 통해 기운을 회복시키는 생존, 유토피아 꿈꾸기, 그리고 변화를 위한 정동의 여러 도구가 있을 뿐이다.

매일의 느낌을 공적인 토론장으로 끌어내면서 우리가 꾀하는 목적은 행위주체성을 사유하는 새로운 방식을 만들어내는 것이다. 일상적 느낌에는 부정적 느낌이 포함된다. 이 느낌들은 몸과 마음을 매우 쇠약하게 할 것 같고, 미래나 사회운동이 품는 희망과는 너무 거리가 멀어 보일 수 있다. 그럼에도 정치적 우울이라는 개념이 우리를 완전히 우울하게 만드는 것이 아님을 강조해야만 하겠다. 실

제로 필 탱크는 노련한 퀴어 그룹이 구사할 법한 캠프camp *
유머를 겸비했는데, 예를 들어 그들이 조직한 "전 세계 정
치적 우울의 날"이 그러하다. 이 행사는 전통적인 시위 형
식에 피로감을 드러내고자 참여자에게 목욕 가운을 입고
나오기를 권하는가 하면, "우울한가요? 우울은 정치적일
수 있다니까요!"라는 구호가 적힌 티셔츠와 냉장고 마그넷
을 나눠 주기도 했다.[2] 목표는 부정적 느낌들을 탈병리화
해 정치적 행동의 반대가 아니라 정치적 행동을 가능하게
하는 자원으로 보게 하는 것이었다. 그렇다고 우울이 긍정
적인 경험으로 바뀐다는 뜻은 아니다. 우울은 무감정과 무
관심까지는 아니더라도 무력증과 절망을 연상시키는데, 이
감정, 기분, 감수성이 공공성과 공동체를 형성하는 지점이
되는 것이다. 퍼블릭 필링스가 꾀하는 더 큰 목표 중 하나
는 정치적 행동에 필수적인 희망의 정동적affective 토대를 만
들어내는 것이다. 퍼블릭 필링스 프로젝트의 최근 연구들
이 얘기하는 유토피아에 주목해보자. 여기서 말하는 유토
피아란, 토니 케이드 밤바라의 작품을 분석한 에이버리 고
든의 논의를 가져와 예를 들자면, 우리가 즉각 활용할 수
있는 힘과 가능성을 알아차리고 지금 여기에 뿌리를 내린
유토피아다.[3] 우리는 좋은 느낌과 나쁜 느낌을 단순히 구
분하지 않고 좋은 정치가 좋은 느낌에서만 나올 수 있다고

---

* 언론인이자 활동가인 잭 바부시오(Jack Babuscio)는 「캠프와
  동성애 감수성」(Camp and Gay Sensibility)에서 캠프를 "행
  동, 개인, 상황, 퀴어성의 관계"라고 정의하면서 "아이러니,
  미학, 연극성, 유머"를 캠프의 네 가지 특징으로 꼽는다.

가정하지 않는 유토피아를 탐색하려 한다. 나쁜 느낌은 실제로 변화의 토대가 될 수 있다. 그렇기에 이 책은 우울을 다루고 있지만, 동시에 희망과 심지어 행복도 다룬다. 나쁜 느낌들을 얼버무리고 숨기는 게 아니라 수용함으로써 더 나은 삶을 살아가는 방법을 탐구하는 것이 이 책의 목적이다. (이 책은 회고록에서 영감을 끌어왔지만 철학서와 자기계발서도 지침서로 활용한다.) 그리하여 일상의 실천, 문화적 생산, 정치적 운동의 일부로서 부정적인 것과 함께 살아가는 방법을 탐색한다.

정동적 전환

퍼블릭 필링스가 진행한 프로젝트는 문화비평에서 정동적 전환의 한 형태로 보일 수 있다. 정동적 전환은 감정, 느낌, 정동과 이 사이의 차이를 연구의 대상으로 만들었을 뿐만 아니라 새로운 방식의 비평에도 영감을 불어넣었다.4 정동적 전환은 다음과 같은 많은 상이한 연구 영역에서도 분명히 드러난다. 트라우마를 발생시킨 역사에 대한 반응으로 나온 문화기억과 공적 문화. 미국의 정치적 삶과 국민주의적 정치에서 공포와 감수성 같은 감정의 역할. 인권 담론, 그리고 사회적 쟁점과 문제에 대한 각기 다른 형태의 자유주의 재현에서 생산되는 연민과 공감. 정상성에 대한 비판적 퀴어 이론에서 특히 영감을 받은, 멜랑콜리*와 수치심

* 우울로 번역한 depression과 구분하기 위해서 melancholy 는 음독해 멜랑콜리로 번역했다.

같은 부정적 정동의 정치에 대한 논의. 과거와 현재의 정동적 관계를 강조하는 퀴어 시간성 같은 새로운 형식의 역사 연구. 이론의 고갈 혹은 이론의 갱신을 보여주는 신호로서 비평에서 회고록과 개인적인 것으로의 관심 이동. 개인적인 것으로의 관심을 이동하는 데 또 다른 영감이 된 정체성 정치의 지속되는 유산. 정신분석학 패러다임 및 심리적인 것과 사회적인 것 사이의 관계를 재사유하려는 지속적인 노력. 주체 형성의 정치와 새로운 형식의 통치성을 설명하는 푸코의 생명권력 개념의 꾸준한 영향. 친밀성, 가정, 사적 생활의 역사. 일상생활 속 문화정치. 현상학과 문화지리학에 입각한 감각작용과 접촉의 역사와 이론.5 이에 대한 연구들은 그 나름의 제각기 다른 구체적 사안과 참조점을 지니고 거의 대부분 서로를 참조하는데, 이제 이 연구들의 총량이 유효한 변화를 일으키기에 충분해 보인다.

정동적 전환이라는 용어를 사용하기가 다소 꺼려진다는 점을 여기서 고백해야겠다. 앞서 열거한 연구 분야의 주제들이 시사하듯 정동 관련 연구는 꽤 오랜 시간 동안 진행되었는데도, 마치 정동적 전환이라는 용어에 뭔가 대단히 새로운 게 있을 것 같은 잘못된 암시를 풍길 수 있기 때문이다. 좁은 의미로 보자면 정동적 전환은 정동을 힘, 강렬성 혹은 움직이고 움직이게 할 수 있는 능력으로 정의한 들뢰즈의 이론에서 자극과 영감을 받은 일련의 연구를 의미한다.6 중요한 것은 정동과 감정의 구분이다. 정동은 인지나 의식 이전의 감각 경험 및 환경과의 관계를 뜻하는 반면, 감정은 감각 경험 및 환경과의 관계에서 비롯되어 이후에 나오는 의식 및 인지 처리 과정과 문화적 구성물로, 분

우울: 공적 감정

노, 공포, 혹은 기쁨이 이런 감정에 해당된다.7 이런 개념어는 감정 경험을 설명하는 방법인 정신분석학의 헤게모니를 느슨하게 하는 데 일조했다.8 비록 프로이트 또한 특히 심리 에너지를 유압 모델로 설명한 초기 저작에서 **정동**을 미분화된 에너지나 느낌으로 정의하기는 하지만 말이다. 들뢰즈의 영향을 받은 연구들 덕에 체현의 문화연구, 그리고 신체와 정신이라는 데카르트식 이분법에서 벗어나는 과정에서 출현한 감각 경험을 설명하는 어휘들이 더 풍성해졌다. 그렇지만 이런 연구들은 광범위한 성격 덕에 한 가지 이론적 원천을 넘어 한참 뻗어나간다.

들뢰즈에게 영향을 받은 이들이 감각 경험과 느낌을 잘 아는 이들이고 또 감각 경험과 느낌에 대한 퍼블릭필링스의 관심을 공유하는 동조자들이기는 하지만, 나의 프로젝트는 이런 전통에 따라 형성된 것은 아니다.9 나는 **정동**을 들뢰즈식의 특정한 의미에서라기보다 일반적 의미로 사용하려 한다. 즉 정동을, 정동, 감정, 느낌을 포괄하는 범주이자, 역사적으로 다양한 방식으로 (뚜렷하게 변별되는 감정으로서든 종종 이성과 대조되는 일반적 범주로서든) 구성되는 충동, 욕망과 느낌을 포함하는 범주로 사용한다—그러면서도 이것이 **섹슈얼리티**에 앞서 **섹스**를 이야기하는 식과 같다는 점을 놓치지 않으면서 정동을 사용한다. 나는 **느낌**도 이와 똑같은 일의 일부를 하는 일반적 용어로 사용한다. 즉, 느낌은 느낌이라는 미분화된 "재료"를 명명하며, 감정과 정동의 구분(어떤 이론들에는 이 구분이 핵심적이다)을 포괄하고, 느낌이 지닌 육체적 혹은 감각적 본성을 경험으로 (다시 말해서 단지 인지상의 개념이나 구성물이 아닌 경험으로) 인정하는 용어다. 내가 느낌이라는 용어를 선호하는 이유 중 하나는 "느낌"이 체현된 감각작용을 뜻하는 느낌과, 심리적 혹은 인지적 경험을 뜻하는 느낌 사이의 구별을 모호하게 유지해줌으로써, 이론적 엄밀성과 정확성을 피하겠다는 내 의도를 잘 살려주기 때문이다. 또한 느낌이라는 말은 일상 구어의 속성을 지니고 있어 우리가 경험과 대중적 용법을 통해 알게 되는 무언가를 통해 느낌을 탐구하는 데 적절하다. 어쩌면 오로지 직관적으로만 알아차릴 수 있음에도 불구하고 의미심장하게도 몸과 마음이 통합되어 있다는 생각도 담고 있다. 퍼블릭 필링스는 "나는 어떻게 느끼고 있지?", "자본주의는 어떻게 느껴지는가?"와 같은 질문을, 이론이 될 수 있으면서도 세부설명이나 연구나 과정이 될 수도 있는 무언가를 질문하는 진지한 출발점으로 삼는다. **정동, 감정, 느낌**과 같은 용어는 정의라기보다는 키워드, 즉 논의의 출발점에 더 가깝다. "퍼블릭 필링스 프로젝트"라는 표현에 담겨 있듯, 우리는 **프로젝트**라는 용어를 다양한 방향으로 뻗어나가는 개방적이고 사변적인 연구를 의미하는 용어로 사용한다. 여기서 다양한 방향은 새로운 글쓰기 형식을 포함하고 이 새로운 형식은 실험이라는 글자 뜻 그대로의 의미를 지닌 "에세이"다.10

좀 더 일반적인 의미에서 **정동적 전환**이라는 용어는 퍼블릭 필링스 프로젝트가 축적해온 힘을 보여주며 문화연구의 새로운 형식을 만들어내는 데 헌신한다는 점을 드러낸다. 특히 퍼블릭 필링스는 이데올로기 비판이 여전히 중요한 과제임을 인지하면서도 거기에만 국한되지 않는

우울: 공적 감정

새로운 형식의 문화연구에 주목해왔다. 한동안 한편으로는 문화 관리와 헤게모니의 형식을 운운하는 닳고 닳은 탐구의 흐름을 넘어 사유하자는 논의가 이어졌고, 다른 한편으로는 저항과 전복의 양식을 거론하는 낡은 탐구를 넘어서 자는 목소리가 제기되었다. 우리의 가장 중요한 시금석 중하나는 이브 세지윅의 주장인데, 그는 편집증적 비평이 아니라 회복적 비평의 접근법을 또박또박 설명한 바 있다.[11] 세지윅은 멜라니 클라인과 실번 톰킨스의 이론적 자원에 기대는 한편 퀴어 미학의 실천 모델에도 의지해, 자신의 느낌을 서술한 이야기를 포함한 여러 재료를 절충적으로 조합해 창의적으로 연구한다. 우리는 퍼블릭 필링스의 동료인 캐슬린 스튜어트의 비판적 감수성에도 영향을 받았다. 수년 동안 스튜어트는 사회와 삶의 기저를 이루는 구조라 추정되는 현실을 드러내기보다는 일상생활의 표면과 결을 따라 연구하는 일과 작업에 대해 이야기하곤 했다.[12] 비평 실천이 항상 대안적 비평 양식을 촉구하는 주문을 따라갔던 것은 아니지만, 퍼블릭 필링스는 연구 주제이자 방법으로 느낌에 주목함으로써 새로운 비평 실천을 벼려냈다.

비규범적 정동을 품고 길러내며 표현하는 공적인 문화와 정체성을 강조하는 퀴어 이론도 퍼블릭 필링스에, 그리고 퍼블릭 필링스가 기여한 유형의 정동적 전환에 중요한 자원이었다. 특히 중요했던 것은 수치심, 실패, 멜랑콜리, 우울 같은 부정적 느낌을 탈병리화하고 그 결과로 유토피아, 희망, 행복 같은 범주를 부정적 느낌의 여러 형식과 뒤엉켜 있는 것이자 심지어 부정적 느낌에 의해 촉진되는 것으로 재사유하는 모델들이다.[13] 퍼블릭 필링스 프로젝트는 부정적 느낌을 유용한 것이나 긍정적인 것으로 개조하려 하는 목가적이거나 속죄 보상식의 설명에 저항하지만 유토피아와 희망 같은 범주를 포용한다. 이런 점에서 퍼블릭 필링스의 작업은 지난 10여 년간 퀴어 이론을 주도해온 반사회적 명제*에 대한 논쟁에 기여하지만, 궁극적으로 사회적인 것과 반사회적인 것의 이분법, 정동을 긍정적 정동과 부정적 정동으로 환원하는 이분법에 저항하며, 미숙한 형식의 유토피아나 미래성을 예의 주시하거나 부정적 정동의 우월성을 전제하는 편집증적 비평 경향에도 저항한다.14 퍼블릭 필링스 프로젝트는 긍정적 느낌과 부정적 느낌 사이의 구분을 재고하면서 그 느낌들이 서로 분리되어 있다고 전제하지 않으며, 행복이나 쾌락이 부정적 느낌의 부재나 제거로 구성된다고 전제하지 않는다. 예를 들어 우울은 자기 안으로의 침잠이나 무력증 등의 반사회적 형태를 취할 수 있지만, 우울을 표현할 수 있는 공적 문화에서든 아니든, 새로운 사회성의 여러 형태를 만들어낼 수도 있다. 멜랑콜리에 대한 논의가 이미 시사하듯, 우울은 새로운 종류의 애착이나 소속의 토대로 작동하기 때문이다. 긍정적 정동과 부정적 정동의 이분법적 구분은 느낌의 질적인 뉘앙스를 제대로 다루지 못한다. 부정적 정동에 초점을 맞

---

* "반사회적 명제"란 모든 사회적 삶과 사회성이 이성애와 미래 세대 재생산으로 조직되며 이에 따라 퀴어성을 배척한다는 주장이다. 2000년대 초반 리오 버사니(Leo Bersani), 리 에델먼(Lee Edelman) 등의 퀴어 이론가들은 반사회적 명제를 제시하면서 시민사회와 사회질서를 불편하게 하는 부정성(negativity)에 주목했다.

우울: 공적 감정

추는 퀴어 이론은 반사회적 명제가 야기한 것과 똑같은 종류의 논쟁을 만들어냈지만, 이런 퀴어 이론에 대한 비판은 때로 퍼블릭 필링스 작업의 많은 부분에 존재하는 끈질기게 회복적이고 변증법적인 차원을 놓치는 것 같다.15

부정적 정동에 대한 퀴어 편애, 그리고 반사회적인 것을 둘러싼 격렬한 논쟁은 주류 레즈비언·게이 정치가 동성애규범성과 퀴어 신자유주의로 방향을 전환해왔기 때문에 생긴 일이기도 하다.16 1970년대의 사회운동처럼 1990년대의 퀴어 운동도 나름의 정치적 실망을 감당해야 했다. 급진적 잠재력이 굴절되어 동화주의적 의제로 편입되었고, 우리 중 일부는 어떻게 생활동반자 혜택과 혼인 평등이 퀴어 운동의 결집 구호가 될 수 있는지 의아할 수밖에 없었다. 퀴어 프로젝트로서 퍼블릭 필링스는 동성애자 정치의 공론장을 지배하게 된 자유주의적 관계 유형을 넘어 해방적인 사회적·정동적 관계들을 다시 상상한다. 정치적 우울에 대한 논의는 실망을 견디며 살아가는 방법을 찾고, 급진적 비전과 삶의 방식이 끈질기게 지속된다는 점을 스스로 상기해야 하는 필요에서 비롯한다. 이것은, 저항의 여러 형태가 궁극적으로 어떻게 주류에 흡수되는지를 편집증적으로 주시한다기보다는, 무언가 다른 일이 벌어지는 것 같다고 느껴지는 장소들을 알아보고 설명하는 것이자 살아남기 위한 전략들을 전수하는 것이다. 살아남기는 정치적 삶이 예외 없이 만들어내는 갈등—레즈비언 분리주의 공동체와 트랜스 공동체 사이의 갈등, 동성 결혼 법제화를 지지하는 진영과 반대하는 진영 사이의 갈등, 반사회적 경향과 유토피아 경향 사이의 갈등 등—에 대해 더 높은 수준의 관용을 발전시키는 것과도 관련된다. 갈등에 휘말린 집단들이 내파하거나 여러 분파로 갈라지지 않도록 말이다. (그렇지만 여기서 말하는 관용은, 갈등이나 차이를 불쾌하지만 어쩔 수 없이 참고 견딘다는 자유주의적 의미의 관용이 아니라, 갈등과 차이를 적극 수용하고 취약함의 위험부담을 기꺼이 감당한다는 의미의 관용이다.)

　　우울과 정치적 실패의 관련성은 단지 퀴어 정치에만 해당되는 것이 아니다. 그것은 민권과 탈식민이라는 미완의 프로젝트에 이어 인종 정치에도 해당된다. 인종차별을 없애는 데 정치적 대표와 법적 인정은 한계를 지니며, 그로 인해 새로운 미래 비전이 필요할 뿐만 아니라 실망을 견뎌낼 정동적 에너지도 필요하다. 집단학살, 식민화, 노예제도, 디아스포라의 초국가적 역사를 거론하는 기억의 공적 문화로 시선을 돌리는 것은 현재 우리가 경험하는 것을 아직까지 극복되지 않은 트라우마의 역사와 연결해서 볼 필요가 있기 때문이다.[17] 우울이라는 유행병은 일상적 감정 경험의 층위에서 지속적인 영향을 미치는 장기적인 폭력의 역사에 (징후이자 혼동 조장 둘 다로서) 관련될 수 있다. 우울의 반사회성은 과거가 아직 끝난 것이 아니라는 주장을 수반할 수 있으며, 나아가 정체성 정치가 늘 충분히 품어주지는 못하는 일상의 인종 경험이라는 더 탁한 차원을 거론하는 노력도 가능하게 한다. 퍼블릭 필링스 프로젝트는 심리적 삶과 사회적 삶을 함께 사유하는 법, 멜랑콜리를 역사적 범주이자 인종화된 범주로 사용하는 것, 그리고 억압의 기나긴 역사에도 불구하고 희망을 만들어내는 일을 고려하는 인종 및 종족 연구와도 교차한다.[18] 퍼블릭 필

　　　　　　　　　　　우울: 공적 감정

링스는 정체성 정치가 지금까지 지속적으로 미치는 영향에 참여한다. 동시에 학문적이면서 정치적인 이런 프로젝트에 수반되는 슬픔, 분노, 희망, 인내에 충분히 주의를 기울이는 교차적이고 비교학적인 분석의 형식을 일구어내는 노력에도 참여한다. 정치적 우울은 탈식민화, 민권, 사회주의, 노동정치의 최근 역사 속에 만연하게 퍼져 있다. 정동 정치에 주목하는 것은 실망과 실패, 더딘 변화를 받아들이려고 애쓰는 한 가지 방식이다. 이것은 심지어 유토피아적 봉기와 격동을 기대할 때조차 소위 혁명 전후의 계기들을 지속적으로 인내하는 데서 나오는 정치다. 퍼블릭 필링스는 사회운동과 연구를 함께 이어가려 노력하는 과정에서 생겨나는 좌절을 포함한 느낌들, 운동의 감응 장치에 주목함으로써 운동을 재사유하는 프로젝트다.

정동적 전환으로서의 페미니즘

정동적 전환이 나에게 특별히 새롭지는 않다. 퍼블릭 필링스 프로젝트는, "개인적인 것이 정치적인 것이다"라는 페미니즘의 주문이 이론적·정치적 실천을 형성하고 그 실천들이 일상생활과 관계를 맺어오면서, 이 주문의 진전과 변화에 오랜 세월 참여해온 결과를 뜻하기 때문이다. 우리 구성원 중 많은 이가 1980년대의 페미니즘 이론을 배우며 자란 세대에 속한다. 1980년대의 페미니즘은 대학에서 부상했는데, 당시 대학은 강력한 운동 기반의 페미니즘과 더 이상 연결되지 않았고 따라서 구체적인 학술적 질문과 제도적 변화에 더 초점을 맞추었다. 우리는 여성은 남성보다 더 감정적으로 타고났다는 생각, 감정적 표현은 불가피하게 해방적이라는 생각 등 정동과 연관된 본질주의를 비롯해 여러 유형의 본질론적 사고를 의심하라고 배웠다. 그럼에도 불구하고 느낌은 이론에 입각한 학문의 핵심에 있었다. 고딕, 감상성, 선정성, 멜로드라마 같은 감정 장르에 대한 연구, 그리고 감정의 역사, 사적 영역과 공적 영역의 관계, 내면성, 주체, 체현, 친밀한 삶의 구성 등에 관한 정교한 논의의 중심에 있었던 것이다.19 간단히 말해서 버지니아 울프의 "자기만의 방"으로 대표되는 페미니즘은 해리엇 비처 스토*의 가정 경제를 얘기하는 페미니즘과 결합되었다. 페미니스트들의 관심사는 매리 울스턴크래프트의 정치적 논문에서, 제인 오스틴의 응접실에서 요구되는 예법이라는 더 은밀한 정치를 비롯해 소설에 기록된 친밀한 공적 영역*으로 옮겨 갔다. 내 세대의 페미니스트 연구자들은 무시당했던 페미니스트 영웅을 찾아 나서는 탐색과 발굴에 끌리

---

* 『톰 아저씨의 오두막』을 쓴 백인 여성 작가로 미국의 노예제 폐지에 찬성했다.

** 로런 벌랜트가 제시한 개념으로 벌랜트는 감상성 연구 3부작 *The Anatomy of National Fantasy*(1991), *The Queen of America Goes to Washington City*(1997), *The Female Complaint*(2008) 에서 친밀한 공적 영역을 자세히 논의한다. 친밀한 공적 영역은 공적 정치 영역에서 배제된 여성들이 여성 장르 및 문화를 통해 서로를 직접적으로 알지는 못하지만 여성으로서 경험하는 상황에 서로 공감함으로써 형성된다. 여성이 경험하는 불행, 여성이 갖는 불평, 여성이 느끼는 불만에 공감할 때 생겨나므로 친밀하고 공적인 영역이다. 벌랜트가 논의한, 19세기와 20세기 초 미국의 친밀한 공적 영역은 미국의 국가적 환상을 유지하거나 강화하는 역할도 담당한다.

기보다는 행동 지침서부터 소설에 이르는 대중 장르 및 여성 전용 장르라고 폄하된 문화 장르의 사회적 힘을 강조했다. 포스트구조주의 이론, 특히 푸코의 영향을 받았고 여성보다는 젠더에 초점을 맞춘 우리는, 텍스트 내부에서도, 그리고 독자에게도 강력한 감정적 경험이 자주 오가는 여성 장르의 사회적 힘이 항상 페미니즘적인 것은 아니며, 중산층의 권력을 공고히 하고 유지하면서 제국주의·국민주의·인종주의적 의제를 널리 알리고 활성화하는 데 결부될 수 있음을 강조했다.

그래서 퍼블릭 필링스가 중요시한 한 가지 의제는 로런 벌랜트가 "감상성의 미해결 과제"라 부른 것이었다. 이 용어는 감상적 문화가 끈질기게 지속된다는 것, 감상성에 대한 페미니즘 비판이 공론장에서 온전히 수용되지 않았다는 것을 가리킨다.[20] 예를 들어 18세기와 19세기 노예제 폐지 담론에 만연했던 감상적 재현 모델은 우리 시대의 인권 담론을 이해할 때도 유의미하다. 우리 시대의 인권 담론 역시 독자와 접촉하려는 목적으로 재현을 통해 정동을 발생시키는 일을 여전히 하고 있기 때문이다.[21] 노예제 폐지 담론을 초기 인권 담론으로 인정할 때도 있긴 하지만, 인권의 역사를 논할 때 대체로 제2차 세계대전에 대한 대응으로 나온 세계인권선언[1948년]을 출발점으로 삼는 경향을 생각하면 감상성 의제는 강조할 가치가 있다. 게다가 높이 인정되는 이런 형식의 감정 정치의 기원이 대중에게 있다는 점은 더 온전히 알리고 인정해야 한다. 그래야만 그 감정 정치의 긴장과 실패를 더 제대로 설명할 수 있다. 진실과화해위원회의 증언부터 국제사면위원회 보고서, 그리고 인권 남용을 탐사한 다큐멘터리 영화에 이르는 광범위한 맥락에 만연한 모델은 고통의 재현이 문화적으로 또 지리적으로 멀리 떨어진 (그러나 재현과 세계 경제 체제를 통해 연결된) 청중에게 유익한 효과를 낸다고 전제하는 자유주의 모델이다. 이런 모델을 기반으로 한 전략에는 상이한 변종이 많지만, 이 전략들의 공통점은 재현이 현실을 투명하게 반영한다는 전제를 비판하는 관점이 거의 없다는 것이다. 재현의 투명성에 대한 비판적 관점은 페미니즘의 정동 연구에서 흔히 발견된다. 퍼블릭 필링스는 페미니즘이 오랫동안 관심 가져왔던, 감정과 정치의 연결점을 계속 탐구하는 가운데 공론장에서 여전히 부족한 페미니즘 지식 정치의 새로운 형식을 벼리어낸다.[22]

　　페미니즘 문화비평은 또한 지나치게 단순한 젠더 정체성 모델뿐 아니라, 계급, 인종 혹은 다른 특권적 범주가 억압에 대한 개인주의적 서사를 복잡하게 하는 방식을 면밀히 검토하면서, 그것들에 나름의 맥락과 상황이 있음을 신중히 고려할 것을 요구하는 데 주의를 기울여왔다. 이런 비평 작업과 나란히, 개인의 목소리는 계속 페미니즘 연구의 중요한 일부였다. 지적 주장은 반드시 부분적이고 국지적인 입장에 뿌리를 두어야 한다는 이론의 요구에 의해 (장려되지는 않았다 해도) 가능했다. 퍼블릭 필링스 프로젝트는 이런 교훈과 전략에 기반을 두고, 감정적 감수성을 지적 프로젝트와 연결하고 이런 프로젝트를 정치적 프로젝트로 심화하는 방법을 계속 사유하는 노력을 기울인다. 정치를 무엇이라 간주해야 정치에 문화 운동, 학문 제도, 일상생활과 가정생활까지 포함할 수 있는지 더 겸허하고 더 폭넓게 사유하도록 배워온 우리로서는, (정치는 저 밖에서 일어나는 것, 우리 삶과 동떨어진 것이라고 항상 느끼는 대신) 우리 삶의 환경인 제도를 진지하게 고려하고, 지적 문제를 다루는 우리의 접근법에 제도적 삶을 포함시키는 작업이 중요해졌다. 이 지점에서 짚고 가자면, 이론과 정동은 대립되는 양극이 아니며 상충관계에 있는 것도 아니다. 퍼블릭 필링스는 마음을 쏟는 정동 투여affective investment야말로 이론적 통찰의 출발점이 될 수 있으며, 이론적 통찰이 정동 경험이나 투여를 제거하거나 밋밋하게 만들지 않는다는 확신을 바탕으로 연구한다.23

퍼블릭 필링스 그룹이 시작된 계기는, 1982년 바너드칼리지에서 섹슈얼리티를 주제로 학자와 페미니스트 들이 논쟁을 벌여 논란을 일으켰던 학술대회의 20주년을 앞두고 촉발된 페미니즘의 미래에 대한 성찰이었다.24 퍼블릭 필링스는 페미니즘 성 정치의 분열적·감정적 계기를 성찰하면서 출현했다고 보는 편이 적절하다. 즉 퍼블릭 필링스는 섹슈얼리티를 둘러싸고 쾌락과 위험의 이분법을 엄격히 유지할 수 있는가 하는 질문이 화근이 된 순간을 되돌아보면서 출현했다. 섹스 긍정이 반드시 좋은 섹스를 의미하는 것은 아니라는 추론, 그리고 섹슈얼리티에 대한 복잡하고 다루기 힘든 퀴어적 말썽스러움에 중요한 정치적 함의가 있다는 추론은 중요한 유산으로 남아 있다. 이 역사는 (제1물결 페미니즘과 여성 장르 사이의 관계를 포함한) 페미니즘의 기나긴 역사의 맥락에서 정동 정치를 사유하는 출발점이자, 의식화 실천에서 분명히 드러나듯, 감정 표현은 좋은 정치로 이어진다는 페미니즘의 뿌리 깊은 소망을 사유하는 출발점이기도 하다. 1980년대의 섹스 전쟁* 역시 퍼블릭 필링스를 형성한 계기가 되었다. 섹스 전쟁은 자매애라는 페미니즘의 이상을 부술 만큼 특히 말썽을 일으킨 정치 갈등의 매우 강력한 예이기 때문이다. 1980년대 학계 페미니즘은 섹슈얼리티, 인종, 본질주의를 둘러싼 긴장 속에서 벼리어졌다. 나는 정치적 분쟁으로 인한 부정적 느낌에 계속 매혹을 느끼면서, 세대 갈등이건 인종적·성적·이론적 갈등이건 옳고 그름을 나누는 것보다는 갈등을 포용하는 회복적 관점을 지니게 되었다. 『다락방의 미친 여자』와 『여성과 광기』 같은 현대 페미니즘 이론을 형성한 책들이 출판된 지 30여 년이 지나(예전의 나라면 이 두 책이 미친 여자를 낭만화한다고 비판했을 것이다) 내가 내 자신의 (여성) 경험으로부터 시작하여 어떻게 정신 건강을 재구성할 수 있을지 상상하는 우울에 관한 책을 (단지 여성을 위해서만이 아니라 모두를 위해) 쓰고 있다니 흥미롭다.25 퍼블릭 필링스 프로젝트의 일부인 이 책은 의식화, 개인적 서사와 수공예 등 1970년대 페미니즘의 유산과 화해하기 위해 1980년대에 제기된 비판을 재사유한다.

* 1980년대 미국에서 일어난 섹스 전쟁은 여성운동과 페미니스트들이 포르노그래피 논쟁에 휘말리면서 일어난 갈등을 일컫는다. 포르노그래피 논쟁은 비규범적 섹스를 실천하는 사람들에 대한 혐오와 박해를 표출하도록 자극하며 섹슈얼리티 실천을 둘러싼 전쟁으로 번졌다. 이로 인해 1980년대 미국 여성운동은 포르노그래피 찬반에 에너지를 낭비하며 섹슈얼리티 차이를 둘러싸고 거대한 분열과 갈등을 겪는다.

우울: 공적 감정

키워드: 연구 방법에 대한 노트

문화연구의 방법론적 원칙을 따라, 퍼블릭 필링스 프로젝트는 **우울**을 키워드로 삼아 우리 시대 일상생활의 정동적 차원을 기술한다. 이러한 연구는 **자본주의가 어떻게 느껴지는가**를 설명하는 주요 전통으로부터 출현한 것이지만, 다른 한편으로 이 전통의 좌파-진보 프로젝트가 섣불리 메타 논평으로 직진하지 못하도록 압박을 가한다. 이런 프로젝트는 생활환경, 특히 도시에서 느끼는 감각에 초점을 둔 발터 벤야민, 게오르그 짐멜 등이 근대성을 재사유한 저작에도 존재한다. 또한 레이먼드 윌리엄스와 스튜어트 홀의 영국 문화연구에도 존재한다. 이들은 문화를 "삶의 방식"way of life, 그리고 "느낌의 구조"structure of feeling로 이해하고 일상적 경험이 어떻게 사회적 삶을 분명히 드러내는지 파악하는 유연한 모델을 제시한다. 감각, 촉감, 느낌에 초점을 둔 캐슬린 스튜어트, 마이클 타우시그, 나디아 세리메타키스, 에이버리 고든의 인류학과 사회학에도 나타난다.[26] 이런 사유 전통에서 감각 경험에 대한 설명은 현재를 (그리고 현재의 역사를) 이해하는 데 중요하며, 사회 변화의 메커니즘을 분석하는 마르크스주의 이론 내부의 과도한 환원주의 모델을 거부한다. 게다가 역사적 경험이 기입되는 장소로 감각작용과 느낌에 초점을 두는 작업을 통해 여러 새로운 형식의 기록과 글쓰기가 발생한다. 이런 글쓰기 형식의 예를 들자면, 벤야민의 짧은 글인 아포리즘과 영적 유물론, 타우시그의 모듈 글쓰기, 스튜어트의 창조적 논픽션, 사유의 허구적 형식(소설)에 주목한 고든의 작업 등이 있다. 이들의 다양한 글쓰기 실천은 대개 일상적인 것을 놀라움의 현장으로 변모시킨다. 이들은 속도를 늦추어 세부 사항에 몰두하고, 마법과 신비가 진부한 것과 판에 박힌 일상 리듬과 나란히 놓이는 방식의 진가를 알아보고자 한다.

그러나 일상생활을 기록하는 일, 그 자체만이 목적은 아니다. 퍼블릭 필링스 프로젝트가 추구하는, 일상에 대한 더 풍부한 설명은 문화연구에서 중심을 차지하던 권력을 더 체계적으로 설명할 수 있는 새로운 방법이기도 하다. 우울 혹은 우울증이라 불리는 것을 다르게 설명하는 일은 그런 의미에서 신자유주의와 전 지구화, 즉 현재의 정치경제 상태를 정동의 관점에서 설명하는 방식이다. 공적 영역이 축소되고 사회복지의 책임을 국가가 포기한 상황이 바로 신자유주의적 경제 및 사회 정책의 특징이기에, 정동적 삶의 범위는 점점 더 사적인 가족으로 제한되는 동시에 더 많은 짐을 떠안고 있다고 리사 더건은 피력한다.[27] 우울증은 기업 문화와 시장경제를 유지하거나 거꾸로 이로부터 완전히 방치되는 것과 관련된 정동들을 관리하고 의료화하는 범주라고 볼 수 있다. 알랭 에랑베르그는 우울 담론이 타자와 구별되는 자기 자신만의 특별한 프로젝트와 삶의 여러 의제를 창조하는 능력으로 정의되어 주권적 주체가 되어야 한다는 요구에 대한 반응으로 출현했다고 주장했다. 의지나 에너지 또는 상상력 부족으로 이런 요구에 부합하지 못하는 이들이 우울증으로 병리화된다는 것이다.[28] 신자유주의는 다문화주의와 다양성 정책을 통해 인종 갈등을 관리한다. 신자유주의적 인종 갈등 관리는 예의상의 인정이라는 특정 정동을 계발함으로써 인종화된 역사의 폭발성을 실제로 자세히 살펴보는 작업을 하지 못하게 가로막

우울: 공적 감정

는다. 가정 영역에서 우울증은 이런 사회적 문제들이 정동의 감응으로 나타나는 곳이다. 우울은 종종 사람들을 말을 잃고, 피곤하고, 마비된 상태에 붙들린 나머지 자신의 불행의 근원을 실제로 알아차리지 못하게 (혹은 알아차리더라도 낮은 수준의 만성적 슬픔이나 또 다른 종류의 우울에 빠지게) 만드는 요인이다.

일상의 정동적 삶이라는 시점에서 신자유주의를 보는 것은 현재 문화연구에서 유통되고 있는, 전 지구적 상황과 관련된 거대 서사에 대한 대안적 접근법을 제시한다. 영구적 전쟁, 예외상태, 9·11 이후 새로운 보안 국가를 운운하는 것은 (중요하고 유용할 수도 있겠지만) 종종 너무 높은 수준의 추상적 차원에서 이루어져서 이런 시스템적 변형들이 일상에서 실제로 어떻게 경험되는지는 거론하지 못한다.29 비록 퍼블릭 필링스 프로젝트도 이런 거대한 개념적 범주로 이어지는 똑같은 충동의 일부—역사를 추적해 현 상황에 대한 비판적 통찰을 제시하고 미래 계획을 세우는 데 일조하려는 욕망—를 공유하지만, 퍼블릭 필링스 프로젝트는 거시적인 것과 미시적인 것의 관계를 설명하는 새로운 방식을 찾아내고, 더욱 복잡한 짜임새와 결을 살펴보고 더 구체적인 장소에 초점을 맞추려 한다. 그러면서 우리가 처한 끔찍한 상황에 뻔한 결론을 내리지 않는 새로운 방식의 묘사들을 찾아내려고 한다. 내가 우울을 일상적인 것으로 강조하는 것은 일상생활에서 느낀 경험에 주목해 현재를 설명하고자 애쓴다는 뜻이다. 일상생활에서 느낀 경험에는 전적으로 진부한 것으로 보일 법한 순간들도 포함된다. 일상성에 주목했던 중요한 이론가이자 작가인 벤야민과 울프 같은 모더니스트들에게서 발견될 수 있는 충격의 순간들이나 일상적인 비일상성과 비교해도 지나치게 평범해 보일 순간들까지 포함해서 말이다.

접근법상의 이런 차이는 퍼블릭 필링스가 키워드의 전통과 함께 작업하는 방식에서도 드러난다. 키워드는 레이먼드 윌리엄스가 마르크스주의 개념들을 문화 분석에 더 손쉽게 활용할 수 있도록 대중화한 방법이다.30 **포스트모더니즘**과 **탈식민주의** 같은 용어는 현재를 설명할 수 있는 비판적 범주를 개발함으로써 자본주의를 설명하는 모델을 정교화해온 마르크스주의 전통의 일부다. 이제 이 용어들은 **전 지구화, 초국가주의, 디아스포라**로, 더 최근에는 **신자유주의** 같은 용어로 업데이트되거나 대체되고 있다. 키워드라는 개념은 퍼블릭 필링스의 작업에 핵심적이지만, 우리는 시대정신을 규정하는 정의를 **이데올로기**와 **문화** 같은 전통적·이론적 범주를 **휴식, 답보상태**impasse, **감상성** 같은 용어로 종종 대체하기도 했다. 우리가 새롭게 제시한 이 용어들은 광범위한 설명력을 지닌 것 같지 않지만, 그럼에도 사회·문화 분석의 출발점을 제공한다.31 느낌의 구조라는 윌리엄스의 통찰 가득한 개념은 (이 개념이 스케치처럼 정밀하지 않다는 점 때문에 많은 생각을 가능하게 하는데) **우울** 같은 정동 용어들을 키워드로 사용하는 길을 열어준다. 즉 우리 시대 문화에 대해 사유하는 새로운 방식을 제공하는 사변의 결절점이 되는 길을 열어준다.

퍼블릭 필링스가 만든 키워드 목록은 매우 확장적이다. 부분적으로는 이 프로젝트가 마르크스주의 계보 외에 퀴어 연구와 페미니즘 연구에도 영향을 받기 때문이다.

우울: 공적 감정

퀴어 연구와 페미니즘 연구는 젠더와 섹슈얼리티 범주를 최전선 연구 및 통치성 연구의 핵심에 두고서, 때로 예상치 않은 분석의 지점을 살펴봄으로써 젠더와 섹슈얼리티의 영향과 효과를 분석한다. 우울은 삶과 죽음을 생산하는 생명권력의 형식들을 분명히 드러낸다. 생명권력은 (감금을 통한 것이든 전쟁이나 빈곤을 통한 것이든 간에) 공공연한 파괴의 표적이 될 인구집단을 결정함으로써, 그리고 더욱 교활하게는 사람들로 하여금 자신이 하찮고 무가치하고 희망 없는 존재라고 느끼게 만듦으로써 삶과 죽음을 생산한다. 우울은 벌랜트가 말한 "더딘 죽음"slow death의 또 다른 모습이다. 벌랜트는 유행병처럼 퍼지는 비만의 확산을 "더딘 죽음"으로 설명한다.[32] 우울은 망가질 때까지 확장되는 육신의 형태가 아니라, 절망과 체념으로 서서히 쪼그라드는 정신과 삶이라는, 훨씬 더 비가시적인 폭력의 형태를 띤다. 이런 느낌을 포착하려면 새로운 개념 범주뿐 아니라 참신한 묘사와 기술 방식이 필요하다.

그렇기에 우울을 연구하는 이 책의 프로젝트는 문화연구를 하는 새로운 방법에 관한 논의이기도 하다. 비판 작업을 넘어서는 문화연구, 무엇이 사회적 구성물인지를 드러내는 작업을 뛰어넘는 문화연구를 하는 방법 말이다. 우울의 역사를 문화 담론으로 탐구하고, 우울을 의약물로 치료할 수 있는 의학적 질병으로 다루는 우리 시대에 만연한 재현도 살펴보겠지만, 이 책은 일차적으로 이런 의학 담론을 비판하는 데 집중하지 않는다. 대신 나는 우울을 다른 종류의 문화연구를 하는 진입점으로 활용하려고 한다. 즉 정동적 삶을 그 모든 복잡성 속에서 면밀히 탐구하는 법에 관심을 둔 문화연구이자 어떤 종류의 재현이 우울의 사회적 의미를 제대로 다룰 수 있는지에 관심을 두는 문화연구 말이다.

이 책은 우울의 생산적 가능성을 연구하면서 우울의 여러 기분moods과 시간성을 인내심을 가지고 다루려 한다. 너무 성급히 회복하려고 하거나 활용에 매몰되지 않으면서 말이다. 우울이 오래 계속되어도 그대로 내버려두는 게 중요할 수도 있으리라. 우울은 다른 것으로 변화되어야 한다거나 우울을 다르게 파악해야 한다고 주장하지 않으면서 슬픔 속에 남겨져 있거나 쉬는 느낌을 탐구하는 것이 중요할 수도 있으리라. 하지만 이 책은 우울에 참여함으로써 절망, 희망 없음, 아무것도 할 수 없는 상태의 경험과 밀접하게 연결된 여러 형태의 희망, 창의성, 심지어 영성으로 이어지는 길도 찾아낸다. 퍼블릭 필링스의 지침과 통찰에 바탕을 둔 이 책은 느낌에 관한 새로운 공적 담론과 새로운 형식의 문화연구를 만들어내기 위해서 **우울**이라는 단어와 시간을 보내려고 한다.

키워드 우울

나는 우울이 어떻게 느껴지는지를 포착하는 동시에 여러 사회적 힘이 이런 느낌을 왜, 어떻게 생산하는지 분석하는 방식으로 우울에 대한 글을 쓰고 싶다. 어째서 우리(여기서 "우리"는 구체화가 필요한 다양한 사회적 위치와 정체성을 포함한다) 중 많은 이에게 일상생활이 자포자기와 불안의 느낌들을 안기는지에 관심이 있다. 이 느낌들은 때로는 극단적이고 때로는 낮은 수준으로 지속되어 **그저 원래 그런 것**과 거의 구분되지 않기도 하는데, 강도가 좀 더하든 덜하든 내면화된다는 점에서 우울로 명명한다. 지금의 치료 문화에서는 일반적으로 이런 느낌들을 어린 시절에 일어났던 나쁜 일, 온전히 기억되지 않거나 또박또박 설명하지 못하는 등 해결되지 못한 원초적 장면에서 기인한다고 본다. 또는 생화학적 장애의 결과로서, 스스로를 탓해서는 안 되는 유전적 불운으로 설명하는 일도 흔하다. 내가 보기에 이런 거대 서사야말로 사회적 문제를 어떤 경우에는 개인의 문제로 치부하고 다른 경우에는 의료적 문제로 둔갑시키는 문제점을 갖고 있다. 그렇다고 우울을 사회적으로 생산된 것으로 보는 더 큰 거대 서사로 나아간다 한들 그쪽 역시 우울에 대한 구체적인 통찰도 위로도 거의 주지 않는다. 이런 서사는 대체로 아무런 해결책도 제시하지 않기 때문이다. 자본주의가 (또는 식민주의나 인종주의가) 우울을 일으키는 문제라 말한다 한들, 이런 말은 아침에 일어나느라 고군분투하는 내겐 아무 도움이 되지 않는다.

그래서 나는 개인적인 경험과 사회적인 문제 사이를 중재할 수 있는 여러 형식의 증언들을 찾아내려고 애썼다. 왜 우리가 체계적으로 우리를 불쾌해지도록 만드는 이런 폭력을 행사하는 문화 속에서 살아가고 있는지를 설명할 수 있는 증언들 말이다. 내가 반길 만한 이상적 증언이라면 이런 상황에서 살아남고 심지어 그 상황을 변화시키는 방법에 대한 실마리까지 제시하겠지만, 그렇지 않더라도 살아 있는 경험을 증상들의 목록으로 축소하지 않고,

서론   39

치료 문화가 널리 퍼져 있음에도 여전히 충분히 공론화되지 않은 느낌들을 위한 장을 제공하는 설득력 있는 묘사들도 기꺼이 반갑게 받아들인다. 이는 수행적 글쓰기를 요하는 과업이다. 그러나 나도 그런 글쓰기가 어떤 모습일지 안다고 할 수 없으며, 심지어 안다고 해도 내가 그런 글을 생산해낼 수 있는지는 확신하지 못한다. 몇 년 전에 나는 이 프로젝트를 다음과 같은 맹렬한 불평으로 시작했다. 우울을 전적으로 신비로운 혹은 (만성적이라면) 관리 가능한 의료적 문제라고 여기는, (회고록을 포함한) 활용 가능한 공적 담론과 의약학적 치료 둘 다 부적절하다는 분노의 발언이었다.33 이 불평이 회고록을 쓰라는 부름이라고 믿으며, 나는 이 부름에 응답하려 여전히 애쓰고 있다.

우울 선언문

이 글은 내가 프로작을 복용하며 쓴 회고록이다. 이 말은 여러 나쁜 의미도 함축하고 있다. 그러나 정확히 말해 나는 프로작을 믿지 않기 때문에 이 글을 쓰고 싶다. 아니다. 내가 보기에 프로작은 사기다. 설령 이렇게 말함으로써 내가 HIV가 에이즈의 원인임을 믿지 않는 사람들처럼 엉뚱한 신념을 가진 사람이 된다고 하더라도 그렇다. 우울이 생화학적 원인 때문에 발생한다는 논의는 그럴싸하지만, 나는 이런 설명이야말로 사소한 것임을 알게 되었다. 내가 알고 싶은 것은 어떤 환경적·사회적·가족적 요인이 이런 생물학적 반응을 일으키는가다 —이것이야말로 현 상황이 흥미로워지는 지점이다. 약물은 엉망진창이 된 세상

우울: 공적 감정

혹은 엉망진창이 된 삶에 대한 반응으로 나타나는 증상을 마스크처럼 가릴 뿐, 나에게 아무것도 설명해주지 못한다. 나는 약물을 복용하지 않기로 결정했다. 나는 나 같은 사람들의 이야기를 듣고 싶다.

그러나 나는 약물을 반대하는 논쟁적인 글뿐만 아니라 우울에 대한 글도 쓰고 싶다. 나 자신의 우울 경험이 너무나 예기치 못했고 너무나 강렬했다. 그 감각은 너무 비가시적이면서도 여전히 너무나 압도적이어서 내 경험을 설명하고 싶은 강력한 욕구를 느낀다. 내 정신뿐만 아니라 내 몸이 어떻게 이토록 극도로 고통스러운 나쁜 느낌을 경험했는지에 대해 알고 싶다. 하지만 그것은 또한 이토록 극도로 고통스럽게 **일상적인** 나쁜 느낌이었다. 가장 극단적인 우울을 겪는 동안에도 이런 상태에 이르는 일이 얼마나 쉬운가를 감지하며 어쩔 줄 몰랐다. 무감각 상태로 미끄러지는 것은 이사, 이별, 책을 마무리하는 일, 새로운 직장생활을 시작하는 것 같은 일상의 흔한 사건들에 의해 일어났다. 삶에서 벌어지는 거대한 이행도 우울의 원인이 될 수 있지만, 최소한 내가 살아가는 문화에서는 성장하고 스스로를 돌보고 혼자라는 공포를 마주하면서 불가피하게 경험하는 일들도 우울의 원인이 된다. 나는 그 모든 베스트셀러가 말한 우울과는 다른 방식으로 나를 납득시키는 우울에 관한 글을 쓰고 싶다. 베스트셀러는 우울을 너무나 임상적인 것, 너무나 극단적인 것, 너무나 병리적인 것, 너무나 낯선 것으로 만들기 때문이다. 왜 이런 책들이 제시하는 설명은 내가 경험한 것을 설명해주지 못하는가? 내가 설명하려는 것은 무엇인가?

나는 우울을 서술함으로써만 내가 왜 우울에

대해 이야기하고 싶어 하는지 알 수 있을 것 같다. **왜**를 서술하기에 앞서 **무엇인지**를 서술하는 것. 내가 겪은 경험이야말로, 내가 읽었던 모든 설명(이론이든 대중심리학이든 회고록이든)에 대한 해독제다. 내가 좋아했던 것을 읽은 적이 있던가? 그 글이 나를 감동시켰던가? 그 글이 나의 마음을 사로잡을 만큼 충분히 진실한 것이었나? 아니다. 그렇다면 내 자신이 그런 이야기를 써야 한다.

여러 해에 걸쳐 나는 글을 썼다. 비록 종종 감춰가며 쓰는 듯한 느낌과 글을 쓰기에 내가 부적합하다는 느낌을 받았지만, 우울 회고록을 쓰고 싶다는 나의 욕망은 양가적 감정으로 가득했다. 회고록이 치료 문화에서 문제적인 자리를 차지하기 때문이다. 치료 문화에서 회고록은 내가 찾고 있는 사회적·정치적 분석이 없는 선정적이고 개인화된 방식으로 유통되는 경향이 있다. 회고록은 학계에서도 마찬가지로 논쟁적인 자리를 점한다. 학계에서 회고록은 새로운 여러 종류의 비평을 위한 무대가 되면서 그 지위가 상승하기는 했지만, 그에 비례해 회고록의 학문적 가치에 대한 회의도 늘어났다. 동시에 회고록은 내가 항우울제에 대해 비판할 때 종종 만나곤 했던 저항을 피해 갈 수 있게 해주었다. 일부 사람들은 이런 비판을 매우 개인적인 것으로 받아들이는데, 나는 그저 내 자신의 사례사를 제시하며 스스로에 대해 이야기할 수 있을 뿐이다. 나의 글이 선언문 혹은 감정 분출을 위한 것이라면 다르게 보일 수도 있겠지만, 의약품의 효과를 보는 사람들에게 내가 의약품을 반대한다고 말하는 것은 아니다. 나에게 우울의 원인에 대한 의학적 설명이 만족스럽지 못하지만, 의약품이 사람들에게 심신을 쇠약하게 만드는 책무와 자기 비난을 덜어주기 때문에 많은 이들이 스스로에게나 가족에게 의약품이 도움이 된다고 여긴다는 점을 나는 마음속 깊이 이해한다. 그렇지만 나는 설명과 해결책, 원인과 효과 둘 다의 종점인 생물학을 좀 더 복잡하게 설명하고 싶다.

이 책은 이렇게 행한 초기의 글쓰기와 그 후 계속된 과정상의 실험에서 자라났다. 이 책은 회고록[1부]과 비평[2부]을 결합하여 이 두 장르가 각각 우울에 대한 공적 담론에 무엇을 제시할 수 있는지 탐구한다. 나는 이 두 장르 그 자체로는 만족스럽지 못하다는 점을 발견했다. 내가 가장 숙련된 능력을 지닌 친숙한 장르인 비평 에세이는 우울에 대해 제공해줄 것이 많았지만 한계도 느껴졌다. 만약 우울과 관련된 나의 개인적 경험에 대해 한마디도 하지 않으면서 3인칭으로 우울에 대해 쓴다면 그것은 내 사유의 핵심이 빠진 글처럼 느껴졌을 것이다. 회고록은 내 연구 방법 중 하나가 되었고, 우울에 대한 아이디어를 탐색하는 데 중요한 출발점이자 실험장이었고, 직접 글을 써봄으로써 어떤 종류의 사례사가 내가 기대하는 풍성함과 섬세한 뉘앙스를 지닐 수 있는지 파악하는 기회가 되었으며, 우울에 대해 이해하게 된 것을 매일의 경험에서 나온 것으로 제시하는 한 가지 방법이 되었다.

동시에 나는 회고록 장르에서 하고 싶었던 모든 것을 해낼 수는 없었다. 내가 말하고 싶었던 다른 많은 것이 있었고, 회고록 자체의 틀을 부수지 않고서는 통합할 수 없는 너무 많은 맥락이 있었다. 이 책의 초고를 읽은 어떤 이들은 회고록과 다른 맥락을 결합하여 상호 보완 혹은 상호 구성적인 것으로 만들어보면 어떻겠느냐고 조심스레 제안해주었다. 이 제안은 무척 매력적이긴 했지만, 나는 회고록을 이 책의 1부에 싣기로 최종적으로 결정했다. 회고록이 내 사유의 첫 단계를 보여주는 것임을 분명히 드러내기 위해서다. 또 독자들이 나의 글을 일관된 한 편의 글로 접하기를 바랐던 터라 회고록을 독립된 형식으로 완결하는 편이 낫다고 생각했기 때문이다. 그래서 최종 결과물은 하나의 이야기를 두 화면에 나누어 이어진 듯 분리된 듯 그린 두폭화diptych 형식의 글이다. 즉 우울에 관한 글을 쓰는 두 개의 상이한 전략을 사용하는 서사이며, 그 목적은 어떤 형식의 글쓰기와 공적 담론이 우울을 다루는 이 임무에 가장 적합한지 살펴보는 것이다.

아무것도 할 수 없이 붙들린 상태에 대하여

이 책의 1부 그리고 이어지는 우울에 대한 사유의 출발점은 내가 매일 일상을 살아가는 곳인 학계에 대한 회고록이다. 학계는 성공에 대한 압박과 창의적 사유를 위한 공간을 찾고자 하는 절실한 바람이 냉혹할 정도의 경쟁적인 일자리 시장, 인문학의 축소, 대학의 기업화라는 가혹한 조건과 부딪히는 곳이다. 자기의 경력과 삶의 여러 다른 프로젝트들이 자신의 욕망에 의해 유의미하게 형성될 수 있다고 상상할 만큼 운이 좋은 사람들에게는, 좌절된 야망의 모습인 우울이 수시로 발생할 수 있다. 이는 자본주의 문화가 부추기는 꿈들, 즉 성공한 전문가가 되라는 압박, 의미 있는 일자리를 가지라는 압박, 노동과 여가가 서로 충돌하지

우울: 공적 감정

않도록 곡예하듯 효과적으로 관리해야 한다는 압박, 혹은 자본의 회로 밖에 진정한 자아를 두고 "사적인 삶"을 영위해야 한다는 압박에서 비롯된다. 학계에 있는 사람들은 사회적으로 인정되는 이런 목표에 대한 대안을 자신들이 공들여 만들어내고 있다고 상상하기를 좋아하지만, 대안을 빚어내려는 그 열망 또한 그 나름의 압박들을 만들어낸다.

　하루하루를 어떻게 살아가는지 자세히 추적하고 싶어서 나는 회고록에 시선을 돌렸다. 특히 내가 박사학위논문을 쓰던 시간, 직장생활을 시작하던 시절, 그리고 교수직 정년 보장을 받으려고 책을 마무리하던 때 등 중요한 시기에 초점을 맞추었다. 에피소드로 이루어진 나의 서사는 학계가 나를 죽이는 것처럼 보였던 이야기를 들려준다. 나의 직업상 지위의 특권적 성격, 박사학위논문이나 책을 쓰는 전문화된 임무, 자주 그리고 종국에는 개인적인 것일 뿐인 이해관계를 고려하면 매우 멜로드라마틱하게 들릴 수도 있을 것이다. 그렇지만 내 연구가 중요하지 않다는 느낌은 마음이 죽은 것처럼 느껴지는 느낌이고 너무나 많은 이들이 겪고 있어 평범해진 감정이기도 하다. 학계는 특정한 형태의 공황과 불안을 부추겨 우울증이라고 불리는 것에 걸리게 만든다—말할 게 아무것도 없다는 두려움, 말하고 싶은 것을 말할 수 없다는 두려움, 또는 말할 게 있는데 충분히 중요하지 않거나 내가 충분히 영리하지 못하다는 두려움. 전문가 관리 계급에 속하는 이 특수한 집단에는 불안으로 인한 우울이 유행병처럼 퍼져 있고 비공식적으로 널리 시인되는데, 항상 공적으로 공유되거나 연구의 가치가 있는 것이라고는 여겨지지 않는다. 이 책은 나름의 방법으로 학계, 특히 인문학의 현 상태에 대한 연구에 한 편을 보탠다. 학계와 인문학에서 계속되는 문화 전쟁은 시장 문화에서 창조적인 삶과 사유의 형식을 지켜내려는 투쟁의 한 지점이다. 이 책은 이른바 사적인 정동적 삶을 형성하는 신자유주의 정책에서 기업화된 대학의 역할에 대한 논의에 기여한다.34 이런 맥락에서 우울은, 관리되어야 할 불안의 모습, 즉 생산성이 실패한 모습을 띤다. 수익성 좋은 제약 산업이 생산성 실패를 운운하고, 이에 맞장구를 치는 일군의 담론은 우울을 자아와 자아의 실패로 개인화하는 특정한 사유 방식을 부추긴다.

　　개인적인 이야기일 뿐만 아니라 체계적 분석이 가능한 학계 내의 내 삶에 대한 나의 이런 지엽적인 설명을 들어줄 주요 대상 중 한 집단은 대학원생들, 아직 정년 보장을 받지 못한 교수진 및 외부 강사들이다. 특히 인문학 분야 사람들은 이런 상황에서 이루어지는 관계 속에서 매우 뚜렷하게 두려움과 불안을 감지하며, 그리고 매우 빈번하게 우울증 진단을 받는다. 어째서 참교육을 추구하는 상대적 특권을 누리는 위치, 즉 창의적 사유를 추구하면서 학생들을 가르치는 일이 마치 양립 불가능한 것인 양 느껴지는 걸까? 때때로 불가능한 이런 조건과 더불어 살아가는 것을 더 쉽게 만들어주는 것은 무엇일까? 이것이 불가능하다고 여기는 것이 주제넘어 보일지 모르겠지만, 나는 위험 부담을 기꺼이 감수하려 한다. 학계에 있는 사람들은 학위 논문과 책 같은 장기 프로젝트에 붙들려 분투 중인 와중에 한편으로는 엄청나게 경쟁이 심한 일자리 시장과 능력주의에 바탕을 둔 승진 및 보상 체계에 짓눌리고, 다른 한편으로 사회정의에 헌신하는 일에 추동된다. 사회정의에 헌신하는 동안에도 우리는 유의미한 차이를 만들어낼 만큼 충분한 역할을 해내지 못하고 있다고 느끼곤 한다. 나는 이런 두려움이 대학원생에게 항시 드리워져 있음을 잘 알고 있다. 완벽할 정도로 유능한 예비 학자들이 논문 첫 장을 쓰는 과정에서 무너지거나, 미완성 원고를 학위논문으로 모아내지 못한 채 허덕일지 모른다는 공포 말이다. 이런 형태의 비생산성은 학계에 특화된 비현실적인 성격의 현상일 수 있다. 그토록 영민한 사람들이 그닥 시급할 것도 없어 보이는 문화 해석 작업으로 이토록 무능한 상태가 되다니, 그게 어떻게 가능하단 말인가? 그럼에도 이 책에서 나의 목적은 이렇듯 상대적으로 특권을 가진 전문화된 프로젝트들과 야심들로 생겨나는 불행과 희망 없음의 여러 모습을 진지하게 논의하는 것이다. 학계에서 전문 관리자 계급에 요구하는 생산성의 여러 형태는 아주 일반적인 기업 문화가 보여주는 것과 동일하다. 당장 실행 가능하고 측정 가능한 성과를 요구하며, 우리가 생산하는 것만큼만 우리가 가치 있다고 말하는 기업 문화 말이다. (이런 맥락에서 창의적이거나 개별적인 지적 작업을 옹호하기란 특히 어려울 수 있고, 창의적 사유를 추구하는 것보다 강의나 행정 업무를 더 실질적인 일로 느낄 수도 있다.) 더 쉽게 생각하도록 한다는 것은 어떤 의미일까? 혹은 어려움과 답보상태를, 이를테면 그럴 수 있는 일이라는 식으로 더 잘 받아들인다는 것은 무슨 뜻일까? 글을 쓸 수 없는 상태에 처할 때 우리에게 무슨 일이 벌어지는 걸까?

나의 우울 회고록에서 가장 중요한 전환점 가운데

하나는, 빅토리아 시대의 선정소설sensation novel 속 정동 정
치를 다룬 나의 첫 책『복잡한 느낌들』을 탈고하는 중에 일
어났던 중요한 개념적 돌파의 순간이다(『복잡한 느낌들』에
실린 글「영감」67-68면을 참조). 나는 이 책의 서문을 쓰다
가 완전히 막혔는데, 여성의 중혼과 간통이라는 선정적인
이야기에서 페미니즘적 전복의 증거를 찾고 싶은 나의 욕
망과, 저항의 억제와 관리에 중점을 둔 푸코식 패러다임 사
이에서 괴로워하며 아무것도 할 수 없는 상태에 빠졌기 때
문이다. 개념적 막힘상태blockage는 다양한 형태로 나타날
수 있는데, 선정적인 소설에서 정동의 관리를 푸코식으로
독해하는 것이 나에게 아무런 돌파구를 제공하지 못한다는
느낌, 이 느낌이 나를 아무것도 못하도록 붙잡아 두고 있
었다. 이는 결코 우연이 아니라고 생각한다.[35] 나의 친구 로
라 로메로는『톰 아저씨의 오두막』을 논의하는 글에서 푸
코의 이론에 의해 이런 답보상태에 빠지지 않도록 하는 기
발한 방법을 제안했는데, 그 방법이야말로 내가 막힘상태
에서 벗어나기 위해 찾고 있던 것이었기에 나는 탈출구를
열 틈새를 볼 수 있었다. 나아가 그 제안은 나로 하여금 선
정 소설을 더욱 개방적이고 유연하게 읽어내는 방법, 즉
"회복적"독법을 찾아내도록 북돋아주었다.[36] 당시 내게 필
요했던 것은, 선정적인 것에 생산적인 가능성이 있음을 보
도록 하는 지적인 프레임이었다. 물론 비판을 고수해야 할
필요가 있을 때도 있었지만 말이다. 내가 처음으로『오드
리 부인의 비밀』을 발견하고 글을 썼던 1984년에―당시 이
소설은 학계에서는 쳐다보지도 않던 도버 출판사에서 출간
되었다―이 소설이 수많은 학문 연구의 주제가 될 정도로

우울: 공적 감정

중요한 작품이라서 펭귄 출판사 및 세계 고전문학 시리즈로 후에 출판될 것을 알았더라면 나는 연구에 다른 방식으로 접근했을지도 모른다. 어떻게 하면 엉뚱하고 기발한 생각들이 지적 프로젝트와 공동체, 운동으로 발전할 수 있는 공간이 되도록 만들 수 있을까?

이 지점에서 나의 지적 답보상태의 내용과 경험이 특히 둘 다 희망 없음에 대한 것으로 깔끔하게 수렴되는데, 우울을 희망 없음 혹은 좌절과 연결해서 보면 해결책도 있음을 알 수 있다. 그 해결책을 개념화하거나 성취하기가 아무리 어렵다 해도 말이다. 사실 나는 **답보상태**가 필 탱크 시카고가 탐구한 키워드 중 하나였음을 발견했을 때 매우 기뻤다. 그들의 사유 덕분에 나는 답보상태를 개념이자 경험으로 진지하게 다룰 수 있었다. 나는 벌랜트의 다음과 같은 설명 덕에 내 생각을 발전시킬 수 있었다. "답보상태란 고정된 장소가 아니라 불안으로 이어지는 대기 장소다. 윤곽이 모호한 공간의 주변을 계속 맴도는 느낌이다. 답보상태는 와해되는 상태다. 제한 없이 지연되는 시간 속에서 경험은 계속 이어지는, 혹은 경험이 계속 이어진다고 희망하는(그렇지 않으면 정말 끝이니까), 그저 지연이라고 표시되는 상태다."[37] 벌랜트가 보기에, 지식의 대상이 그것을 연구하는 우리의 속도를 늦추고 쉽게 비판하거나 행동을 처방할 수 없게 만들 때 그것은 (생산적인) 답보상태가 된다. 대신에 우리는 지식의 대상을 "서툴게 접근하고 에둘러 설명하며 변화될 수밖에 없는, 일관되지 않지만 가까운 애착들이 뭉치를 형성한 독특한 장소"로 바라보게 된다.[38]

"막다른 길"이나 "출구 없음"이라는 공간적 의미를

내포하는 답보상태는, 우울의 개념을 아무것도 할 수 없이 "붙들린"상태being stuck, 즉 무엇을 해야 할지, 왜 그 일을 해야 하는지 파악할 수 없는 상태로 포착하게 해준다.39 붙들려 있거나 답보상태에 놓인 물질적 차원이 우울의 개념적인 의미에 더 중요하며, 그 물질적 차원은 사전적 의미로 문을 닫아걸고 멈추거나 움직이지 못하는 상태를 뜻할 수 있는 우울의 현상학적·감각적 차원들이 무엇인지도 시사한다.40 이론적 개념으로서 답보상태는 공간적·사전적 의미를 개념적·사회적 상황으로 끌고 온다. 이는 상황 때문에 일이 앞으로 나아가지 못하리라는 것을 암시한다. 일이 진행되지 않은 것은 역량이 없어서가 아니라, 세상이 그 일이 일어나도록 설계하지 않았거나 그간 상상해온 것이 실패했음을 뜻한다. 정치적 범주에서 답보상태는 의견 충돌과 불화가 특정 집단 내부에서 일어나는 순간, 혹은 더 나은 미래에 도달하는 방법을 상상하기 불가능한 순간, 예컨대 정치적 우울이나 좌파 멜랑콜리가 일어나고 지속되는 조건을 설명하는 데 활용할 수 있다. 답보상태는 지적인 막힘상태도 설명할 수 있다. 지적인 답보상태는 고정관념을 떨치지 못해서 문화 텍스트를 진보적으로 해석하지 못하는 실패를 거듭 반복하는 비평들이 만들어내는 막힘상태다. 답보상태는 또한 우리가 무엇을 해야 할지 모르는 일상생활의 경험도 설명할 수 있다. 앞서 언급한 여러 논의와 관련해, 답보상태는 신앙의 체계나 소속의 체계가 의미를 상실하고 의심에 의해 흔들리는 순간들, 즉 영적 위기라는 범주와도 연관된다. 퍼블릭 필링스는 답보상태를 아무것도 할 수 없이 붙들린 상태이자 잠재력을 지닌 상태 둘 다

우울: 공적 감정

로 접근한다. 그러면서 속도가 느려지거나 앞으로 나아가지 못하는 것을 실패를 뜻하는 기호sign가 아니라 오히려 탐구할 가치가 있는 것으로 볼 가능성에 희망을 품는다. 퍼블릭 필링스에 답보상태는 중요한 범주다. 퍼블릭 필링스는 비판이 만들어낸 막힘상태, 절박한 정치적 환경이 만들어낸 막힘상태, 변화하지 않는 일상생활이 만들어낸 막힘상태와 함께 작업하며 이런 여러 막힘상태를 서로 연결하려고 하기 때문이다.

우울을 막힘상태나 답보상태 혹은 아무것도 하지 못한 채 붙들려 있는 상태로 개념화한다면, 이 경우 치료는 항우울제나 다른 유전적 구조보다는 유연성이나 창의성의 여러 형태에 더 기댈 수 있다. **창의성**creativity은 그래서 이 책의 또 다른 키워드다. 막힘상태나 답보상태 개념과 관련하여 정의된 창의성은 움직임의 한 형식으로 생각할 수 있으며, 답보상태에서 혹은 그 주위에서 마음을 움직이는 움직임이라고 생각할 수 있다. 때때로 이런 움직임이 뒤로 가는 철회나 도피의 한 형태로 보일지라도 말이다. 이렇게 공간화된 창의성은 문자 그대로 움직임이라는 형태를 취하는, 그리하여 밖으로 표출하는 것이거나 감각적이거나 감촉할 수 있는 행위주체성의 여러 형식을 설명할 수 있다. 실제로 1부에 실린 내 회고록은 예컨대 침대 밖으로 나가기 힘든 정지 상태에 있는 몸과 요가나 수영 같은 운동을 통해서든 설거지나 책상에 앉아 있는 일 등의 일상적 활동을 통해서든 몸을 계속 움직이려는 수많은 노력에 초점을 맞춘다. 움직임으로서의 창의성이라는 이 개념은, 퀴어 현상학과 시간을 단지 앞으로 나아가는 것으로가 아니라 뒤

로 가거나 옆으로 가는 여러 시간성으로 사유한 퀴어 이론
덕분에 가능해진 것이다.⁴¹ 창의성은 문제를 해결하고 다
양한 방식으로 아이디어를 내고 현재를 즐기며 무언가를
만들어내는 움직일 수 있는 능력들을 아우른다. 이런 방식
으로 개념화된 창의성은 예술가나 초월적 경험에만 속하는
것이 아니라 일상생활에 내재되어 있다.

　　학자들은 종종 과학적 진보 개념이나 사회에 대한
공헌을 통해 자신의 연구의 중요성을 정당화하려고 하지
만, 인문학의 가장 중요한 측면들 중 하나는 인문학이 창
의성을 위한 공간을 마련해주는 방식일 것이다. 세지윅은
퀴어성을 특히 창의성과 연결해 정의했다. 세지윅은 즉각
적인 성과를 내지 않는 창의적 사유에 초점을 맞추는 작업
의 비규범적 함의점을 강력하게 제시했다.

　　　오늘날 수백만의 사람들이 창의성과 창의적 사고를 위
　　해 시간을, 허락받은 자유를, 자원을 마련하려고 애쓴
　　다. "퇴근 후"에 또는 제대로 보수를 받는 일 대신에, 기
　　업의 이익에 봉사하지 않고 기업의 생리에 맞춰 구조화
　　되지 않은 창의성과 사유를 위해 가까스로, 그야말로 엄
　　청난 대가를 치르면서 고군분투하는 것이다. 훨씬 더 많
　　은 이들은 그렇게 하는 데 따르는 엄청난 어려움으로 상
　　처 입는다. 이런 자원을 사용하는 방식은 사람마다 집단
　　마다 다 다르고, 그렇다 보니 어느 누구도 이 자원을 다
　　른 사람을 "위해" 혹은 다른 사람을 "대변해" 활용하는
　　척할 수도 없다. 일부 사람들은 정규직에 종사하는 이들
　　이 창의적 사유를 위해 자원을 확보할 여지가 어느 정도

　　　　　　　　　　　　　　　　　우울: 공적 감정

장착된 구조 속에 있다고 분노하기도 한다. 하지만 이런 상황에서 이끌어낼 수 있는 또 다른 통찰이 있다. 그것은 창의성과 사유를 위한 조건들이 원래부터 희귀하거나 과도한 **특권**으로 여겨지는 것이 당연하지 않다는 점이다. 창의성과 사고의 조건이 작동하는 경제는 희소성의 경제여서는 안 되며 그럴 필요도 없다.[42]

이렇게 말하면서 세지윅은 진보적인 문화연구 혹은 좌파 문화연구가 정치적·사회적 정의에 호소함으로써 종종 스스로를 정당화하는 방식을 깔끔하게 피해 간다. "답보상태"를 경험하는 것은 이런 작업만큼이나 중요하고 사실 나 자신의 이력도 이런 경험에 푹 절어 있는데, 답보상태는 우리가 하는 것과 생각하는 것의 사회적 관련성이 분명하지 않은 순간에 발생한다. 이 점을 인정해야 한다. 이런 순간에 창의성에 집중하는 것 혹은 자기만의 사유와 존재 방식을 추구하는 것은 유익할 수 있다. 확실히 그것은 회고록 쓰기가 나의 학술 프로젝트의 유용한 부분이 된다고 상상할 수 있게 해준 충동이다. 세지윅이 자신에게 글쓰기의 기쁨 중 하나라고 설명한 스타일, 화려하거나 치장을 많이 한 스타일이 없다 하더라도 말이다. (비록 자기서사 글쓰기가 스타일로 정당화되지 않을 때도 유의미한 것일 수 있다고 상상하는 것이야말로 나름의 과시 형식이긴 하지만 말이다.)

우울과 학계 경력 간의 관계를 탐색하는 나의 목표는 그래서 창의적 사유에 더 많은 공간을 마련하는 것이다. 그것이 무엇이든, 직업상 혹은 사회적으로 당장 얻는 바가 분명하지 않다고 하더라도, 더 많은 즐거움이나 행복을 주는 창의적 사유 말이다. "창의성"을 품는 더 많은 공간은 "답보상태"를 더 많이 품어주는 것도 의미한다. 때로 이런 높은 수준의 수용이야말로 새로운 사유로 가는 유일한 경로이자, 이 세상에서 일을 할 수 있는 공동체, 높은 회복탄력성을 지닌 강력한 공동체를 창조하는 유일한 경로다. 내 연구는 다양한 퍼블릭 필링스 모임과 함께하면서 계속되었다. 내가 함께한 퍼블릭 필링스 구성원은 말이 안 되던 내 연구를 실제로 말이 되고 의미가 있다고 느끼도록 해주었다. 우리가 경험하는 우울을 통해서 서로를 알 수 있게 된다면 어쩌면 우리는 우울을 활용해 답보상태의 순간을 지나 앞으로 나아갈 수 있다. 그렇다면 답보상태 자체가 생산적 잠재력을 지니고 있다는 점을 이해하는 동시에 답보상태가 사회성의 여러 형태를 만들어낼 수 있다는 것 또한 이해할 수 있을 것이다.43

우울을 글로 쓴다는 것

이 책은 두 개의 부로 이루어진다. 1부는 이 책 프로젝트의 씨앗이 된 회고록이다. 내가 박사학위논문을 완성하고 첫 저서를 쓰기까지 겪었던 괴롭고 어려운 길을 에피소드식으로 서술한다. 2부에 실린 비평 에세이는 세 개의 장으로 구성된다. 이상적으로는, 2부의 비평 에세이 세 편은 개별 사례로 구분되는 챕터로 나뉜 학술서라기보다는 에세이라는 장르 형식이 사변적 사유를 위한 공적 장르이기를 열망하는 확장된 글쓰기의 형태로 읽혔으면 한다. 회고록과 에세이의 이러한 조합은 질 돌런이 말한 "비판적 회고록"

을 내 나름으로 만든 것이고, 정동적 경험, 일상생활, 대안적 아카이브에서 나온 것이자, 문화비판의 통상적 방법을 반드시 따르는 것은 아닌 새로운 형식의 글쓰기와 지식으로 다듬어보고 싶은 욕망을 따랐기에 가능한 조합이다.44 회고록을 포함해 이 책의 서로 다른 여러 부분에서 이 책은 우울을 역사적 범주이자 느낌의 경험으로, 그리고 이론과 우리 시대 문화뿐만 아니라 어떻게 살아갈 것인지에 대한 토론의 시작점으로서 적절하게 다룰 수 있는 문화 분석의 장으로 벼려내려craft 한다. (그리고 수공예crafting가 이 책이 논의하는 주제 중 하나라는 점은 우연이 아니다).

내가 회고록을 쓰게 된 것은 회고록이 공적인 느낌을 다루는 장르로서 지닌 힘에 관심을 두었기 때문이다. 회고록은 즉각적으로 대중적인 장르이자 대안적 증언 기록 및 학문 연구의 수단이 되는 장르다. 내가 「우울 선언문」에서 선포하듯이, 훨씬 더 대중적인 주류 우울증 회고록—윌리엄 스타이런의 『보이는 어둠』, 엘리자베스 워즐의 『프로작 네이션』, 앤드루 솔로몬의 『한낮의 우울』과 같은 책—도 나에겐 불만스러웠다. 이 책들은 모두 의약물 치료(에 양가적 감정이 있다 하더라도 이)를 대체로 공개적으로 지지한다. 나는 비판적 회고록보다는 우울을 연구 방법의 한 형식으로 삼아 글로 써보는 것이 더 유용할 수 있다고 판단했다. 「우울 일기」는 더 학술적인 에세이를 쓸 수 있게 한 용광로가 되었다. 지적인 질문을 할 수 있도록 영감을 줄 뿐만 아니라 학술 연구를 안내하는 감정적 투여를 밝힘으로써 말이다. "우울 일기"라는 제목은 『프로작 다이어리』와 같은 다른 회고록 제목들의 변주인 동시에, 회고록 글쓰기가 지닌 위상을 본격적인 문학작품이나 학위논문 노트, 실험적 탐구의 한 형태로서의 글쓰기라는 점도 표시한다. 이어지는 짧은 성찰의 글인 1부 2장은 글쓰기 과정 자체를 포함하여 이 책의 프로젝트에서 내가 배운 것을 논의하고, 어떻게 회고록 글쓰기가 우울을 논의하는 퍼블릭 필링스의 접근법을 더 명확하게 설명하는 비평 에세이 작업의 자원―시카고 그룹에서 사용한 용어인 "필 탱크"―이 되는지 설명한다.

2부에 실린 에세이 중 1장은 우울에 관한 어마어마한 양의 대중적 글쓰기에서 압도적으로 의료 모델이 지배적인 상황에 문화연구가 유의미한 개입을 하지 못한 실패를 붙잡고 씨름한다. 인문학 연구자들은 느낌이 문화적으로 구성되고 훈련된 것이라는 주장이 간과되었다고 느끼곤 하지만, 나는 이런 분개에 전적으로 빠지기보다, 느낌을 설명하는 새로운 방식과 대안적 비판을 제시하는 학문적 글쓰기의 형식을 발전시키고 싶은 강렬한 바람으로 2부의 에세이들을 썼다. 따라서 2부에 실린 에세이에서는 감정을 인지하는 형식뿐만 아니라 체현된 감각까지 아우르는 마음과 몸의 교차를 설명하고자 했다.

2부의 1장은 또한 우울이라는 범주의 기나긴 역사와 관련된 다른 개념들, 특히 멜랑콜리를 의학 모델에 대응하는 대안적 이해를 위한 자원으로 탐구하는데, 초기 기독교에 등장하는 우울과 유사한 영적 절망의 모습인 아케디아acedia에서 그 자원을 발견한다. 의학 모델은 죄악이나 악마의 방문으로 정의되는 아케디아 개념을 고려할 가치가 없는 것으로 간주한다. 우리 시대 의학 모델은 사람으

우울: 공적 감정

로 하여금 책임을 면해주는 동시에(우울증은 유전자상의 문제이거나 화학적 문제일 뿐이다) 행위주체성도 부여하며(항우울제를 복용하면 우울증을 고칠 수 있다), 아케디아를 도덕적 문제거나 미신이라고 일축한다. 이와 달리 나는 아케디아가 우울을 영적인 문제로 사유하는 모델이자, 좌파 멜랑콜리와 정치적 우울 사이를 명료하게 구분해 설명하고 정치적 운동에서 느낌의 존재가 의심스러운 것인지 환영할 만한 것인지 생각하게 하는 한 가지 모델로서 가치가 있다고 주장한다.

2부의 2장은 의학 모델을 제쳐두고, 우울의 원인이 생화학적 불균형이 아니라 인종차별과 식민주의가 만들어낸 장기적 결과라고 보는 사변적 가설을 탐색한다. 그 출발점은 집단학살, 노예제, 이주민 배척과 억압의 역사다. 이 역사는 종종 보이지 않는 힘으로 우리 일상에 스며들어 어떤 이들에게는 안락과 특권을 부여하고, 다른 이들에게는 자원의 결핍을 구조화하며, 과거와의 연결점을 찾기 어렵게 하는 방식으로 불평등을 만들어낸다. 이런 상황들은 실로 우리를 우울하게 짓누르며, 우울이 생화학적 기능장애가 아니라 전 지구적 상황에 대한 매우 합리적인 반응으로 보이게 만든다.

우울을 인종차별(그리고 인종차별적 상황을 변화시킬 수 없다는 절망과 희망 없음)과 관련해 사유하려면 우울을 명시하지 않고도 이를 다루는 다른 아카이브들이 필요하다. 대중적으로 눈길을 받지도 관심을 끌지도 않는 아카이브들 말이다. 우울에 관한 대중적인 문헌은 너무나 자주 은근히 백인 중산층을 주체를 상정한다. 2부의 2장은 아프리카계 디아스포라인 두 명의 연구자가 쓴 책―세이디야 하트먼의『어머니를 잃다』와 재키 앨리그잰더의『가로지르기의 교육학』―을 깊이 다룬다. 이 두 책은 연구자들이 경험하는 답보상태를 자세하게 설명한다. 이 답보상태는 노예제로 인한 아카이브의 부재와 인종차별이 발생시키는 장기적 영향으로 경험하게 되는 글을 쓰지 못하는 상태와 정치적 우울을 포함한다. 이 장은 지리적·정치적 박탈의 역사가 우울증으로 불리는 것을 어떻게 유용하게 밝힐 수 있는지 암시하고, 그리고 토착민의 주권 개념과 앨리그잰더가 "급진적 자기소유"라 개념화한 것, 즉 마음뿐 아니라 감각과 느낌을 포함하는 탈식민화가 우울에 대한 심리지리적 이해를 어떻게 가능하게 하는지를 설명한다. 이 전제는 더 명확하게 우울을 다루는 두 권의 회고록―샤론 오브라이언의『패밀리 실버』와 제프리 스미스의『뿌리가 물을 찾아 뻗어나갈 때』―을 독해하는 틀이기도 하다. 이 두 회고록에서 학계에서의 지위 상승을 포함한 계층상승을 향한 열망으로 드러나는 취약성은 북아메리카와 남아메리카에서 벌어졌던 강제이주의 역사와 관련지어 생산적으로 읽어낼 수 있다.

2부의 1장은 대안적 역사에 주목하고 2장은 대안적 문화지리에 주목한다. 의학이 제시해온 우울증 아카이브 외에 우울에 대한 새로운 아카이브를 만들어내기 위해서다. 2부의 마지막 장에서는 퍼블릭 필링스의 지적 근거인 퀴어 아카이브와 페미니즘 아카이브 가운데 일상적이고 가정적인, 소위 사적인 친밀함에 더 바싹 다가간다. 이 장은 이제 꽤 확립된 감정의 정치에 대한 페미니즘 연구에 기

우울: 공적 감정

댄 것으로, 감상주의와 멜로드라마 같은 선정적인 양식과 장르를 탐구해 사적 영역과 공적 영역, 심리적인 것과 사회적인 것, 그리고 실제 경험과 사회 시스템 간의 관계를 설명한다. 무엇보다 3장은 우울증이 일상적이라는 전제에서 출발하는데, 이는 내가 이전에 수행한 트라우마와 선정성에 관한 연구에 기반한 것이다. 나는 눈에 잘 띄고 파국적인 것, 문제의 명확한 징후처럼 보이는 것과 반대로 덜 두드러지고 덜 분명한 순간과 경험 사이의 관계에 대해 강한 호기심으로 연구를 이어갔다.

우울을 수용하면서 동시에 완화시킬 수 있는 삶을 연습하고 시도하기 위해, 이 장은 나를 기분 좋게 만들어주면서 내 사유를 형성하고 내 사유와 함께하는 우리 시대 퀴어 문화를 활용한다. 나로 하여금 우울로부터 시선을 떼어 내 일상적 삶을 회복하는 과정을 보도록 이끌어준 느낌들의 아카이브, 그리고 내가 일상적 습관의 유토피아라고 부른 것에는 다음이 포함된다. 모성 멜로드라마를 담은 키키와 허브의 카바레 공연, 그레그 보도위츠가 자신의 이야기를 담은 다큐멘터리 「습관」에서 에이즈 우울과 일상생활을 탐구한 작업, 공예에 대한 관심이 퀴어와 페미니스트들 사이에서 다시 떠오른 현상에 대해 자세히 사유한 작업도 포함된다. 이 장은 퀴어 연구 분야 동료들 사이에서 논의된 유토피아에 관한 아이디어를 바탕으로, 영적 실천과 창의적 실천을 둘 다 사회운동과 학업 도중에 막히거나 아무것도 못한 채 붙들린 상태에서 직접 경험한 느낌 또는 체화된 반응의 형태로 기술하면서 연결한다.

전체적으로 이 책은 우울을 사전적 의미와 은유적

의미 둘 다에서 아무것도 하지 못한 채 붙들려 있는 상태의 한 모습이자, 그리하여 살아내기의 새로운 방식, 더 구체적으로 말하자면 움직여가는 새로운 방식을 필요로 하는 일상생활의 한 모습으로 보자고 제안한다. 이렇듯 나는 이 책이, 생각하는 경로를 활성화해 회복을 위한 학문적 작업의 한 형식이 되기를 바란다. 그리고 우울을 이해하는 유일한 방법으로 여겨지는 의학적·과학적 방법에 도전한다. 이 책의 목적은 관습적인 연구 형태에 의존하는 인문학의 많은 학술 연구들과도 상당히 다른 방식으로 우울에 대해 글을 쓰는 여러 방법을 모색하고자 한다. 그러므로 관습적 아카이브를 넘어가며, 개인적 서사 외에도 다음과 같은 아카이브를 포함한다. 2부 1장은 영적·종교적 전통이 지닌 아카이브를 보여준다. 2부 2장은 토착민이 인종차별을 다루어온 전통과 일상적 경험의 아카이브를 담고 있다. 매일 나의 일상생활의 일부인 퀴어 문화도 포함된다. 나는 이 책이 창의적·사변적 사유와 느낌에 바탕한 형식을 지닌 인문학 글쓰기에 새로운 활기를 불어넣기를 바란다. 마지막 글인 「에필로그」는 다양한 작가군─린다 배리, 데이비드 포스터 월리스, 오드리 로드, 아일린 마일스─의 통찰에 기대어 나온 나의 이 방법론적 열망을 재차 강조한다. 이 작가들의 말은 나의 사유에 영감을 불어넣어줌으로써, 그리고 말 그대로 아침에 침대에서 일어날 수 있게 해줌으로써 어떤 항우울제나 이론보다 더 많이 나를 앞으로 움직여 나아가게 했다.

1부
우울 일기
회고록

침몰   1986-1989

삔 발목

문제가 정확히 언제부터 시작되었는지 말하자니 어렵다. 취업
시장에서 직장을 구하려 애쓰던 가을 내내 스며들어 자리 잡은
집요한 불안이 언제 생겨났는지 딱 꼬집어 설명하는 게 쉽지 않
다. 더러 눈에 띄는 징후가 없었던 건 아니다.

  발목을 삐는 일 따위가 그렇다. 발목을 삔 건 우연이
아니었다는 뜻이다. 그날 나는 시위에 참여했다 집으로 돌아가
는 길이었다. 당시 캠퍼스에는 남아프리카공화국의 아파르트
헤이트[인종차별] 정책에 반대하는 뜻으로 미국이 남아프리카
공화국 투자를 철회해야 한다고 주장하는 시위가 계속되고 있

었다. 지난봄에는 매일같이 연좌농성이 벌어졌고 캠퍼스 한가운데는 남아프리카공화국의 빈민촌을 상징하는 임시 막사도 지어놓았다. 투쟁 강도는 다소 누그러졌지만 학생들은 여전히 중앙 광장에서 빈민촌의 한 집을 상징하는 커다란 냉장고 종이 박스 안에 들어앉아 시위를 벌였다. 그날따라 웬일인지 경찰은 시위하는 학생들을 몰아내기로 작정했고, 헤드록을 걸고 무슨 장치를 콧구멍에 끼우는, 극도로 야만적인 완력까지 쓰면서 시위에 참여한 학생들을 연행했다. 머리끝까지 화가 치밀었다. 일부 시위자들이 지지의 뜻으로 경찰서까지 연행되는 학생들을 따라갔지만 나는 결국 혼자 집으로 향했다. 일자리를 구하느라 너무 바빠 최근 벌어지는 시위에 적극 참여하지 못했다. 그 탓에 시위에서 나만 떨어져 나와버렸다는 느낌, 적극적으로 가담하지 못한 자책감이 들었다.

캠퍼스의 언덕길을 걸어 내려가는 동안 머리를 팽팽 굴렸다. 방금 목격한 경찰 진압 장면이 몹시 걱정됐지만 직장에 낼 지원서와 삐걱거리는 연애 문제에도 빠져 있었다. 교차로의 인도 연석에서 내려오다 발을 접질려 넘어지고 말았다. 넘어지자마자 창피함에 행여 누가 볼세라 재빠르게 다시 몸을 일으켜 집까지 걸었다. 머릿속엔 온통 구경거리가 되지 말아야 한다는 생각뿐이었던 터라 다리를 저는 티를 내지 않으려 애썼다. 집에 돌아와서도 친구 집에서 열릴 모임에 갈 채비에 온통 신경이 쏠렸다. 모임에 가면 그날 있었던 시위와 체포 결과에 대한 최신 뉴스를 얻어들을 수 있을 터였다.

모임에서 술 몇 잔을 걸쳤고 두어 시간이 지났다. 경찰서에서 벌어진 일을 듣고 경찰 진압 방식의 잔혹함에 친구들과 분개하다 갑자기 발목에 이상이 생겼다는 걸 깨달았다. 방 안 사람들과 대화하는 내내 서 있었는데 발로 몸을 지탱하기 힘들다는 걸 서서히 느낀 것이다. 통증은 전혀 없었다. 그저 더 이상 서 있을 수 없을 뿐이었다. 뭐가 잘못됐는지 미처 알아보지도 못했는데 기절할 것만 같았다. 가까스로 앉을 자리를 찾아 기절은 면했지만 정신을 잃을 지경이었다. 마침내 신발을 벗자 발목이 평소의 두 배 가까이 부어올라 있는 꼴이 보였다. 부상의 생생한 증거를 눈으로 보고 있자니 통증이 현실이 될 수밖에 없었다. 더 이상 걷지 못한다는 실감이 비로소 들었다. 다음 날 엑스레이를 찍었다. 심각한 부상은 아니었지만 그 후 2주 동안 목발을 짚고 다녀야 했다. 목발을 놓은 후로도 꽤 오랫동안 지팡이를 짚고 걸어 다녔다.

몸의 불편함도 상당했지만, 이 사태에서 가장 괴로웠던 건 내가 초기의 통증을 그토록 쉽게 무시할 수 있었다는 사실이다. 통증을 외면해 더 악화시킨 것이다. 이번 사건이 경고 신호로 보이긴 했다. 내 몸에 감각이 존재한다는 데 주의를 기울이지 못하는 내 무능함을 알리는 경고 신호 말이다. 하지만 경고는 경고일 뿐 나는 그것이 뜻하는 바를 알지 못했다. 지금과 다르게 산다는 것, 다시 말해 내 몸의 감각에 주의를 기울이며 산다는 것이 무슨 뜻인지 정말 몰랐다는 뜻이다.

발목을 삔 사건은 내 삶의 우선순위가 완전히 뒤바뀌었다는 걸 나타내는 징후이기도 했다. 심각한 몸의 부상 따위 취업을 둘러싼 불안에 비하면 아무것도 아니었으니, 앞뒤가 바뀌어도 크게 바뀐 셈이었다. 다른 종류의 고통에 정신이 팔려 정작 몸의 고통을 느낄 여유가 없었다. 정작 그 다른 종류의 고통이란 건 대개 아무것도 느끼지 못하는 무감각의 형태를 띠고 있었다. 형체 없는 두려움 속에서 온갖 것들이 뒤섞여 흐릿해져버렸다. 가을이 다가오는 것도 알아차리지 못했고, 이타카의 아름다운 협곡과 호수의 풍경이 구석구석 얼마나 멋진지 전혀, 전혀 느끼지 못했다. 끝이 보이지 않는 마감기한의 압박 외에 다른 어떤 일에도 집중하지 못했다.

취업 시장에 나간다는 것은 학계의 주요 통과의례 중 하나다. 내 연구가 학계라는 시장에서 쓸모가 있을까? 교수직을 얻게 될까? 어디서 살게 될까? 이게 정말 내가 원하는 일인가? 끝없는 자잘한 업무들, 이력서의 폰트부터, 오랜 학업을 집대성한 박사논문을 한 단락으로 요약해 낯선 독자의 시선을 단번에 사로잡으려면 어떤 표현을 써야 할까 하는 고민까지 끊임없이 내려야 하는 온갖 결정, 그리고 미래가 불확실한 가운데 해야 할 선택들 때문에 불안은 점점 더 커진다. 9월 내내 나는 논문을 요약할 한 단락짜리 글을 놓고 번민을 거듭했고, 10월은 이력서를 여러 장 작성해 지원하는 대학마다 다른 요건에 맞추려 자잘한 수정을 거듭하면서 보냈다.

마지막 지원서를 작성했던 일주일은 특히 끔찍했다. 예일대학교의 단기 강사직에 내는 지원서였는데, 종신 교수직도 아닌 자리 때문에 박사논문 설명서를 무려 다섯 쪽이나 써야 했다. 갑자기 그 전에 했던 다른 모든 일이 턱없이 쉽게 느껴졌다. 그 전까지 썼던 지원서가 요약 정도였다면 이건 숫제 내용을 새로 써야 할 판이었다. 다섯 장 분량으로 글을 쓰려다 보니 내 박사논문의 실체를 더 이상 숨길 수가 없었다. 논문의 개념이 탄탄하지 못하다는 사실과 정면으로 마주해야만 했다. 눈물을 머금고 글을 고치고 또 고쳤다. 깨어 있는 시간은 가능한 한 모조리 컴퓨터 앞에서 보냈다. 논문 설명서를 마무리한 다음에는 샘플용 논문도 따로 준비해야 했다. 여름 내내 한 챕터

분량의 글을 고쳐보려 애쓰다 실패하고 결국 새 논문 개요 작성을 포기했다. 1년 전에 써두었던 논문을 보내는 데 만족해야 했다. 써둔 논문을 샘플용 논문 길이로 줄이는 법조차 제대로 알 수가 없었다.

그동안 많은 사람들이 취업 준비로 미칠 지경이 되어가는 걸 보아왔지만 그럼에도 나는 도대체 뭐가 어떻게 돌아가는지, 왜 취업 압박이 이 정도로 가혹한지 납득할 수가 없었다. 그 전에도 위기에 대처하려 여러 번 애써보았고, 내 인생이 이번에도 중대한 격변의 와중에 있다는 걸 모르지 않았다. 하지만 이번 느낌은 전혀 달랐다. 취업 시장에 나와 있다는 추상적이고 모호한 개념과 일상적으로 느끼는 불안의 실제 경험이 잘 맞아떨어지지 않는 느낌이었다. **우울**은 당시 내가 당시 살면서 체험한 걸 설명하기에는 너무 공허해 도움이 되지 않고, 여기서 내가 종종 쓰는 **불안**이라는 단어 역시 애매모호하고 약하기는 마찬가지다. 삔 발목이 그나마 제일 낫다. 지엽적인 데다 실제 문제와 직접적인 상관도 없긴 하지만 그나마 당시 내 상태의 진실을 드러내는 낱말이기 때문이다.

박사학위 논문심사

영문과 교수 자리는 귀하기로 악명이 높지만 1980년대 중반, 반짝 일자리 붐이 일었다. 10여 차례 면접을 봤고 대학 네 곳을 방문했으며 최종적으로 세 곳의 대학에서 일자리 제안을 받았다. 결국 텍사스대학교 오스틴 캠퍼스의 교수직을 받아들였다. 외부에서 인정받은 덕인지 사기가 올라갔고 집중력도 좋아졌다. 면접도 캠퍼스 방문도 그럭저럭 잘해냈을 뿐 아니라 실제로 재미까지 느꼈다. 취업 성공에 한껏 고무되어 봄에는 논문 작업도 순조롭게 진행됐다. 그러다 여름 내내 시간이 쏜살같이 흐르기 시작했고, 박사논문 심사 마감기한이 바짝 다가오고 있었다. 불길했다. 전체 논문의 대략적인 개요를 제출한 시기가 6월쯤이었는데, 어쩐 일인지 그 후 아예 옴짝달싹할 수 없을 지경이 되었다. 이미 써놓은 챕터들도 수정하지 못했는데, 서론과 결론, 그리고 한 챕터 분량을 더 써야 했다.

당시 나는 코넬대학교 캠퍼스와 이타카 시내 사이의 언덕 중턱에 있는 아파트형 주택에 혼자 살고 있었다. 내가 사는 곳이 퍽 마음에 들었다. 오래된 건물의 꼭대기 층이었는데, 천장이 경사져 있어 내부 방들의 모양이 비대칭형이었다. 눈높이로 난 창문 하나 없이 방바닥 쪽에 작은 창문 한 개, 천장에 채광창만 몇 개 나 있는 구조라, 외부 세계에서 차단된 느낌을 주었다. 구불구불 휘어진 형태로 된 계단참 위쪽의 둥근 지붕에는 창문이 달려 있어 호수와 그 너머 언덕들의 장관이 또렷이 눈에 들어왔다. 자기만의 방을 가진다는 환상을 펼쳐놓기에 더없이 완벽한 공간, 고립과 광활한 풍광을 동시에 느낄 수 있는 집에서 해방감을 만끽했다. 하지만 이제 그 집은 글을 쓰다 슬럼프에 빠진 글쟁이의 드라마가 펼쳐지는 감방이 되어버렸다. 잠들어 있는 생각을 어떻게든 깨워보려, 작디작은 서재 공간에서 책상을 들어다 좀 더 넓은 주방의 식탁 공간으로 옮겨놓았다. 철제 책상의 모양, 흰 벽, 천장 가까이 뚫린 창문, 처마 아래쪽 벽장. 글을 위한 생각은 한 점도 없이 방의 세부 사항만 들어찬 텅텅 비어버린 머리로 익숙한 집의 구석구석을 응시했다.

때로는 심장이 심하게 방망이질치는 바람에 글쓰기 작업을 중단해야 했다. 그럴 때면 책상에서 일어나 거실 바닥에 누워 잠깐 쉬면서 심박동이 제자리로 돌아오기를 기다렸다. 모든 것이 고요하고 평상시와 다를 바 없어 보였다. 그런데 난 왜 그토록 겁을 먹었던 것일까?

가능한 한 천천히 의식적으로 심호흡을 하니 좀 도움이 되는 것 같았다. 당시 나는 요가나 명상에 대해 아는 바가 별로 없었지만 호흡 방식을 바꾸는 것이 중요하다는 것 정도는 직감적으로 느꼈다. 일각에서 이런 상태를 공황발작이라고 부른다는 사실도 그때는 몰랐다. 결국 병원을 찾았고 처음으로 자낙스 처방을 받았다. 자낙스는 별 도움이 되지 못했다. 날카롭게 찾아드는 공황발작을 둔화해줄 때도 있긴 했지만 그 이상 효과는 없었다. 오히려 친구 Z가 훨씬 더 큰 도움이 되었다. 친구는 돌봄에 필요한 인내심이 뭔지 알았고, 곤경에 처한 사람들과 관계를 유지하는 데 필요한 기술도 갖추고 있었다. Z는 음식을 챙겨주고 내 집에서 같이 잠도 자주면서 내 논문을 읽어주고 격려의 말도 해주었다.

박사학위논문을 완성하려는 온갖 노력은 수포로 돌아갔다. 논문심사 전 마지막 몇 주 동안 내가 한 일이라고는 다른 박사과정 졸업생들이 논문심사를 마치는 모습을 부러운 눈길로 바라보면서 지레 겁을 먹는 것뿐이었다. 시간만 좀 더 있으면 돌파구가 열리리라는 희망으로 논문심사 날짜를 최대한 미루어봤지만 소용없었다. 운명의 날은 어김없이 다가왔다. 서론은 간신히 형식을 맞추어 썼고 결론은 아주 짧게만 썼지만 잉글랜드의 19세기 미스터리 소설가 윌키 콜린스를 다룬 챕터는 아무래도 미완이었다. 결국 마지막 순간 윌키 콜린스 챕터 중 많은 부분을 폐기하고 어떤 종류의 결론도 맺지 못한 채 논문을 마무리했다. 실망스러운 대로 최종 박사학위 논문을 제출했다. 결론조차 맺지 못한 채 마무리한 열다섯 쪽짜리 챕터를 그대로 실은 논문이었다.

정직하게 말해, 나보다 논문 방어가 형편없는 논문심사에는 들어가본 적조차 없다. 심사위원들의 질문에 대답을 제대로 못했다거나 그들이 나를 비판했다는 말이 아니다. 오히려 심사는 지나치게 친절한 분위기에서 진행되었다. 심사위원장이 내가 속이 많이 상해 있다는 것을 알고 공격적인 질문을 죄다 차단해주었기 때문이다. 하지만 내 논문을 논의하는 현장인데도 내가 논문의 논의와 어떤 의미로건 연결되어 있다는 느낌이 들지 않았다. 내가 직접 제출한 나만의 논문인데 옹호하거나 내용이 탁월하다고 변호할 수가 없었다.

동화

박사학위논문을 생각하면 아름다운 삽화가 그려진 동화책에서 내가 제일 좋아했던 한스 크리스티안 안데르센의 「백조 왕자」가 떠올랐다. 어렸을 때 애지중지했던 책인 데다 스스로 글자를 읽어 내용을 파악했던 첫 책 중 하나이기도 했다. 이 동화에서 주인공인 어린 소녀는 계모의 미움을 받아 쫓겨나고, 소녀의 오빠 열한 명은 계모의 마법에 걸려 백조로 변한다. 오빠들을 찾아 헤매던 소녀는 밤이 되면 사람으로 변하는 백조가 오빠들임을 알게 된다. 묘령의 여인이 소녀의 꿈에 나타나 오빠들을 마법의 굴레에서 해방시켜 인간으로 되돌리려면 쐐기풀로

망토를 지어 입혀야 한다고 말해준다. 단, 옷을 만드는 동안에 말을 하면 안 된다는 조건이 붙었다. 소녀는 남몰래 밤새도록 쐐기풀에 손가락을 찔려 피를 흘려가며 실을 잣고 그 실로 옷을 짜기 시작한다. 시간이 모자란 탓에 소녀는 마지막 망토의 소매를 완성하지 못하고, 결국 오빠 한 명은 인간의 팔 대신 백조의 날개를 달고 살아야 한다. 내 신세 역시 백조의 날개를 단 오빠와 다를 바 없었다. 흉측하고 들쑥날쑥한 미완의 박사학위논문을 달고 평생을 살아야 할 판이었으니까.

프랑스의 동화 삽화가 아드리엔 세귀르의 『명작 동화집』에 실린 화려하고 풍성한 삽화에는 금발의 소녀가 새하얀 손가락으로 쐐기풀 실타래에서 나온 실을 섬세하게 쥐고 있는 모습이 그려져 있다. 소녀의 어깨 뒤쪽에서는 새 한 마리가 이런 모습을 내려다보고 있다. 백조 오빠 한 명은 소녀의 무릎에 앉아 있다. 백조가 오빠라는 건 머리에 쓴 금관, 오빠가 흘리는 눈물 한 방울로 알 수 있다. 오빠의 눈물은 동생의 창백한 뺨에 흐르는 눈물과 조화를 이룬다. 고요하면서도 가슴이 미어지는 장면이지만, 그래도 소녀에게는 말은 못 해도 다른 방식으로 소통할 수 있는 동물들이 함께 있다.

성인이 된 후 얻게 된 페미니즘 관점에서 보면 말 없고 창백한 백인 소녀의 이미지는 문제의 소지가 많긴 하다. 하지만, 동화 속 소녀는 내 박사학위논문과 그걸 쓰는 과정의 일부였던 말 없는 고통의 멜로드라마를 상징하는 이미지였다. 동화에 나타나는 고독한 노동과 말로 표현하지 못한 감정들 역시 내게는 최선을 다해 공부를 하고 글을 썼는데도 마감기한을 지킬 수 없었던 공포를 절절히 연상시켰다. 또 한편으로 동화 속 소녀는 마법의 창조와 회복 욕망, 살을 찌르는 아픔을 인내해가

1부 우울 일기

며 뭔가를 만들어, 설사 미완이라 해도 백조를 인간으로 바꿀 만큼 강력한 뭔가로 변형시키는 마법을 상징했다.

이따금씩 나는 내가 가르치는 학생들에게 이 동화를 들려주고, 팔 대신 백조의 날개를 달고 살 수도 있다는 점을 상기시킨다.

새 직장

이제 새 직장에서 일을 시작하는 것, 전혀 모르는 딴 도시로 이사하는 일이 모두 쉽지 않을 것임은 안 봐도 빤하다. 나는 캐나다에서 자랐고, 포틀랜드에서 대학을 다니기 위해 국경을 넘어 미국으로 온 지 10년이 넘었지만 그래도 늘 국경에서 멀지 않은 지역에 살았다. 이제 나는 또 다른 국경을 넘으려 하고 있었다. 내가 아는 대부분의 사람들에게 낯선 장소, 미국 남부와 그곳의 농촌 백인 계층에 고정관념이 있는 사람들에게는 지독히 멀게 느껴지는 곳, 지도상의 낯선 도시로 가려는 참이었다. 학계를 향한 내 태도가 엄청나게 양가적이고 복잡했던 터라, 현실에서 구한 직장에 다닐 채비를 하면서도 전문직 직장인으로 얻게 될 지위에 애정을 제대로 두기가 어려웠다.

이사와 새 직장을 사망 및 이혼과 동급의 스트레스로 취급하는 대중심리학의 순위 목록이 어느 정도 경고를 해주는 셈이지만, 새 직장과 이사가 구체적으로 어떤 모습을 띠게 될지, 특히 그것이 끈질긴 신체적 증상이라는 형식을 띨 테니 단단히 대비하라고 말해주는 사람은 아무도 없었다. 구직, 박사학위논문 마무리, 그리고 이사는 각각 시작과 중간과 끝이 있

는 별개의 사건이었다. 하지만 내가 경험하는 일상은 공포였
다. 나는 휴식조차 없는 불안 가득한 미래로 끝없이 이어진 일
상을 겪고 있었다.

특히 괴로운 것은 몸의 긴장을 푸는 게 불가능하다는
점이었다. 몇 시간을 자건 아침에 일어나면 휴식을 취한 것 같
은 느낌이 들지 않았다. 그런 나날이 끝도 없이 이어졌다. 침대
에 누워 낮잠을 잘 때면 뭐라 형언할 수 없는 통증에 시달렸다.
사라지지 않는 허리 통증과 두통, 미친 듯 날뛰는 심장 때문에
힘들었다. 한가한 시간, 특히 강의가 끝나 한숨 돌릴 수 있을
때가 되어도 두려움 아니면 눈물 아니면 둔탁한 공허함에 시달
리느라, 해야 할 일들과 걱정거리가 가차 없는 속도로 달려드
는 와중에도 공포심과 공허한 느낌은 조금도 사라지지 않았다.
어려운 문제에 달려들어 씨름하다 해결하는 패턴이 만들어내
는 상승과 하강의 리듬 따위는 없었다. 그저 쉴 틈 없이 공격해
대는 감각들이 둔탁하게 이어졌다.

불안을 심리 상태라고 보거나, 정신 무장을 하라고 설
득하면 해결되는 문제라고 설명한다 해서 그걸 파악할 수 있는
것은 아니다. 내 경험상 불안은, 몸의 서로 다른 부분에 깊이
각인된 느낌이었다. 불안은 몸의 통증과 비슷하다. 불안이 닥
치면 그 순간에만 온통 신경을 쓰느라 다른 것은 아예 생각조차
할 수 없고, 거기서 벗어날 수도 없었다. 그렇다고 불안이 몸의
통증처럼 예리하거나 가시성을 띤 것은 아니었다. 불안은 둔탁
했고 눈에 보이지 않았다. 피가 흐르는 것도 아니고 상처도 없
었기 때문에 함께 살아갈 정도는 되었다. 도대체 뭘 해야 할지
혼란스러웠다. 이 불안을 어떻게 피해야 할지 그 끝을 어떻게
상상해야 할지 더 이상 알 수 없었기 때문이다.

코퍼스크리스티*

촘촘한 망처럼 나를 옥죄던 불안을 잠시나마 잊게 해준 계기가 찾아왔다. 그 덕분에 상황이 달라질 수도 있음을 기억할 만큼 충분히 오랫동안 나 자신에게서 벗어날 수 있었다. 추수감사절 휴가 때 친구가 텍사스로 나를 찾아왔다. 친구의 부모님은 친구가 자란 고향인 코퍼스크리스티라는 도시에 살고 계셨는데, 친구는 그 근처 멕시코만 해안의 포트애런사스에 있는 자기 집 별장에 가자고 초대해주었다.

이타카에서 만났던 이 친구에게 텍사스에서 살았던 역사가 있다는 사실 덕분에 서로 다른 두 세계가 공존할 수 있을 것 같다는 느낌, 나의 개인적 지도나 역사적 지도에 그려져 있지 않던 장소에 나 혼자 동떨어져 있는 게 아니라는 느낌이 들었다. 친구의 가족들은 나를 환대해주었고, 나는 친구가 속한 중상류층 가족이 누리는 안락한 생활의 일원이 되었다. 친구의 부모님은 쾌활하고 기분 좋은 분들이었고, 친구의 남동생은 흥미진진한 미스터리였다. 나는 아직 멍한 상태였지만, 그런 상태에서조차 내가 가장 좋아하는 취미 중 하나에 몰입할 수는 있었다. 다른 사람들의 가족을 만나는 일이었다.

포트애런사스 해변에 비치는 11월의 햇빛은 파스텔 색조의 건물들, 습지를 노니는 홍학 무리, 친구가 타던 1970년대풍 스포츠카에 부딪다 반사되면서 숨 막히게 아름다운 풍광을 빚어냈다. 사진을 찍었다. 광활한 풍광을 배경으로 한 자동차

---

* 텍사스주 동남부의 해안 도시.

침몰

를 찍은 사진을 비롯해 전형적인 미국 자동차 여행풍의 사진들이었다. 우리는 긴 의자에 침낭을 깔고 앉아 아늑한 분위기에서 밤늦게까지 수다를 떨었다. 즐거웠다.

기적이었다. 스트레스로 인한 몸의 증상에서 얼마간 해방된 것도 좋았지만, 이런 해방이 가능하다는 걸 알게 되어 안도감이 들었다. 텍사스에 있어도 내게 좋은 일이 생길 수 있다. 과거의 편안함을 일깨워주는 좋은 일뿐 아니라, 뭔가 낯설고 새로운 일이 생겨도 그 자체로 내게 좋을 수 있는 것이다. 불안을 줄일 때 도움이 된다고 하는 일들은 대개 이와 비슷하다. 불안을 늘 피할 수는 없다 하더라도, 잠깐 운동을 하거나 영화를 보거나 마사지를 받는 등의 활동으로 불안을 줄일 수 있다면, 그런 활동이 불안에서 해방되는 느낌이 가능하다는 것을 일깨워주는 기능을 한다는 것이다. 즐거움을 속속들이 체험한 기억은 다른 어떤 기억보다 강력한 해독제다. 게다가 당시 나는 희망을 점점 잃어가고 있었다. 과거에는 통하던 일상적인 휴식의 효력이 떨어지고 있었기 때문이다. 이런 상황에서 친구와의 여행은 유용한 플래시백을 제공했을 뿐 아니라, 낯선 고장에서 두려움에 떨며 감당하고 있던 직장 생활과 함께 분명히 일어나고 있는 현실이기도 했다.

코퍼스크리스티Corpus Christi. "그리스도의 몸"[을 뜻하는 라틴어]. 성혈을 상징하는 포도주와 같은 이곳의 대양에서, 성체를 상징하는 제병祭餠과 같은 이곳의 해변에서 일어나는 실체변화transubstantiation와 부활. 이곳은 멕시코만 연안, 미국과 캐나다를 잇는 대서양이나 태평양 같지 않은 제3의 해안이었다. 이곳은 미국을 멕시코와 이어주는 바다였다. 이 미지의 텍사스 남서부와 아주 가깝고 또 아주 많은 부분을 공유하는 멕시코와 이어줄 뿐 아니라, 그 너머 카리브해 섬들과도 이어주는 바다였다. 이곳은 다른 버전의 아메리카였다. 친구와 나는 밤늦도록 부두의 잔교 중 한 곳을 걸었다. 사람들은 바다낚시에 여념이 없었다. 아직 내가 알지 못하는 기이한 물고기를 낚는 중이었다. 거대한 해파리들이 여기저기서 헤엄치고 있었다. 마치 뇌들이 물에 떠다니는 것 같았다. 내가 모르는 딴 세상이었지만 흥미가 일어 알고 싶어지는 세상이었다. 이곳에서 나는 휴가를 만끽하는 관광객, 고향과 딴판인 모든 것에 매료되는 여행자일 수 있었다. 친숙한 느낌. 즐거운 느낌이었다. 코퍼스크리스티. 가톨릭교적인 장소, 따라서 의례의 공간이다. 나는 이 바다가 나를 구원하도록 허락하는 법을 배우기 시작했다.

멜로드라마

텍사스에서 강의하며 첫해를 보낸 후, 여름방학을 보내러 이타카로 돌아왔다. 이타카에서 또 운 좋게 친구 Z의 아파트를 안식처 삼아 지내게 되긴 했지만, 현실 생활의 요구를 피해 과거의 안락함이라는 보호막으로 달아나는 것 같아 좀 부끄러웠다. 이타카에서 지내는 여름의 리듬은 친숙했다. 그곳 대학원에서 아직 학업 중인 친구들과 점심, 저녁을 함께 먹고, 혹독한 겨울을 보상해주는 찬란한 여름 날씨에 호수와 풀장에 뛰어들어 헤엄을 치면서도, 글을 써야 한다는 불안이 뒤에서 끝없이 서성이는 생활.
　　여름 동안 해야 할 작업은 박사논문 중 한 챕터를 수정해 발표할 수 있는 글로 다듬는 일이었다. 단행본 원고를 향해

가는 긴 여정의 일부였다. 빅토리아 시대 대중소설로 인기를 끌었던 선정소설 *『이스트 린』에 관해 쓴 챕터에서 내가 생각하던 주제는 모성 멜로드라마에 관한 것이었다. 이 소설에 나오는 기혼 여성은 남편과 아이들을 버리고 다른 남자와 사랑의 도피를 하는데, (기차 사고로 사생아를 잃고 몸에 흉한 손상을 입어) 변장을 하고 돌아와 자신이 버리고 떠난 자식들의 가정교사로 일하게 된다. 나는 이 선정소설을, 영화의 멜로드라마 장르에 관해 페미니즘 영화 이론가들이 제시했던 흥미진진한 새 비평과 교차하는 지점에 놓고 논의해보고 싶었다. 페미니즘 영화 이론가들은 「스텔라 댈러스」, 「나우, 보이저」, 「슬픔은 그대 가슴에」 등 시시한 여성 문화처럼 보였던 영화들의 가치를 옹호했다. 하지만 내 작업은 아무 소득도 없었다. 자료를 읽고 또 읽고 노트를 만든 다음, 글을 쓰기 시작했지만, 쓸 만한 글을 생산해내고 있는지 자신이 없었다. 설사 그때 확신이 들었다 해도 나중엔 결국 글을 폐기했을 것이다. 그 전 몇 년 동안에도 Z의 아파트는 내가 자신을 작가이자 예술가로 진지하게 대할 수 있도록 해준 마법의 공간이었다. 그런데 그 여름, 나는 Z의 침실 책상과 거실 소파, 그리고 주방 창문 옆에 놓여 있던 커다란 의자 사이를 오가며, 넋 놓고 앉아 생각에 잠기기나 할 뿐 쓸 만한 성과를 내지 못한 채 세월만 보냈다.

　　그래도 성과가 아예 없다고까지 할 정도는 아니었다.

* 19세기 중반 빅토리아 시대에 유행한 대중소설 장르로, 서스펜스와 강력한 감정, 사회 비판적 요소 등을 담고 있으며, 대개 연재 형식으로 발표되었다.

그해 여름 나는 이후 내게 지속적인 영향을 끼친 책 두 권을 읽었다. 세라 슐먼의 소설 『애프터 들로리스』와 토니 모리슨의 소설 『빌러비드』였다. 당시에는 두 소설과 내가 연구하는 문제 사이의 연관성을 찾지 못했지만, 두 작품 다 멜로드라마와 여성들의 대중 장르를 고민하는 연구자에겐 좋은 선택지였다. 『애프터 들로리스』는 누아르물을 퀴어 페미니즘으로 각색한 작품이고 『빌러비드』는 19세기 노예서사와 감상소설 사이의 깊은 대화라는 점 때문이다. 『애프터 들로리스』를 획획 읽다 보니, 그즈음에는 별로 해보지 못한 독서 방식이었던지, 독서가 (순수한) 즐거움일 수 있다는 사실을 새삼 느끼게 됐다. 『빌러비드』는 나를 완전히 사로잡고 놓아주지 않았다. 자식들과 이별한 어머니의 이야기를 비틀어 전형적인 모성 멜로드라마가 상상한 모든 것을 초월해버린 걸작이었다. 훗날 나는 세라 슐먼과 친구가 되었다. 레즈비언 문화와 에이즈 운동에 대한 슐먼의 작업은 내 공부와 운동에 중요한 영감을 주었다. 『빌러비드』는 공적 감정 문화에서 다큐멘터리 형식이 으레 초래하는 종래의 감상주의를 피할 방안을 모색할 때 영감을 주는 중요한 시금석으로 남아 있다.

지금은 알겠다. 당시 방황을 하긴 했지만, 그리고 내가 아무 쓸모도 없다는 느낌에 시달리긴 했지만 그럼에도 불구하고 내가 뭔가 이루었고 내 머리도 돌아가고 있었다는 것을 말이다. 중요한 교훈이다. 지금도 나는 학생들과 동료 학자들에게 박사학위논문을 끝내고 새 직장을 구한 첫 여름에는 뭔가 하겠다는 기대를 아예 품지 말라는 조언을 대개 건넨다. 그 정도 일을 마치고 난 뒤 뭔가 해야 한다는 요구를 스스로에게 하지 않는 경험을 해보는 일은 중요하다. 정신은 아무런 강요를 받지 않고 스스로를 돌본다. 나는 공부하고 일할 수 없을 때는 하지 말 것, 불안이 산출하는 텅 빈 정신 상태에서는 공부도 일도 할 필요가 전혀 없다는 것을 스스로 가르치고 배워야 했다.

무익한 듯했던 그 시절의 또 한 가지 커다란 아이러니는 그해 여름이 끝날 무렵 내가 꽤 생산성을 발휘했다는 점이다. 논문을 발표하고 단행본 계약도 했다. 절망에 빠진 나는 이미 써둔 글을 포장하는 데 만족해야 했다. 내 프로젝트에 관해 문의하는 편집자에게 제대로 수정도 하지 않은 콜린스 관련 챕터와 박사학위논문을 보낸 것이다. 그해 가을이 끝날 무렵 『소설』이라는 학술지에서는 내 논문을 수정 요구 없이 게재 승인했고 러트거스 출판사는 단행본 계약을 제안했다. 그러나 멜로드라마에서처럼, 이 기적 같은 해피엔딩은 무슨 정해진 운명처럼 보였기 때문에, 거기서 정말 내가 한 역할이 있기나 했는지 자신이 없었다. 이런 성공을 거두고도 나는 불안과 자포자기를 피할 방안을 전혀 찾아내지 못했다. 최소한 아직은 그랬다.

월식

논문 게재 승인을 받고 단행본을 계약한 이듬해에는 코네티컷에서 박사후 펠로십 과정을 밟아야 했다. 코네티컷은 뉴욕에서 가까워 내게는 더 좋을 터였다. 하지만 실제로 한여름에 코네티컷에 가자마자 두려움이 엄습하기 시작했다. 정황상 나는 행복하고 흡족해하는 게 마땅했기 때문에 이런 두려움은 더욱 혼란스러웠다. 불안할 이유가 전혀 없어 보이는데 두려움에 사로잡히다니 그야말로 가장 위험할 수 있었다. 두려움에 합리적인 이유가 없을 때, 그 불합리함이 다시 두려움의 원인이 되어 두려움을 급속히 악화시킬 수 있다. 외견상 나는 책을 마무리하기에 모든 조건을 최적으로 갖춘 전임교수로 성공한 듯 보였지만, 실제로는 과거 어느 때보다 더 심하게 추락하고 있었다.

여름방학이었는데도 방학 같지 않다는 느낌이 불길한 경고신호가 되었다. 오스틴으로 이사 간 후, 내가 태어나서 자란 브리티시컬럼비아에 내내 가고 싶었다. 대학원에 다니는 내내 학업에 바빠 짬을 낼 여유가 없었기에 여름이 끝날 무렵 가족을 만나러 간 것이 몇 년 만의 귀향이었다. 오랜만에 가족을 만나는 여정을 즐기기에는 스멀스멀 기어드는 불안과 두려움으로 신경이 영 딴 데 가 있긴 했으나, 그런 와중에도 가장 편안했던 기억은 캠벨 리버에서 외할머니와 보냈던 시간이다. 캠벨 리버는 밴쿠버섬 북쪽의 소도시로 펄프 공장이 많고 관광객들에게는 연어 낚시로 유명하다. 오랫동안 주소가 그저 "어보브 타이드"였던 외갓집은 물살이 빠른 강가에 자리 잡고 있었다. 거기서 멀지 않은 강 하류는 디스커버리 패시지라는 해협의 순한 바다와 만난다. 디스커버리 패시지는 밴쿠버섬과 브리티시컬럼비아의 들쑥날쑥한 해안을 갈라놓는 좁은 해협이다. 강과 바다, 유목流木 해변, 어둡고 고요한 상록수 숲은 내 어린 시절 강력한 존재감을 풍기는 광경이었다.

내 외조부모는 1930년대에 결혼한 후 곧바로 캠벨 리버로 이주했고, 강가의 집에서 자식 넷을 길렀다. 외할아버지 로더릭 헤이그-브라운은 낚시와 자연에 관한 책과 소설과 평론을 쓰면서 브리티시컬럼비아에서 지역 작가로 명성을 쌓았고, 캠벨 리버의 치안판사로도 일했다. 외할머니 앤은 고등학교 사서로 일했고 그 지역 가톨릭교회와 지역사회의 리더 역할을 했다. 두 분이 사는 집은 그 지역 문화 활동과 창작 활동의 중심지였고, 할아버지가 직접 지은 책장이 늘어선 서재에는 흥미로운 방문객들이 끊임없이 모여들었다. 외갓집은 내게도 고향 집 같아서 어린 시절 내 여행지이자 생활의 거점이기도 했다. 여름만 되면 나는 강의 차가운 급류에서 헤엄을 치고 과수원 나무에서 과일을 따서 먹고 말을 탔고, 어른들의 대화 소리에 귀를 기울이곤 했다.

외할아버지는 내가 대학에 입학했던 1976년에 돌아가셨다. 그 후 외갓집의 활기는 할아버지의 서재에서 할머니의 주방으로 옮겨 갔다. 주방에 마련한 책상 공간에서 할머니는 클래식 음악과 CBC 라디오 소리를 벗 삼아 책을 읽고 분홍색 전기 타자기로 글을 썼다. 이번에 할머니 집을 방문해서는 옛날에 늘 했던 친숙한 일들을 매일 했고, 그 덕에 마음을 진정할 수 있었다. 할머니는 나에게 음식을 해주었고, 이야기를 들려주었고, 내가 원할 때는 온통 내게 관심을 쏟아주고 원치 않을 때는 아무런 간섭 없이 내버려두었다. 옛날에도 할머니 집에 오면 자주 그러했듯, 이번에도 하루 종일 독서를 하면서 지냈다. (할아버지가 돌아가셨을 때 모습 그대로 변한 게 하나도 없는) 서재에도 한 번씩 들어갔다. 그곳의 친숙한 책들이 지금의 내게 무슨 의미가 있는지 생각도 하고, 써야 할 (그러나 결코 쓰지 못했던) 논문 준비를 위해 레이먼드 윌리엄스의 책을 읽으며 꽤 많은 시간을 보냈다. 집 밖에 나가면 여기저기 헤매고 다니면서, 20에이커 남짓한 반경 내 중요한 지점들─과수원의 사과나무들, 정원 맞은편에 있는 자두나무, 쓰러진 나무가 입구 역할을 해주는 강 하류와 그곳에 있는 바위 댐, 되는대로 뻗어나간 잔디, 헛간, 강가 나무 밑 비밀 은닉처─로 혼자 순례를 떠나기도 했다.

할머니와 나는 딱히 바깥을 돌아다니진 않았다. 딱 하루, 월식이 있던 날 밤 할머니와 시내 부두로 나갔다. 달이 디스커버리 패시지 해협 건너의 섬들 위로 떠오를 때 지구의 그림자에 서서히 가려지는 장관을 구경하고 싶었기 때문이다. 할머니가 더 멀리까지 나가보고 싶어 해서 우리는 차를 타고 시내 위쪽의 언덕까지 올라갔다. 월식을 좀 더 높은 곳에서 볼 수 있지 않을까 싶어서였다. 집으로 돌아올 무렵에는 달이 태양 뒤쪽에서 다시 떠오르기 시작했다. 멋진 광경을 다시 한번 보려고 할머니 집 2층으로 함께 올라갔다. 계단을 올라가는 일은 무릎이 좋지 않은 할머니에겐 고된 과제였지만 어떻게든 할머니는 올라갔고, 우리는 내가 어릴 적 침실로 쓰던 방으로 들어가 창밖을 내다보았다. 달이 떠올라 있었다. 달은 마구 뻗어나간 잔디와 정원을 저 너머 들판과 분리해주는 상록수 울타리 위를 서성이며, 내 어린 시절의 무수한 즐거움이 깃든 친숙한 풍경을 밝히고 있었다.

이듬해 내내 할머니와 달을 바라보던 그 순간을 수없이 떠올렸다. 이듬해에도 할머니는 내 절망을 걷어내는 데 도움을 주려 애썼다. 사랑과 지성 가득한 열의를 경구식 문장에 녹여낸 당신 특유의 문체로, 따스한 조언이 가득 담긴 편지를 보내 당신이 내 곁에 있음을 확인해주었다. 시집도 보내주었다. 할머니 집 정원의 나무에서 딴 잎사귀 몇 장이 표지 안쪽에 곱게 끼워져 있었다. 할머니의 시집 선물을 보고 있자니, 물질과 정신, 세상사와 가정사의 균형을 맞추는 할머니의 탁월한 능력이 생생히 떠올랐다. 할머니와 나는 책도 같이 보고 생각도 함께 나누었지만, 할머니의 정원은 내게 상상 못 했던 놀라움을 안겨주었다. 나는 이렇듯 특정 지역에 실제로 뿌리를 두고 있다는 사실이 세상에 존재하는 일에 애착을 형성하는 좋은 방법이라는 걸 어렴풋하게나마 느꼈던 것 같다.

　나중에 알게 되었지만, 고향에 가고 싶은 본능을 따랐던 결정은 집중력이 흐트러진 상태에서도 참 잘한 일이었다. 그때 함께 했던 여름이 할머니와 보낸 마지막 시간이었던 것이다. 그로부터 1년도 채 되지 않아 나는 할머니의 장례식을 치르기 위해 다시 고향으로 돌아갔다.

첫 우울

캠벨 리버는 외할아버지와 외할머니를 찾아간 행복한 추억만 있는 땅은 아니었다. 우리 가족이 뿔뿔이 흩어진 곳이기도 하기 때문이다. 내가 아홉 살 되던 해 여름, 엄마는 새집 마당에서 빨래를 널고 있었다. 내 방이 처음 생겨 애착이 더 가는 집이었다. 엄마는 아버지가 **조울증**이라는 **정신병**에 걸렸다고 말해주었다. 그 여름 아버지가 왜 그렇게—미친 것처럼—행동했는지 설명해주는 말이었다. 아버지는 내내 집 밖에 나가 대형 프로젝트를 기획했다. 가장 원대한 계획은 정치가가 되려 선거에 입후보한 일이었다. 아버지는 지방선거에서 가까스로 자유당 후보가 되었다. 지역 내 자유당의 입지가 너무 약해 아버지가 선거에서 이길 확률은 거의 없었지만, 후보자가 된 것만으로도 아버지는 이미 당신의 명망이 높아졌다고 느꼈다. 지역 신문에 당신 기사가 나고 중요한 사람들과 만나고 대형 유세 파티를 계획하고(파티에서 나는 언니와 고고 댄서 노릇을 할 예정이었지만 그 계획은 엄마가 막는 통에 성사되지 못했다) 유세 포스터에 커다랗게 찍혀 있는 당신 이름을 보고 좋아했다.

선거에서 패배한 후 아버지는 무너졌다. 크리스마스 날 언니와 나는 아버지가 침대에 누워 있는 동안 엄마와 선물을 열었다. 그해 우리는 이미 크리스마스 전날 벽장 속에 숨겨둔 선물을 다 찾아냈기 때문에 뭘 보고도 놀랍지 않았지만 상관없었다. 단발머리에 한쪽 귀에만 귀걸이를 한 바비 인형이 당시 유행했는데 그 인형을 선물로 받아 기분이 날아갈 듯했기 때문이다. 외갓집에서 찍은 사진을 보면, 우리는 그날 저녁을 먹으러 외출했고, 나와 언니는 이모가 만들어준 빨간 벨벳 원피스를 맞춰 입은 채, 아버지가 없어도 전혀 아쉬워 보이지 않는 표정을 짓고 있다.

그 이듬해 아버지는 다 잃었다. 엄마는 경고 한마디 없이 집을 나갔고 언니와 나는 밴쿠버에 사는 이모네로 가야 했다. 아버지는 병원에 입원했고 아버지의 변호사 사무실은 문을 닫았다. 집도 팔아야 했다. 그해 가을 아버지에게 조증이 다시 찾아왔을 때 이모와 이모부는 언니와 내가 아버지와 함께 있으면 위험하다며 걱정했고, 언니와 나는 다시 한번 느닷없이 이사를 가야 했다. 이번엔 엄마와 다시 합치기 위해 토론토로 갔다. 1967년 여름, 사랑의 계절이자 캐나다 연방 건국 100주년을 기념하던 여름, 아버지는 다시 모든 걸 잃었다. 당시 내가 듣던 [반전·인권 운동가이자 싱어송라이터] 존 바에즈의 비극적인 포크송에 등장하는 파국의 시나리오 같았다. 끔찍한 폭력이 늘 일어나고 사람들은 슬픔으로 시들어가다 죽는다는 내용의 노래.

20여 년이 지난 이후 혹시 내 경험이 뭔가 아버지의 경험과 같은 것이 아닐까 하는 궁금증이 생겼다. 언젠가 속을 터놓는 친구가 내게 아버지처럼 될까 봐 두려운지 물었던 적이 있다. 어깨 한 번 으쓱하고 치워버렸을 법한 질문이 돌연 공포로 다가왔다. 우울증이 세대를 거쳐 반복될 수 있다는 생각을 하면서 때로 미신 같은 숙명론에 빠졌다. 가령 1990년 내 나이 서른셋이 되었을 때가 조울증이 심각했을 때 아버지의 나이와 같다는 데 주목하는 짓처럼. 예수가 십자가에 못 박혔던 서른세 살의 나이와 똑같은 나이가 되면 정말 그런 일이라도 생긴단 말인가?

하지만 우울이 유전된다는 설명은 대부분 진짜처럼 느껴지지 않았다. 만일 우울이 대물림되는 병이라면 내 생각에 그건 유전자의 결함이라기보다는 긴 역사가 집적된 결과물이라고 봐야 할 것 같았다. 우울과 역사의 연관성은 진단을 운명으로 받아들이는 게 아니라, 기억을 들추고 이야기를 함으로써 힘들게 구축해야 할 것이었다. 내 아버지의 이야기가 의학적인 이야기만은 아니라는 확신이 들었다. 크로아티아 이민자의 자식이었던 아버지는 세 살 때 당신 아버지를 잃었다. 친할아버지는 애니옥스와 프린스턴의 구리 광산에서 일하다 돌아가셨다. 그 후 아버지의 어머니, 내 친할머니는 밴쿠버의 극빈자 동네에서 갖은 고생을 하며 자식 셋을 길렀다. 아버지는 자식 셋 중 가족의 계층상승을 책임질 대표로 뽑혀 대학과 로스쿨까지 들어갔고, 명망 높은 작가이자 치안판사의 딸인 어머니와 결혼했다. 사내변호사 일도, 교외의 집에서 자식 둘을 기르는 일도 그다지 잘되지 않는 듯하자 우리 부모님은 밴쿠버섬의 덜 번잡한 동네로 이사했다. 덕분에 부모님은 외가와 가까이 지낼 수 있게 되었고, 아버지는 부동산 일을 하는 친구의 도움을 받아

변호사 사무실을 열어 쉬운 법무 관련 일감을 제공받았다. 그 일도 신통치 않자 아버지는 꽤 절망했던 것 같긴 하지만, 포기하지 않고 당신의 정치적 포부를 실행할 기반으로 법률 일을 계속해나갔다. 정치를 향한 꿈조차 실패하자 아버지가 받은 충격은 엄청났다.

가끔씩 내가 불운하다는 느낌이 들었다. 빅토리아 시대 소설에 나오는 유전적 광기처럼 나 역시 미치고 말 운명이라는 느낌이었다. 아니, 오히려 고통을 가까이 접하고 살아왔기 때문에 뿌리가 깊어진 슬픔을 느끼는 것뿐인 것도 같았다. 때로 그 느낌은 곤란에 처한 가족의 일상 문제에 갇혀 꼼짝 못 하게 되었다는 두려움에 불과했다. 하지만 내 가족사가 나의 우울의 원인이라 하더라도 그건 복잡한 이야기의 한 가닥에 불과하다. 게다가 이유를 안다고 해서 치유가 되는 것은 아니었다. 내 아버지의 이야기를 되풀이하고 싶지 않다면, 혹은 아버지처럼 꼼짝 못 하는 사태에 빠지고 싶지 않다면, 다른 삶의 방식을 배워야 할 터였다. 나의 우울은 유전일지는 모르나 숙명은 아니었다.

알람시계

코네티컷에서 펠로십을 하는 한 해 동안 내 시간관념은 크게 왜
곡되어 있었다. 나는 하루의 정상 리듬에 따라 생활하는 능력
을 상실했다. 과제 하나에 집중하려고 애쓰다가 시간을 그냥
흘려보내기 일쑤였다. 반드시 해야 할 일이 있지 않고서는 일
을 진행하도록 나를 재촉해대는 것이 아무것도 없어, 그저 어
느 한순간에 묶여 멍하니 있기가 너무 쉬웠다. 뭘 하고 싶다는
욕망이나 동기 따위는 아예 없었다. 이런 상태에 빠져 있었는

데, 끝낸 일이 있다는 게 지금 생각해도 놀랍다. 그나마 실패나 무책임함에 대한 부끄러움이 하도 강했던 탓에, 강의와 세미나처럼 절대로 빠지면 안 되는 일 정도를 마치기 위해, 무기력을 극복하고 자신을 몰아댈 수 있었던 게 아닌가 싶다.

아침마다 잠자리에서 일어나는 게 특히 고역이었다. 너무 우울해 아침에 일어나기 힘들다는 게 사람들이 흔히 하는 말이라는 것, 그 탓에 과도한 수면이 우울증의 공식 임상 증상 중 하나가 되었다는 것도 안다. 하지만 직접 겪어보면 잠자리에서 일어날 수 없다는 것은 미묘한 의미 차이가 심해, 일상의 언어로 표현하거나 추상적 진단으로 포착이 안 된다. 나의 경우는 잠자리에서 몸을 일으켰지만 그다음 동작을 할 수가 없었다. 말 그대로 마비 상태에 빠져, 깨어 있는 것과 자고 있는 것 사이의 유일한 물리적 차이는 눈을 뜨고 있다는 사실뿐인 듯했다. 아무 목적도 동기도 없어 보이는 내 정지 상태는 내가 어떤 식으로건 바꿀 수 있는 성격의 것이 아니었다. 나를 붙잡고 놓아주지 않는 것을 불안이나 두려움으로 인식조차 할 수 없었다.

일어날 생각은 하지만 몸을 일으킬 수는 없는 상태로, 침대 시트를 흠뻑 적실 정도로 땀에 뒤덮인 채 침대에 누워 있곤 했다. 열이 나서 땀이 난 건 아니었다. 뭔가 다른 것, 일종의 동물적 두려움이 내 땀구멍을 뚫고 스며 나와 몸에 끈끈한 막을 두른 것 같았다. 가구와 비품이 다 갖추어진 임대 아파트의 침대는 펠로십 과정 내내 한 번도 편안했던 적이 없다. 이전에 살던 사람이 남긴 것들을 이것저것 덮고 잤다. 색이 바랜 파스텔톤의 폴리에스터 침구는 다 헤져 살에 닿는 까끌까끌한 감촉이 편치 않았다. (결국 나는 이사 다닐 때 내 침구를 가져와야 한다는 것을 알게 되었다. 몸을 편안하게 만드는 간단하지만 효과 좋은 방법이었다.)

알람시계와 씨름해봐야 소용없었다. 알람시계가 울리는 소리는 내게 아무런 긴박감도 의미도 없었다. 시간을 몇 시로 설정해놓건 시간에 맞추어 일어나지 못했다. 펠로십 기간에는 일찍 일어나 가야 할 곳이 거의 없었기 때문에 아침 일찍 일어나는 게 그다지 중요하지 않았다. 하지만 매주 강의 후에 있는 오전 토론 시간*처럼 꼭 해야 할 일이 있는 날 아침에는 지각을 면할 수 있는 최종 순간까지 버티고 나서야 침대에서 몸을 질질 끌고 나와 집을 나서곤 했다. 나갈 채비를 하는데 필요한 30분이나 한 시간조차 자신에게 내줄 여유가 없었다. 참석하지 못하면 안 된다는 위기감만이 어떻게든 의식을 압박해, 옷을 걸치고(이 또한 결정 딜레마를 안기는 일이었다) 토론 시간에 간신히 당도할 정도의 시간 여유만 두고 억지로 몸을 일으켰다.

어느 주말에는 예일대학교에서 열리는 레즈비언게이 학술대회에 참석하려 애를 썼다. 머릿속에 학술대회 스케줄을 기억한다거나 오프닝 행사에 참석하려면 몇 시에 출발해야 하는지 계획을 세우는 일은 불가능했다. 그저 학술대회에 가고 싶은 굴뚝같은 마음에 간신히 침대에서 일어나 예일대가 있는 뉴헤이븐으로 차를 몰았다. 머릿속이 뿌옇게 흐렸지만 역사적으로 중요한 의의를 띠게 될 학술대회에 참석할 수 있었다.

* 미국 대학의 일부 수업은 교수 강의와 학생 토론 수업으로 구성되며, 토론 수업은 대학원생 조교나 강사진이 담당하기도 한다.

1987년과 1991년 사이에 열렸던 일련의 학술대회 중 세 번째였던 그날 대회는 퀴어 연구가 당도했음을 알리는 것이었다.*
미술 비평가이자 퀴어 이론가인 더글러스 크림프는 「애도와 투쟁」이라는 제목의 글을 발표했고,* 레이 나바로는 자신의 에이즈 운동 비디오를 발표했으며, 이브 세지윅은 내가 보기로는 최초로 푸코를 퀴어로 만들었다. 『젠더 트러블』을 갓 출간한 주디스 버틀러는 "레즈비언 수행"의 어려움에 관해 이야기했다. 발표장마다 행사장 복도마다 활기가 흘러넘쳤다. 액트업** 활동가들은 학자들과 스스럼없이 어울렸다. 모두들 섹시하고 근사했다. 주류 언론이 이들에 대해 보도하기 한참 전에 이미 레즈비언 스타일이 출현한 셈이었다. 나는 감정적으로는 그곳에 없는 것이나 매한가지였지만, 나중에 글을 쓰기 위해 당시의 경험을 간직할 수 있을 만큼은 현장의 역동성을 느낄 수 있었다.

식료품점

장보기. 스스로를 지탱하는 일상생활의 기본 중 기본이라 아무

---

* 퀴어 연구의 출발점이 된 대회로 훗날 기록되었다.

* 2004년에 출간된 단행본 *Melancholia and Moralism*에 수록되었고, 한국에서는 『애도와 투쟁: 에이즈와 퀴어 정치학에 관한 에세이들』(김수연 옮김, 현실문화, 2021)로 출간되었다.

** ACT UP(AIDS Coalition to Unleash Power). 에이즈 위기가 한창이던 때 미국 정부의 에이즈 대책 강화를 요구하며 조직된 에이즈 운동 단체.

도 주목하지 않는 장보기조차 내겐 불가능한 숙제가 되었다. 코네티컷에서 펠로십을 하던 당시 나는 대형 슈퍼마켓이라고는 아예 없고 식당도 거의 없는 대학가에 살고 있던 터라, 오스틴에서 익숙해졌던 안락한 중류층의 생활 패턴, 자주 외식을 하고 매일 동네에 있는 친숙한 건강 식품점에서 장을 보는 생활을 포기해야 했다. (사실 그 식품점은 최초의 홀 푸드 마켓이었다. 이곳에서 음식을 살 경제적 여력이 있는 사람들에게 홀 푸드 마켓은 우울을 유발할 수 있는 비가시적 허드렛일인 장보기를 미적 체험으로 변모시키는 것을 목표로 한다.) 대신 나는 대형 슈퍼마켓 체인점까지 거의 30분을 운전해 가서 장을 보았다. 1년 동안 매주 장 볼 품목의 목록을 작성했다. 이런 일상을 보내다 보니 어린 시절이 떠올랐다. 당시 토요일마다 식료품 장을 보는 일은 직장 다니는 어머니를 가진 가족에게 꼭 필요한 의식이었다.

일주일치 장을 보는 새로운 일상은 가사 습관과 훈련이 부족했던 내겐 힘겨웠다. 집중력 결핍, 눈부신 형광등 조명 가득한 거대 슈퍼마켓 체인점, 나와 달리 척척 일상생활을 해나가는 보통 사람들의 광경, 모두 그저 암울했다. 한편으로, 내가 할 일은 아주 간단했다. 생필품만 사서 나오면 되는 것이다. 그 간단한 일조차 하기 어렵다는 사실이 내 무능의 뼈아픈 징후였다. 남들은 슈퍼마켓 진열대 사이를 오가며 평범한 구매 활동을 잘해내는 듯했다. 아주 기능적일 뿐 아니라, 때로는 심지어 쾌활하고 즐거워 보이기까지 했다. 그러나 나로서는 물품이 지나치게 많은 진열대에서 어떤 물건을 골라야 할지 생각하는 일 자체가 지극히 어려웠다. 빵 앞에 멈추어선 채 몇 분이고 상념에 빠져든 적도 있었다. 사실 장보기는 내게 멍청히 있을

핑계를 제공한 면도 있었다. 특정 브랜드의 제품을 꼭 골라야 한다는 핑계 뒤에 숨어 몇 분이고 시간을 흘려보냈다.

몇몇 평범한 활동—친구들과 어울리는 일, 치과에 가는 일, 운동—은 편하게 이어가기도 했지만 쇼핑이나 아침에 일어나는 일 같은 어떤 일상은 극심한 고통이었다. 이런 사태는 지극히 간단한 일조차 해낼 수 없는 나의 무능을 조롱하듯 일깨웠다. 할 수 있는 일과 없는 일을 구분하는 기준은 내가 직접 결정을 내려야 하는가 아닌가의 여부, 즉 행위주체성의 개입 여부였다. 어떤 일상은 노력이 거의 필요 없다. 이미 정해진 제도에 따라 다른 이들이 하는 대로 그저 따르기만 하면 되기 때문이다. (물론 남이 하는 대로 따라간다는 사실 때문에 그 일이 아주 지루해질 수는 있다.) 반면 비교적 사소하더라도 최소한이나마 행위주체성이 필요한 일들은 심각한 우울에 시달리는 사람에게는 여전히 불가능하다. 소비지상주의는 행위주체성과 욕망이 경합을 벌이는 싸움터로, 특정 선택은 종용하지만 다른 선택지는 차단하는 문화에 의해 지탱된다. 상점에 들어간 나는 이렇게 자문할 수 있다. **내가 뭘 원하지? 내가 좋아하는 게 뭐지? 모르겠어,** 아니면 설상가상으로 **아무것도 없어**라는 대답이 들려온다면 나는 스스로 주체성을 발휘하기는커녕 자본주의의 유혹조차 닿지 않는 곳으로 발을 내디딘 꼴이 된다. 도대체 난 앞으로 어떻게 되는 거지?

그렇지만 나는 이런 일상이나마 꾸려나갈 수 있다는 사실에서 작은 위안을 얻었다. 뭘 사야 할지 전혀 몰라도 빈손으로 돌아온 적은 한 번도 없었다. 쇼핑하는 사람의 움직임을 마임으로 표현하듯 그냥 아무 물건이나 골라 담았다. 어쨌거나 먹을 걸 샀다. 집에 돌아오면 비어 있는 듯한 주방에는 쓸 만한 주방도구도 거의 없었지만 말이다. 전에 살던 사람들이 두고 떠난 이런저런 식기들은 모양이나 크기가 뒤죽박죽이었고 싸구려 냄비와 프라이팬 들은 때가 끼고 찌그러져 있었다. 잠자리 챙기는 법을 배우듯 밥을 챙기는 법 역시 배워야 했다.

감사편지

엽서를 쓰려다 단 한 문장도 쓰지 못한 경우는 부지기수였다. 뭔가 써질 것 같은 때도 있었지만 가장 간단한 메시지조차 끝내지 못했다. 일상적으로 편지를 주고받을 때 이런 식으로 글이 막히는 제일 심한 경우는 새로 사귄 친구 집에 주말 동안 초대받아 갔다가 돌아와 감사편지를 쓸 때였다. 그 친구는 예전에 전시회에 날 초대해준 적이 있었다. 그 전까지는 학술대회에서나 종종 마주치던 관계였기 때문에, 이번 기회에 더 한가로운 환경에서 같이 시간을 보낼 수 있으리라 생각해 방문을 고대했다. 그런데 집을 나서기 전 채점해야 할 학생들의 글이 쌓여 있었다. 미리 얼마간 해두긴 했지만 뭔가에 집중하는 일이 너무 어려워 마치지 못한 상태였는데, 도저히 더 미룰 수 없었다. 결국 친구 집에 가기 전날 저녁 책상 앞에 앉아 꼴딱 밤을 새워 채점을 마쳤다. 보통 때 같으면 몇 시간 만에 끝낼 일이었다. 글한 편 채점하는 데 거의 한 시간이 걸렸다. 게다가 학생의 논지에 집중을 못 해 글과 관련된 평을 직접 지어내지 못하고 기존 코멘트에서 자주 쓰던 말을 골라 적는 꼴이 되어버렸다. 기억상실증 환자처럼 교수가 학생들의 글에 쓸 법한 코멘트가 뭔지 기억해내느라 악전고투했다. 그렇다고 속도가 빨라진 것도 아니다. 그래도 밤을 새운 덕에 채점을 마치긴 했다. 수면 부족은 중요하지 않았다. 어차피 쉬는 것과 쉬지 못하는 것 사이에 별 차이도 없었으니까.

친구 집에서 돌아온 후 초대에 감사하는 편지를 쓰고 싶었다. 완전히 무기력한 상태에서도 새로운 인연을 맺을 수 있게 해주어 친구에게 깊은 고마움을 느꼈기 때문이다. 대학 로고가 들어간 편지지에 쓰기 시작했다. 짧은 문구를 쓰기 적합한, 일반 종이의 절반 크기 종이였다. 제발 작은 편지지 한 장이라도 채우고 싶었다. 그런데 단어 몇 자를 적고 나자 진행할 수가 없었다. 단 한 글자도 더는 쓰지 못했다. 문장을 시작만 하면 뭔가 쓸 수 있다고 스스로를 기만한 후 결국 할 말이 없어 아무것도 쓰지 못하는 꼴이었다. 단어를 지워보기도 했다. 특정 표현을 쓰지 않겠다는 단호한 결심을 하면 진정으로 하고 싶은 말이 떠오르지 않을까 하는 희망에서였다. 몇 시간 후 앞에 종이가 수북이 쌓였다. 종이를 새로 꺼내 새로 문장을 쓰면 뇌에 시동이 걸릴 것만 같았다. 한 문장이 넘어가는 종이가 없었다. 똑같은 내용을 쓴 편지들도 있었다. 아무것도 쓰지 못하는 무능력이 내놓은 강박의 결과물을 보면서 괴로움만 커졌지만 증거를 내다버리지도 못했다. 쌓인 종이들을 서류봉투에 넣어 그해 내내 책상 맨 위 서랍에 보관해두었다. 서랍 속 편지지들은 여행은 할 수 있는 나의 상태와, 여행 전후에 스스로 하는 활동은 불가능한 내 무능 사이의 간극을 보여주는 증거였다. 그 서류봉투는 지금도 어딘가에 있다. 그해에 보내지 못한 엽서와 마주칠 때도 있다. 수신인의 주소와 날짜를 쓰고 그에게 어울릴 만한 사진이나 그림을 세심하게 골랐지만, 중간에서 툭 끊긴 한두 줄의 글귀를 써놓은 엽서.

수영

치과

그해 가을 마침내 5년 만에 처음으로 치과에 갔다. 취직한 후 치과 의료보험이 생겼는데도 치과에 가지 않았다는 걸 스스로에게 인정하기가 창피했다. 어쨌거나 난 의료보험이 어떻게 돌아가는지 살펴보거나, 가야 할 치과를 찾거나 할 만큼 짜임새 있는 생활을 꾸려나갈 상태가 아닌 듯했다. 하물며 직접 예약을 잡고 방문하는 일은 엄두조차 내지 못했다. 2년 전부터 뒤쪽 어금니 하나가 썩어가고 있었지만 박사논문을 끝내고 관련 일을 챙기는 더 급박한 과제에 신경을 쓰느라 여유가 없었다. 통증 따위 무시하는 덴 이골이 났지만, 규칙적으로 찾아드는 극심한 치통이 견딜 수 없는 지경에 이르렀다.

이가 뿌리까지 썩어 처음으로 신경치료를 해야 하게 생겼다. 끝을 알 수 없을 것 같은 치과 치료가 이어졌다. 담당의였던 B 박사는 심할 정도로 따뜻한 사람으로, 무자비하고 한없는 정신적 고통—그에 비하면 치통은 대수롭지 않았다—에 시달리는 나를 친근하게 대해주었다. 만나면 안심이 되는 사람이었다. 박사는 교육, 그리고 내가 자기와 비슷하게 교수 지위를 갖고 있다는 점을 중시했다. 치료를 하는 동안 인생에 관한 지혜 비슷한 조언들을 내게 건네곤 했다. 지칠 줄 모르는 쾌활함 덕에 그가 건네는 인생의 조언은 거부감이 들기는커녕 희한할 정도로 매력이 있었다. 코네티컷의 소도시에서 흑인 중산층 전문직 종사자로 성공하기까지 박사가 어떤 고생을 감내해왔을지 궁금했다.

박사는 내 인생의 미래뿐 아니라 내 구강 상태의 미래에 대해서도 열의가 넘쳤다. 평생 이를 갈거나 앙다무는 습관 때문에 치아 마모가 심했다. 이제 만천하에 공개된 스트레스의 징후인 내 치아 상태 덕에 그걸 치료하는 치과 의사가 정신분석가로 변모하는 (그리고 이를 갈지 못하도록 차단하는 장치를 또 하나 팔게 되는) 것이다. 치아 뿌리 부식으로 인한 신경치료는 여러 차례 치아 부위를 뚫고 찌르고 크라운을 씌워야 하는 일이었다. 따라서 그 당시 몇 시간 동안 치과 환자용 의자에 누워 있던 일은 반가운 복종의 경험이었다. 뭘 하려는 의지가 너무 박약해, 예약 시간에 병원까지 가서 의사가 필요하다고 생각하는 일을 하도록 내버려두는 일 이상은 할 수 없었기 때문이다. 의자에 비스듬히 누워 박사의 머리에 달린 푸른 불빛, 그리고 그 너머 천장의 방음 타일 구멍을 멍하니 응시하다 정신 줄을 놓곤 했다. 치료가 끝나면 턱의 감각이 완전히 마비된 채 다시 일상으로, 일로 돌아가 마비와 마비 풀린 상태 간의 차이조차 느끼지 못하는 상태로 살았다. 그래도 내가 일을 챙기고 있다는 느낌은 있었다.

치과 치료는 내가 어떤 상태로 이런저런 생활을 영위하고 있는지 보여주는 은유 같은 것이다. 아픈 치아를 돌보는 일은 뭔가 잘못되면 고칠 수 있고 다시 앞으로 나아갈 수 있다는 믿음을 드러내는 행위다. 그때 신경치료를 받은 후에도 크라운을 교체했고 결국 임플란트 시술까지 받아야 했다. 내 치과 인생에서 18번 치아의 끈질긴 존재는 나 자신을 돌보지 못한 무능에 계속 대가를 치러야 한다는 진실을 일깨워주었다. 내게 건강을 유지하는 일은 이제 자기애의 상징이 되었다. 그러나 이 문제는 계급에 관한 끈질긴 질문을 유발한다. 치과 치료를 정기적으로 받을 수 있다는 것은 정상이라 간주되는 중산층 가정사의 비밀스러운 생활의 일부처럼 보인다. 비밀스럽다는 건, 아무도 굳이 말하지 않지만 누구나 당연히 해야 하는 일들 중 하나라는 뜻이다. (치과에 갈 돈이 없다면 입을 꾹 다물고 있어야 한다.) 매일 이를 닦고 치실을 쓰는 일은 다른 모든 좋은 습관과 일상적 의례의 비가시적 토대인 것 같다. 하지만 이런 일상은 계속해서 나를 피해간다.

치료사

결론적으로, 내게 더 유용했던 전문가는 치료사보다는 치과 의사였다. 고민 상담 칼럼이 주는 무미건조한 지혜—"전문가의 도움을 받으세요"—는 우울을 겪는 이들에겐 잔인한 처방이다. 이들에게 전문가와의 관계처럼 중요한 관계를 두고 훌륭한 판단을 내리라는 요구는 과한 기대이기 때문이다. 코네티컷에서 지내는 한 해 동안 어이없을 정도로 한심한 만남을 숱하게 겪었다. 치료 전문가를 찾겠다고 HMO* 보험 네트워크에 가입된 의사들의 목록을 살펴보기 시작했다. 주치의의 소견서를 받지 않고 혼자 선택할 수 있었지만 누구를 어떻게 골라야 할지 전혀 알 수가 없었다. 치료 전문가를 고르는 일은 임의로 의사를 지정받는 것과 별다르지 않게 아무런 체계도 없는 과정으로 보였다.

　　1번 치료사 방문은 비 오는 날 상담소까지 찾아가는 모

---

* 미국에서 가장 보편적인 형태의 보험 플랜으로 정해진 월 보험료를 납부하고 정해진 병원과 의사 진료에 대해서만 보험 혜택을 주는 플랜.

험으로 시작되었다. 시간 감각을 잃어버린 탓에 보통 때 같으
면 꽤 예리했을 공간 감각까지 잃어버렸다. 지도에서 본 거리
나 방향과 실제 이동 거리 간의 관계를 제대로 가늠할 수 없었
다. 상담소까지 가는 동안 수없이 실수를 거듭한 끝에 대충 짐
작으로 상담소를 찾아 차를 댔다. 주거 공간에 상담소가 있는
구조였다. 집은 지저분하고 어두웠다. 치료사는 이야기를 하
는 내내 담배를 피워댔다. 당혹스러웠다.

　　　1번 치료사를 선택한 이유는 첫 치료 때 요금을 내지
않아도 되었기 때문인 것 같다. 머리가 흐릿한 상태에서도 여
기 다시 올 일은 없으리라는 생각을 하며, 이건 장점인가 하기
도 했다. 도움이 되는 조언을 하겠다고 그 여성 치료사가 내게
한 말은 내가 "자신에게 지나치게 엄격하다"는 진단이었다. 그
러다 그 주 주말에 열릴 워싱턴 여성 권리 행진에 관해 이야기
가 오갔다. 치료사는 자기가 거기 갈 거라며 내게도 가느냐고
물었다. 그 정도 활동을 하는 건 상상조차 불가능한 느낌이었
기에, 정상인들이 아무렇지도 않게 할 수 있는 일에 동경이 밀
려들었다. 치료사는 비를 뚫고 차까지 가야 하는 내가 못내 안
됐다고 느꼈는지, 자기 우산을 함께 쓰고 차까지 바래다주었
다. 어쩐지 그 치료사 역시 우울할 가능성이 높을 거라는 생각
이 들었다.

　　　목록에서 되는대로 골랐던 2번 치료사는 잘 꾸민 집
무실을 갖추고 있었다. 부르주아식의 안락한 가구와 물품들이
편안한 느낌으로 놓여 있었다. 가구는 꽃무늬가 있는 둥글둥
글한 모양이었고 차분하고 세련된 빛깔의 녹색 페인트가 칠해
진 벽에는 매력적인 사진 액자들이 걸려 있었다. 이번 치료사
는 치료사라기보다는 사업가나 부동산 중개인 같은 느낌을 풍

겼기 때문에, 그가 상투적인 말 외에 뭔가 다른 걸 제공할 능력
이 있다는 생각이 전혀 들지 않았다. 절망과 무기력에 말하기
조차 힘든 상태여서 내 상태를 겨우 설명했다. 그가 기여한 게
있다면 약을 먹으라고 한 다음 나를 정신과 의사에게 보낸 것이
었다.

　　　　정신과 의사는 별생각 없이 건성으로 일하는 교수 유
형의 남자였다. 그의 진료실은 장식이 거의 없고 고상했으며
책이 많았다. 다른 정신과 의사들의 진료실도 같은 공간에 있
었고, 캠퍼스에서 걸어갈 만한 거리에 있었다. 교수 연구실에
가는 것 같은 느낌이라 친숙하고 안심이 되기도 했다. 약을 처
방해주는 의사의 좋은 점은 질문을 많이 하지 않는다는 점이
다. 처방전을 내주면 그뿐이다. 나는 첫 방문 후 프로작 처방
을 받았고, 한 달 뒤 간단한 후속 조치 때문에 다시 의사를 찾
았다. 그걸로 끝이었다. 이 사람은 정말 건성이어서 내게 진료
비청구조차 하지 않았고, 다시 간다는 약속을 지키지 않았는
데도 연락 한 번 없었다. 당시는 프로작 유행의 초창기라, 내
가 급속히 늘고 있는 프로작 사용 인구의 일부라는 사실도 몰랐
다. 뉴스 기사가 쏟아지고 단행본이 폭발적으로 증가하는 추세
가 막 시작되는 참이었고, 나는 이름 말고는 이 신약에 대해 들
은 바가 많지 않았다. 프로작 6개월치를 처방받았다. 나는 혼
자였다.

수영

때로는 하루를 잘 살아내기만 해도 인생을 구할 수 있다. 자포

자기 상태를 좀 더 오래 억제할 수 있다면, 사태를 변화시킬 일이 일어날 가능성이 있다. 그런 점에서 내 인생을 구한 것은 수영이다. 최소한 하루를 잘 살아내도록 해주었다, 그것도 여러 차례. 우울할 때 원하는 건 하나뿐이다. 가만히 앉아 있거나 침대에 몸을 웅크리고 일어나지 않는 것. 그럴 때는 몸을 움직이는 것 자체가 큰 투쟁이자 큰 성취다. 우울을 치료하는 처방으로 운동을 권하는 이유는 운동을 하면 엔도르핀이 분비되기 때문이지만, 그것 말고도 운동을 하면 몸을 계속 움직여야 하므로 무기력을 퇴치할 수 있다는 단순한 이유가 운동의 효력이라고 생각한다. 머리가 텅 비어 있거나 아예 생각의 빗장이 닫혀 있을 때, 혹은 끝없는 두려움에 시달릴 때는 몸이 살아 있다는 징후를 보여주는 행동을 하면 불안을 일부 줄일 수 있다.

친구 Z는 내게 수영하는 습관을 되찾도록 도와주었다. Z는 캘리포니아 출신으로 그곳 이스트 베이의 바다에서 수영 훈련을 했고 몸의 움직임에 빠삭했다. 나와 Z는 발레 강습을 함께 받다 만났다. 발레 수업은 머리를 쓰는 일상에서 중요한 탈출구가 되어주었다. Z는 내게 돌봄에 관해, 문제를 이야기하고 파악하려고 노력하는 것만으로는 우울이 개선되지 않는다는 사실에 관해 가르쳐주었다. 그는 음식을 챙겨주고, 잘 때 커피와 오렌지주스를 가져다주고 말없이 곁에 있어주었다. 그리고 수영장으로 나를 데려갔다.

지금도 별로 다르지 않다. 글을 써보려다 되지 않아 길고 지친 하루를 보낸 끝, 다른 건 못 해도 수영은 할 수 있다. 헤엄을 치는 건 생각하기 위해서다. 수영장 바닥에서는 생각 중인 문제의 우여곡절이 보인다. 파란 물색과 대조를 이루는 검은 선들은 영감으로 가는 길이다. 리듬에 맞추어 호흡을 하고 힘을 빼고 편안히 헤엄을 치다 보면 몸은 계속 흘러가고 머리도 마음도 리듬을 따라 같이 흘러간다. 호흡을 하면서 공포가 다소 잦아들고 다시 사고 작용이 가능해진다. 수영이 끝날 때쯤이면 내게 찾아온 글쓰기 문제와 싸울 방법에 관한 실마리가 희미하게 떠오른다.

　　　멜로드라마에 관한 책들을 읽으면서 그해 여름을 보내고 가을이 되어 오스틴으로 돌아왔을 때 나는 바턴 스프링스라는 야외 수영장에 다녔다. 기적 같은 천혜의 수영장에서 헤엄을 친 후 집으로 돌아가 글을 조금씩 더 쓰면서, 무더운 여름날과 글쓰기에 대한 불안을 견뎌냈다. 훗날 몇 년 동안 훨씬 더 암흑 같은 시간을 보낼 때에도 수영을 했다. 겨울에는 실내 수영장을 찾았다. 운동을 하라는 치료사의 조언도 한몫했다. 옷을 벗었다 다시 입는 일, 젖은 머리를 말리는 일, 많은 양의 염소를 풀어놓은 수영장에 몸을 담그는 일은 번거롭다. 탈의실이나 풀장 옆에 한참 동안 그저 멍하니 앉아, 어떤 의지의 작용으로 내가 수영복을 입고 물속으로 뛰어들게 되었을까, 다시 물속으로 들어가려면 어떤 의지의 작용이 필요할까 생각만 할 때도 많았다.

　　　하지만 일단 물속으로 들어가면 그다음부터는 자동이었다. 어린 시절 몇 년간 수영 강습을 받고 안전요원 훈련도 받았던 터라 물속은 아주 편안하다. 내게 수영은 호흡의 연장에 불과하다. 물속에서는 몸의 움직임을 의식하거나 큰 힘을 들이지 않고도 계속 움직일 수 있다. 움직이다 보면 긴장과 스트레스가 약간이나마 풀어진다. 생각이 강박처럼 지속되어도 멍하니 방치할 수 있다. 몸은 계속 움직이지만 그 움직임에 나는 필요 없기 때문이다. 운동은 의식과 몸이 분리되어도 괜찮다는 승인을 받을 기회다. 특히 수영은 몸을 아주 쉽게 움직일 수 있는 방법이라 수영하는 순간만큼은 내 뇌가 원하는 대로 하도록 내버려두어도 괜찮을 것 같은 느낌이 든다. 수영장은 내게 어머니의 자궁 비슷한 공간이다. 수영은 나를 세상에서 떼어다 봉쇄 상태에 둔다. 누군가에게 대답을 할 필요도 없고 남들과 소통할 필요도 없다. 감각 차단 탱크에 들어앉아 있다 보면 점점 고요해지는 것 같은 느낌이다. 우울을 겪는 몸에 관한 내 이야기들 중 가장 행복한 이야기는 수영에 관한 것이다.

동정녀

물에 치유력이 있다는 것은 이치에 맞았지만, 종교 의례가 내 삶에서 마법을 부리기 시작했다는 사실은 충격이었다. 대학원에 들어가 혼자 살기 시작하면서 처음으로 나만의 제단을 꾸몄다. 어머니가 살던 곳 근처에 있는 앨버타주의 로키산맥에서 가져온 돌을 이리저리 배열해 만들었다. 침식 작용으로 납작한 사각형과 삼각형 모양으로 변한 돌들은 추상 조각 작품 같았다. 하지만 이 돌의 시각적 아름다움보다 중요한 것은 이들이 내 가족과 캐나다의 자연풍광과 이어져 있는 소중한 상징이라는 점이었다. 이 돌들은 훗날 내가 느낌의 아카이브archive of feelings라 부르게 될 것의 초기 형태였다. 제단 꾸미기는 비싸거나 굳이 아름답지 않아도 되는 물건들, 정서적 의미만 있으면 되는 물건들로 사적 공간을 꾸미는 방법이었다.

이번에는 부두교*를 암시하는 듯한 사건들도 벌어졌다. 친구 하나가 마리 라보*의 무덤에서 돌을 하나 집어 왔는

데, 이게 신성모독이었는지 불행한 일이 하도 많이 생겨 친구는 이타카에서 뉴올리언스까지 버스를 타고 그 먼 길을 돌아가 돌을 제자리에 가져다 놓았다. 친구가 겪은 일도 기이했지만, 나는 아이티를 다룬 마야 데렌[**]의 영화에 이상하게 끌렸고, 「앤젤 하트」라는 할리우드 영화에도 끌렸다. 뉴올리언스를 배경으로 한 부두교를 주제로 다룬 고딕풍 영화다. 이 영화를 보고 겁을 집어먹은 나는 동유럽 크로아티아 혈통의 친할머니가 물려준 십자가 목걸이를 걸고 다니기 시작했다. 마돈나라는 가수가 십자가를 유행시킨 바람에 꼭 큰 의미가 있는 건 아니었지만, 나는 십자가를 주술적 숭배 대상으로 꽤 진지하게 여기기 시작했다. 십자가가 가톨릭교회와 가깝다는 점 때문에 외할머니 생각도 났다. 외할머니는 친할머니처럼 동방정교가 아니라 가톨릭교 신자였지만 신심이 깊었고, 캠벨 리버 외갓집 길 건너 작은 성당에 열심히 다니던 할머니의 신심 때문에 나의 상상 속에서 캠벨 리버의 신비로운 힘은 더욱 강해졌다. 나는 가톨릭교도로 자랐지만, 어릴 때 이후로는 성당에 다녀본 적이 없고, 종교를 믿지 않는 많은 학자들처럼 나도 10대 때부터 열혈 무신론자가 되었다.

텍사스로 이사한 후 과달루페의 성처녀[*]를 그린 그림을 처음 갖게 되었다. 전통 성화 이미지가 아니라 친구 존이 그려

---

* 특히 아이티에서 널리 믿는 종교로 마법 등의 주술적인 힘을 믿는다.

** 19세기 뉴올리언스에서 부두교 주술사로 유명했던 여성.

*** 1940년대에서 50년대 주로 활동한 우크라이나 출신의 미국 실험 영화 제작자. 아방가르드 운동에 기여했다.

준 회화였다. 형태는 기본만 남기고 색채를 과감하게 써서 표현주의적 강렬함이 깃들어 있었다. 거친 캔버스 천에 그려놓은 그 그림을 존의 연인인 스킵의 집 벽에서 처음 본 순간 넋을 빼앗겼다. 이미지의 의미를 전혀 몰랐는데도 매료되었다. 결국 글로리아 안잘두아, 산드라 시스네로스, 아나 카스티요, 욜란다 로페스, 에스더 에르난데스, 알마 로페스, 그리고 내 친구 케이 터너에게 과달루페의 성처녀 이미지가 전통 가톨릭교뿐 아니라 멕시코의 독립, 치카나 페미니즘Chicana feminism,* 그리고 메스티소mestizo 여성 및 토착민 여성 정체성의 상징이기도 하다는 점을 듣고 알게 되었다. 그러나 과달루페의 성처녀는 내겐 더 직관적 층위에서, 텍사스라는 [미국과 멕시코의] 경계 지역에서 자리를 찾는 일이 어떻게 가능할지를 보여주는 상징으로도 기능했다. 다양한 문화들—미국 텍사스에서 태어난 히스패닉계 주민 테하노Tejano와 토착민—을 전용하는 또 한 명의 백인 여자가 되는 것 같아 눈치가 보이긴 했지만, 나는 성처녀가 주는 정서적 위로가 절실했고 그래서 과달루페의 성처녀가 내 인생에 나타난 사건을 기적 같다고 생각했다. 친구 존과 그의 연인 스킵이 세상을 떠난 후 존의 그림을 물려받았다. 그때 이후 그 그림은 내 침실 벽에 걸려 있다.

가톨릭교와의 만남이 점점 더 강렬해졌다는 사실을 감

---

* 과달루페의 성모라고도 한다. 16세기 멕시코 과달루페에서 있었던 성모발현 사건을 계기로 생긴 개념이다.
* 멕시코계 미국인 여성의 경험에 초점을 맞추어 인종차별과 성차별을 교차적으로 분석하는 페미니즘이다.

안하면, 내가 깊은 자포자기 상태에서 조증에 가까운 열의 가득한 상태로 바뀌는 데 종교가 관여했다는 사실은 그리 놀랍지 않다. 가장 인상적인 사건 하나는 뉴욕시의 이스트 세컨드 스트리트에서 러시아정교회 성당을 만난 일이다. 그 전까지 나는 뉴욕시를 멀리했다. 좋지 않은 결별의 기억 때문이었다. 하지만 봄에 약이 듣기 시작하면서 다시 뉴욕시를 찾아갔다. 언젠가 잠이 오지 않는 밤을 꼴딱 새우고 새벽 6시에 집 밖으로 나갔다. 불안으로 거리를 서성이다 러시아정교회 성당에 다다랐다. 마침 일요일 아침이었다. 미사를 드리러 다시 오기로 마음먹었다.

미사가 진행되는 동안 성당 뒤쪽에 서 있었다. 침입자 같은 존재가 되어, 이 작고 친밀한 성당 공간에서 친숙하기도 하고 낯설기도 한 외국어와 전례에 매료된 채로 말이다. 전례가 진행되면서 신도들이 줄지어 성모의 성화에 입을 맞추기 시작했다. 과감히 그 줄에 끼어들었다. 이 전례에 참여하는 것이 왜 좋을지 알 것 같은 느낌이었다. 성찬 전례* 때는 한 번도 그런 느낌을 받아본 적이 없었는데 이번엔 그랬다.

하지만 나는 제지당했다. 신도 한 명이 내게 성호를 그어보라고 했다. 성호를 그어 보였지만 그는 내게 줄을 서면 안 된다고 말했다. 내가 성호를 긋는 방향이 자기 종교에서 긋는 방향과 반대이므로 나는 로마가톨릭교도이지 정교회 신자가

* 가톨릭교회의 전례에서 그리스도의 몸으로 변한 성체를 먹는 차례를 말한다.

아니라는 이유에서였다. 낙담한 채로 원래 있던 구석 자리로 돌아갔다. 미사가 진행되는 동안 조용히 눈물이 흘렀다. 미사 전례가 주는 느낌과 거절당한 느낌이 한꺼번에 몰려와 흥분한 상태였다. 사실 눈물은 어떤 느낌이나 상황 때문이 아니었다. 오히려 눈물을 흘리는 가운데 달콤하고 부드러운 안도감이 찾아들었다. 내 안의 뭔가 열려 분출되는 느낌, 나 개인의 슬픔이 나만의 것이 아니라는 느낌이었다. 내 경험이 신성하다는 것을 인정이라도 해주려는 듯 누군가 내게 성찬식의 포도주와 빵을 주었다. 내 생애 처음 받는 성체였다.

프로작을 한 달 정도 복용한 이 무렵에 나는 의사들이 조증이라 부르는 단계에 와 있었다. "조증"이라는 용어를 쓰기가 다소 조심스럽다. 의학 용어 같은 울림을 주기 때문이다. 하지만 그래도 이 용어를 쓰는 이유는 조증이라는 말에 더 평범하고 일상적인 의미를 부여하고 싶은 마음도 있기 때문이다.* 확신컨대 내가 잠을 못 잔 이유는 내 몸속을 통과하는 이 약물이 시간이 지나면서 서서히 효과가 퍼지는 마약처럼 작용해 나를 계속 깨어 있게 만들었기 때문이다. 또 하나, 프로작 탓에 나는 전혀 모르는 교회로 불쑥 들어가 놓고도 스스로를 침입자로 느끼지 못할 만큼 대담해졌다. 약물이 유도한 작용이긴 했지만 정교회에 들어간 사건은 정말 마법 같은 순간이었다. 그 당시 교회와 정교회 전통 전례와 성화는 내게 안식처를 제공해주었다.

* depression을 우울증 대신 우울이라고 주로 번역하면서 mania는 병의 느낌을 주는 조증이라 번역하는 것이 미진하게 느껴지지만, 츠베트코비치의 해명이 있어 "열광이나 흥분" 대신 "조증"이라는 의료계의 역어를 그대로 썼다.

부활절 제대

조증 감수성이 한창이던 1990년 봄, 부활절은 돌연 내게 생생한 의미를 띠게 되었다. 나는 카를 마르크스 『자본』의 선정성을 주제로 쓰는 새 단행본의 한 챕터에 들어갈 내용을 부활절 이튿날인 월요일에 발표할 예정이었다. 펠로십을 했던 해의 주된 목표 과제였다. 그 전 일주일 동안 최종 원고를 쓰면서 마구 쏟아져 나오던 광적인 열의가 멈추지 않는 와중에 나는 연구실 탁자에 제대를 꾸미기 시작했다. 가톨릭교 전례에 쓰는 양초와 그림을 놓고, 친구들과 가족들의 사진, 편지와 기념품, 내게 의미가 남달랐던 다른 물건들도 같이 놓아두었다. 중앙 부분에는 부활절 장식용 백합을 놓았다. (주: 여기 소개하는 사진 속물건들은 모두 내 제단에 있던 것들이다.) 이런 일을 하게 만든 충동을 설명할 수 없었지만 어쩐지 무시하면 안 될 것 같았다. 다른 어딘가에서 온 징후일 수 있었지만 본능적인 몸짓이기도 했다. 제대는 내게 물적 영감이었고, 내가 쓴 책의 챕터와 마침내 그 챕터를 써낸 나의 능력—수개월 동안의 자포자기 끝에 찾아온 기적이나 다름없는 능력—과 나의 정서적인 삶 사이에 맺어진 신비로운 연관성을 구체적으로 보여주는 상징으로 존재했다.

　듣고자 하는 사람이면 누가 됐건 새 논문에 관해 이야기했다. 인문학계의 두뇌 집단과 함께 있으면서도 대화에 끼지 못한 채 고통스레 침묵했던 시간을 돌파하고, 드디어 논의에 참여하게 된 것이다. 논문 발표 강의는 슬라이드와 음악과 텍스트를 사용한 멀티미디어 방식으로 할 계획이었다. 이런 식으로 자신을 전시하다니 놀라운 변화였다. 그 과정에서 나의 제단을 연구실에서 강연장으로 옮겼다. 마르크스의 『자본』을 다루는 챕터에 대한 내 열의의 표현이었다. 이번에 발표할 내용이야말로 빅토리아 시대 선정소설을 다루는 새 책의 가장 중요한 성과가 될 것이었다. 나는 내 주장, 그리고 한 번도 해본 적 없는 방식으로 내 주장을 공개하는 것에 대해서도 확신이 있었다.

내가 하고 있던 말은 프로작의 효과였을까? 그럴 가능성도 꽤 있다. 성공적으로 마무리한 논문 발표 직후—최소한 내 판단으로 이날 행사 진행은 꽤 원활했다. 그 전 학기에 겪은 우울과 자포자기 상태를 감안하면 특별하다고 평가할 만했다—친구들은 일관성도 없고 통제도 되지 않은 내 행동을 두고 경고하기 시작했다. 프로작의 극적 효과는 결국 지속성이 없는 것으로 판명되었지만, 그래도 약은 조증이건 마법이건 내 안에 내재된 채 내가 쓰고 싶었던 모종의 힘을 방출해주었다. 궁극적으로는 그 점이 약 자체보다 훨씬 더 큰 위안을 주었다.

이후로도 내 감정 상태와 희망과 꿈을 구현하는 제단을 계속 꾸몄다. 훨씬 더 자유로운 방식으로 글을 쓰는 작업도 계속했다. 책을 완성하기 전 깊은 자포자기 상태가 다시 한 차례 나를 기다리고 있었다. 하지만 그 부활절 주말만큼은 새롭게 태어나는 느낌이었다. 성금요일에 외할머니에게 전화해 안부를 묻고 글쓰기의 돌파구를 찾았다는 희소식도 전했다. 그게 할머니와의 마지막 통화가 되었다. 그로부터 한 달 반 후 할머니가 돌아가셨다. 할머니와 전화 통화를 별로 하지 않고 지냈기 때문에 그날의 통화는 약 기운 때문일 공산이 컸다. 지금 생각하면 절박한 소통 욕망을 유발해준 약물이 고맙다.

종교를 향한 내 열의는 예수와 기성 교회보다는 전례

와 대중 신앙, 그리고 이교도 신앙이나 마리아를 숭배하는 가
톨릭 신앙에 더 가까웠다. 하지만 그해 봄의 부활절만큼은 예
수의 부활과 내 부활 사이에 연관성이 있다고 생각했다. 그때
내 나이는 예수가 죽었을 때의 나이와 같은 서른세 살이었다.
나는 죽어야 한다는 관념, 고통으로 무너지고 나서야 비로소
저편으로 건너갈 수 있다는 부활의 관념을 진지하게 받아들였
다. 그 이후에 보낸 부활절들도 늘 다른 자아로 변모했던 기억
들을 특징으로 한다. 나는 이러한 변화의 기억들을, 나 자신과
다른 사람들에게 계속 진행 중인 가능성으로 간직하고 있다.
그러나 이러한 변화가 즉각적인 변화나 부활이나 치유인 것은
아니다. 그것은 새로운 삶의 방식을 느릿느릿 공들여 축적한
결과물이다.

외할머니의 장례식

외할머니가 돌아가셨다는 소식을 전화로 듣고, 가능한 한 빨
리 캠벨 리버로 가야 한다고 생각했다. 이틀 후 시애틀행 비행
기를 탔고 해가 질 무렵—북위도 지역의 6월에는 해가 아주 늦
게 진다—할머니 집으로 가는 친숙한 도로를 탔다. 학교와 집,
일과 가족, 동부 해안과 서부 해안, 미국과 캐나다, 전혀 딴 세
계처럼 보이던 곳들 간의 거리가 기적처럼 사라져버렸다. 밴쿠
버섬으로 가려고 차를 렌트했고, 밴쿠버와 라이언스게이트교
를 건너 북쪽으로 차를 몰던 중 버라드만의 반대편에 펼쳐진 산
맥들의 풍광을 만났다. 이곳의 아름다움이 얼마나 심오한지 새
삼 경탄했다. "신의 나라", 기이한 기도의 순간, 혼자 중얼거렸

다. "애초에 난 도대체 왜 이곳을 떠났을까?"

1년 전 똑같은 길을 지날 때의 나는 불안과 자포자기 상태에 빠져 이곳의 아름다움을 아픈 향수의 형태로밖에 느낄 수 없는 상태였다. 이제 나는 내가 그때 느끼고 싶었던 귀향의 감정을 느끼고 있었다. 차이라면 할머니가 더 이상 고향에 계시지 않는다는 것이었다.

놀라운 가족 상봉 시간을 보냈다. 한 달 전 할머니 생신 때 있었던 가족 모임은 훨씬 더 풍성했지만 그때 난 거기 없었다. 하지만 괜찮았다. 이번에 중요한 가족들이 다시 많이 모였기 때문이다. 어머니, 언니, 조카들, 이모와 이모부와 사촌들, 그리고 어린 시절부터 알고 지내던 친지들이 밴쿠버섬과 브리티시컬럼비아 전역에서 할머니 장례를 보러 와주었다. 토론토 고등학교 시절 가장 친하게 지냈던 친구도 왔다. 어느 해 여름방학 나와 우리 외갓집을 찾아갔던 것을 좋아했고 이후에 밴쿠버섬의 빅토리아에 정착하게 된 친구였다. 친지들은 할머니의 장례식을 준비하는 일 말고도 별도로 모임을 열었고, 같이 놀면서 대화를 나누었다. 다른 모임과 하등 다를 바 없었다.

장례식 채비조차 아주 즐거웠다. 이모들과 이모부들이 합리적인 가격의 관을 택해 할머니의 장례식을 치른 다음 관을 우리에게 넘겨 재활용을 하도록 조율해두었다. 관 없이 시신을 화장하면 장의사 쪽에서도 재활용이 가능해진다는 사실을 듣고 내린 결정이었다. 할아버지 장례식의 기억을 재연하면서 가족들은 저마다 다른 귀향을 체험하고 있었다. 할아버지의 장례식은 서둘러 치르는 바람에 공개적으로 슬퍼할 만한 전례랄 게 없었다. 당시 나는 외가에서 그리 멀지 않은 지역의 대학을 다니고 있었지만 내게 할아버지 장례식에 가라고 말해준 사람은 전혀 없었다. 이번에는 장례식 전날 저녁 할머니가 살던 집으로 돌아와, 들판을 지나 이모들이 결혼식을 치르기 위해 걸었던 길을 그대로 따라 집 건너편의 성당까지 걸어보았다. 목조 성당은 할아버지, 할머니가 기증한 땅에 지은 건물이다. 곧 그 도시의 언덕 위에 있는 더 큰 건물로 성당을 이전할 계획이었기 때문에, 할머니의 장례식은 소박한 목조 건물에서 치르는 마지막 장례식이 될 듯했다.

나는 그때껏 열어놓은 관을 본 적이 없었다. 책으로 그득한 서재, 할아버지가 글을 썼고 여러 해 동안 우리 가족이 모여 수많은 저녁을 보냈던 서재에 할머니의 관을 놓는 것이 합당해 보였다. 장의사들이 근엄하게 관을 들고 들어왔을 때도 우리는 웃으며 농담을 주고받았다. 아이들은 호기심에 가득 찬 눈으로 즐겁게 주변을 서성거렸다. 시신을 보는 것을 견딜 수 없어 하는 이들도 있는 듯했다. 내게 할머니는 돌아가신 게 아니라 그저 그곳에 존재했다. 할머니의 임종을 놓친 일은 몹시 슬펐지만 이런 배웅 또한 할머니를 마지막으로 만나는 길이었다. 할머니가 이번 가족 모임을 주재하고 있는 셈이었다. 할머니의 집과 육신이 할머니의 행동과 목소리와 정신의 부재를 점차 대신해가고 있었다. 할아버지가 집에 돌아왔을 때 어둡지 않도록 당신 침대 옆에 늘 켜두었던 촛불이 이제 할머니 옆을 지키고 있었다. 우리는 밤새워 할머니를 지켰다.

아직 조증 상태였던 나는 가족과 교류할 기회를 십분 활용했다. 밤을 새우는 동안, 가족 중 수다스러운 이모부와 보조를 맞추어 한밤중까지 긴 대화를 나누었다. 더 어린 사촌들과 조카들과는 여름에 할머니 집을 방문했을 때 함께 했던 익숙한 놀이를 했다. 잔디밭에서 크로켓을 하고 스프링클러로 물놀

이를 하고 다리 건너 가고팠던 상점도 가고 엘크 폭포에서 헤엄도 쳤다. 나는 사촌들보다 나이가 훨씬 많았기 때문에, 이제 몇몇 사촌이 나이가 들어 우리 가족사와 가족 관계의 역학에 관해 대화를 나눌 정도로 성숙해진 것이 몹시 기뻤다. 대가족이라는 관계망 덕에, 직계가족과 가끔씩 겪는 곤란한 관계 문제가 가려지는 효과도 좋았다.

가족이라는 인연을 통해, 가족으로 쌓아간 역사를 통해 이제라도 서로 접점을 발견하게 된 가족 구성원들과 함께 있으면서 애정—그들에 대한 나의 애정과 나에 대한 그들의 애정—이 벅차올랐다. 너무 멀리 사느라 가족들을 제대로 만나지 못해 얼마나 많은 것을 잃었는지 가슴 저미게 느낄 수 있었다. 할머니를 떠나보낸 여름의 상실감을 깊이 느끼는 가운데, 이제 떠났던 곳에서 이 대가족의 일원이 되는 일을 다시 해낼 수 있을 것 같았다. 이곳에서는 어떤 대화를 하건 나의 조증이 부적절하거나 어울리지 않는다는 느낌은 들지 않았다. 오히려 나의 조증 상태 덕에 가족들과 함께 하는 생활의 흐름을 따라갈 수 있었다.

당시 나는 격한 흥분 상태였기 때문에 장례식의 세세한 내용에 대한 기억은 흐릿하다. 하지만 장례식 때 할머니와 월식을 보았던 추억 이야기를 했다는 것은 기억이 난다. 좀 횡설수설했을 것 같긴 하지만 조증으로 인해 과감해진 나는 앞으로 성큼성큼 나가 이야기를 했다. 내 가족과 내 역사의 의의를 사람들 앞에서 말할 수 있었다는 사실이 지금도 기쁘다. 즐겁고 쾌활한 분위기, 가족들과 함께 있어 느끼는 친밀함을 느끼면서도, 할머니가 돌아가셨다는 사실로 인한 상실감과 슬픔 역시 손에 잡힐 듯 생생했다. 가만히 있어도 눈물이 줄줄 흐를 만

큰 상실감은 깊었다. 이 슬픔은 그해 봄 내내 강렬히 느낀 신성함을 향한 느낌과 새롭게 연결되어 있었다.

새로운 애착이 시작되고 있었다. 정기적으로 고향에 가려고 노력한다면 나는 이 세계의 일원임을 느낄 수 있을 것이다. 애착감은 결코 사라진 것이 아니었다. 캠벨 리버를 다시 찾기까지는 긴 시간이 걸렸다. 하지만 할머니가 없어도 그곳으로 가는 여정을 밟을 필요가 있다는 것은 알고 있었다.

『빌리지 보이스』

조증 상태에 있던 빠져 있던 그 봄에, 나는 [뉴욕의 문화 주간지] 『빌리지 보이스』에 두 번이나 이름을 올렸다. 사건의 전말은 이러했다. 뉴욕 소호에 있는 제리스라는 식당에서 친구와 점심을 먹던 중이었다. 제리스는 나와 친구들뿐 아니라 당시 그 동네에 사는 유명 인사들이 평소에 모여드는 조촐한 공간이었다. 밥을 먹다가 [배우이자 코미디언인] 샌드라 번하드가 우리 뒤쪽 칸막이한 자리에 앉아 있다는 사실을 알게 되었다. 식당을 나가다 말고, 번하드에게 가야 한다는 생각에 사로잡혀 그가 앉아 있는 자리로 발걸음을 돌렸다. 나중에 알게 되었는데 당시 번하드는 그곳에서 인터뷰 중이었다. 나는 그 전에 마돈나 사진이 표지에 실린 『배너티 페어』를 읽은 참이었다. 스티븐 마이젤이 찍은 근사한 화보가 함께 실린 잡지 기사를 읽으면서, 마돈나가 번하드와 연인 관계라는 소문에 관해 언급하지 않으려고 하는 태도에 실망했다. 나는 최대한 예의를 갖추어 샌드라와 상대의 대화에 끼어든 다음 샌드라에게, 마돈나한테

1부 우울 일기

당신들 둘의 관계에 대해 더 솔직히 이야기해달라고 말해줄 수 있는지 물었다.

샌드라의 대답은 애매모호했다. 자신은 그 유명한 친구와 별로 연락하지 않는다고 말한 것이다. 유명 인사와 만날 때 나는 대체로 할 말을 신속히 마친 다음 서둘러 자리를 떠나 부담을 최소화하는 태도를 취했기 때문에, 그때도 애매한 대답을 듣고 그냥 자리를 떠났다. 그래도 내가 만든 인상적인 순간을 만끽했고 좋은 일화 하나는 건졌다는 생각에 흡족했다.

나처럼 마돈나와 번하드의 팬이었던 한 친구가 『빌리지 보이스』에 내 이야기가 실렸다는 뉴스를 무미건조한 어투로 전해주었다. 별로 놀랍지 않다는 투였다. 레즈비언 시크lesbian chic가 크게 유행하던 해였으니 그럴 만도 했다. 알고 보니 당시 우리가 만났던 식당에서 샌드라 번하드는 『빌리지 보이스』의 퀴어 가십 칼럼니스트 마이클 무스토와 인터뷰를 하고 있었다. 불행히도 나는 그 기자를 알아보지 못했던 것이다. 때마침 무스토는 다이크 아이콘으로 등극하지 않으려는 샌드라의 태도에 압박을 가하고 있었고, 하필 그때 내가 등장해 마돈나와의 관계 문제를 거론했던 것이다. 이때부터 샌드라는 레즈비언 유명 인사가 되어야 한다는 압력에 저항하기 시작했다. 누구든 그에게 레즈비언 유명 인사가 되어야 한다는 암시라도 하면 예민한 반응을 보이게 된 것이다. 그 무렵 샌드라와 마돈나의 관계가 삐걱거리고 있었다는 사실도 밝혀졌다.

돌이켜보면 당시 샌드라 번하드가 내게 점잖게 응대했다는 사실이 놀라울 뿐이다. 남의 대화에 함부로 끼어드는 것도 이례적인데, 쉽게 거부할 수 없는 자신감까지 잔뜩 충전해 상대를 놀라게 했다. 무스토는 『빌리지 보이스』의 칼럼에서 나를 가리켜 "진중한 여성"이라는 표현을 썼고, 그때 했던 내 질문을 십분 활용해 샌드라의 레즈비언 가시성 문제를 건드렸다. 나는 부지불식간이었지만 기자에게 도움이 되었다는 사실이 기뻤고, 이 일 덕에 조증 상태에서도 내 사회적 견해는 크게 부정확한 게 아니라는 생각이 더욱 굳어졌다.

애석하지만, 그로부터 불과 얼마 후 『빌리지 보이스』 지에 두 번째로 내 이름이 실린 사건은 첫 번째에 비해 기분 좋은 일이 아니었다. 그 전에 나는 비판적 소설을 주제로 한 디아예술재단*의 학술대회에 참석했다. 토론 자리에서 오가던 다문화주의 논의가 세련된 쪽으로만 편중된 것 같아 혼란스러웠다. 이건 좀 아니다 싶어, 토론자로 나온 작가들에게 질문을 던졌다. 그중에는 소설가 미셸 클리프와 아르투로 이슬라스⁑가 있었다. 내가 그들에게 던진 질문은 토론 자리에 나와 예술계에 전시되고 있는 것이나 마찬가지인 당신네 작가들이 뉴욕, 소호, 특히 디아예술재단에서 차지하는 위상을 스스로 어떻게 생각하느냐는 것이었다. 그러자 관객 중 일부가 야유 섞인 소리를 냈다. 지금 생각해도 충격적이다. 당시 나는 강력한 권위가 없으면 비판적인 개입에 성공하기 어려울 수 있다는 사실도, 그 이유도 이해하지 못했다. 나는 그때 위상이 불확실한 세계, 나를 인정하는 사람들이 별로 없다 하더라도 돌발적인 질문을 던질 자격이 충분하다고 확신할 만큼 대담했다. 뭔가 제

* Dia Foundation. 1974년 미니멀리즘과 설치미술 작가들을 지원하기 위해 설립된 비영리 기관이다.
⁑ 미셸 클리프(Michelle Cliff)는 자메이카 출신의 미국 흑인 여성 작가이고, 아르투로 이슬라스(Arturo Islas)는 미국 치카노 문학의 대표 작가다.

1부 우울 일기

약이 있다는 느낌과 두려움이 없지는 않았지만, 그런 느낌을 돌파하는 힘이 지나치게 격렬했기 때문에, 거기서 분출된 내 에너지는 토론을 하자는 요청으로 수용되지 못하고 다른 사람들을 겨냥한 공격으로 해석되어버렸다.

그렇다 해도, 비난조의 반응에 속이 많이 상했다. 사람들이 내 질문을 왜 그토록 위협적이라고 생각했는지 의아했다. 프로작이라는 악마의 농간도 일부 작용했던 것 같다. 프로작이 내 생각이 옳고 꼭 필요하다는 확신을 주었을 것이다. 학술대회 이튿날, 전혀 모르는 몇 사람이 내게 마르크스주의자냐고 물었다. 적대적인 태도는 아니었다. 내가 학술대회에서 던졌던 질문이 정통 마르크스주의 이데올로기의 표명이라도 된다는 투였다. 다른 토론회에서 내 편을 들어준 사람은 제시카 해기돈이라는 필리핀계 미국인 작가였다. 해기돈은 그 "캐나다 여성"이 던진 질문에 합당하지 않은 내용이 전혀 없다는 의견을 피력했다. (캐나다 여성이라는 정체성은 뉴욕 예술계의 다문화주의에 대한 야심과 관계를 설정하면서 내가 스스로에게 부여한 위치 중 하나다.)

그로부터 두 주일 후, 다른 친구의 전화를 받았다. 역시 건조하지만 좀 비꼬는 톤으로 "너, 『빌리지 보이스』에 기사 또 났더라"라고 말했다. 내가 질문을 던졌던 학술대회를 주제로 스테이시 디라스모라는 기자가 쓴 보도였다. 나를 가리키는 "진중한 여성"이라는 표현은 "캐나다의 스탈린주의자"로 바뀌었고, 디라스모는 학술대회의 토론 절차에 관한 자신의 양면적 태도를 표현하기 위해 제2의 자아로 나를 써먹었다. 상황이야 어떠했건, 토론회 당시 나의 질문이 보도 대상이 될 정도로 주목할 만한 개입이었다는 점은 그때나 지금이나 충격이다.

이 두 사건, 그리고 특히 이 사건들을 다룬 요란한 기사들과 이름들은 조증의 힘의 징후이나 거기에는 나의 힘도 포함되어 있다. 나의 생각은 유명인사가 아닌 사람의 생각이었지만 대중의 주목을 끌 만한 가치가 있었고, 나는 언론 보도를 이끌어낼 힘이 있었다. 내 생각에 이 기사들은 중요한 진실을 밝혔을 뿐 아니라, 나로 하여금 내가 중요하다는 것을 그때도 지금도 알아보게 해주었다. 두려움과 타인의 눈을 의식하는 태도를 없앨 수 있는 방법이 프로작만 있는 건 아니겠지만, 어쨌거나 이 약물은 사람들이 자신의 가장 큰 자아에 도달하지 못하도록 막는 공포, 그리고 남의 눈치를 보는 불안을 제거할 수 있다. 나는 지금껏 약물의 도움 없이 그 단계까지 가려고 노력해왔다. 하지만 약물의 도움을 얻어 그 단계까지 도달해본 경험은 내가 세상에 큰 영향력을 끼칠 수 있다는 것을 가르쳐주었다고 지금도 생각한다. 조증 덕에 나는 사안의 핵심으로 돌진했고, 지금도 여전히 내 조증이 보여준 비전이 고맙다.

액팅 업

그것은 조증이었을까, 아니면 커밍아웃에 관한 또 하나의 이야기였을까? 1990년 봄여름, 내 개인사와 퀴어 문화의 풍성하고 생산적인 순간이 교차했다. 심지어 어떤 문화를 "퀴어" 문화 퀴어 활동가 단체인 액트 업과 퀴어 네이션, 이 단체들과 관련된 디바-TV와 갱 같은 예술가 단체, 레즈비언 클럽 행사인 걸바와 클릿 클럽, 그리고 뉴 페스티벌, 마돈나 팬덤 등의 문화 행사를 비롯하여 문화, 정치적으로 수많은 운동이 일어났다. 내 기분 역시 분명 이런 바의 행사들, 다양한 만남과 시위로 분출된 집단 에너지에 의해 한껏 부풀어 올랐다. 게이 프라이드 1990 행사 기간에 나는 재클린 오나시 스타일의 연분홍 빈티지 원피스를 입고 액트 업 단체 사람들과 함께 행진했다. 행진이 시작되기도 전에 인파에 밀려, 함께 갔던 친구와 뜻하지 않게 떨어지게 되었지만 퀴어 수천 명에게 둘러싸여 있어 개의치 않았다. 뉴욕 5번가를 행진하는 와중에 수많은 지점에서 우리는 에이즈 운동 시위의 일환으로 길바닥에 죽은 듯 드러눕는 다이인die-in 퍼포먼스를 했다. 1990년은 "나는 이성애자가 싫다"I Hate Straights라는 선언문이 나온 해였다. 퀴어 네이션이라는 단체를 낳고 퀴어 정치를 둘러싼 큰 논란을 일으켰던 문서다. 나는 5번가 남쪽에서 옛 친구들과 옛 애인들과 마주쳤다. 미래로 성큼성큼 발걸음을 내딛는 동시에 과거의 순간들과도 만난 셈이다. 저녁에 휴식을 좀 취한 후, 저녁 파티에 가려 다시 나갔다. 나이트클럽 팔라디엄에서 친구들을 만나지는 못했지만, 그 당시 5번가에 있던 케이브캐넘에서 걸 바가 주최한 파티에 꽤 늦은 시간까지 머물렀다. 그곳이 스파 시설이었던 터라 지하 공간에는 목욕탕이 남아 있었고, 그날 밤 원래 라운지로 쓰던 타일 목욕탕에는 물이 가득 차 있었다. 옷을 벗고 탕 속에서 춤을 추는 여성들이 있었고, 옆의 댄스 플로어는 가죽옷을 입은 레즈비언들이 접수한 상태였다. 믿기 어려운 장관이었다. 새로운 시대가 온다는 징조였다. 그때 이후로도 비슷한 광경을 수없이 봤지만 이날 밤의 풍경은 진화를 거듭하는 레즈비언 밤 문화와 클럽 문화에 대한 나의 경험에서 하이라이트로 남아 있다.

레즈비언 공간에서 공동체에 둘러싸여 있자니 전혀 외

롭지 않았다. 나로서는 그때보다 오히려 요즘 더 눈치를 보게
되고 생각이 많아진 것 같다. 레즈비언이라는 이유만으로 즉시
서로 친구가 되는 것은 아니기 때문이다. 그렇다고 이 새로운
인식이 반드시 더 계몽된 태도라고 생각지는 않는다. 레즈비언
밤 문화 행사가 으레 그렇듯 걸 바는 5번가 공간에서 쫓겨났지
만 다시 피라미드 클럽에 자리를 잡았고, 1990년 여름 나는 거
의 매주 클럽을 찾았다. 여름이 끝날 무렵 클릿 클럽도 시작되
었다. 나는 클릿 클럽의 첫 행사가 열리기 직전 뉴욕을 떠나야
했지만, 클릿 클럽을 출현시킨 문화적 용광로의 생생한 현장에
함께 있었다.

　　나이트클럽에서 커밍아웃을 하는 것은 익숙한 이야기
다. 내 커밍아웃은 이타카의 커먼 그라운드라는 바에서 시작되
었다. 춤을 추고 나이트클럽 생활을 하다 보면 어떤 그룹에 접
근하게 되고, 꼭 성관계를 하지 않아도 에로틱한 몸의 경험을
얻을 수 있다. 이 밤 문화는 억눌린 에너지를 분출할 수 있는 커
다란 출구이기도 하다. 혹자는 이걸 조증이라 부르겠지만.

　　1990년, 에이즈 활동가들의 문화는 새로운 퀴어 클
럽 문화를 낳았다. 나는 퀴어 네이션 회의 자리에 나갔고, 논쟁
이 자주 벌어지는 토론에도 참여했으며, 결국 커뮤니티 센터에
서 열린 거대한 규모의 회의 자리에서 과감한 발언도 하게 되었
다. 제일 매력적인 여성들은 다른 곳에 있는 듯했지만, 나는 사
람들을 만나고 프로젝트 작업도 하기 위해 액트 업의 여성 간
부 회의에도 참석했다. 멀리 이스트 빌리지에서 열리는 파티
에도 참석했다. 시각미술 단체인 갱이 "다이크"라는 문구로 장
식한 단체 모자 출시를 축하하기 위해 후원하고 개최한 파티였
다. 레즈비언 가시화를 위해 실행한 많은 프로젝트 중 하나였

다. 한편 나는 마르크스주의 문학 그룹 회의에서 디바-TV의 영상물 「시청을 겨냥하라」와 「교회를 멈추라」*를 상영했다. 여름 방학이라는 시간적 제약 탓에 뉴욕에서 벌어진 정치 활동에 대한 나의 참여는 다소 주변을 맴도는 정도였다. 그러나 그 전 해인 1989년, 다른 에너지가 분출하는 가운데 나는 오스틴의 액트 업 운동에 관여했다. 퀴어 운동은 내게 문화를 주었고 이 문화 안에서 나는 여성들과 섹스하는 일 못지않게 나 자신을 형성해나갔다.

　　그해 여름은 뉴욕시에서 보냈다는 점에서도 의미가 있었다. 뉴욕시는 언제나 퀴어 문화와 보헤미안 문화가 교차해온 장소다. 당시 내가 지내던 집은 보헤미안 문화의 중심지라 할 수 있는 맥두걸 스트리트 한복판에 있었다. 온갖 문물이 가까이 있었다. 낮에는 글을 쓰고 밤에는 놀러나가는 생활이 이어졌다. 오후가 되면 글 쓰는 작업도 쉴 겸 나가서 전시장을 둘러보고 상점에 진열된 물건을 구경하며 돌아다녔다. 20여 년이 지났지만 나는 지금도 이런 일상을 아주 좋아한다. 퀴어 운동은 동성 결혼 법제화 외의 의제를 유지하는 데 어려움을 겪어왔고, 퀴어 문화의 자본과 가시성 문제 때문에 가장 흥미로운 사람들이 중심으로 나오지 못하고 있긴 하지만, 나는 여전히 이곳에 있고, 뉴욕과 레즈비언임을 여전히 사랑한다. 나의 욕망은 조증 상태에 있던 1990년 여름 내내, 바로 이곳, 말 그대로 적재적소에 있었다. 뉴욕시 퀴어 문화의 일원이 되는 것을 비

* 1970년대 이래로 미국 복음주의 교회는 퀴어 혐오의 첨병 노릇을 해왔다.

롯해, 못할 게 없다는 의식으로 충만한 여름이었다.

1부 우울 일기

마감기한

펠로십 과정을 밟던 기간과 뉴욕시에서 조증 상태로 보낸 여름 동안 소용돌이쳤던 감정이 가라앉고 있었다. 개학이 다가와 강의를 위해 오스틴으로 돌아가야 했다. 한 달도 안 되어 지난해 못지않게 나빠 보이는 우울과 자포자기 상태로 곤두박질쳤다. 기분이 내리막길로 치달은 원인 중 하나는 나의 지나친 과속의 원인이 프로작 탓임을 알자마자 약 복용을 중단했다는 것, 서서히 줄여가긴 했지만 의사의 모니터링은 받지 않았다는 것 때문일 수 있다. 하지만 오스틴에 아직 제대로 정착한 상태가 아니었다는 점, 1년 넘게 다른 도시에 가 있었던 탓에 오스틴에 돌아와서 다시 처음부터 새 인연을 맺어야 했다는 점도 우울이 도진 이유였다. 가장 친한 동료들은 다른 직장으로 떠났고, 그나마 남아 있는 의미 있는 인연이나 관계는 아직 굳건하지 않아 보였다.

계약했던 단행본의 마감기한이 다가온다는 사실도 공황의 두 가지 극단적 증상인 불안과 얼어붙는 듯한 마비 상태의 원인이었다. 텍사스로 돌아온 후 출판사 담당 편집자에게 전화를 걸어 10월 15일까지 원고를 넘기기로 합의했다. 포스트잇에 마감일을 써서 냉장고에 붙여놓고 이 책만 다 쓰면 상황이 나아질 수 있다고 다짐하듯 희망을 불어넣었다. 희한한 일이지만, 제대로 생각하지 못하는 무능한 상태가 오히려 득이 되었다. 책이 완성이 되었는지 여부를 제대로 식별하지 못하는 상태에서도 꾸역꾸역 글은 썼고, 마감기한에 늦지 않게 원고를 보냈기 때문이다.

원고를 보내고 한 달이 채 안 되어 편집자에게서 연락이 왔다. 출판사가 출간 전 원고 점검을 위해 고용한 독자가 원고를 읽은 후 몇몇 명확한 설명이 필요한 부분들이 있다고 피드백을 해주었다는 보고를 받았다. 편집자의 요청에 따라 답을 썼다. 그 후 정식 단행본 계약을 맺었다. 내 학문 경력에서 가장 중요한 이정표 중 하나를 세운 일이라 분명 축하할 만했다. 특히 강의 4년 차에 종신 교수직 심사를 앞둔 터라 더더욱 그랬다. 하지만 전혀 기쁘지 않았다. 그토록 좋은 소식도 이제 끝조차 보이지 않게 되어버린 무자비한 두려움에 아무런 영향도 끼치지 못했다. 1년 전 겪은 우울 상태로 돌아가면 이젠 어떻게 탈출구를 찾아야 하나? 지난봄에 찾아왔던 안도감은 무의미했다. 어떤 일을 하려 해도 압도적인 어려움에 시달리는 납작하

1부 우울 일기

고 무감한 일상으로 돌아온 것이다. 해야 할 일만 간신히 하면서 일상을 살았다. 하버드대학교에서 열린 2차 게이레즈비언 학술대회까지 참석했다. 이번 대회는 전보다 규모도 더 컸고 화려했다. 나는 마돈나와 인종과 보깅을 주제로 논문까지 냈다. 여름에 제안서를 쓰면서 그토록 짜릿하던 주제를 다룬 논문이었다. 그러나 아무것도 느끼지 못했다.

두 번째 우울증

내 이론으로, 우울증은 두 번째 닥쳤을 때 훨씬 더 심각하다. 우울증이 재발했다는 사실 자체가 어마어마한 실망감을 안기기 때문이다. 느닷없이 재발한 우울증 탓에, 어떤 휴식을 취하건 조증이 찾아오건 평온한 상태가 되건, 아니면 고맙게도 특별한 사건이 없건 상관없다. 모든 것이 무의미해 보인다. 상태가 호전되어도 어느 순간 가차 없이 나빠질 수 있기 때문이다. 우울증을 한 번 겪고 나면, 두려움, 자포자기, 절망 같은 감정들이 급속히 자리를 잡는다. 이런 부정적인 감정은 이제 미래에 대한 생각뿐 아니라 우울 상태에도 들러붙기 때문이다. 알다시피 이런 상태는 영원히 지속될 수 있고 지금쯤이 되면 필시 인생의 진실, 끝없는 순환으로까지 보인다. 불안의 그림자가 드리우기 시작하자마자 공황이 시작되어 아침에 벌떡 깨고 진땀이 나며 다른 어떤 것도 생각할 수 없는 상태가 되고 만다. 기분이 나쁘다는 사실 때문에 또 기분이 더 나빠지는 추락의 소용돌이에 빠지는 것이다. 이런 어려움에서 벗어난 상태를 유지하는 일에 관해 뭔가 배웠다고 생각했는데 그게 다 충분치 않다는 게 판명된 상황에서 이제 뭘 어떻게 해야 하나? 만일 계획을 떠올린다 해도(그조차 의심스럽지만 잠시라도 그게 가능할 수도 있다고 상상하려 애쓴다 해도), 우울이 잠복 공격을 가해 행위 주체성이 파괴되는데 계획을 실행하는 게 가능은 할까? 도대체 어떻게?

생선으로 차린 저녁밥

1990년 가을 친구 존이 에이즈 합병증으로 병세가 위중해졌다. 존은 집에 있었지만 늘 침대에 누워 있었고 남자친구인 스킵이 존을 돌보았다. 나는 우울 상태가 너무 심각해져 두 사람에게 도움이 되는 일이라고는 전혀 하지 못했지만, 일주일에 한 번 정도 함께 저녁밥을 먹고 같이 시간이라도 보내러 존의 집에 가는 일을 서서히 규칙적인 일상으로 만들었다. 스킵은 사람들을 모아서 일을 꾸미는 걸 좋아했고, 그 때문에 사람들은 스킵이 자신들을 조종하려 든다며 반기를 들기도 했지만, 우울이 초래한 수동성 때문에 스킵의 행동이 나한테는 아무렇지도 않았다. 스킵은 내가 자기 말을 아주 잘 들어준다며 신나 했다. 그가 차리는 저녁 메뉴는 대개 생선 요리였다. 중환자인 존이 먹을 수 있는 게 그것뿐이라 그랬을 것이다. 스킵은 아주 얇게 썬 송어를 버터에 재빨리 볶아 감자와 채소를 곁들여 상에 내놓았다. 우리는 텔레비전을 보면서 수다를 떨었고 존은 침대에서 일어나 주방 문 옆에서 담배를 피웠다. 때로 둘은 다투었고 나는 말없이 들었다.

　　둘에게 도움이 되는 일을 더 적극적으로 하지 못해 기

분이 좋지 않았다. 음식 한번 해준 적도, 뭔가 사 들고 간 적도 없다. 존의 병세를 조금이라도 완화하는 데 필요한 아이디어 조차 낸 적이 없다. 그래도 둘과 함께 지낸 저녁 시간은 지금도 기억에 남는다. 편안했고, 그나마 내게 할 일이 생겼기 때문이 다. 우리는 서로의 곁에 있어주었다. 그건 그 자체로 선물이었 다. 내가 해야 하는 일이라고는 그들 옆에 있는 것뿐이었다. 상 대를 즐겁게 해줘야 한다거나 상황에 맞는 이야기를 해야 한다 는 압박이 없었다. 필요한 건 가장 기본적인 형태의 우애, 그저 다른 사람이 옆에 있어주는 것뿐이었다. 존과 스킵이 아무 요 구도 하지 않아서 편안하기도 했지만, 나는 조니[존의 애칭]가 병마와 싸우며 생사를 오가는 모습을 지켜보았다. 결국 존은 싸움을 포기했다. 가을이 지나면서 기력이 더 쇠해졌고 열의도 시들었다. 그러나 다정함과 인내심만은 여전했다. 존은 음식을 넘기지 못했다. 편안하게 누워 있는 일조차 힘들었다. 존이 조 금이라도 나아질 현실적 가능성은 없었다. 존의 연명은 스킵의 의지였다. 스킵은 존의 침실에 튜버로즈가 떨어지지 않도록 하 고 새 음반을 사들이고 방문객과 일상의 활동을 세심하게 조율 해나갔다. 존은 스킵이 내는 힘으로 버텼다.

나는 스킵의 결의에 편승해, 죽어가는 사람의 생을 지 탱하는 데 쓰이는 에너지에서 이득을 얻었다. 육신으로 죽어가 는 사람은 존이었지만 정신적으로는 내가 더 죽은 사람 같다고 느꼈다. 이 연인들이 마주한 위기는 손에 잡힐 듯한 형체가 있 어, 그 덕에 두 사람은 힘과 행위주체성을 발휘하고 있었다. 내 게는 없는 것들이었다. 나는 우울이 죽어가는 상태보다 더 나 쁘다는 생각 때문에 괴롭고 창피했다. 하지만 이런 생각은 비 뚤어졌으나마 실낱같은 희망을 주기도 했다. 죽음이 우울보다 낫다는 관념은 진실이 아니라는 것을 알고 있었기 때문이다. 그렇다면 거짓된 생각을 하도록 만든 자포자기를 격파할 수 있을지도 모르니까.

요가

Y라는 곳에서 요가 강좌를 듣기 시작했다. 주 2회, 몸집이 크고 목소리가 부드러운 여성 강사가 회원들을 하나하나 돌보듯 가르쳐주었다. 가식이라고는 찾아볼 수 없는 분위기였다. 꽤 다양한 종류의 사람들이 거대한 콘크리트 블록으로 된 방으로 모여들었다. 그중 많은 이들은 몸을 쓰는 일에 거의 경험이 없는 사람들이었다. 다시 등장한 요가 호황이 이제 막 시작된 참이라, 아름다운 여인들로 가득한 화려한 요가 스튜디오의 유행은 아직 오스틴까지 당도하지 않았다.

나는 요가 체험에 자신을 내맡겼다. 일주일에 두 번, 강좌를 받는 90분 동안만큼은 지시를 따르는 일을 제외하고는 생각을 할 필요가 없었다. 요가 자세는 쉬웠다. 요가 자세를 하면서, 요가가 처음 대중화되던 1970년대, 내가 10대 시절 배웠던 요가 동작뿐 아니라 오랫동안 받았던 수많은 춤 강습이 떠올랐다. 파트너와 같이 동작을 할 때도 있었지만 대부분은 홀로 내 몸속에 온전히 존재할 수 있었다. 몸속에 온전히 존재한다는 관념이라니, 보통 때 같으면 상투적인 표현이라며 거부했겠지만, 이제 나는 그게 무슨 뜻인지 이해하게 된 참이었다. 요가 수업은 내게 하나의 의례가 되었고, 요가 수업이 끝나면 내면이 완전히 다른 사람이 되어 다시 일을 할 수 있는 상태로 귀가했다.

몸을 쓰는 일은 내 건강과 행복에 중요했지만 텍사스로 오게 되면서 등한시했었다. 사실 나는 어렸을 때부터 온갖 종류의 댄스 수업을 받으며 자랐다. 대여섯 살 때 발레를 시작했고, 고등학교와 대학 시절 몸을 덜 움직이는 시기를 잠깐 보내긴 했지만, 대학원 시절에는 거의 매일 댄스 강습을 받았다. 춤이라는 비밀 세계는 책을 읽고 토론과 대화를 나누고 논문을 쓰는 지적 작업과 전혀 다른 삶의 방식을 제공해주었다. 내 몸의 각 부분을 움직이고, 스트레칭을 하고, 같은 동작을 반복하고, 공간에서 새로운 방식으로 몸을 움직이게 해주는 안무를 조금씩 배우는 일상이 참 좋았다.

오스틴으로 오면서 시간도 없었지만, 그나마 가보았던 춤 강습에서는 내 나이가 턱없이 많게 느껴졌다. 강습 시간에 너무 긴장한 나머지 움직이다가 다칠 수 있다는 두려움이 엄습한다는 사실을 알고 사뭇 충격을 받았다. 옛날에는 생각할 필요 없이 자연스레 움직였던 몸이 이제 사력을 다해야 제대로 움직일 수 있는 몸으로 변했다. 반면 요가는 훨씬 더 친절했다. 요가를 할 때는 춤을 추다 내면화되기 십상인 완벽주의와 거기서 비롯되는 자기비하를 겪지 않아도 됐고, 그러면서도 평생 몸을 쓰며 보낸 나의 세월과 지금 나의 상태가 이어져 있다는 느낌을 받았다. 요가는 춤을 추며 보냈던 내 성장기의 역사에 정당성을 부여해주었다. 이상화된 관념적 여성성을 경박하게, 혹은 내게 해로운 쪽으로 뒤좇지 않으면서 몸으로 앎을 추구하기 위해 춤을 추었던 내 과거가 요가를 통해 타당성을 인정받는 느낌이었다. 수영처럼 요가는 이제 내 삶에서 영구적인 일상이 되었고, 내 마음과 영혼을 돌보기 위해 내 몸을 쓰는 데 가장 중요한 도구가 되었다.

추도식

아주 사소한 일상의 의무조차 간신히 해나가고 있었지만, 존이 세상을 떠나면 그의 추도식을 맡아 하겠다고 덜컥 약속을 하고 말았다. 어떻게 거절할 수 있단 말인가? 내게 그런 중요한 행사를 부탁하다니 나로서는 고마울 일이었던 데다, 그해 겨울 존과 스킵과 그토록 많은 시간을 함께한 상황에서 존의 추도식은 도저히 거부할 수 없는 나의 책임이자 의무였다. 그걸 거절하는 일조차 내가 당시 갖고 있던 행위주체성을 넘어서는 힘이 필요할 터이기도 했다. 에이즈가 성행하던 그 시절, 사람들은 자신의 추도식을 미리 계획했고, 존은 자신의 추도식을 두고 세세하게 이야기를 하진 않았지만 직관적으로 생각하는 것은 있었다. 존의 한 가지 중요한 요청은 추도식이 4원소(물, 흙, 공기, 불)에 기반을 두어야 한다는 것이었다. 언제나 그랬듯 내 뒤에서 일을 조율하는 것은 스킵이었고, 그가 고집을 부리는 바람에 내가 사는 집에서 추도식 계획 회의를 해야 했다. 내 예술가 친구들이 아이디어를 내주었고 나는 참을성 있게 아이디어를 들으며 메모를 했다.

　　조니는 그 주 후반 집에서 세상을 떴다. 스킵은 존의 나신을 시트로 덮어 거실에 두었다. 거실은 가구나 물건 하나 없이 텅 비워두었다. 존의 시신을 둔 공간을 마치 무대나 공연 설치물을 만들 듯 꾸몄다. 뜨고 있는 조니의 두 눈에는 동전을 덮었고, 그의 몸을 뒤덮은 로즈마리 가지의 향이 거실에 가득

했다. 조니는 살아 있을 때나 다름없이 아름다웠지만, 이제는 가슴 저미게 아름다운 모습으로 미동 하나 없이 누워 있었다. 사람들이 하루 종일 모여들어 에이즈로 촉발된 특이한 의례들을 창조했다.

조니가 떠나고 일주일 후 열린 추도식은 여러 사람들의 노력으로 꾸린 행사였다. 나는 주최자였지만 수동적인 통로나 전달자로 그 자리에 있는 느낌이었다. 우리는 강가에 있는 어느 아름다운 장소에 모였다. 자연 센터 건물 바로 아래쪽, 스킵이 정원처럼 꾸미도록 설계를 도운 장소였다. 오후 날씨가 쌀쌀했지만 햇빛은 찬란했다. 공동으로 마련한 수많은 행사 순서 중 첫 순서에서 내 친구 케이가 내 옆에 서서 공동으로 사회를 보았다. 케이가 식을 주도했고, 조니의 유언을 따라 4원소 각각을 통합하는 의례를 짜서 실행했다. 우리는 물을 푸고 흙을 뜨고 불과 공기를 섞는 의미로 양초를 켰다. 이 의식은 내게 큰 감동을 주었다. 우리가 뭔가 아름다운 일을 벌였다는 것이 실감났다.

날이 어두워지면서 사람들은 추워했지만 케이와 나는 커다란 원 한가운데 서서 의식을 계속 진행했다. 사람들에게 존과 관련된 추억을 이야기해달라고 청했다. 그 후 몇 년 동안 내게는 익숙해진 추도 의식이었지만 그때만 해도 새로운 시도였다. 나는 과달루페의 성처녀가 지닌 의미도 제대로 알기 전에 성처녀를 그린 존의 그림에 매료되었던 일, 그 덕에 텍사스가 내 고향이 될 수 있음을 이해할 수 있었던 사연을 이야기했다. 아무것도 할 수 없다는 느낌에 시달리는 와중에도 이 이야기를 했던 일은 마음으로부터 우러나는 이야기를 공적 증언의 형식으로 하는 법을 알게 된 중요한 분기점이 되었다. 죽음과 애도의 강력한 힘이 내 절망의 무게를 가까스로 이겨냈다. 삶이 할 수 없는 방식으로 거둔 귀한 승리였다.

영감

단행본을 마칠 수 있었던 이유가 항우울제를 다시 복용했기 때문이라고 할 사람도 일부 있을지 모르겠다. 책 막바지 작업을 하던 겨울 동안 이미프라민이라는 1세대 항우울제를 복용하기 시작했다. 프로작이 초래했던 조증 효과 없이 불안을 경감시켜준다는 약이었다. 나를 좀비의 세계에서 벗어나게 하는데 이 약이 일정 정도 역할을 한 건 분명하지만, 내가 차도를 보인 더 큰 이유는 서론을 쓰고 책 전체의 개념을 잡는 일을 방해했던 지식과 사유의 심각한 난제를 해결했기 때문이다. 결국 내 변화의 계기를 만들어준 것은 새 동료 로라 로메로였다. 그 과정에서 로라는 내 가장 친한 친구 중 한 명이 되었다. (여기서 로라의 이름을 밝히는 것은 지금 쓰고 있는 부분이 로라를 향한 추모이기도 하기 때문이다. 로라는 우울과 사투를 벌이다 1997년 자살로 생을 마감했다.)

내가 쓴 서론에 관해 이야기하자 로라는 원고를 읽어주겠다고 했다. 그 후 탁월한 피드백을 주었고, 소설 『톰 아저씨의 오두막』에 관해 쓴 자신의 논문도 읽어보라고 빌려주었다. 이 소설의 작가 해리엇 비처 스토의 가정성domesticity*을 읽어낼 때 푸코의 논의가 지니는 함의를 놀랍도록 명료하게 설명한 논문이었다. 로라가 지적한 논점은 빅토리아 시대 소설의 선정성과 많은 면에서 유사했다. 탁월한 개념 전환을 바탕으로, 로메로는 저항을 통해 권력에서 벗어날 수 없다고 주장한 푸코주의 해석자들이 푸코가 규율 개념으로 대체하려 했던 처벌 모델을 그대로 재탕하고 있다고 지적했다. 그의 반론은 권력과 지배의 방식인 가정성이 저항의 방식일 수도 있다는 것이었다. 이러한 견해를 읽는 작업은 서론에 대한 내 생각에 기적 같은 영향을 끼쳤다. 그의 주장은 내가 나의 푸코식 비평을 유지하면서도 선정성을 진보의 힘으로 삼을 가능성을 도입할 수 있다는 뜻이었기 때문이다. 로메로는 자신의 주장 자체를 빼다 박은 방식으로 이론적 논의 역시 깔끔하고 간결하게 이어갔고, 그걸 보면서 나 역시 할 수 있다는 생각이 들었다. 로메로의 논증 자체가, 막혔다는 느낌과 할 수 있다는 느낌 사이의 긴장을 주제로 다루었기 때문이다. 바로 이 긴장과 관련된 문제가 풀리지 않아 내내 괴로웠다는 것을 깨달았고, 돌연 선정적 재현의 생산적 활용에 대해 서론에 언급해야 한다는 것을 명확히 알게 되었다. 나는 멍청하지 않았다. 나는 그저 난제로 교착 상태에 빠져 있었던 것뿐이다. 드디어 문제를 해결했다.

이토록 열정과 확신에 넘쳐 글을 써본 적이 없다. 원고를 내야 할 때마다 체념하며 마감했던 빈약한 서론이 이제 자연스러운 구조를 갖춘 탄탄한 분량의 글로 확장되었다. 내게는 해야 할 말들이 있었고 그 말을 전달하는 방법 역시 모호하지 않았다. 박사학위논문이나 단행본을 쓰는 오랜 과정에서 한 번도 가능하지 않았던 절대적 확신이 생겼다. 심지어 현대 페

---

* 19세기 영국과 미국이 이상화한 여성의 사회적 역할과 덕목을 구성하는 원칙.

미니즘과 에이즈 위기에 관한 논의를 선정성과 감정 표현의 긍정적 가능성에 관한 내 주장의 일부로 포함시킬 방안까지 찾아냈다. 이것이 내 책이 도달한 핵심이었다. 내가 마주한 난제에는 실제로 해결책이 있었고, 그 덕에 나의 절망에도 이해할 수 있는 원인이 있는 것처럼 보였다. 나는 우울증이 그런 것이라 확신한다. 우리를 병들게 하는 문제는 현실적인 해결책을 찾을 수 있다. 우리의 몸이나 정신에는 아무 문제도 없다. 때로 그저 꼼짝 못 하는 상태에 빠질 뿐이다.

강으로 돌아가다

할머니가 돌아가신 후 8년이 지나서야 나는 캠벨 리버로 돌아갔다. 그 사이에 브리티시컬럼비아 주정부가 할머니 집을 넘겨받아, 아침 식사를 제공하는 숙박시설로, 할아버지가 생전에 글을 쓰며 진척했던 환경 문제를 다루는 교육 센터로 운영하고 있었다. 내 가족이 지내던 집이 역사 유적지로 바뀐 모습을 보고 있자니 묘한 기분이 들었지만, 그래도 그건 할아버지, 할머니의 집이 두 분의 생전처럼 유지되어 내가 어린 시절 알던 집과 놀랍도록 유사한 모습으로 남는다는 뜻이기도 했다.

고향 친지를 찾아가 함께 보낼 소중한 시간을 아끼면서까지 이런 특정 장소에 지나친 의미를 부여하는 게 아닌가 싶은 생각이 들지 않았던 것은 아니다. 하지만 할머니 집과 주변의 땅은 여기저기 떠돌며 사는 내 삶에서 단 하나 변치 않는 고향 같은 곳이었다. 그곳으로 돌아가면서 나는 프루스트와 정서적 추억을 기억하는 몸의 감각에 관해 생각한다. 할머니가 소장했던 세 권짜리 플레야드판* 프루스트 소설, 지금은 오스틴의 내 책장에 있는 이 책이 어린 시절 나를 매료시켰던 할아버지 서재의 책들 속에 끼어 있었기 때문에 더더욱 그랬다. 어느여름, 나는 잔디에 누워 프루스트의 소설을 읽었고, 할머니의프랑스어판 소설을 내 영어 번역판 옆에 두었다.

캠벨 리버의 할머니 집으로 돌아온 첫날 아침, 강 쪽으로 내려가 사과 과수원 옆 우리 가족의 작은 강변이었던 지점을 찾아보았다. 집 앞 잔디에서 강 상류 쪽, 우리가 댐이라 불렀던 돌출된 바위를 지난 곳에 있었다. 풀이 너무 자라 강변은 거의 알아볼 수 없을 지경이 되어 있었다. 가을이면 강의 수위가 여름의 익숙한 수위보다 훨씬 올라가기 때문에 더더욱 그랬다. 강 위쪽에 쓰러져 있었던 나무, 우리가 기어오르곤 했던 그나무도 사라져버렸다. 바위 위에 자그마한 집을 짓는 데 쓰던모래는 물속에 가라앉았다. 주변 들판의 길과 울타리의 배치도바뀌었다. 강가에 있던 나무배는 우리가 다니던 초등학교, 디스커버리 패시지 학교를 상징하는 행렬용 배로 우리가 꾸몄었다. 이제 그 배도 30년 세월에 완전히 낡아 부서져 있었다. (할아버지의 서재에는 밴쿠버섬과 본토를 가르는 강을 따라 항해하는 밴쿠버 선장의 유명한 이야기를 다룬 책들이 있었는데, 언니가 어느 복권 행사에서 기적처럼 이 나무배를 당첨 상품으로 타서 할아버지 집으로 가져온 덕에 다들 신이 나 어쩔 줄 몰

---

* 플레야드(Pléiade) 총서는 프랑스의 갈리마르 출판사가 출간하는 주요 총서 중 하나로, 작가들의 빼어난 저술을 한데 모으고 각 권마다 고증 관련 자료를 실어 출간해 명망 있는 참조본의 지위를 지닌다.

랐다.) 세월의 풍파에 많은 것이 변하긴 했지만 다들 여전히 친숙했다. 과거의 추억이 생생히 되살아났다.

할머니 집에서 지내던 어느 날 밤은 할아버지 서재에서 홀로 시간을 보냈다. 할아버지의 서재는 우리 가족이 사랑해 마지않는 공간이자, 작가가 꿈꾸는 완벽한 작업실이다. 한쪽 구석에 책상이 있고 책상 앞에는 그림 같은 창문으로 강이 보이고, 벽난로, 그리고 사람들이 모일 수 있도록 (할아버지께서 직접 제작한) 커다란 목재 커피 테이블까지 갖춘 공간이었다. 하지만 할아버지가 돌아가신 후에는 집에 많은 사람들이 동시에 머물지 않는 이상 그곳에 들어가는 일은 별로 없었다. 오랜 세월 이 집의 생활 중심은 대개 주방이었다. 할머니는 주방에서 책을 읽고 일을 하고 집에 찾아온 사람들을 환대해주었다. 하지만 서재의 모든 벽마다 그득한 책들 사이에 혼자 있는 것은 많은 사람들과 함께 그곳에 있는 것 못지않게 강렬한 경험이었다. 서재가 사람들이 모이던 사교의 중심이었다는 기억 역시 생생하고 풍요롭다.

2층 침실의 구석구석도 추억이 알알이 배어 있었다. 집의 정면 쪽에 위치한 녹색과 보라색 방, 어린 시절 언니와 나는 엄마와 이모가 쓰던 트윈베드에서 자곤 했다. 중앙에 있는 더 작은 방은 삼촌의 방으로 할머니와 내가 월식을 봤던 공간이다. 그리고 파란색 손님방은 강 풍경이 보이는 방으로 언니와 내가 더 자라 여름 동안 각자 할머니 집을 방문했을 때 머물던 공간이다. 노란색 오리털 이불은 이제 없지만 저 아래 강물 소리를 들으며 옛날 침대에 누워 있으면 그 노란 이불을 덮고 있는 느낌이 든다.

11월 내내 비가 오고 날이 어둠침침했다. 지리적으로

꽤 북쪽에 있는 이 지역의 낮이 얼마나 짧은지 잊고 있었다. 일몰이 오기 전에 바깥 활동을 마무리하려면 서둘러야 했다. 비가 계속 오는 것은 큰 장애물이 아니었다. 이 지역 풍광에서 비는 빼놓을 수 없는 특징이었기 때문이다. 습기는 바다와 강의 아름다움—미라클 해변의 해초와 유목, 상록수들, 폭포들, 그리고 엘크 폭포 길의 흙벽들—을 오히려 배가해주었다. 이곳의 땅은 산업과 개발에 침식당해 취약해졌지만, 그럼에도 불구하고 아름다움과 신성함이 손에 잡힐 듯 생생히 남아 있다. 심지어 백인들조차도 이곳에서는 자연을 존중해야 할 필요를 느낄 정도다. 토착민의 존재를 알아차릴 수밖에 없는 땅인 까닭이다.

할아버지의 첫 책 『실버』는 연어의 생애주기를 다룬 책이고, 치누크 연어의 강과 바다 간 이주를 다룬 『강으로 돌아가다』라는 제목의 책도 할아버지가 썼다. 할아버지가 돌아가신 후 친구들과 동료들은 킹피셔 개울 협회라는 단체를 만들어, 할아버지 땅의 개울을 강과 다시 이어 연어들이 알을 낳으러 돌아올 수 있도록 힘썼다. 개울은 자연이라는 소우주 내에서 지속 가능한 개발과 공동체 참여의 아름다운 모델을 제공한다. 내 할아버지는 영국의 수필 작가 아이작 월턴과 낭만주의 시인 윌리엄 워즈워스의 전통을 이어받은 영국 농촌의 젠틀맨과, 진보적 신세계 정착민의 정체성을 모두 갖고 있던 분으로, 환경 정치는 지역의 개울이나 땅 한 뙈기와의 친밀성에서 발전될 수 있다는 신념을 지녔다. 할아버지 집을 관리하는 분과 함께 새로 조성한 개울을 돌아다니면서, 헛간 뒤 위쪽 지역, 땅을 개간한 쪽으로는 한 번도 가본 적이 없다는 것을 깨달았다. 심지어 세월이 많이 흘러 새로 발견된 장소들이 많았는데도 말이다.

성체가 된 연어 여러 마리가 죽어 있거나 죽어가는 모습이 보였다. 전신에 군데군데 흰 자국이 나 있는, 늙고 초라한 모습이었다. 한 놈이 천천히 꼬리를 퍼드덕거리듯 움직이긴 했지만, 딱히 움직인다고 할 수는 없었다. 고향으로 돌아와 생을 마칠 때의 반사작용일 뿐이었다. 그토록 많은 연어들이 댐과 오염 탓에 민물로 귀향하지 못하는 이런 시절에 고향으로 돌아와 죽어가는 연어의 모습은 기적 같은 광경이다.

나 역시 연어처럼 강에서 고향을 찾으려 했다. 거의 10년 전 이곳으로 귀향했을 때, 나는 자포자기 상태를 벗어나기 위해 어떤 형태의 계몽이나 안정이나 정박지를 찾아 순례를 하고 있던 셈이었다. 나를 피해 가는 듯했던 가족과의 친밀성에 의지할 수 있기를 바랐다. 이번 귀향에서는 그런 걸 기대하지는 않았다. 그런데 나보다 훨씬 어린 사촌들과 새로운 관계가 생겼다. 그들도 이제 어른이 되어가고 있었다.

때로 나는 캠벨 리버를 가리켜 농담조로 "내 조상의 고향"이라 부른다. 이 땅의 힘과 아름다움뿐 아니라 안정감과 정체성을 부여해준 조부모를 기리기 위함이다. 물론 나는 이곳이 실제로 그분들의 소유지나 내가 물려받을 소유지가 아니라는 것을 잘 알고 있다. 멀지 않은 과거, 이 땅은 원주민들의 땅이었다. 우리 조부모가 이곳에 오기 훨씬 오래전부터 원주민의 역사는 이 땅에서 이어져왔다. 이 땅이 공유지로 귀속된 건 다행이다. 땅을 원주민들에게 돌려주는 것과 같지는 않아도 그나마 적절한 조치다. 나를 키워준 이 땅의 역사는 복잡하다. 이곳은 절망의 현장이기도 하다. 내 아버지가 무너진 곳이며 내가 돌연 떠난 곳이다. 이곳을 떠난 나는 1년 동안 세 번이나 이사를 다니다, 결국 멀리 떨어진 평평하고 낯선 오대호 연안의 토론토에 살게 되었다. 고향을 자연화하거나 낭만화하고 싶진 않다. 특히 장소이동dislocation은 나를 형성하는 생산적인 힘이었다고 생각하기에 더더욱 그렇다. 나는 "직접 고향에 가는 것" 외에도 소속감, 그리고 내 몸과 이어져 있다는 느낌을 가질 대안들을 찾아냈다. 무엇보다, 돌아갈 고향이 늘 있는 것은 아니라는 것을 알고 있기 때문이다.

그러나 때로는 어린 시절의 땅과 접촉해 내 정체성과 이어진 추억을 찾고 싶은 필요를 느낀다. 잃어버린 낙원을 호출하자는 것은 아니다. 그저 나를 떠나게 했던 아픈 역사를 인정함으로써 돌아간다는 것이 무엇을 의미하는지 알아내려는 것이다. 내 장소이동의 역사는 생화학적 불균형만큼이나 내 아버지에게 영향을 끼쳤던 이주와 장소이동의 역사들과 이어져 있다. 이곳에서도 원주민들을 내쫓았던 (내 조부모도 연루되어 있는) 정착민 식민주의를 어렵지 않게 볼 수 있다. 일어난 지 얼마 되지 않은 일이기 때문이다. 이곳에서는 여전히 건재한 콰콰케와쿠족의 존재도 느껴진다. 이들은 내 조부모님의 집과 마을 주변에 있던 보호구역 내에 지정받은 토지와 그곳에 지은 집에 살면서 내 어린 시절 내 공동체 삶의 일부였던 이들이다. 내가 학계에서, 특히 퀴어 디아스포라 연구에서 배웠던 기원에 대한 회의적 시각은 땅과 연결하는 일에 관한 토착민의 사유를 알고 있는 나의 인식과 일치한다. 내가 생각하는 "내 조상의 고향"은 행복하지만 또 슬프기도 한 수많은 역사들의 현장, 나 자신의 역사, 다른 이들에게 속한 역사들의 현장이다.

내 마음만큼은 제자리에 있었다

내 어린 시절의 땅으로 돌아가는 결정은 틀리지 않았다. 그것은 실패도, 판단착오로 빚어진 탐색도 아니었다. 가장 어둡고 제정신이 아닌 순간에도 내 직관만큼은 말 그대로 올바른 방향을 향하고 있었기 때문이다. 마음속에 늘 떠오르는 구절은 "내 마음만큼은 제자리에 있었다"My heart was in the right place라는 표현이었다. 원래는 오해를 풀기 위해 의도는 좋았다는 말로 쓰이는 상투적 표현이지만 이 말은 노력이 미약하거나 갈팡질팡할 때조차 때론 옳은 일을 제대로 해낼 수 있다는 점을 포착하고 있기도 하다. 닳고 닳아 죽어버린 이 비유를 좀 더 생생하게 살려본다면, 이 말은 느낌[마음이나 감정]에는 육체적 장소(심장이라는 잘못된 단어를 쓰긴 하지만)가 있다는 것, 따라서 느낌이나 감정이 옳은(혹은 그른) 장소에 있을 수 있다는 것을 상정하는 말이다. 결국 이 표현은 심리적 탐색을, 답을 제공할 특정 장소나 풍광을 찾는 물리적 혹은 지리적 장소 탐색으로 변형시키려는 나의 노력을 표명한다.

　　"내 마음만큼은 제자리에 있었다"라는 표현은 순진무구할 수는 있겠으나, 정신mind에서 비롯되지 않는 지식에 대한 감응을 드러내고 있기도 하다. 나는 여기서 자기를 노출하는 일의 감상주의와 취약성이라는 위험을 무릅썼다. 순진무구한 느낌을 겨냥한 이론적 비판, 그리고 그 느낌을 글로 쓰는 나쁜 방법에 대한 미적 비판 둘 다에 직면할 수도 있다. 가령 나는 진부한 또 하나의 은유에 어찌할 도리 없이 끌린다. 연어가 강을 거슬러 태어난 강으로 회귀한다는 비유다. 나는 연어 회귀의 이미지를 비유가 아니라 실제로 습득했다. 뭐니 뭐니 해도 내 할아버지가 "강에서 태어난 도망자들"*을 주제로 시와 책을 썼기 때문이다. 태평양 북서부 토착 문화의 중심인 이 이미지를 빌릴 때 할아버지는 토착문화를 전용한 걸까 아니면 인정한 걸까? 강으로 회귀하는 연어의 이미지는 지나치게 쉬운 해결의 이미지를 제공하는 것일까, 아니면 연어가 알을 낳기 위해서뿐만 아니라 죽기 위해 그토록 고집스레 물살을 거슬러 힘들여 상류로 오른다는 이유로 오히려 해결의 이미지가 약화되는 것일까? 나는 머리로 생각하는 습관에 젖어 있기 때문에, 내 감정과 직관이 주는 통찰을 끊임없이 의심한다. "내 마음은 제자리에 있었다"와 "강으로 회귀한다" 같은 문구들을 계속 풀어내 분석한다. 마찬가지로 내가 수집해온 이미지—날개 자리에 팔이 달린 백조, 산에서 가져온 돌로 꾸민 제단, 텍사스의 내 집에 걸린 과달루페의 성처녀 회화, 연어를 바라보고 있는 어린 소녀—에 매달려 그것들에 붙어 있는 감정들을 곰곰이 파고든다.

감상적인 가치를 지닌 사진이 으레 그렇듯, 캠벨 리버의 잔디 위에서 아빠와 함께 찍은 사진에 기록된 그 순간에 대한 기억은 내겐 전혀 없다. 그런데도 나는 수년간 그 사진에 애착을 갖고 성장했다. 딸을 보호하려는 아빠의 품에 안긴 소녀는 상실한, 혹은 간절히 돌아가고 싶은 친밀함의 이미지일 수 있다. 이런 이미지는 내 아버지가 당신의 어머니에게 안겨 있는 이미지, 롤랑 바르트가 사진이 환기시키는 감정적 울림에

* 강에서 태어나 바다로 나갔다 다시 강으로 회귀하는 연어를 가리킨다.

관한 이론*에서 사용하는 이미지와 유사하다. 그러나 어린 소녀만큼이나 커다란 물고기의 존재에는 뭔가 기이한 점이 있다. 소녀는 호기심에 차 물고기를 보는 동시에 약간 움츠러든다. 그리고 이 사진의 감상적 가치는 사람들 못지않게 장소 그 자체에 있다. 이 사진은 캠벨 리버의 잔디밭에서, 집 쪽의 잔디와 들판, 가정과 야생의 땅을 분리하는 바로 그 울타리와 나무들을 배경으로 찍은 것이다. 이곳은 내가 할머니와 함께 구경하던 월식의 현장이기도 했다. 나는 이 사진 속 과다노출로 연출한 새하얗고 텅 빈 공간이 좋다. 새하얀 하늘은 사진에 유령 같은 느낌을 부여하며, 사진이 실제 순간이나 장소의 기록이 아니라 종이에 인화한 이미지로서 발휘하는 힘을 강화하기 때문이다.

　　수영장에서 일정 구간을 헤엄칠 때 나는 어디로 향하는지 생각하지 않고 그저 앞뒤로 움직인다. 지나치게 많거나 지나치게 적은 감정, 옳거나 그른 종류의 감정을 갖고 있는지 아닌지 걱정하는 일을 그만두고, 그저 감정이 이끄는 대로 따를 수 있도록 해보려 애써왔다. 수영장에서 이리저리 같은 구간을 헤엄치듯, 자포자기와 더불어, 자포자기를 뚫고 흐르듯 살아가는 삶을 만들어가면서, 나는 여전히 연어, 강, 나무, 그리고 마음[심장]에서 오는 앎을 신뢰하는 법을 배우는 중이다.

---

* 보편적이고 분석적인 맥락이 있어 응시자가 사진을 보고 느끼는 일반적 정서인 스투디움(studium)과, 사진을 보는 응시자의 사적 취향이나 경험, 잠재의식 등과 연결돼 순간적으로 찾아오는 강렬한 자극을 뜻하는 푼크툼(punctum)을 말한다.

성찰

— 퍼블릭 필링스 연구 방법으로 회고록 사유하기

복잡한 느낌들(다시)

「우울 일기」를 쓰는 과정을 통해 뭔가 할 수 있다는 자신이 생기긴 했지만, 일기를 공개하기로 결정을 해놓고도 여전히 복잡한 느낌이었다. 이런 불편한 느낌은 수많은 형태를 띤다. 이유야 쉽게 예측할 수 있다. 글이 별로 좋지 않다는 우려, 글을 쓰는 과정이 유용했다 해도 그 결과물을 꼭 공개할 필요까지는 없다는 생각, 이런 내밀한 이야기를 공개함으로써 나 자신이 창피할 만큼 취약해진다는 걱정, 나의 경험(그리고 양가성)을 공유하면 꼴사나운 자기과시로 비칠 수도 있다는 불안. 회고록이라는 장르가 자아도취에 빠져 쉽게 쓰는 글이라는 비아냥거림을 듣는 경우가 얼마나 잦은지 감안하면, 내 회고록을 공개하는 일이 이렇게 어렵다니 이 아이러니가 참 놀랍다. (이론을 제대로 알려면 실천을 해보아야 한다는 진실을 또 한 번 절감한 사례다.)

회고록, 그리고 거기에 수반되는 느낌의 정치를 분석·평가하려고 하는 익숙한 패턴으로 빠지는 내 모습 또한 썩 편하지 않다. 회고록의 역사와 성공을 보면 비판할 여지가 많긴 하지만, 그래도 회고록이라는 장르 전체를 싸잡아 재단하는 우를 범하지 말자고 자신을 계속 다잡아야 한다. 회고록은 주류 담론 진영에서 진보 진영에 이르기까

지 지극히 다양한 환경에서 유통되기 때문이다. 회고록을
단순하게 거부하거나 옹호하는 태도는 이 장르의 다양한
가능성, 무엇보다 특정한 공적 담론에 개입의 무대를 마련
하는 회고록의 능력을 생각하면 별로 바람직하지 않아 보
인다.[1]

이 책의 마지막 원고를 마칠 때까지도 「우울 일기」
를 책에 넣어야 할지 확신이 영 없었다. 하지만 소수 문화
에서 회고록은 상당한 활력을 띠는 장르이며, 이 활력 덕분
에 회고록은 주류 공공 영역에서 논쟁의 대상이 되는 회고
록과는 전혀 다른 참조점을 제공한다. 바로 이 활력이 내
사적 기록을 공개하는 결정을 내리면서 느끼는 두려움에
맞서도록 중요한 균형추 노릇을 해주었다.[2] 회고록은 퀴어
하위문화에서 부정할 수 없는 힘으로 큰 의미를 부여받아
왔다. 퀴어 하위문화에서 회고록은 노동계급 작가들이 문
학의 공적 영역으로 들어가는 진입로, 일인 공연의 근간,
그리고 소규모 언론사나 출판사의 대들보 역할을 해왔다.[3]
에이즈 관련 회고록은 HIV 생존자를 병리화하지 않도록
하는 데 중요한 역할을 해온 형식으로, 환자에게 행위주체
성을 부여함으로써 의료 담론에 대안을 제공할 수 있도록,
질병과 장애를 다루는 개인의 서사에 퀴어 관점을 제공한
다.[4] 구술사의 민중적 성격 또한 내게는 영감의 원천이었
다. 노예제에 관한 불충분하거나 흐릿한 기록을 둘러싼 논
쟁, 그리고 서발턴은 말할 수 있는가에 대한 논쟁을 비롯하
여 트라우마의 역사에서 증언이 하는 역할 역시 영감의 원
천이었다.[5]

그뿐 아니라 내 회고록의 경우 특히 중요한 것은

낸시 밀러, 메리앤 허슈, 제인 톰킨스, 제인 갤럽, 캐시 데이비드슨, 그리고 특히 이브 세지윅을 비롯한 존경받는 페미니스트 세대의 사례들이다. 이 페미니스트들은 자신의 경험을 학문적 프로젝트의 기초로 활용해 새로운 비판적 경로를 만들어왔다.6 이론에 정통한 학자들은 회고록을 종종 비판하긴 했지만, 이론적 비판 때문에 오히려 학술적인 회고록이 쏟아져 나온 것 또한 사실이다. 학술적인 회고록은 해체 원리를 몸소 보여주면서, 지식 생산의 근저에 놓인 물적 조건과 주체의 입장들을 드러낼 수 있다. 이러한 회고록은 정체성 정치를 통해 학계에서 경력을 쌓고 나름 학술 연구를 구축한 학자들이 제도권 내부에서 자신이 추진하는 프로젝트를 가시화하는 한편 참신한 연구 분야를 정립하려는 노력을 공론화할 수 있도록 하는 장의 역할을 해주었다. 아닌 게 아니라 이 세대 페미니스트들 사이에 회고록이 광범위하게 사용된다는 사실을 생각하면, 회고록이 비판적 양식으로 가치가 있는가를 놓고 아직도 논쟁이 계속되고 있다는 사실이 놀라울 지경이다.7

　　페미니스트 학자들이 회고록으로 눈길을 돌렸다는 점이 내 「우울 일기」의 중요한 촉매제이긴 했지만, 1990년대 초 라이엇걸 운동* 및 시스터 스핏** 같은 구어 포럼과 관련된 진zine 문화***에서 받은 영향 역시 적지 않다. 이런 운동은 페미니즘이 〔1970년대 급진 페미니스트들이 여성으로서의 의식을 고양하는 과정에서 주로 사용한〕 고백 형식으로 회귀하도록 촉매 역할을 했다. 1980년대 내가 대학원에 다니던 시절에는 이런 고백 형식을 의심해야 한다는 교육을 받았다.8 진 문화의 추세에 약간 뒤처지긴 했지만 나는 1996년과 1997년 내 연인 그레천 필립스와 『토피컬 트리트먼츠』라는 진 두 호를 제작했다. 완벽하게 즐거운 작업이었다. 쇼핑, 패션, 예술, 그리고 레즈비언 문화에 대한 짧막한 글을 쓰는 것이 얼마나 쉽고 재미있는지 알고 난 후 나는 「우울 일기」의 첫 부분을 쓰기 시작했다. 일기의 미래에 대해 뚜렷한 생각은 없었다. 『느낌의 아카이브』[****]를 끝낸 후 일기로 돌아가 에피소드를 더 추가하면서 써놓은 글을 비평 에세이로 공개할 가능성을 고민했다. 원래 이 책의 목적은 비평 에세이 쓰기를 확장하는 것이었지 회고록을 쓰는 것은 아니었지만 말이다.

회고록을 쓰게 된 출발점을 생각하다 보니 놀랍게도 회고록 형식의 「우울 일기」를 쓰는 일과 이걸 공개하는 일이 둘 다 1970년대 페미니즘이 물려준 복합적인 유산에 대한 현재진행형의 응답이라는 것을 알겠다. 개인적인 것이 정치적이 될 수 있다는 1970년대 페미니즘의 전망으로 내가 돌아갈 수 있었던 힘은, 고백 담론을 겨냥한 비판을 대학에서 내면화했던 과거의 나와 달리, 그런 비판에 주

* 1990년대 미국에서 생겨난 페미니즘 펑크 록 장르 및 문화 운동을 통칭한다.
** 1990년대 초 샌프란시스코에서 시작된 퀴어 페미니스트 문학 및 행위예술 단체와 운동을 가리킨다.
*** 팬진(fanzine)이 축약된 단어. 주로 개인이나 소규모 단체가 발간하는 얇은 독립 출판물을 일컫는다. 특정 주제나 대상에 대한 애정으로 수집행위를 하는 팬 문화에서 시작한 진은 일종의 즐길거리다.
**** 2003년에 출간된 츠베트코비치의 저서.

눅 들지 않는 더 젊은 세대 페미니스트들에게서 나온 것이다. 고백 형식을 경계하도록 교육받았음에도 불구하고(『복잡한 느낌들』*은 고백 형식과 관련된 이런 양면성을 다루고 있다. 이 책 집필은 내 회고록의 소재이기도 하다), 나는 〔급진 페미니스트들이 실천했던 것이기도 한〕 정치적 의식화 문화에 대한 애착, 그리고 감정 표현이 어떻게 집단적·공적 영향을 끼칠 수 있는가를 파악하려는 관심과 노력을 지속했다.

글쓰기라는 창작 실천

「우울 일기」가 강조하는 주제는 일상 습관이 변화를 유발함으로써 우울의 해독제 역할을 할 수 있다는 것이었다. 일기를 쓰는 과정 자체가 이 주제를 구체적으로 보여주는 사례였다. 개인 서사를 쓰는 작업은 새로운 실천을 시도한다는 점에서 실험이었고, 이 실천은 글쓰기를 일상생활과 통합함으로써, 일상에 대한 나의 관심을 반영하고 있었다. 내가 바란 것은 더 개인적인 목소리에 접근하는 것, 그런 다음 그 목소리를 나의 학문적 프로젝트에 자양분으로 공급함으로써 성과를 내는 것이었다. 더군다나 대학에서 종신 교수직을 얻은 후 몇 년 동안 일의 부담이 나날이 늘어난

---

* 츠베트코비치의 박사학위논문이자 첫 단행본 저서.

탓에 예상보다 훨씬 많은 자유를 빼앗겼고 그 바람에 글을 쓸 시간이 절실했다. 진의 짧은 형식에 착안해서, 계속 집중해야 하는 글을 쓸 시간이 없을 때는 45분가량 바짝 틈을 내어 글을 썼다. 강의와 회의와 생활 때문에 단행본 작업에 10년씩 걸리고 그나마 그 과정에서도 글쓰기를 중단하기 일쑤인 대학 강단의 풍토, 학문 연구를 질질 끌고 미루어야 하는 풍토에 저항하고 있던 셈이다.

짤막하게 써서 마무리한 내 글들은, 전체의 일관성을 구축하기 위해 각 부분들을 분석하고 연계해야 한다는 학술 연구[방식]의 요구에 대한 저항도 반영한다. 이런 이유로 회고록에 소제목으로 나누어놓은 글들은 절반 정도의 자율성을 갖고 있고, 그렇기 때문에 사고의 이행과 연결이 더 세심하고 연속적 형식을 띤 학술적인 글과는 성격이 다르다. 회고록에 담긴 글들은 대부분 구체적 대상이나 이미 지나간 장소들을 일종의 계기로 사용해 쓴 것들이다. 이런 식의 글쓰기는 내털리 골드버그, 앤 라모트 등과 다른 작가들이 독려했던 과정 기반의 글쓰기 접근법에서 영향을 받았다. 이 작가들은 대개 [특정 장소와 시간, 대상, 몸들의 만남이 일어난다는 점에서] 물질적 현재에 온전히 주의를 기울이는 방법으로 글쓰기를 강조하며, 이때 불교와 다른 영적 전통들에 의지한다.9 나의 글쓰기는 뎁 마골린, 카르멜리타 트로피카나, 홀리 휴스, 파이브 레즈비언 브라더스, 그리고 샤론 브리지포스 같은 1인 공연 예술가들의 실천에도 영향을 받았다. 이 예술가들은 모두 워크숍을 주도했고 나는 이들의 워크숍에 참석하는 행운을 누렸다.10 이들 중 많은 예술가들이 글쓰기 프롬프트*와 자동 글쓰기automatic writing* 형식을 사용한다. 이들은 의식적 사유를 지양하는 초현실주의 및 여러 다른 모더니즘 작업에 기원을 둔 이런 시도를 통해, 육신을 비롯한 느낌의 소재지로부터 글감을 발생시키고자 한다.

　이런 글을 쓰는 실천과 그 실천이 이루어지는 공동체들은 대개 학계 외부, 또는 학문과 예술이 동떨어진 곳에서 돌아가지만, 〔이 둘이 서로 만나 영향을 주고받는〕 의미심장한 교차점도 있다. 가령 나는 일기를 쓰는 과정에서 마이클 타우시그의 모듈 글쓰기modular writing─짧은 글들을 다양한 방식으로 떼어냈다 붙였다 하는 작업─에 대한 설명에서 영감을 받았다.[11] 타우시그의 글쓰기 스타일과 구조는 발터 벤야민, 그리고 몽타주와 비선형적 논리 형식을 실험했던 다른 모더니즘 작가들에게서 비롯된 것이다. (결국 내가 쓴 짧은 글들을 시간 순서대로 엮는 편이 가장 낫다고 판단하긴 했지만, 글을 쓸 때 시간 순서를 생각하면서 쓰지는 않았다.)

　나의 글쓰기 스타일은 궁극적으로 지극히 미니멀리즘적이다. 어느 시점에선가는 나의 이런 스타일이 할 말이 별로 없는 우울증 환자의 스타일일 수도 있다는 이야기가 나왔다. 나 역시 내가 퀴어 미학의 수완이 부족한 모자란 작가가 아닌지, 시인과 소설가를 열망하다 결국 문학

---

* 창조적 글쓰기를 자극할 때 쓰이는 특정 주제나 구절이나 이미지 등으로. 작가들이 집필 장애를 극복할 수 있는 촉매 역할을 한다.
** 글쓴이의 의식적 사고를 벗어나 무의식적 생각의 힘을 따라가는 글쓰기 과정이나 그 산물을 말한다.

비평가가 되어버린 작가가 아닌지 궁금했다. 그러나 이 프로젝트의 목표 중 하나가 다듬어지지 않은 부분들이 참신한 사고를 불러일으킬 수 있는 과정 중심의 글쓰기를 정당화하는 것이었기 때문에, 결국 내 스타일을 있는 그대로 받아들여야 한다고 느꼈다.

끝내 세련된 문학 글보다 중요한 것은 과정 기반의 제약 없는 글쓰기가 지닌 가치를 옹호하는 일이다. 이런 글쓰기 방식은 학술적인 관용표현이나 학계 관행에 길든 이들에게 특히 유용할 수 있다. 자료를 통한 입증 작업 없이 사변적이고 개인적인 생각을 자유롭게 펼칠 수 있기 때문이다. 이런 글쓰기의 산물은 오드리 로드가 말한 바, 증거로 입증되는 게 아니라 느껴지는 진실의 형식이다. 로드는 느껴지는 진실의 형식이 "내게 옳은 느낌의 진정한 의미에 집중하는 훈련"의 성과라고 했다.[12] 과정 기반의 글쓰기를 통해 가능해지는 창의력의 형식에는 정신노동을 육체노동으로 바꾸는 것도 있다. 펜이 종이를 가로지르며 계속 움직이는 한(아니면 손가락이 키보드 위에서 계속 움직이는 한) 사유는 발생한다.[13] 과정 기반의 글쓰기 방식은 학계의 "훈련"을 습득해야 한다는 거대한 압력에 저항하는 힘을 제공해줄 수 있다. 학계의 방식을 따라야 한다는 압박은 "그 훈련 하나 못 하다니 넌 멍청해"라고 말하거나, 내 생각에 관해 더 확장된 방식으로 꿈꾸지 못하게 차단하는 목소리, 내면화를 거친 목소리를 통해 막강한 힘을 발휘한다. 그러나 과정 기반의 글쓰기를 하면, 이렇게 내면화된 목소리에 지지 않는 반발력을 기를 수 있다. 이런 이유로, 나는 회고록 장르의 글을 쓰는 작업을 통해 아무것도 못하게 되거나 글을 쓰지 못하는 상태를 겪거나 "우울"에 빠지지 않을 수 있었고(이런 상태를 미연에 방지하는 것이 아니라 이런 상태를 겪으면서 극복해나갈 수 있었다), 학자로서 살아갈 힘도 얻을 수 있었다.

회고록이라는 연구 방법

「우울 일기」는 글쓰기 과정이자 생각의 실험실로서 그 이후에 나오는 글을 뒷받침하는 자원이 되어주었다. 나는 회고록 쓰기 실천을 엄연한 연구 방법으로 생각하게 되었다. 회고록을 씀으로써 학계와 공론장의 회고록에 관한 논쟁, 그리고 우울 회고록이라는 광범위한 하위 장르를 지배하는 의학적 우울증 모델에 관한 논쟁에 대처할 수 있겠다고 판단했다는 말이다. 회고록 장르를 분석하는 비평 에세이를 쓸 수도 있었지만, 그 결과는 빤히 예상 가능한 것이었다. (비판과 지지를 섞은 논평을 써봤자, 세지윅이 말한 "일부 전복적이고 일부 패권적인" 실천의 또 다른 변종이 되는데 그칠 것 같았다.)14 반면에 나의 책은 「우울 일기」라는 거대한 하위 장르에 대한 일부 논의를 담고 있지만, 실천 쪽으로 방향을 틀어버림으로써 비판을 제시하는 방식 자체를 바꾸었다. 논의만으로 비판을 제시하는 대신에, 생산적이거나 대안적인 제안의 형식으로 비판을 제시하는 활동가 원칙에 충실하기로 한 것이다. 실제로도 회고록을 직접 써서 회고록 논쟁으로 진입하는 것이 더 흥미진진해 보였다. 회고록이 실패하는 지점을 비판적으로 논하는 일보다는 회고록이 공적 담론에 할 수 있는 일을 파악하는 편이 [세지윅이 말한 의미에서] 회복적인 정신에 입각한 실천 같았기 때문이다.

많은 회고록과 마찬가지로, 나의 「우울 일기」를 촉발시켰던 첫 계기는 공적 영역에 확산되어 있는 우울 담론이 재현하지 못한 이야기를 하려는 욕망이었다. 나는 「우울 일기」로 프로작을 논하는 주류 회고록에서 벗어나 약물과 약물의 효과를 주요 관심사로 두지 않는 이야기를 할 기회를 얻었다. 약물이 존재하지 않는다는 말이 아니다. (일기에 포함된 2년 동안 나도 항우울제를 복용했다.) 약물이 내가 하고 싶었던 이야기의 중심이 아니라는 말이다. 약물이나 의학 모델을 더 중시하는 사람들은 내 일기를, 프로작이 내 기대를 저버린 이야기, 특히 충분한 감독 없이 약을 처방받아 병이 악화되었지만 올바른 약물 복용을 통해 다시 치료 경로로 들어서게 된 경위에 관한 이야기로 읽을 수도 있다. (온전히 밝히자면, 나는 1년 후 임프라민을 서서히 끊었고 그 이후로 항우울제를 복용한 적이 없다.) 약물이 중요한 역할을 했을 수도 있다. 하지만 나는 그 약물의 효과를 지속하기 위해 내가 주도해야 했던 변화에 더 관심이 있다. 내 가족의 초창기 역사를 상세히 추적하지 않은 것도 이런 이유에서다. 내 아버지의 조울증은 중요하지만, 나는 그 병의 과거를 추적하는 것이 아니라 그것이 현재에 끼치는 영향을 다루고 싶었다. 그 현재에는 정신질환의 원인이 사회적인 것이라는 나의 강한 확신도 포함된다.

그래서 내 일기의 이야기는 일상생활을 다루고 있으며, 불안과 소위 우울증이라는 증상이 평범한 상황에 뿌리를 둔 일상의 느낌이라는 점을 말하고 있다. 나는 우울의 느낌—우울이 의학적이건 사회적이건 더 큰 진단이나 설명 틀과 바로 연결되지 않는 일상의 감각이라는 점—을 포착 하고 싶었다. 특히 일기의 첫 부분은 우울의 일상적 측면, 그 세부 사항, 그리고 대개는 지루한 여파들을 집중적으로 다루고 있다. 우울과 관련된 시간성의 특징은 우울이 계속 진행 중이라는 것, 고통스러울 만큼 끈질기면서도 둔하고 만성적인 느낌이라는 것이다. 임상에서 쓰는 표현을 쓰지 않고 우울 경험의 느낌에 도달해볼 목적으로 나는 가능한 한 **우울**과 **불안**anxiety이라는 낱말을 쓰지 않으려 노력했다. 그래도 완전히 제거하지는 못했다. 우울과 불안이라는 단 어를 버리지 못한 것들은 그것대로 적절한 어휘를 찾는 일 이 어렵다는 점을 보여준다. 주의 깊은 독자라면 내가 우울 과 불안이라는 단어 대신 **자포자기**despair와 **두려움**dread 같은 다소 구식 단어를 쓰고 있다는 사실을 눈치챘을 것이다. 자포자기라는 단어는 초기 기독교에서 썼던, 〔무기력이나 나태를 뜻하는〕 "아케디아"라는 개념의 사촌 격이다. 아케 디아라는 개념은 곧 다시 다룰 것이다. 두려움이라는 낱말 은 내겐 특별한 의미가 있다. 19세기 소설가 조지 엘리엇 이 종종 썼고, 영문학자 닐 허츠가 (『조지 엘리엇의 맥박』 이라는 저서에서) 분석했던 어휘이기도 하기 때문이다. 두 저자 모두 내 박사학위논문의 중심을 차지했다. 또 하나의 핵심어는 숨 고르기respite다. 나는 이 말을 자포자기 상태에 서 잠시 벗어나 한숨 돌리는 순간을 기술할 때 쓰는데, 형 집행의 연기를 뜻하는 이 단어의 법률적 유래가 이런 상태 를 적절히 포착해준다. 「우울 일기」가 글쓰기 관행에서 유래하는 용어나 정의를 암묵적으로 옹호하는 이유는 이런 표현이 역사적·과학적 의미에 정서적·개인적 의미를 더해주기 때문이다. 회고록의 또 한 가지 가치는 인구학적 일반화를 피해 상세한 사례사의 편을 들 수 있다는 점이다. 물론 사례사라는 장르가 과학적 방법과 맺고 있는 관계는 간단치 않다. 사례사는 통계 증거(그리고 임상 용어)를 퇴치하거나 거기에 의문을 제기할 때도 쓰지만, 오히려 통계 증거를 보완하는 데도 쓸 수 있기 때문이다. 게다가 내가 쓴 사례사는 감정을 평범하거나 단조롭게 재현하려 함으로써 과장된 멜로드라마 같은 성격을 띠거나 선정성 쪽으로 가려는 경향을 거부한다.[15]

「우울 일기」는 내가 자포자기의 감정에서 살아남을 뿐 아니라 심지어 그런 감정을 변화시키고 그 감정과 싸우는 데 도움을 준 일상의 평범한 실천들을 다룬다. 나의 일기는 일상생활과 관련된 제안들을 어느 정도 제공하긴 하나, 그 형식은 이야기이지, 할 일 목록이나 사례사에서 추출한 일반화를 활용하는 정형화된 자기계발 장르가 아니다. 자신을 돌보고 몸을 움직이는 일상―수영, 요가, 친구들과의 식사, 치과 치료, 혹은 그저 아침에 잠자리에서 일어나는 일―은 가장 소박한 형식의 변화이지만, 내가 직접 한 경험들, 그리고 그에 관해 글을 쓰는 작업은 이 일상이 의미심장하다는 것을 가르쳐주었다. 세세한 일에 지나치게 주의를 기울여 진부해지고 마는 위험을 무릅쓸 때도 있지만, 나의 글은 나의 몸과 집이라는 환경에 집중함으로써 자아와 세계와의 관계가 형성되는 과정을 기록한다. 습관―반복적인 일상과 실천과 연결점의 계발―은 이후의 글에서 중요한 개념이 되었지만, 처음에는 내 몸의 실천을 통해 드러났다. 습관에 뿌리를 둔 "자기계발"의 형식은 그저 평범할 뿐, 영웅적이거나 즉각적인 변화의 재료가 아니며, 이런 자기계발 형식에 필요한 것은 추상적 명명이 아니라, 삶의 이야기를 형성하는 현재진행형 활동을 통한 통합이다. 그러나 습관에 뿌리를 둔 이 자기계발 형식은 또한 희망이자, 자포자기와 정치적 우울의 해결책이기도 하다.

또 하나, 「우울 일기」는 우울을 정치적으로 설명하긴 하지만, 민중을 비롯한 특정 단체와 정치적 행동을 대안적 "치유"법으로 간단히 제시하는 길을 택하지 않는다. (사랑과 연애에 관해서도 별로 말하지 않는다. 커플 형식의 해피엔딩보다는 집단적 애착에 초점을 맞추고 싶었기 때문이다. 하지만 사랑과 애착, 특히 퀴어 형식의 사랑과 애착은 내 이야기의 근간이며, 변화를 늘 보장하지는 못해도 변화에 분명 필요한 것으로 간주해야 한다.) 나의 일기는 퀴어 운동이 폭발하던 시절(1980년대 말에서 1990년대 초, 특히 1990년과 1991년)이 끼친 강력한 영향을 확실히 시기순으로 기록하고 있다. 퀴어 운동의 힘은 죽음과 애도의 절박함에서 온다. 하지만 일기는 전투적인 운동과 애도 사이의 상호작용 또한 보여준다. 이 상호작용은 훗날 내가 에이즈 활동가들과 함께 작업하면서 추적했던 문제다. 회고록은 변화를 위한 처방으로 혁명을 제시하지 않으며, 되풀이되는 일상에서 변혁을 위한 운동이 때론 멈추거나 지연된다는 점을 솔직히 인정하려 노력한다. 회고록은 변화를 느리고 힘든 과정, 결말도 없이 투쟁으로 점철된 과정으로 기술할 뿐, 마법의 탄환 같은 해결책이나 해피엔딩으로 제시하지 않는다. 치료 문화를 비판하는 많은 정치 비평이 권고하는 사회 정의라는 해피엔딩조차 회고록에는 제시되어 있지 않다. 회고록은 삶에 의미를 부여하는 것이 무엇인지, 예술이나 정치가 어떻게 사회 정의를 향상시키거나 지구를 구할 것인지 하는 커다란 질문을 던질 때 평범한 일상이 자원이 될 수 있다고 말한다. 혁명과 유토피아는 거대한 변화나 구조가 아니라 그곳, 평범한 일상에서 만들어진다.

　　회고록이 연구 방법으로 기능하는 또 다른 이유는 회고록에서 감정, 그리고 삶에서 체험한 것들이 학문의 훈련 및 비평과 충돌하는 지점들이 드러나기 때문이다. 나는 이러한 충돌들이 학자들과 활동가들이 느끼는 정치적 우울의 원인 중 하나이며, 개인적 서사를 쓰는 작업이 학문적·지적 분석에서 금기시하며 차단하는 직감과 느낌들을 독려한다고 느낀다. 가령, 학계에서 경시당하기 일쑤인 의례나 성스러운 것의 역할은 나의 변화를 거쳐 결국 집과 습관의 "신성한 일상"에 대한 탐색으로 이어져 내 비평 에세이로 들어갔다. 「우울 일기」에서 초기 형태로 나타난 "신성한 일상"이라는 관념은 새로운 형식의 사유와 개념의 토대를 제공했다.

　　「우울 일기」는 이주 및 디아스포라 연구 분야의 단골인 "잃어버린 기원에 대한 낭만적 향수"를 겨냥하는 비판과도 충돌한다. 고향과 민족 개념[과 그 낭만적 이데올로기]을 믿지 않도록 교육받았던 나는 강과 바다, 그리고 브리티시컬럼비아로 가는 여정의 이미지가 이야기 속에서 지닌 힘을 발견하고 깜짝 놀랐다. "고향"—캐나다 브리티시컬럼비아 밴쿠버섬의 캠벨 리버라는 장소뿐 아니라 그 지역의 독특한 풍광—으로 돌아가는 일과 관련된 심리지리는 집단학살과 강제이주라는 더 긴 역사와 접촉하거나 그것을 느끼는 일(혹은 똑같이 중요한 의미에서, 접촉하거나 느끼지 **않는** 일)을 수반한다. 「우울 일기」에서는 원주민과 이주 역사의 존재를 본격적으로 다루기보다 에두르는 식으로 언급했지만, 우울과 인종차별과 원주민의 영성에 대한 논의를 확대한 장〔2부 2장〕을 비롯한 다른 글들은 이러한 역사들을 더 명시적으로 논의한다. 이러한 역사들과 중산층 백인이라는 나의 배경 간의 괴리를 다루기 위함이다. 우리 자신의 자포자기, 그리고 우리가 살고 있는 장소에 존재하는 집단적 자포자기 사이에 이어진 끈이 있는데 그것이 보이지도 알려져 있지도 않다는 사실은 우리의 혼란과 (정치적) 우울을 더욱 키운다.

나의 이야기는 우리가 기원한 장소와의 연결점이 중요하다고, 특히 그 연결점을 부정당할 때 더더욱 중요하다고 내게 말해주는 듯 보였다. 물론 그 연결점을 자연적인 것으로 본질화하는 경우, 지구상의 어디가 됐건 집과 고향을 만드는 과정이 어렵다는 진실을 은폐할 위험이 있다. 이런 의미에서 회고록의 가치 중 하나는, 비록 그것이 회고록에만 국한된 것은 아니지만, 감각이 있는 존재가 (환경과 장소를 향한 생생하고 실재적인 애착을 비롯하여) 세상에서 살아가는 모습을 추적할 수 있다는 점, 그리고 **자본주의와 이산이 어떻게 느껴지는지** 향수나 감상이나 비애를 걸러내지 않고 있는 그대로 살펴볼 수 있다는 점이다. 나는 내 조부모가 살던 땅이나 밴쿠버섬 심리지리적 장소들, 나라는 존재의 형성에 기여했던 이런 장소들에 애착을 느끼다

적정 거리를 유지하지 못할까 봐 걱정하는 대신, 오히려 그 애착의 성질이 무엇인지 알아보고 싶었다. 그 애착에는 나뿐 아니라 식민지를 겪은 사람들의 결별과 상실의 역사들이 포함되어 있다. 디아스포라 이론의 관점에서 볼 때 고향을 찾으려는 욕망은 우울을 치료하기 위해 약물을 처방하는 일 못지않게 순진무구하거나 문제의 소지가 있을 수 있지만, 이런 욕망이 끈질기게 존재한다는 사실은 느낌의 정치에 중요하다. 폭력적인 민족주의나 분리주의를 자극하지 않으면서 고향과 땅에 정서적 애착을 주장할 수 있는 방법을 고민하는 일 역시 중요하다. 공적 감정을 고민하는 퍼블릭 필링스의 정신은 사람들에게 무엇을 느껴야 할지 말해주거나, 그들이 느끼는 방식을 판단하는 것이 아니라 사람들이 느끼는 것들의 복잡다단함을 기술할 수 있는 더 나은 방식들을 찾아내자는 것이다.

개인의 서사는 일상적 느낌들과 추상적 사유의 아귀가 잘 맞지 않아 생기는 틈새들을 탐색할 공론장 역할을 해줄 수 있다. 우울과 글을 쓰지 못하는 답보상태는 그 틈새에 자리를 잡아 살게 되며, 다른 형식의 글은 그런 틈새들을 풀어놓음으로써 혁신적인 사유의 토대가 만들어지도록 해줄 수 있다.

「우울 일기」에 피력해놓은 몸의 실천과 창조적 실천, 그리고 정치와 의례와 고향의 가치가 이제 막 시작되는 초기 통찰에 불과한 이유는 이러한 실천들이 표상하는 앎이 불안, 무기력, 그리고 자포자기의 체험에 근간을 두고 있었기 때문이다. 부지불식간에 나는 그저 기다리며 아무것도 하지 않음으로써, 아니면 평범하거나 하찮아 보이는 활동들—수영, 요가, 고양이 기르기, 병환 중에 있는 친구 방문하기—을 통해 나 스스로를 치유하고 있었다. 이런 일들에 관해 글을 쓰는 일은 초보적인 지식을 풀어놓는 노력을 향한 첫 발걸음이 되었다. 그게 가능했던 것은 이런 일들의 의미를 성찰한 것이 아니라 그저 몸 상태와 감각에 대해 묘사하는 작업을 통해서 가능했다. 뒤이어 나오는 글은 이러한 통찰들을 확대 발전시키는 더 큰 분석을 제공하지만, 회고록은 내가 그 단계까지 도달해간 과정을 기록한 것으로 읽히기를 바라면서 이 책에 포함시킨 것이다.

2부
퍼블릭 필링스 프로젝트

사변적 에세이

1
우울을 글로 쓰기
─ 아케디아, 역사, 그리고 의학 모델

4세기에 활동했던 기독교도 요하네스 카시아누스*는 "만물을 초월하는 성스러운 순수에 대한 묵상과 관조뿐인 수도자의 의무, 침묵, 그리고 수도실이나 고립된 사막이나 암자에서 계속 살아야 하는 의무의 취지를 망각하기 시작하는" 사막의 수도자를 묘사하면서, 금욕생활의 엄격함과 고립이 영적 위기를 초래할 수 있다는 점을 고찰한다.[1] 단체 수도생활을 위한 지침서인 『수도원의 계율에 관하여』라는 책에서 카시아누스는 수도자의 금욕생활에 방해가 될 수 있는 "흠결"이나 "나쁜 생각들"(이는 후에 칠죄종‡ 개념의 토대가 된다)을 개괄한다. 그 흠결 중 하나가 아케디아 acedia다. "부주의함"을 뜻하는 아케디아 개념은 나중에 등장한 나태 개념의 전신이다. 아케디아는 "마음의 권태나 고

---

* 고대 기독교 영성의 온상지인 이집트의 나일강 유역에서 수도 생활을 한 후 유럽으로 건너가 동방교회의 영성, 특히 사막의 수도원 영성을 서방교회의 수도원 영성에 접목해 발전시킨 영성의 대가.

‡ seven deadly sins. 교만, 시기, 분노, 나태 등 그 자체가 죄이면서 인간이 범하는 모든 죄의 근원을 일곱 가지로 분류한 것을 일컫는 그리스도교의 용어.

2부 퍼블릭 필링스 프로젝트

통"taedium sive anxietatem cordis이라고도 한다(I).[2]

아케디아는 영적인 형식을 띤 위기임에도 불구하고, 신체로 드러나는 양상이 의미심장하다. 카시아누스는 아케디아가 초래하는 몸의 양상을 상세히 묘사해놓았다. "어느 수도자의 불행한 영혼이 아케디아에 사로잡히면, 주변 환경을 혐오하게 되고horrorem loci 자신이 지내는 거처도 역겨워하며fastidium cellae, 같이 살거나 떨어져 사는 형제 수도사들이 태만하거나negligentium 영적이지 못하다는minus spiritalium 양 이들을 얕보고 경멸한다. 아케디아는 또한 거기 사로잡힌 자를 자신이 사는 반경 내에서 해야 하는 모든 일에 게을러지고 무기력하게desidem et inertem 만든다"(II). 아케디아는 다양한 반응, 심지어 모순된 반응을 일으키기 때문에, 굼뜬 무기력으로 흔히 표상하듯 단순한 문제가 아님을 드러낸다. 흔히 예상하는 대로 아케디아는 부주의, 아무것도 하지 않거나 "잠으로 빠져들려는" 욕망을 산출한다(III). 카시아누스가 영적인 성격을 담아 "잠자는 영혼"domitatanima이라고 불렀던 것을 말 그대로 표현하면 수면 욕망이 된다(IV). 그러나 아케디아의 특성에는 무감함뿐 아니라 강렬한 감정―혐오horrerum, 반감fastidium 그리고 경멸aspernationem―도 포함되며 이러한 감정은 움직임이나 도피를 향한 강력한 욕망으로 이어진다. 이 감정은 얼마나 강력한지, 거기 사로잡힌 자가 지금 있는 독방을 떠나 가능한 한 빨리 거기서 벗어나지 않으면 절대 안녕을 회복할 수 없다고 생각하도록(그 자리에 계속 머물러 있으면 분명 죽을 것이라 확신하도록) 만들 정도다(II). 아케디아에 시달리는 수도사가 보이는 불안과 자포자기는 왜 이 상태가

"한낮의 악마"라 불렸는지 암시한다. 아케디아를 겪는 수도 사들은 "대개 자기 방에서 나가 하늘의 해가 너무 늦게 지기라도 하는 양 하염없이 바라본다. 불합리한 마음의 혼돈이 악취 나는 어둠처럼 이들을 사로잡는 바람에 이들은 영적 의무를 모조리 등한시하고 쓸모없는 존재가 된다. 결국 이토록 끔찍한 공격을 치유할 수 있는 방법은 형제 수도사에게 찾아가거나 혼자서 잠이라는 위안에 빠져드는 것 외에는 없다고 생각하게 된다"(II). 도피 욕망에는 공간적 측면뿐 아니라 시간적 측면도 있다. 하늘의 해가 빨리 떨어져 어서 밤이 찾아와 잠이라는 안식에 들기를 바라는 이들의 마음은 세계를 있는 그대로 보지 못하는 조급함, 그리고 다른 장소뿐 아니라 다른 시간대에 있으려는 욕망도 드러낸다. 활동과 비활동—안절부절못하는 상태와 잠—은 상반되기는커녕 둘 다 육신 및 정신적 도피의 형식들이며, 따라서 수도사는 남을 위한 선행을 하건, "자기 방에서 쓸모없이infructuose 실익도 없이sine ullo profectu 머물건" 결국 신에 대한 고독한 묵상을 하지 못하는 상태가 된다(II). 수도원에서 떨어져 나와 "안절부절못하고 방랑자"가 되어버린 "게으른 자의 정신"은 "뱀에 휘감긴 듯 서서히 위험한 상황의 덫에 걸려들어, 다시는 거기서 제 힘으로 빠져나와 예전에 몰두하던 영적 수양의 완성을 향한 길로 돌아가지 못하게 된다"(VI). 뱀의 형상은 아케디아나 다른 "나쁜 생각들"을, 금욕하는 수도자를 영적인 길에서 나와 더 세속적인 길로 향하도록 유혹하는 악마나 외부 존재로 재현할 때 추가된 이미지다.

4세기 사막의 수도사를 공격해 묵상하는 삶을 버

리고 잠을 자거나 도망쳐버리고 싶게 만드는 아케디아라는 고통은 우리 시대 우울 모델 후보로서 부적절해 보일 수 있다. 그러나 내가 "영적인 자포자기"라고 생각하게 된 범주는 정치적 실망으로 자신이 속한 집단의 이상과 목표에 대한 "믿음을 상실"한 활동가, 그리고 지식인의 고독한 삶에 의문을 제기하고 다른 활동이나 "현실 세계"의 더 구체적이고 의미 깊은 활동을 추구하는 학자 둘 다의 경험과 기이할 정도로 공명한다. 유혹이나 죄의 형태로 재현되는 아케디아는 현대의 세속적 감수성으로 보면 낯설게 느껴질 수 있겠으나, 원전의 맥락을 더 세심히 읽다 보면 카시아누스의 아케디아는 요가나 명상을 통해 마음을 가라앉히거나 정신을 교란하는 생각에서 자유로워지고자 하는 사람들에게도 친숙하게 느껴진다. 아케디아 개념으로 이 장을 시작하는 목적은 우울을 다루는 친숙한 의학 모델과 거기에 수반되는 역사들을 낯설게 하는 것이다. 따라서 이 장에서는 아케디아 같은 영성의 위기에 대한 설명이 제시하는 역사적 자원이 다른 우울 모델에 어떻게 기여할 수 있는지 살펴보려 한다.

　　아케디아 개념을 처음 만난 것은 앤드루 솔로몬의 『한낮의 우울』이라는 책에서였다. 『한낮의 우울』은 우울을 다루는 최근의 대중서 중 가장 명망 높은 책에 속한다. 풍부한 학문적 지식과 개인의 서사와 우울 치료에 관한 논쟁을 균형 잡힌 시각으로 광범위하게 개괄하기 때문이다. 그러나 솔로몬은 현대적 우울 개념의 역사 속 선례에 주력해 논의를 이어나가면서도, 우울을 죄악으로 낙인찍었던 중세 "암흑기"의 일탈 정도로 아케디아를 폄하하는 오류를 되풀이한다. 아케디아를 악마 들림으로 표상하는 비과학적이고 미신을 믿는 태도에 의구심을 표명하는 우리 시대의 의료 패러다임을 그대로 따르는 우를 범하고 있다는 뜻이다.

그렇다면, 아케디아가 종교, 심지어 죄악 및 악령 들림과 맺고 있는 연관성을 골칫거리라고 보지 않으면 어떨까? 아케디아를 암흑기의 미신으로 치부하는 솔로몬의 태도는 캐럴린 딘쇼 같은 퀴어 중세학자의 렌즈를 통해 읽으면 뜻밖의 통찰을 얻게 된다. 딘쇼는 전근대에 대한 부정적 편견을 이용해 계몽이자 문명으로 구축된 근대 문화의 우월성을 강조하는 행태에 의문을 제기한다. 딘쇼는 종래의 역사 기술에 이렇듯 문제를 제기하는 작업의 일환으로 과거와 현재를 이어주는 전이transference 및 정동 연결점의 형식들을 포용한다.3 나는 수도 생활에 관한 초기 기독교도의 글이 현대의 우울을 이해하는 작업과 무관하지 않을 가능성을 탐색할 때 딘쇼의 이러한 작업에서 영감을 받는다. 아케디아와 우울이 같기 때문이라서가 아니라, 아케디아와 우울의 예상치 못한 유사성을 살펴보면 우리 시대의 명상과 행동에 대한 통찰을 얻을 수 있고, 그럼으로써 우울을 의학 질환으로 보는 기존의 통념에 균열을 낼 수 있기 때문이다.

우울, 그리고 심지어 멜랑콜리melancholy의 역사에서 아케디아는 우리 시대 독자들에게 동떨어져 있거나 낯설게 보이거나 잘못된 우울 개념의 징후로 기능한다. 아케디아는 이국적인 매력을 풍기는 면이 없지 않지만, 대부분 부정적 함의를 띤다. 칠죄종에 대한 초창기 기독교 개념에서 유래한 아케디아라는 관념은 번역하기도 까다롭고, 그래서 말 그대로 낯설다. 그러니 차라리 라틴어 원형대로 아케디아라는 낱말을 그대로 쓰는 편이 더 나을 수도 있다. (라틴어 acedia는 중세 영어에서는 액시디accidie가 되었다.) 아케디아를 "나태함"으로 번역하는 경우 게으름이라는 통념으로 쉽게 빠져, 영적인 의미뿐 아니라 구체적인 수도원 경험의 기원을 지우기 때문이다. 원그리스어인 아디키아 ἀκηδία는 "관심 없음" 또는 "부주의함"을 뜻하나, 카시아누스는 이 말을 라틴어로 "티디움 시베 앙기자이에타템 코르디스"taedium sive anxietatem cordis라고 설명하는데, (더 다양하고 때로 느슨하게) "피로와 권태 또는 마음의 고통"이나 "괴로운 마음의 고뇌"로, 심지어 "영적인 메마름"으로 번역하기도 한다.4 아케디아 개념의 시초는 사막의 교부들, 그리고 이집트의 알렉산드리아 사막에 홀로 기거하거나 수도원에서 단체 생활 형식을 발전시켰던 4세기 기독교 고행자들로 거슬러 올라갈 수 있다. 최초의 가장 유명한 기독교 고행자 중 한 명인 에바그리우스 폰티쿠스도 아케디아에 관한 글을 썼지만, 아케디아와 다른 죄악을 표상한 글을 쓴 핵심 인물은 요하네스 카시아누스(360년경-435년경)로, 수도 생활에 대한 두 권의 중요한 책, 『수도원의 계율에 관하여』(425년경)와 『사막 교부들과의 담화집』(426-428년)을 썼다. 카시아누스의 텍스트는 그가 이집트를 떠나 프랑스에 살면서 두 곳의 수도원을 세우고 20여 년 후에 쓴 것들로 중세 유럽에서 널리 유통되었다. 당시 유럽의 구체적인 수도 생활에 기원을 둔 이 텍스트들은 결국 이후의 저술가들과 사상가들이 대죄deadly sins의 체계를 더욱 정교화하고 그에 관해 일반적으로 논평할 때 원재료 기능을 수행하게 된다. 카시아누스의 여덟 가지 흠결 모델은 훗날 그레고리오 성인의 칠죄종으로 대체되었다. 아케디아의 역사에서 중요한 한 가지 변화는 그것이 슬픔tristitia과 융합되었다는 것이다. 슬픔을 통해 아케디아는 멜랑콜리라는 범주와 연관을 맺게 된다.5 중세 후대의 저작에서 아케디아가 나태함otisitas으로 알려지면서, 이 개념은 이제 수도 생활과, 고독하게 묵상하는 고행자의 신을 향한 헌신만 의미하던 시절을 벗어나, 영적 의무 일반을 소홀히 하는 것, 따라서 게으름을 의미하게 되었다.6

카시아누스가 우리 시대의 우울과 닮은 상태를 죄악으로 표상하고 영적 소명을 충실히 따르지 못한 책임을 해당 수도사에게 지운 것은 솔로몬 같은 최근 사상가들의 조롱을 산다. 솔로몬 같은 저자들은 우울의 낙인을 벗기려고 진지한 노력을 기울이므로 우울한 사람을 죄인으로 보려는 시각을 당연히 거부한다.7 우울을 다루는 수많은 대중서 저자들이 보기에 중세의 죄악 프레임은 우울을 의학적으로 진단함으로써 행위주체성과 책임의 짐을 환자에게서 덜어내려는 자신들의 작업과 정반대 선상에 있다. (이 대립의 기저에는 대중서 저자들의 강력한 감정도 내포되어 있다.) 그러나 중세를 "암흑기"로 전면화해 담론을 구축하는 익숙한 풍토에 의문을 표하는 중세 연구, 그리고 르네상스를 찬양하는 경향이 덜한 근대 초기[르네상스] 연구의 새로운 풍토는 아케디아가 더 면밀히 주목해볼 가치가 있는 개념임을 시사한다. 만일 중세를 원시적이고 암흑천지거나 전근대적이라고 혐오하는 태도에서 강조하는 것이 과학 및 의학 모델이라면, 아케디아는 실로 의학적 우울 모델의 대안을 탐색하는 일에 적합하다.

아케디아는 "멜랑콜리" 개념과 좀 다른 데다, 두 용어가 정말 어떤 관련이 있는지, 정말 관련이 있기는 한지 (가령 아케디아와 슬픔이 자포자기라는 단일 개념으로 융합되는 예를 보면 아케디아와 멜랑콜리 개념의 연관성을 살필 여지가 있다) 논쟁의 여지가 있는 개념이나, 그래도 아케디아가 흥미로운 또 한 가지 이유는 그것이 (우리 시대 우울 모델을 위한 또 하나 중요한 선례인) 멜랑콜리를 보는 단선적인 역사 해석을 막아준다는 점이다. 아케디아와 의학적 우울증 모델과 대조를 이루는 것으로 표상될 뿐 아니라, 르네상스와 낭만주의 시대의 저자들 그리고 심지어 정신분석학 분야의 저자들이 멜랑콜리의 의미를 긍정적으로 구축할 때 부정적 대조 개념으로 복무한다. 이 저자들의 관점으로 보면 멜랑콜리는 종교적 신성함을 연상시키는 아케디아와 전혀 다른 세속적 범주에 속한다. 멜랑콜리를 창의력의 원천으로 보는 르네상스 및 낭만주의 관점은 두 시대를 계몽과 과학 진보의 상징으로 특권화시키는 서양 문화의 익숙한 서사에 잘 들어맞는다. 클리반스키와 파노프스키와 작슬은 멜랑콜리를 겪는 천재에 관한 저명한 연구서 『사투르누스와 멜랑콜리』에서 중세의 아케디아 개념에 대해서는 비교적 대충 넘어간다. 아케디아가 지나치게 부정적이고 종교적인 관념이라고 생각하기 때문이다. 이들이 보기에 아케디아가 속한 중세는 멜랑콜리에 대한 르네상스 이론의 핵심 기준 중 하나인 아리스토텔레스의 『난제들』 30권에서 보이는 통찰들을 간과한 시대이기 때문이라는 것이다. ("15세기 이탈리아의 르네상스는 난제〔아리스토텔레스의 『난제들』 30권]의 온전한 의의를 포착한 첫 시대라고 할 수 있겠다.")[8] 멜랑콜리를 창조적으로 구성한 르네상스 시대의 견해는 멜랑콜리 개념이 세속화되면서 가능했고, 대죄를 후진적인 미신으로 해석하는 시각은 멜랑콜리를 종교 환경에 뿌리를 둔 아케디아 같은 용어로부터 떼어내려는 욕망의 이면이다. 멜랑콜리의 부정적 측면을 포용하는 타자주의alteritist 모델＊조차 세속성을 띠는 경향이 있기 때문에, 우울과 정치적 느낌을 역사화하기 위해 멜랑콜리 대신 아케디아를 선택할 때의 잠재적 가치는 아케디아의 신성 및 종교 차원이 골칫거리나 부담이 아니라 오히려 유용할 수 있는지 여부를 탐색할 수 있다는 점이다.

　구식 중세 개념인 아케디아와 현대 의학 개념인 우울증 사이의 이분법이 우리의 추측처럼 견고하지 못하다는 것을 보여주는 한 가지 징후는 억압된 것이 한낮의 악마라는 개념의 형태로 귀환했다는 것이다. 우울 담론 전반에 스며들어 있고, 솔로몬의 책 제목이 되기도 한 **한낮의 악마**라는 표현은＊ 구약성경의 시편 91장 6절에서 유래한 것으로, 사막에서 고행하는 수도자들이 어둠이 아니라 오히려 빛이 자신을 억누르는 적임을 알게 되어 느끼는 공포를 묘사한다. 솔로몬은 자신의 우울에 대한 합리적이고 과학적인 설

＊ 탈식민주의 문학 비평의 흐름으로 오리엔탈리즘이나 유럽중심주의적 해석을 버리고 타자성을 전면화함으로써 이국성에 대한 식민성을 드러내려는 비평의 조류.

＊＊ 한국에 『한낮의 우울』로 번역된 이 책의 원제는 *The Noonday Demon*이다.

명을 찾을 때조차, 결국 자신의 상태를 묘사하기 위해 먼 고대의 시적인 방식을 향해 손을 뻗은 것이다. 과학자가 비과학적이라고 여겼던 시적 비유에 의지하는 이 놀라운 역설은 우울의 역사를 말할 수 있는 방법이 다양하고 많다는 것, 그리고 역사라는 자원이 최소한 신약과 의학 진단 못지 않게 생성력을 가질 수 있다는 것을 암시한다.

우울을 글로 쓰기

이 책은 단순한 전제에서 출발했다. 우울은 생물학적이거나 의학적 현상이 아니라 사회적·문화적 현상으로 봐야 한다는 것이다. 문화연구 내에서 이러한 전제는 이의 제기가 절대로 불가능하며, 그렇기 때문에 이런 주장을 하는 책은 전적으로 예상 가능해 보일 수 있다. 우울의 사회적·문화적 측면을 파헤치는 책은 틀림없이 우울이라는 범주가 시대에 따라 어떻게 변화하는지, 그리고 변화하는 사회 및 이데올로기적 요구와의 관계를 통해 어떻게 구성되는지 밝히기 위해 역사적이거나 계보학적 탐구를 통해 논의를 진행한다. 하지만 이 책은 그런 책이 아니다. 오히려 우울이 사회적·문화적 현상이라는 당연한 전제의 진부함이야말로 내가 다루려는 주제 중 하나다. 의료 담론에 대한 역사적 비판도 가치가 있지만, 그러한 비판도 이 책의 최종 목적이 아니다. 다른 필자들이 이미 역사적 비판 작업을 (그것도 아주 잘) 해왔다는 사실은 물론 내가 유사한 비판 작업을 하지 않는 이유다. 그러나 더 중요한 이유는 문화연구에서 당연시하는 관점이 다른 곳에서도 상식적인 관점은 아니며, 이러한 괴리가 나의 진짜 관심사이기 때문이다. 우울을 치료 가능한 질환으로 구성하는 의학 및 과학계는 우울이 사회적이며 문화적이라는 전제를 의심하거나 비판하는 게 아니라 그런 전제에 아예 관심이 없다. 치료와 새로운 약물 발견이 시급한 현실 환경에서는 더더욱 그러하다. 대중의 상상 속에서도 의학 모델은 여전히 강력한 지배권을 행사하고 있다. 우울이 아무리 팽배해 있다고 해봐야 그 또한 찾아내 진단을 내리고 치료할 수 있는 질병에 불과하기 때문에 관리가 가능하다는 수사修辭의 영향 탓이다. 우울에 관한 이런 시각이 흔히 유통되는 것은 강력한 경제 및 제도적 이해관계가 그 시각을 상당히 강화하고 있기 때문이기도 하지만, 이런 시각이 대중에게 널리 호소력을 지니는 이유는, 무엇보다 생물학에 기반을 둔 의료 모델이 개인적 비난이나 책임을 덜어주는 데다, 사회나 문화 분석의 압도적이고 장황하며 골치 아프게 복잡한 경향과 달리 구체적인 해결책을 제시하려고 하기 때문이다.

여기서 시급한 문제는 우울에 대한 다른 시각만이 아니라, 누가 문화적 권위를 갖고 있는가 하는 질문이다. 우울을 다루는 공적 지식인은 누구인가? 의사와 과학자 들인가? 우울을 겪고 있는 보통 사람들인가? 문화 및 사회 기록에 관해 말해줄 역량이 있는 역사가와 인문학자 들인가? 형식과 장르에 집중함으로써 우울을 재현할 참신한 방법을 창조할 가능성이 있는 예술가들인가? 사막의 수도자들인가? 우울은 학계뿐 아니라 대중문화 내에서도 학제간 연구가 필요한 통섭적 현상으로, 대중문화에서는 의사와 언론인과 환자와 자기계발 전문가들이 토크쇼, 회고록, 안내서, 언론, 중급 수준의 역사 및 의료 조사를 비롯하여 다양한 장르와 매체를 통해 의견을 표명한다. 수많은 학자들처럼 나 역시 문화연구 접근법이 공적 담론에서 더 두드러진 역할을 수행하는 것을 보고 싶은 욕망, 우울에 대해 상당한 권위를 인정받는 과학 전문성에 대한 대안을 제공하고픈 욕망이 있다. 그러나 초기 기독교 수도사뿐 아니라 토착민 영성, 정치적 번아웃, 그리고 퀴어 하위문화를 포괄하는 나의 아카이브는 의학 궤도를 한참 벗어나 있다.

물론 의학은 수많은 논의, 심지어 의학을 비판하는 논의에서조차 중심 자리를 차지하는 참조점으로 남아 있다. 가령 아케디아에 대한 설명으로 우울 논의를 시작하는 것은 우울 문제의 심각성을 강조하기 위해 통계를 출발점으로 빈번히 사용하는 경향과 뚜렷이 다르다. 우울을 실재하는 문제가 아니라 사회적으로 구성된 문제라고 본다 해도 차이는 남는다. 대중적이건 학술적이건, 지향점이 의료건 문화건, 수많은 연구들은 진단율과 약물 치료율 증가에 관한 통계수치를 기준으로 삼아, 우울을 전 세계적 공중보건을 위협하는 유행병으로 만드는 접근법을 사용한다. 가령 앤드루 솔로몬은 아래의 통계치를 나열한다.

> 최근 연구에 따르면, 미국인의 약 3퍼센트―1900만여 명―가 만성 우울증을 앓고 있다. 그중 200만 명 이상은 아이들이다. … 『DSM 제4판』[정신질환 진단 및 통계 편람 제4판]에 기술된 우울증은 미국은 물론 전 세계적으로 만 5세 이상 인구가 겪는 장애의 주된 원인이다. 개발도상

국을 비롯해 전 세계적으로 우울증은 조기 사망과 장애로 인한 건강 및 수명 손실을 계산했을 때, 질병 부담 측면에서 1순위인 심장질환 다음을 차지한다. 우울증은 전쟁과 암과 에이즈를 모두 합친 것보다 더 많은 시간을 앗아 간다. 우울증은 그것이 알코올중독부터 심장질환에 이르기까지 다른 질환의 원인인 경우 다른 질환들에 가려지기도 한다. 그 점까지 고려하면 우울증은 지구상에서 가장 큰 사망 원인일 수 있다.[9]

솔로몬은 "수치를 진실과 혼동하는 것은 실수"라고 지적하면서도, 우울이 팽배한 현상에 관해 "수치가 끔찍한 이야기를 하도록" 내버려둔다.[10] 이런 통계치 다음에는 대개 의학적 치료가 필요하다는 설명이 나온다. 예컨대 세계보건기구의 웹사이트는 우울증이 전 세계적으로 장애의 주요 원인이라는 통계를 제시하는 동시에 우울증이 "항우울제와 짧고 짜임새 있는 형태의 심리치료"로 이루어진 "1차 치료를 통해 신뢰할 만한 진단과 치료"가 가능하다고 언급한다.[11] 심지어 보다 정성적인 방식으로 우울에 맞서거나 의학 모델을 비판하려는 사람들에게조차도 통계치는 우울이라는 유례없는 문제의 반박 불가능한 증거를 제공한다.[12]

우울을 다루는 대중서를 비판하기는 쉽지만, 이 책들이 지닌 가공할 문화적 위력은 대단하다. 그래서 나는 우울을 글로 쓰되 다르게 쓴다는 것이 무엇을 의미하는지 생각하면서 대중서를 도외시할 수가 없었다. 대중서는 다른 비의료적 접근법과 화제가 주류 매체에서 주목받지 못하는 이유를 알아내려 할 때 배울 것이 많은 모델을 제시한다.

　2부　퍼블릭 필링스 프로젝트

우울을 다루는 역사적 비판의 어조는 짜증을 부리는 듯하고, 아케디아 개념은 우울 문제와 무관해 보이며, 뉴에이지 치료법들은 사이비 의학의 기운을 풍긴다. 약물의 장단점(그리고 전통 심리치료의 함의)에 관한 꾸준한 논쟁에 의해 지탱되어온 우울 관련 대중서는 공적 담론의 대들보 노릇을 해왔다. 내가 아케디아 개념을 처음 만났던 솔로몬의 『한낮의 우울』은, 1980년대 말 새로운 세대의 선택적 세로토닌 재흡수 억제제SSRI*가 항우울증제로 마케팅된 이후 밀물처럼 쏟아져 나와 현재에 이르는 수많은 관련서 중 한 권에 불과하다. 그중 제일 유명한 저작인 피터 크레이머의 『프로작에 귀 기울이기』(1993년)는 성격을 변화시키는 등 의료 외적으로도 항우울제를 사용할 수 있는지 여부를 살핌으로써 혁신적인 프로작 열풍에 대응했고, 그럼으로써 의학이자 우울 문화의 일부이기도 한 약물치료 주위에 공적 담론을 창조했다. 우울증을 다루는 대중 의학서들의 수사법은 의학 및 과학 연구를 (우울증에 인간의 얼굴을 부여하는) 사례사와 결합해 대체로 큰 흥미를 끌어낼 만큼 강력하다. 이런 책들은 엄밀하지만 크게 어렵지 않고, 문화와 과학 이론들까지 고려하는 균형 잡힌 시각을 드러내는 듯 보이며, 정서적으로도 공감하는 태도를 보인다.13 솔로몬처럼 이 저자들 또한 자신의 사례사를 활용해 환자에게

---

* selective serotonin reuptake inhibitor. 우울증, 불안 장애, 강박 장애 또 몇 가지 성격 장애를 치료하는 데 쓰이는 항우울제의 일종이다.

서 나오는 전문성까지 제공한다. (케이 레드필드 제이미슨의 『조울병, 나는 이렇게 극복했다』라는 책은 조울증을 다루고 있긴 하지만, 저자 본인의 환자 경험을 기술하는 1인칭 서사로 의사로서의 권위를 뒷받침하는 이런 장르 중 가장 유명한 책이다.14) 어떤 경우에는 퍼블릭 필링스 프로젝트에서 "정치적 우울"이라 부를 만한 것이 슬쩍 보일 때도 있다. 가령 솔로몬의 경우, 의사가 아니라 저술가인 저자는 단절의 풍토가 우울증을 증가시키며, 사랑과 공동체야말로 이를 해결할 수 있는 방책이라고 제시한다. 그러나 솔로몬 같은 저술가들이 과학과 문화적 관점을 섞고 개인의 이야기와 학문적 연구 성과를 결합해 "균형 잡힌" 혹은 다원주의적 견해를 제시한다 해도, 결국 우울을 질병으로 보는 의학 모델의 틀 내에서 움직인다는 점에서 이들의 논의는 유사하다.

아닌 게 아니라, 의료 전문가들이 출간하는 대중서는 직접 경험한 이야기가 많아서 우울에 관한 공적 담론의 또 다른 중요한 장르인 회고록과 강하게 연결된다. 회고록은 의료 전문성에 대한 대안을 제공하는 듯 보일지 모르지만, 실은 의료 전문성을 확증해주는 역할에 그친다. 우울을 다루는 회고록이 의료 전문가의 저작만큼 광범위하게 확산되도록 촉매작용을 해준 것은 역시 항우울제 혁명이었고, 회고록의 다른 많은 하위 장르와 마찬가지로 우울 회고록 장르 역시 시각 면에서 의료 담론과 동일성이 크기 때문이다. 2001년에 출간된 솔로몬의 『한낮의 우울』은 1980년대 말 프로작의 판매로 인해 단행본이 꾸준히 출간되던 흐름을 타고 나온 책이다. 그중 인기가 가장 많고 가장 중요한 저서로는 윌리엄 스타이런의 『보이는 어둠』(1990년), 엘리자베스 워츨의 『프로작 네이션』(1994년), 로런 슬레이터의 『프로작 다이어리』(1998년)가 있다. 유명 작가이기도 한 스타이런은 『보이는 어둠』에서 우울이 생산성 높고 성공한 듯 보이는 사람들에게조차 닥칠 수 있다는 점을 입증했고, 워츨은 『프로작 네이션』에서 불평을 늘어놓기로 악명 높은 20대의 얼굴을 한 화자가 우울의 측면에서 자기 세대의 비애를 묘사했으며, 심리학자에서 저술가로 변모한 슬레이터는 『프로작 다이어리』에서 회고록을 집필하는 상당한 역량을 프로작이 자기 인생에 끼친 극적 영향을 기술하는데 활용했다.[15]

위에서 언급한 회고록들을 비롯해 유사한 다른 회고록들은 대개 약물이 내 인생을 구했다는 식의 서사를 중심으로 구성되어 있어 의학 모델을 강화한다. 소설가 경력이 절정을 맞을 즈음 느닷없이 우울증에 가격당한 스타이런은 우울의 느낌을 자신을 정상적인 관계와 일에서 단절시키는 것으로 묘사하는 한편, 신비로운 불청객으로도 제시한다. 따라서 약물과 다른 치료가 우울을 완화하는 과정은 계속 불투명하다. 스타이런이 누리는 작가로서의 명망에 기대는 이런 접근법은 우울을 시적으로 강력하되 궁극적으로는 불투명한 것으로 만들어버리므로 우울에 대한 문화적 설명으로서의 가치가 떨어진다. 한편 워츨과 슬레이터는 둘 다 1980년대 말 프로작의 치료 효과를 맛본 첫 세대로 [프로작이 나오기 전인] 성장기에는 불치로 보였던 심리적 고통을 달고 살았다. 워츨은 정서적으로 혼란스러웠던 자신의 아동기, 청소년기, 대학 시절의 충격적인 세부 사항을 독자들과 전부 공유한 다음, 마침내 프로작이 자신을 구했다는 결론을 내린다. 슬레이터는 프로작에서 출발해 프로작이 자신의 인성을 어떻게 변화시켰는지에 대한 상세한 설명 중심으로 서사를 짜놓았다. 우울을 탈출한 슬레이터의 이야기는 과거에 두고 온 아픈 시절의 자신에 대한 애도, 그리고 투약 후 들어가게 된 세계를 찬찬히 살피는 개종 또는 전향의 서사인 셈이다. 더 최근에 쓰인 솔로몬의『한낮의 우울』은 현재 이용 가능한 더 다양한 종류의 항우울제뿐 아니라 그 효력에 대한 의심의 증가 현상까지 반영한다. 솔로몬은 항우울제 투약은 우울증에 대한 다른 접근법과 병행해야 하지만, "약물을 우울과 싸우는 전투의 일환으로 복용하는 일은 거친 싸움이며, 약물을 거부하는 것은 말을 타고 현대전에 돌입하는 일만큼 우스꽝스러운 자기 파괴 행위"라면서 양면적 입장을 택한다.[16]

　　이런 회고록들은 저자의 개인사를 약물에 관한 공적 논쟁과 연결하기 때문에 시장성이 있을 뿐 아니라, 특권층에 의해, 특권층을 위해 생산된다. 이런 책의 저자들은 백인 중산층일 뿐 아니라 아이비리그 대학 교육, 그리고 뉴욕을 거점으로 하는 출판 연줄을 수반하는 문화 자본을 갖추고 있다는 공통점이 있다. 슬레이터의 경우 의료인이라는 권위까지 있다. 따라서 이 책들은 대개 저자들과 동일한 이력을 갖춘 독자를 상정하는 경우가 많다. 또한 이런 회고록들은 전문적인 문예 창작 스타일로 쓰여 있으며, 예술학 석사 프로그램이나『뉴요커』(솔로몬의 단행본의 재료가 된 평론을 처음 실은 잡지다) 같은 지면에서 장려하는 세부 사항에 대한 시각까지 갖추고 있다. 이런 작업의 결과는 거친 데라고는 없는 글, 퀴어 글쓰기와 행위예술의 혼돈이나 불균형도 없는 잘 다듬어진 문서다. 의료와 관련 문헌들조차 대개 『뉴요커』의 지면에서 출발한다. 이 교양지는 『뉴욕 타임스 매거진』과 『애틀랜틱』과 『하퍼스』 같은 다른 중간급 지식 정기간행물과 더불어, 과학과 인문학이 만나 다루어야 할 문제에 관해 대중 친화적인 설명을 제시하는 장소 역할을 수행한다.[17] 의학 연구와 회고록, 사례사와 문학 사이의 관계는 유동적이다. 가령 사례사는 과학에서 창작에 이르는 스펙트럼을 아우른다. (따라서 사례사는 이 프로젝트에 중요한 장르다. 과학과 창작을 결합할 가능성을 시사하기 때문이다.)[18] 우울을 주제로 다루는 이 단행본들은 모조리 과학에 관한 더 큰 범주의 글쓰기의 일부이며 이는 과학의 작용과 인식론적이고 문화적인 힘의 중추다.

　　그러나 글쓰기가 과학적 사유에 없어서는 안 될 필수 요건이라면, 글쓰기는 우울의 의학 모델이나 과학 모델이 아닌 다른 것 역시 산출할 수 있다. 게다가 과학 외에 다른 종류의 글과 지식을 산출할 역량이 우울에 있을지도 모른다.

의학 모델 비판으로 기능하는 역사

역사도 치유책이 될 수 있습니다. 의사가 다가와 "당신은 생화학적 불균형을 겪고 있으니 이 약을 드세요"라고 말한다는 것을 이해하게 해주는 책을 읽는 일 역시 운동, 치료요법 그리고 프로작만큼 치유 효과를 낼 수 있습니다.

게리 그린버그의 새 책『우울증 제조』를 주제로 저자와 진행한 라디오 인터뷰에서 사회자인 레너드 로페이트는 우울을 생화학적 문제로 보는 것이 도움이 되지 않을 수도 있다는 게리의 주장을 가리켜 약물을 복용하면 안 된다는 뜻이냐고 집요하게 묻는다. 그린버그는 항우울제가 효력을 내는 사람도 있지만 우리가 약물의 작동 방식을 실제로는 알지 못한다는 것, 그리고 자신의 진짜 요점은 우리가 우울을 질병이라고 생각하는지 아닌지 여부야말로 변화를 만든다고 설명함으로써 진행자의 질문을 세심하고 신중하고 피해간다. 우울을 의학적 질환으로 보는 설명에는, 문화연구에서 그토록 중시하는 역사적 이해에 대한 논의가 가장 간단한 형태조차 없다는 점을 감안하면, 그린버그가 우울을 의료 담론이 독점하는 세태를 향한 자신의 역사적 비판이 지닌 미묘한 뉘앙스를 전달하느라 진땀을 빼는 모습은 별로 놀랍지 않다. 사실 현재의 의학 진보와 고대 의학 둘 다에 대한 대중적이고 과학적인 논의의 공통된 출발점은 우울이 보편적이라는 관념, 다시 말해 시대마다 어떤 이름으로 불렸건 사람들은 지금 우리가 "우울"이라 부르는 상태로부터 고통받아왔다는 관념이다.

우울을 보편화하는 이런 역사들의 전형적 특징은 다음과 같이 표현된다. "사람들은 인간 역사를 통틀어 내내 우울의 여러 증상을 겪어왔다. 그러나 우울은 질환으로 인정받지 못했다. 4000년 전 고대 그리스와 이집트에서 온 설명들은 현재 우울이라고 명명할 수 있는 증상에 시달리는 사람들을 묘사한다."[19] 심지어 앤드루 솔로몬조차도 "우울의 증가율은 분명 현대성의 결과이다"라고 말하면서도 아래와 같은 전제에서 논의를 시작한다.

> 우울은 인간이 자기 의식적 사고를 할 수 있게 된 때부터 우리 주위에 존재해왔던 듯 보인다. 우울은 그보다 더 전에 존재했을 수도 있다. 원숭이와 쥐와 심지어 문어조차 최초의 원시인류가 동굴로 들어가기 전부터 이미 우울증을 앓고 있었을 수도 있다. 확실히 우리 시대의 증상학은 2500여 년 전 히포크라테스가 기술했던 내용과 크게 다르지 않을 수도 있다. 우울증도 피부암도 21세기에 창조된 것은 아니다.[20]

우울의 역사에 관한 솔로몬의 진술은 역사성이 더 강한 그린버그의 주장과 대조를 이룬다. "나는 이 우울이라는 관념이 어디서 비롯되었는지 알아보기 시작했습니다. 그리고 이런 관념이 어떻게 조립되었는지에 대해 매우 추적 가능한 역사가 있다는 것을 발견하고 깜짝 놀랐습니다. 19세기 중반 무렵 마법의 탄환 의학, 다시 말해 약물을 찾아 특정 분자를 표적으로 겨냥해 질병을 죽일 수 있다는 생각이 등장하면서부터 오늘날까지, 불행은 점점 더 표적을 맞추듯 치료가 가능한 종류의 고통이라는 범주에 속하게 되었습니다." 그린버그가 위에서 제시한 이 역사적 설명은 라디오 진행자 로페이트가 과학적 대답을 집요하게 추궁하는 가운데 그린버그의 "과학적 방법"을 콕 집어 말해달라며 "선생의 주장은 어떤 종류의 연구에 바탕을 두고 있나요?"라고 물을 때 등장한다. 그린버그는 힘주어 대답한다. "역사 연구입니다. 내 연구는 전적으로 역사적입니다."

하지만 이런 대답은 계속 의학 연구에 초점을 맞추는 로페이트에게 통하지 않는다. 그린버그는 25년 동안 심리치료를 해왔을 뿐 아니라 직접 우울증 진단을 받은 당사자로서 상당한 권위를 갖추고 질문에 대답할 수 있다. 그린버그가 쓴 책의 중심부에는 어류에서 추출한 기름이 우울증에 효과가 있는지를 검증한 임상실험에 직접 참여했던 경험이 들어 있다. 놀랍게도 이 실험에서 그는 경도 우울증이 아니라 중증 우울증 진단을 받았다. 실험 동안 (관련 질문에 대한 본인의 응답을 바탕으로) 그린버그의 상태를 측정한 자료들은 그의 상태가 호전되고 있음을 보여주었지만, 종국에 가서 그는 자신이 위약을 받아왔다는 것을 알게 된다. 우울증을 치료하는 과학이 매우 불투명하다는 논란의 여지가 없는 증거—의사이자 환자 둘 다로서 제시한—를 통해 그린버그는 매우 강력한 이야기를 갖게 된다. 정확히 말해 공적 영역에서 잘 통하는 종류의 이야기다. (단행본으로 출간되기 전, 그린버그는 임상 실험에 참여한 사연을 『하퍼스』표지 기사에서 다루었다. 우울을 둘러싼 의학 논쟁이 미디어의 주요 소재로 남은 또 하나의 사례인 셈이다.[21])

문화사가들의 주장 역시 대개 대학 출판사들이 떠받치는 전문 독자들을 위한 것들이지만, 이들은 그래도 우울에 대한 의학 모델을 역사적으로 설명하는 그린버그의 주장을 지지한다. 의료사가들과 문화사가들 모두에게, 생화학 분석과 치료를 우선시하는 의학 모델이 심리 관련 역사와 대화 치료에 대한 탐색을 물리치고 거둔 승리의 이 야기는 두 가지 중요한 발전을 중심으로 전개된다. 첫째 는 제2차 세계대전 이후 정신약리학의 역사, 둘째는 1952 년 처음 출간되어 임상심리학에 더 존중할 만한 과학 방법 론의 토대를 마련해준『정신질환 진단 및 통계 편람』DSM의 창안이다.

　　더 좁은 의학의 역사는 약리학에 전적으로 논의를 할애하고, 패러다임 전환이나 확실한 과학 진보라는 관념 을 지지한다. 그러나 이런 좁은 의학사 내에서조차, 한 가 지 목적을 위해 대개 개발된 약물이 (다른) 기분 장애에도 효과를 낸다고 발견되는 경우가 많다는 점, 그런데 그 과 정이 무작위적이고 체계가 없다는 점은 수많은 가닥이 얽 히고설킨 복잡한 이야기다. 정신약리학사의 한 가지 판본 은 1951년과 1952년 프랑스에서 일어난, 우연에 가까운 발 견의 이야기로 시작된다. (당시 비교적 새로운 약물이었 던) 항히스타민제를 마취제로 쓰기 위해 테스트를 하던 중 초기에 개발된 클로르프로마진*이 기분에도 영향을 끼친 다는 사실이 밝혀졌다. 정신약리학자이자 자기 분야에서 가장 명망 높은 역사가 중 한 명인 데이비드 힐리는 이러한 결과를 "인류 역사상 중대한 사건"이라 부르면서, 자신의 서사에서 이 사건에 분수령의 지위를 부여했다. 그는 이 발 견을 성적 학대의 현실을 두고 프로이트가 생각을 바꾸었 던 것✽ 못지않게 중요한 사건이라고 평가했다.[22] 에드워드 쇼터는 "클로르프로마진이 정신의학에 일으킨 혁명은 일반 의학에 페니실린이 도입된 변화에 비견할 만하다"라고 평 가한다.[23] 힐리의 해석에서 보면, 이 이야기에는 누가 이 약을 발견한 공을 차지해야 하느냐를 비롯하여 수많은 드라마가 있다. 클로르프로마진을 마취제로 썼지만 다른 용도가 있을지도 모른다고 의심했던 앙리 라보리인가, 아니면 파리에 있는 생트안 병원의 정신질환 환자들에게 공공연히 이 약을 사용하는 연구를 주도했던 프랑스 심리학자 장 들레와 피에르 드니케인가 따위의 논란이다. 다른 약물에 관해서도 비슷한 이야기가 있다. 이프로니아지드는 모노아민 산화효소 억제제MAOI 계열의 항우울제 중 최초의 약물로, 처음에는 결핵 환자 치료제로 쓰다가 결핵 환자들에 기분에 영향을 끼친다는 사실이 밝혀졌다. 이미프라민은 최초의 항우울증제로 인정받는 약물인데, 항히스타민제 연구에서 개발되었고 처음에는 조현병 치료제로 쓰였다.24 레세르핀 역시 정신질환 치료제로 응용이 가능하다고 밝혀진 또 다른 약물로, 로클랜드 주립병원에서 미국의 주요 정신약리학자 네이선 클라인의 정신질환 환자들을 참여시킨 연구에 사용되었다. 클라인은 치료가 전혀 불가능하다고 여겨졌던 환자들의 증상이 이 약으로 호전되는 징후를 발견했다.25 이러한 발견들은 기분 장애의 생물학적 기초를 입증하고 약물로 이러한 질환을 치료할 가능성을 확립함으

---

* chlorpromazine. 조현병 등의 정신증 치료에 주로 사용되는 항정신병제제 약물의 하나.

** 가정 내 성폭력을 현실이 아니라 무의식적 환상이라고 진단 내린 일을 의미하며, 실제 벌어지는 가정 내 성폭력을 사회적 압력 때문에 무의식의 문제로 왜곡하면서 오이디푸스 콤플렉스 개념을 만든 일은 정신분석학의 역사에서 중요한 오류라고 여겨진다.

로써 정신분석학 모델과 치료법에 이의를 제기하는 데 관심 있는 과학자들의 수많은 연구 프로젝트에 촉매 역할을 했다.

분수령이 되는 계기들을 강조한다 해도, 개별 약물 각각의 이야기는 실제로는 더 복잡한 누적 과정의 일부이다. 연구자들은 약물의 효과가 처음엔 아무리 조잡해도, 정신질환 치료에서 이루어지던 심리치료에 대한 대안으로 약물을 연구하기 시작했다. 예상 가능하겠지만, 문화사가들은 여기서 논점을 더 확대해, 약물의 효과를 검증하는 소위 "더 순수한" 과학이 실제로는 과학 연구의 풍토 및 사업적 측면과 얽혀 있다는 점을 밝혀냈다. 과학 연구의 풍토와 사업에는 지적 재산권, 인간 대상 연구의 윤리성 논쟁뿐 아니라 큰 수익을 낼 수 있는 상품에 대한 자금 지원도 포함된다. 가령 재키 오어가 기술한 바에 따르면, 1950년대 국립정신건강연구소(비교적 최근인 1949년에 설립되었다) 내에 정신약리학 연구 센터를 세워 상당한 자금을 지원한 조치는 의학 및 약학 모델이 확립되는 초석을 놓았다. 약리학의 핵심 주자들을 한데 모아놓는 역할을 했던 상당수의 약리학 관련 학회들도 마찬가지 역할을 했다.[26] 조너선 메츨은 약리학 혁명이라는 모델에 저항해야 한다고 주장한다. 그 탓에 생물정신의학이, 생물정신의학에 자리를 뺏긴 정신분석학으로부터 지나치게 분리되는 결과가 초래되기 때문이라는 것이다.[27] 아닌 게 아니라 약리학 혁명 모델은 의료 층위에서만 따져봐도 복잡한 현상을 단선적인 변화로 단순화하는 우를 범하고 있다.

프로작과 그 이전 세대 항우울제들이 혁명을 일으

켰다면, 문화사가들은 그 혁명을 과학의 혁명이 아니라 마케팅의 혁명으로 규정한다. 심리 문제를 약물로 해결하려는 추진력 덕에 수익성 있는 시장이 열렸다는 이유에서였다. 고집스레 1950년대로 돌아감으로써 현재를 역사화하는 문화사가들이 제시하는 우울 관련 논의들은 다른 이야기들도 우울의 역사 중 일부라는 사실을 상기시킨다. 따라서 약리학의 온전한 역사는 과학과 의학의 다양한 역사들뿐 아니라, 연구 자금 지원 및 정치의 역사, 그리고 약물 마케팅이 전통적인 성 역할을 강화한다는 메츨의 설명이나, 공황과 사이버네틱스 및 냉전의 부상 간에 관련이 있다는 오어의 논의처럼, 처음에는 무관해 보일 수도 있는 사회 및 문화의 역사 또한 포함한다.

『DSM』 연구도 마찬가지다. 이 연구는 약리학의 역사를 보완해준다. 진단의 발명이 약물 판매에 중심 역할을 해왔고 제도 및 경제 정치에도 깊이 연루되어 있기 때문이다.[28] 『DSM』의 이야기도 정신과 의사 집단을 포함하는 복잡한 이야기다. 『DSM』 연구는 1952년 초판을 발간한 이후 다수의 중요한 판본에서 정신질환의 범주를 설정함으로써 정신의학을 과학의 영역에 포함하려 시도해왔다. 여기 참여한 다수의 정신과 의사들은 로버트 스피처라는 정신의학자의 주도하에 편람 제작을 감독했고, 미심쩍을 때가 많은 데이터를 조직적으로 수집하는 노력을 통해 정신의학을 과학으로 간주하려는 의사들의 비전을 촉진하고 홍보했다.[29] 약리학과 마찬가지로 정신의학의 이야기에도 중요한 경제적·정치적 측면이 있다. 저강도 불안(기분 부전 장애)과 우울증 같은 질환을 진단해서 대화치료를 비롯한 치

료에 접근하려는 사람들에게 보험금을 지급할 여건이 마련
되어야 의료보험 산업이 유지되기 때문이다. 주요 우울 장
애─우울한 기분, 흥미 저하, 체중이나 식욕 변화, 정신운
동 지연, 초조, 불면증이나 과불면, 피로나 에너지 결핍, 쓸
모없다는 느낌이나 죄의식, 집중력 저하나 우유부단, 죽음
에 대한 반복적인 생각이나 자살 생각─을 진단하는 데 쓸
수 있는 증상의 편리한 체크리스트를 제공하는 『DSM』은
의학적 권위의 냄새를 풍긴다.[30]

　　이렇게 『정신질환 진단 및 통계 편람』은 정신의학
이 과학이라는 주장이 깨지는 장소일 뿐 아니라 흥미로운
문화적 이야기들이 전해지는 곳으로 의학 모델 비판의 주
된 표적이 된다. 그러나 과학적 토대가 미심쩍다손 치더라
도 『DSM』은 다양한 효과를 지닌 강력한 문화적·사회적
제도다. 우울증은 트라우마(그리고 동성애)처럼, 수년에
걸쳐 상당한 수정과 논쟁을 거친 수많은 "질환" 중 하나에
불과하다. 1980년에 발간한 『DSM 제3판』은 이런 수정 과
정이 특히 중요했다. 정신질환의 질병 모델을 강화하고 야
심 찬 분류 체계를 만들어 오늘날까지 우울증과 다른 질환
을 진단할 때도 통용되도록 했기 때문이다. 치료에 접근할
수 있도록, 군의 외상 후 스트레스 장애PTSD나 트랜스젠더
들의 성 정체성 장애GID 같은 진단을 활용해 『DSM』이 가
능하게 해준 의료화medicalization * 는 쉽게 기각할 수도 없고,
쉽게 칭송할 수도 없다는 점이 드러났다.[31] 따라서 의학 범
주와 진단은 중요한 문화를 형성하고 이 문화는 다시 우리
시대의 경험을 형성하므로 세심한 문화적·역사적 분석을
할 만하다.

그러나 우울의 사회적 구성은 이론적 전제이고 이 전제는 복잡다단한 이야기의 시작에 불과하다. 온갖 종류의 의료사를 보면 우울의 초점이 확대되어 문화를 포괄할 정도로 커지는 경우 우울의 역사를 쓰는 방법이 결코 명확하지 않다는 것을 짐작할 수 있다. 약리학만 다루는 좁은 의학사도 1990년대에 쓰인 프로작이나 항우울제 혁명을 1950년대로 거슬러 올라가는 초창기 약리학적 발견들과 연관 지음으로써 이러한 약물이나 혁명의 더 넓은 맥락을 제공한다. 우울과 약리학의 역사는 기원도 불분명하고 거기 포함된 이야기도 많다. 그런 의미에서 우울과 약리학의 역사는 섹슈얼리티 역사 연구를 연상시키는 측면이 있다. 섹슈얼리티의 역사에서, 현대 동성애자 해방운동의 시발점이 된 분수령을 1969년 스톤월 항쟁*으로 보는 서사는 그 운동이 그보다 더 과거 시대에 기반을 두고 있다고 보는 해석, 그리고 1950년대와 1960년대를 억압적이면서 생산적인 시대, 보수적이면서 진보적인 이중의 의미를 띤 과도기였다고 보는 해석으로 인해 더욱 복잡해졌다. 우울과 약리학의 역사도 이처럼 복잡다단한 측면이 있다.[32]

게리 그린버그가 역사를 이용해 의학을 비판할 때 당혹해하는 레너드 로페이트의 반응만 봐도, 문화연구가

---

* 특정 문제에 대하여 의학의 틀을 적용하여 판단하고 개입하려는 개념.

‡ 1969년 미국 뉴욕의 "스톤월 인"이라는 이름의 바를 경찰이 급습해 단속하는 과정에서 발생해 점차 확대된 성소수자들의 항쟁.

2부 퍼블릭 필링스 프로젝트

왜 우울에 관한 과학 연구와 임상 실천에 영향을 끼치는 건 고사하고 우울에 관한 가장 진부한 역사적 주장이나 문화 이론을 공적 영역에서 수용하도록 만들기 위해서만도 그 토록 고군분투까지 해야 하는지 알 수 있다. 하지만 프로 작 혁명에 반발하는 대중의 움직임은 점점 늘고 있다. 조 너선 메츨은 1950년대 밀타운〔메프로바메이트라는 진정제 의 상표명〕과 1960년대 발륨〔신경안정제〕 같은 "기적의 약 물"을 향한 대중의 열광이 거쳐온 부침을 연구하면서 이러 한 변화를 이미 예상한 바 있다. 프로작과 다른 SSRI들은 1980년대 말과 1990년대 초 크레이머의 『프로작에 귀 기울 이기』 같은 대중 과학서의 유명세에 의해 촉발된 마케팅으 로 광적인 인기를 끈 후, 더 신중한 평가 대상이 된 듯 보인 다. 그러나 이러한 논쟁을 유지하는 것은 여전히 의학적 관 점이다. 우울은 질병인가 아닌가? 우울은 약물로 치유 가 능한가? 가령 크레이머는 『프로작에 귀 기울이기』의 후속 작인 『우울증에 반대한다』에서 우울을 (치료 가능한) 의학 적 질환으로 개념화하는 일의 중요성을 되풀이하고, 우울 이 문화적으로 유용하다거나 창의성과 연관되어 있을 수도 있다는 낭만적 주장을 비판한다. (하지만 이런 비판은 허 수아비 논증의 오류로 보인다. 우울을 창의성과 연관시키 는 르네상스 및 낭만주의 시대의 멜랑콜리 개념이 질병 모 델에 대한 유일한 대안도 아닐뿐더러, 의료 모델을 거부한 다고 자동으로 우울증에 "반대" 하지 않고 "찬성"한다는 뜻 도 아니기 때문이다.)

크레이머의 주장이나 그와 비슷한 주장에 대한 맞 대응 격인 그린버그의 책은 최근 몇 년 동안 등장한 다른 책들과 비슷한 경향을 보인다. 그린버그와 비슷한 논의를 하는 책으로는 찰스 바버의 『편안한 무감각』, 앨런 V. 호위츠와 제롬 C. 웨이크필드의 『슬픔의 상실』, 댄 블레이저의 『멜랑콜리의 시대』, 그리고 어빙 커시의 『황제의 신약』이 있다. 이 저자들은 모두 우울의 의학적 진단과 치료용 약물 사용의 확대에 의문을 제기하기 위해 자신의 과학 전문성을 활용한다.33 가령 임상 정신의학 분야의 연구자인 호위츠와 웨이크필드는 맥락과 환경을 무시하고 증상에만 주력하는 『DSM』이 오히려 "정상적 슬픔"과 질환으로서 "우울증"의 차이를 제대로 볼 수 없게 만든다고 주장한다.34 위의 책들은 서평과 다른 매체에서 상당한 주목을 받았고, 우울을 다루는 의학적 논쟁의 활력을 유지하는 데 기여했다. 의학 패러다임을 비판할 때조차 의학 패러다임에 깊이 연루된 듯 보이는 논조 때문이었다.35 10여 년 전 항우울제에 더 열광했던 책들과 마찬가지로 위의 책들 역시 죄다 의학 전문가들이 집필했고, 그린버그와 바버의 경우에는 의학 전문가인 동시에 환자이기까지 했던 저자들이 쓴 책들이다. 그러나 이들의 책은 퍼블릭 필링스 그룹이 "정치적 우울"이라 부를 만한 방향을 잡고 있으면서도, SSRI 문헌의 첫 세대처럼, 대체로 우울의 사회적 원인을 본격적으로 살피거나, 우울에 대처할 수 있는 사회적 변화를 고민하는 수준까지는 미치지 못한다. 이 책들은 대개 개량주의적·실용적인 목표를 갖고 정신약리학을 바라보며, 결국 약물(그리고 관리의료)이나 인지행동 치료 같은 접근법을 옹호하는 이들의 압력에 의해 밀려났던 정신분석학 및 다른 형태의 대화 치료로 회귀하자는 주장을 펼친다. 어마어마한 경제적 이해관계가 여기 걸려 있다는 점, 그리고 광범위한 진단에 의해 치료를 받는(만들어지는) 환자의 숫자가 많다는 점을 고려하면 이 정도도 작은 성취는 아니다. 그렇다 해도 이 변화 역시 여전히 치료에 대한 아주 좁은 범위의 접근법 내에서 작동하고 있다.

활력: 생물학적 활력과 영적 활력

나의 목적은 우울을 새롭게 논의하고 설명할 수 있는 개념적 공간을 만드는 것이다. 이때 새로운 논의란 우울을 아픈 문화의 산물로 이해하는 대안적 (어휘를 포함한) 방식뿐 아니라 대안적 의학과 치료 실천까지 포용하는 논의이다. 아케디아와 영성의 위기에 주목하는 것은 이런 목적 때문이다. 아케디아와 영성의 위기는 우울을 다루는 새로운 관점을 제공한다. 이 관점은 믿음과 희망의 문제를 아무것도 할 수 없이 붙들린 상태를 경험하는 일과 관련 있는 것으로 전면화한다. 아무것도 할 수 없이 붙들린 상태는 생리 기능과 신체적 측면을 통해서뿐 아니라 심리적·영적으로도 드러난다. 아케디아라는 개념을 쓰게 되면, 건강뿐 아니라 체현, 그리고 인간이라는 것이 무엇을 의미하는가에 관한 개념과 관련된 더 긴 역사 속에서, 우울을 보는 의학 모델을 바라볼 수 있게 된다. 정신분석학도 이와 동일한 수단을 제공할 수 있다. 의학 모델보다 정신분석학을 선호하는 많은 문화 이론가들처럼, 그린버그 역시 정신분석학이 우울이나 아무것도 할 수 없이 붙들린 상태에 빠진 시기를 설명할 수 있는 삶의 형태에 대한 풍성한 서사를 길러 준다고 말한다. 그러나 정신분석학은 여전히 현대 의학 모델과 지나치게 가깝기 때문에 익숙함에서 벗어나는 작업을 하기에는 적절치 않다. 따라서 나는 아케디아 개념의 비교적 더 낯선 특성과 탈-중심성ec-centricity이 더 마음에 든다. 이제껏 해왔던 사유와 다른 종류의 사유를 위한 장을 열어 놓기에는 아케디아 개념이 더 적절하다고 생각하기 때문이다.36

그러나 의료 문제를 영적 접근법으로 다루는 작업에 대한 나의 관심을, 과학을 도외시하는 태도로 오해해서는 안 된다. 나는 과학과 인문학 간에 더 통합적 관계를 구축함으로써 의료 문화를 바꾸자고 요청하는 것이 중요하다고 생각한다. 우울이 사회적으로 구성되었다고 글을 쓰는 문화사가들이 꼭 과학이 틀렸다고 말하거나 추상적 관점으로 과학을 해체하는 것은 아니다. 이들이 하는 작업은 과학을 강력한 사회적 세력으로 위치시키고 과학 제도와 사회적 영향을 훨씬 더 상세하고 광범위한 맥락에서 기술하는 것이다. 조너선 메츨은 과학을 일차적인 것으로, 문화를 과학의 부차적인 결과로 해석함으로써, 예컨대 과학을 남성성과 결부시키고, 부드러움과 수용적인 특징은 여성성과 결부시키는 성별화된 이분법 시각의 위험성을 경고한다. "기적의 약"을 창조할 때 광고가 수행하는 역할에 대한 메츨의 탐색은 과학 역시 문화의 한 형식이되, 어마어마한 경제적 이해관계가 걸려 있는 형식임을 밝힌다. 그러나 정신과 의사이기도 한 메츨은 결국 정신분석학과 생명정신의학biopsychiatry을 결합할 수 있는 새로운 형태의 치료를 위해 두 학문을 구별하는 입장으로 회귀하고 만다. 에밀리 마틴은 문화기술지적 접근법을 통해 양극성 장애 지지 집단과 정신의학 병원을 연구함으로써, 정신의학의 분류에 의거해 진단받은 사람들이 어떻게 의학 분류와 약물 치료를 자기만의 상식으로 활용하는지 살핀다. 조울증을 안고 살아가는 마틴은 대중서를 쓰는 일부 의사들처럼 조울증이 자신만의 것이라고 주장함으로써 탈병리화하는 전략을 쓴다. 마틴은 또한 조증 상태를 직장 내 생산성에 도움이 되는 바람직한 자질로 재구성하는 문화 실천을 정상으로 간주하면 어떨까 하고 고민한다. (조증 상태가 업무 생산성으로 발현되는 일이 가장 두드러지게 나타나는 곳이 학계다. 이 문제를 진단하려 하는 인문학계도 마찬가지다.) 재키 오어 또한 자신을 환자로 제시하며, 아티반[신경안정제]이라는 항불안제 임상실험에 참여했던 일, 자신이 겪은 공황과 치료 경험 등을 연구 재료로 삼아 글을 쓴다. 오어는 급진사회학을 실천한다. 급진사회학 방법은 기존 지식 및 학문 방법의 정의에 문제를 제기하기 위해, 개인적 서사와 수행적 글쓰기를 활용해 개인의 경험과 의료 및 냉전의 역사를 병치시키는 작업이다. 이런 연구들은 과학과 문화가 서로 만나는 교차점을 밝혀, 의료 문화가 창조하는 사회적 실천을 탐색하고 이러한 실천들이 사람들의 일상생활에서 어떤 과정을 거쳐 협상 대상이 되는지 탐색한다.37

　　최근 문화연구 내에서 증가하는 뇌과학에 대한 관심은 과학을 비판만 하는 대신 과학과 문화 간에 새로운 협력 관계가 발전하고 있다는 사실을 보여준다. 문화연구자들은 감정의 체현에 대한 신경생물학 연구가 정신과 육신 간의 구별을 재고하려는 자신들의 노력에 유용하다고 판단한다. 따라서 감정과 느낌을 다루는 문화사는 사회 환경과의 상호작용과 체현이 교차하는 곳에서 느낌과 감각이 어떻게 작동하는지 살피는 학제적 연구에 기여한다.[38] 생기론vitalism,* 그리고 정동을 다루는 다른 역사적 담론에 대한 관심이 부활하면서 감정의 물질성을 탐구하는 데 다양한 자원이 있음도 드러나고 있다.[39] 과학과 인문학 간의 새로운 대화에 영감을 준 성취 중 가장 눈에 띄는 것은 안토니오 다마지오의 연구다. 그는 가령 스피노자의 심신 분리 불가능성 개념을 끌어들여 신경가소성neuroplasticity**을 논한다.[40] 이렇게 발전을 거듭하는 연구 덕에 "우울은 생물학적·의학적인 현상이 아니라 사회적·문화적 현상으로 봐야 한다"는 나의 첫 전제를 수정해야 함을 배웠다. 나는 이제 의학적인 것과 생물학적인 것 사이를 더 세심하게 구분해야 한다는 것, 우울에 대한 사회적·문화적 접근법이 우울의 생물학적 차원에 대한 고려를 꼭 배제해야 하는 것은 아니라는 것을 알게 되었다. 가령 엘리자베스 윌슨은 페미니즘 이론이 생물학적 본질론에 느끼는 공포를 비판하고, 오히려 페미니즘이 "뇌과학과 비판 및 공감이 공존하는 연합 관계"를 구축해야 하며, 그래야 심신 간의 새로운 관계 모델을 만들 수 있다고 주장했다.[41] 윌슨은 생물학을 완전

---

* 활력설이라고도 하며, 생물에는 무생물과 달리 목적을 실현하는 특별한 생명력이 있다는 주장으로 철학적으로 유물론이나 기계론과 반대된다.

** 뇌가 외부 환경의 양상이나 질에 따라 스스로의 구조와 기능을 변화시키는 특성.

히 일축하는 여러 형태의 사회 구성 형식에 대안을 내놓음
으로써, 과학과 직접적인 관계를 맺을 여지를 남겨놓는다.
가령 뇌과학의 통찰을 활용하여 "내장 페미니즘"gut feminism
을 표명하는 작업은 바로 이러한 대안이다. 정신과 의사들
(그리고 현재 활동하는 뇌과학자들)에 대한 문화기술지 연
구를 통해 이들의 문화를 파악하는 작업도 이러한 대안에
포함된다.

　　그러나 의학이나 뇌과학과 문화연구의 관계는 호
혜적이다. 만일 문화사가들이 과학과 인문학 간의 관계를
재협상할 때 과학을 비판하는 것이 아니라 인문학과 연계
하는 방법을 쓴다면, 이번에는 (과학) 지식이라 간주되는
것을 확장하는 방법으로도 둘 간의 관계를 재협상할 수 있
다. 인문학이 과학을 수용하는 방법뿐 아니라 과학의 지식
을 확장하는 방법도 써야 뇌과학과 문화연구의 관계가 호
혜적인 된다는 뜻이다. 인문학이 뇌과학을 비롯한 다른 과
학을 포용하는 것은 감정이 심신을 결합하는 체현된 경험
임을 고려하는 한 가지 방식에 불과하다. 문제는 몸과 마
음, 의학과 정치, 생물학과 문화, 선천과 후천 둘 중에 하
나라거나 둘 중 하나를 선택하는 것이 아니다. 명상과 마
사지 같은 신체요법somatic therapy이라는 대안적 형태의 치료
를 업으로 삼는 사람들은 신경생물학의 통찰을 점점 더 포
용하나, 과학에 의지하지 않는 몸의 실천과 지식에도 역시
의지한다. 물론 이런 실천은 과학으로 설명 가능하다.[42] 아
케디아에 대한 나의 관심은 우울을 알려면 신경계를 공부
하는 작업도 활용해야 하지만, 직관이나 영적 실천을 통해
배우는 것에 관심을 기울이는 작업을 활용할 수도 있다는

확신에서 비롯된 것이다. 아케디아, 그리고 더 넓게 말해 영성은 느낌을 몸과 마음, 자연과 문화의 교차로로 봄으로써, 느낌에 대한 또 하나의 전체론적holistic* 관점을 제공한다. 아케디아를 통해 시간대는 중세 및 근대 이전 시기, 심지어 멜랑콜리라는 범주가 부상해 아케디아를 세속화하고 의학의 멜랑콜리 범주 사용을 상승시키는 데 일조했던 시대 이전으로 옮겨 간다.

우리 시대의 과학 문화(혹은 다른 이들처럼 멜랑콜리 범주) 대신 아케디아를 우울의 역사적 아카이브의 일환으로 보게 되면, 무엇이 "건강"이나 "치유"를 구성하는지 질문함으로써 영적 실천에 대한 체화된 지식을 비롯해, 삶의 실천을 사유하는 전통을 포괄해볼 수 있게 된다. 아케디아를 이용해 우울을 정치적 범주로 탐색하게 되면, 세속 문화가 진부하게 여기거나 터부시해왔던 영성 문제를 다시 보게 된다. 세속 문화는 영성을 금기시해야 할 낡은 것으로 만들어버렸을 뿐만 아니라, 나쁜 느낌에 질병의 속성을 부여해 의학 범주에 가두었고, 영성을 정치에서 분리시키는 데도 일조했다. 아케디아는 세속 문화가 변화시킨 우울과 영성과 정치성 간의 관계를 재고할 개념적 수단을 제공해준다. 이렇게 느낌을 정치로 다시 끌어들이는 작업은 세속주의의 역사를 다시 고찰하는 작업이기도 하다.

* 부분이 기관 전체의 작용을 결정하는 것이 아니라 기관 전체가 부분의 동작을 결정한다는 시각으로, 환원주의에 대비되는 개념.

아케디아, 좌파 멜랑콜리, 그리고 정치적 우울

우울증이라는 의학 모델은 아케디아를 묵살하는 경향이 있고, 많은 역사 담론조차 아케디아는 대충 훑고 넘어가는 반면 멜랑콜리라는 더 지배적인 범주를 선호한다. 하지만 아케디아라는 개념에 끌리는 건 나뿐만이 아니다. 이 개념은 현대 문화연구에서 부활했고 이 새로운 현상은 주목할 만하다. 아닌 게 아니라, 나는 내가 아케디아라는 개념을 수많은 다양한 자료, 특히 멜랑콜리 이론과 관련된 자료에서 마주쳤으면서도, 왠지 진부해 보이는 이 용어가 나의 우울 연구에 와닿는 것으로 큰 인상을 즉시 남기지 못했다는 것을 나중에 깨달았다. 나의 감수성과 유사한 감수성을 지닌 듯 보이는 조르조 아감벤은 아케디아를 다루는 카시아누스와 중세 논평의 전통에서 부정적 정동을 생산적인 것으로 재현한 부분을 찾아냄으로써, 멜랑콜리를 병리적으로 보는 시각에서 벗어나기 위한 기초 작업을 해놓았다.43 아감벤은 파노프스키 등이 르네상스의 창조적 멜랑콜리를 편든답시고 아케디아를 희생시키는 태도를 비판할 뿐 아니라, 아케디아를 시인 보들레르와 데제셍트* 같은 세기말 인물에게서 나타나는 권태 및 무료함이라는 통념과 연결 지으며, 그럼으로써 영성과 세속성, 그리고 중세적인 성

---

* 세기말 문학의 정수, 데카당스의 지침서라 불리는, 조리스카를 위스망스(Joris-Karl Huysmans)의 대표작 『거꾸로』(À rebours)의 주인공으로, 세상에 염증을 느껴 칩거를 시도하는 귀족 가문의 마지막 후손이다.

격과 현대성을 의외의 방식으로 이어놓는다. 데이비드 엉과 데이비드 카잔지안은 상실과 애도의 정치를 주제로 한 글을 모아놓은 책에서 아케디아의 이러한 쓰임새를 환기시킨다. 이들은 아감벤과 벤야민을 비교하면서 아케디아 형태를 띠는 막힘상태가 새로운 사회로 이행하기 직전에 발생할 수 있으며, 그렇기 때문에 슬픔과 상실감으로부터 새로운 문화가 출현할 수 있다고 말한다.44 아케디아는 테리사 브레넌의『정동의 전파』라는 저서에서도 중요한 개념으로 등장한다. 이 책에서 브레넌은 외부에서 찾아드는 악마라는 개념이 정동을 개인적인 것이 아니라 사회적으로 공유된 것으로 이해하는 데 유용한 개념이라고 주장하며, 더 나아가 악마와 죄악의 언어를 정동의 초기 언어로 고찰한다. 푸코는 아케디아에 관해 명시적으로 언급을 하진 않지만 그의 초기 기독교 연구에서는 카시아누스가 두드러진 역할을 수행한다. 초기 기독교 연구는 푸코의『성의 역사』제4권의 토대를 형성한다. 수도생활의 일환인 항상적 자아 감시가 근대적 주체 형성과 어떻게 연관되어 있는지 관심이 있는 푸코는 정결 및 고해라는 기독교 관행에서, 훈육 및 억압의 지배체제를 변형시키는 자기형성 모델을 암시하는 금욕ascesis의 형식들을 발견한다.45 나의 목적에 특히 중요한 내용은, 아케디아가 "좌파 멜랑콜리"에 관한 벤야민의 설명에서 일정한 역할을 한다는 것이다. 좌파 멜랑콜리에 대한 설명은 벤야민이 독일 시인 에리히 캐스트너를 주제로 쓴, 간략하지만 도발적인 평론에 등장한다. 최근 주디스 버틀러와 웬디 브라운 같은 학자들은 벤야민의 설명을 채택해, 왜 좌파가 지나간 사회주의를 향한 향수에 잘못

2부 퍼블릭 필링스 프로젝트

빠저 현재 아무런 행동도 하지 못하는지 설명한다.46 좌파 멜랑콜리는 정치적 우울, 더 일반적으로는 감정생활과 정치생활을 연결하는 방법들로 가는 길을 가리킨다.

우리 시대의 학자들이 아케디아 개념에 끌리는 이유는 아케디아가 멜랑콜리의 광범위한 사용과 연관이 있기 때문이다. 멜랑콜리 개념은 정신분석학 담론뿐 아니라 인문학 담론 내에서도 역사가 길다. 정신분석학 담론에서는 멜랑콜리가 상실과 트라우마에 관심 있는 최근 문화 이론가들 사이에서 핵심 개념이 되었고, 인문학 담론에서는 멜랑콜리가 고대 그리스 및 로마 의학의 체액설, 그리고 르네상스 및 낭만주의 시대의 창조적 천재성에 대한 견해의 중심 범주였다. 아닌 게 아니라 워낙 유동성이 큰 범주이다 보니 멜랑콜리는 다루기 다소 벅찬 개념으로 느껴지기도 한다. 멜랑콜리를 다루는 1차 사료를 선집으로 편집한 제니퍼 래든 같은 학자들은 멜랑콜리라는 주제를 다룬 다양한 범위의 글에 애초부터 통일성이라는 게 있기는 한지 의문이 든다고 말할 정도다.47 가령 멜랑콜리는 고대 의학과 우리 시대 의학 간의 연속성을 주장하려는 역사 서술뿐 아니라, 두 의학 간의 불연속성과 우리 시대 의학이 형성된 방식을 추적하기 위해 과거를 살피는 역사 서술에서도 활용된다.48 의학의 우울 모델은 과학 발견을 위주로 한 진보주의 담론으로 무장한 채, 멜랑콜리 범주를 서양의 서사에 위치시킨다. 이때 서양의 서사는 그리스 로마 시대 사람들 사이에 통용되던 담론 중 근대 의학이 쉽게 알아볼 수 있는 논의까지 거슬러 올라간다. 이 서양 서사의 시금석 중 하나는 고대 그리스 로마 시대의 의학, 특히 히포크라테스와 갈

레노스가 발전시킨 체액설이다. 체액설은 멜랑콜리를 흑담즙이 과도한 생리 상태와 연관 짓는다. 이러한 서사에서 최종적으로 의학이나 과학 현상이 될 무엇인가는 동조자인 과학자, 즉 선견지명을 갖춘 그리스인들에게 감지된 다음, 르네상스 시대에는 로버트 버턴의 『멜랑콜리의 해부』 같은 텍스트에서 다시 논의된다. 버턴의 『멜랑콜리의 해부』는 다시 18, 19세기 의학의 바탕이 된다. 아랍, 비잔틴, 그리고 이슬람 문화권의 의학 담론(이 담론이 고대 의학의 역사에서 했던 역할을 살펴본다면 근대성, 과학, 그리고 서양의 구성과 서양의 타자라고 추정되는 것들 간의 상호 구성적 관계에 관한 새로운 서사를 산출할 가능성이 있다)을 어느 정도 긍정하지 않는 것은 아니지만, 서양 서사를 중심으로 한 멜랑콜리의 역사는 대체로 서양 인문주의 정전을 복제한다.49 그뿐 아니라, 멜랑콜리의 역사는 근대 의학을 승리의 종점으로 삼는 발전 모델이며, 이런 점에서 그 이전의 역사들이 흥미로운 이유는 그 역사들에 당대에 진리로 통하는 것이 포함되어 있다는 점, 그러므로 질병의 원인을 찾는 생물학적 설명과 사회적 설명 간의 영원한 갈등을 펼쳐 놓는다는 점이다.

멜랑콜리를 다루는 다양한 역사적 담론은 우울을 다루는 우리 시대 의학 모델을 대체할 다른 논의의 풍성한 원천을 제공함으로써, 학자들로 하여금 우리 시대 범주에 특권을 부여하지 않고 슬픔과 상실 같은 아주 일반적인 범주가 문화적으로 어떻게 구성되었는지 탐색하도록 해줄 수 있다. 이러한 탐색을 통해 슬픔을 다른 방식으로 볼 수 있는 시대로 돌아갈 수 있다. 가령 슬픔을 문화 경험의 규범

중 하나로 보던 시대, 그리고 꾸준한 영향력을 발휘해온 르네상스와 낭만주의 시각에서 두드러지게 보이듯, 슬픔이나 상실을 창의성으로까지 볼 수 있었던 시대로 가볼 수 있다는 뜻이다. 멜랑콜리와 천재성을 연관 짓는 시각은 멜랑콜리를 긍정적으로 보는 역사 속 구체적인 시각과의 중요한 연결 고리다. 르네상스 인문주의자들인 마르실리오 피치노*와 버턴 등이 창의성을 세속적으로 이해하기 위해 아리스토텔레스의 초창기 통찰을 복구시켰다는 점에서 멜랑콜리는 근대성의 역사에서도 중요하다. 그렇다 해도 이러한 서사는 멜랑콜리에 대한 긍정적 해석을 세속적 계몽과 연관시킨다는 점에서 서양 인문주의의 전통적 시각을 강화한다.[50] 의학 모델은 멜랑콜리를 치료가 필요한 근대적 질병(임상적 우울)의 선구자 격으로 구성하는 반면, 인문주의 모델은 멜랑콜리를 창의성의 징후로 기술하기 때문에 서로 다른 길을 가는 듯 보인다. 하지만 사실 두 모델은 발전주의적·단선적 역사관을 근간으로 한다는 점에서 유사하다.[51] 멜랑콜리에 대한 긍정적 관점이 우울에 대한 부정적 견해를 대체할 수 있는지 없는지 다투는 대중문학 내의 논쟁이 다소 인위적으로 보일 뿐 의학 모델과 충돌하는 패러다임이나 의학 모델에 대한 대안을 반드시 만들어내지 못하는 듯 보이는 이유 중 하나가 이런 유사성이다.[52]

다른 한편 멜랑콜리를 정신분석학적으로 변형시킨

---

* 르네상스 시대 이탈리아의 인문주의자이자 철학자, 플라톤주의자.

담론, 특히 포스트구조주의에 영향을 받은 담론에서 멜랑콜리는 인문주의 모델과 달리 이롭지 못한 범주로 해석되며, 이러한 해석은 상실이 구성하는 주체성에 관한 가정에 바탕을 두고 있다.53 멜랑콜리가 정치에서 긍정적 범주인지 부정적 범주인지에 관한 논의는 정동과 상실의 정치를 다루는 문화연구에서 논쟁의 중심에 있었고 지금도 그러하다. 벤야민의 "좌파 멜랑콜리"는 독일 모더니즘이라는 구체적 맥락에서 등장했지만, 우리 시대 비평가들에게도 공명한다. 좌파 멜랑콜리는 더 노골적인 정치 틀을 익숙한 정신분석학 범주에 제공함으로써 급진 운동 내의 정치적 열패감과 실망에 관해 더 일반적인 논의를 할 길을 열어주기 때문이다. 웬디 브라운은 좌파 멜랑콜리 개념을 받아들여 자신이 "좌파 전통주의"라고 부른 것을 기술한다. 브라운의 표적은 노동정치와 사회복지국가라는 잃어버린 옛 시대로 돌아가길 바라면서 문화 및 정체성의 정치에 의구심을 표하는 구좌파다. 브라운은 이런 좌파들의 입장을 더 심리적인 관점에서 해석하여 "결실을 거둘 수 있는 것보다 불가능한 것에 더 애착을 갖게 된 좌파, 희망이나 가능성 대신 좌파 자신의 주변적 위치와 실패를 가장 편안해하는 좌파"의 입장으로 규정한다.54 브라운은 논의를 마무리하면서 정치적인 꿈을 둘러싸고 있는 정동 투여에 주목하고, 사람들을 잃어버린 꿈과 이상에 계속 붙잡아두는 부정적이고 감상적인 느낌에 주목하라고 요청한다. "좌파 분석과 좌파 프로젝트에 대한 우리의 애착을 지탱하는 느낌과 감정이 있다. 거기에는 깨진 약속들과 잃어버린 나침반으로 인해 우리가 느끼는 슬픔과 분노와 불안이 포함된다. 이러한 느낌과 감정에 주목해 검토해보아야 한다. 진보적이라고 추정하는 목적의 이면에서 보수적인 방식, 심지어 자기 파괴적인 방식으로 뭔가가 만들어지고 있지는 않은지, 그렇다면 그것이 무엇인지 알아내기 위해서다."⁵⁵

그러나 정치적 우울은 브라운의 좌파 멜랑콜리보다 적용 범위가 더 넓다. 왜냐하면 구식 마르크스주의자가 멜랑콜리에 빠져 있다고 비판하는 브라운에 따르면, 이런 멜랑콜리는 자신이 옹호하는 정체성 정치 비판을 비롯해 이론적으로 더 좋은 정치, 더 똑똑한 정치를 활용하면 치료가 가능하기 때문이다. 게다가 브라운은 최종적으로는 느낌과 정치를 분리하는 종래의 관점으로 돌아간다. 브라운이 선호하는 것은 결국 정치다. 느낌은 실패에 대한 반응이고 정치를 퇴출시키기 때문에 결국 보수성으로 이어진다는 것이다. 결론을 내기 직전 불안한 듯 끼워 넣은 문구에서 브라운은 멜랑콜리에 주목하는 자신의 의도가 정치적 희망과 꿈을 유지하기 위한 해결책으로 "무슨 치료법을 권고하는 것이 아니라는 점"을 강조한다. 치료가 정치에 침범하는 것이 나쁘다는 암시를 통해 브라운은 정치적 느낌을 다루는 논의가 치료를 논하는 방향으로 갈까 두려워하는 듯 보인다. 브라운은 좌파의 감정을 열어놓고 논의함으로써 새로운 토대를 마련하긴 했지만, 결국 느낌이 정치 생활에서 행하는 불가피한 역할을 온전히 포용하는 데까지는 이르지 못한다. 브라운은 좌파 멜랑콜리가 "전통 구좌파"에게만 국한되지 않는다는 것을 인정하지 못한 채, 진보 정치가 스스로에게서 나쁜 느낌을 몰아내야 한다는 제안으로 논의를 끝맺는다.⁵⁶

반면, 퍼블릭 필링스 프로젝트가 개발한 정치적 우울의 언어는 멜랑콜리를 포용할 때 덜 양가적인 태도를 취한다. 그런 점에서 이 언어는 더글러스 크림프의 정신을 따른다. 크림프는 정치의 감정적 실망과 실패를 무시하거나 일축하면 위험할 수 있다고 본다는 점에서 브라운과 비슷한 면이 있다. 그러나 크림프의 애도와 투쟁 논의는, 에이즈 운동의 맥락에서 멜랑콜리를 정치적 삶의 일부로 인정하자고 요구한다. 인종 멜랑콜리를 이론화하기 위해 프로이트를 재해석하는 데이비드 엥의 논의도 상실의 생산성을 이해하기 위한 강력한 모델 역할을 해왔다.[57] 이들의 기초 작업을 확장해준 것은 멜랑콜리를 우울에 대한 대안으로뿐 아니라 정치와 느낌 간의 관계를 다시 사유할 방법으로 보는 프로젝트다. 헤더 러브는 부정적인 느낌들이 정치에 포함되고 비활동이나 "활력의 결핍"을 포괄하도록 정치 개념을 다시 정립할 때 혹시 유용할 수 있을지를 고려한다.[58] 마이클 스네디커는 모든 형태의 슬픔에 멜랑콜리라는 이름을 붙이는 정신분석학의 어휘에 구속당하지 않는 퀴어 낙관론queer optimism을 주장한다.[59] 조너선 플래틀리는 항우울 멜랑콜리를 탐색한다. 항우울 멜랑콜리란 미적 측면을 행위의 장소로 만들어 우울의 무행위성이나 수동성에 대적하는 멜랑콜리다.[60] 플래틀리는 또한 멜랑콜리를 편협한 정신분석학의 틀에서 구출함으로써 정치적인 효용이 있는 것으로 만든다. 이때 플래틀리가 쓰는 논의의 틀은 벤야민 전통이다. 이 새로운 틀에서 프로이트는 현대 생활의 경험을 기술하기 위한 하나의 방편으로 멜랑콜리를 이용했던 수많은 모더니스트들 중 하나로 축소된다.

우리 시대 문화연구의 이러한 형식들 내에서 멜랑콜리는, 변혁 방법을 찾을 수 있다는 희망을 상실한 느낌을 정치적 우울로 이해하도록 해준다. 크림프는 캠프 스타일 시위와 문화 운동의 혁신적 형태를 활용해 브라운이 비판했던 구좌파나 신좌파의 답보상태에 빠지지 않는 액트업 같은 활기찬 급진 운동 내에서조차 이런 실망은 불가피하다고 생각한다.[61] 퍼블릭 필링스 프로젝트는 이런 감정 반응, 심지어 좌파 멜랑콜리 같은 부정적 감정 반응도 정치에 필요한 요소이자 자원이 될 수 있다는 점, 그렇다면 어떻게 그럴 수 있을지 그 가능성을 탐색한다. 퍼블릭 필링스 프로젝트가 개발한 정치적 우울 개념은 분명 좌파 멜랑콜리 개념을 발판 삼아 발전한 것이며, 정치와 느낌을 융합하려 시도하는 오랜 전통을 좌파 멜랑콜리 개념과 공유하고 있다. 그중 하나가 마르크스주의와 정신분석학을 통합해 사유하려는 노력이다. 정치적 우울은 느낌과 그것을 다루는 치료 제도가 궁극적으로 정치적 지평을 갖추어야 하고 사회 변화를 이끌어내야 한다는 익숙한 좌파 입장을 받아들이는 한편, 치료 및 정동 정치를 비판하다 느낌을 정치의 틀 안에 가두고 마는 답보상태를 극복하려는 시도도 놓치지 않으려 한다. 이 개념은 감정적 반응을 사회 정의 프로젝트의 일환으로 어떻게 포용할 것인가 하는 문제를 새로 제기한다. 이 개념은 정치 운동 자체가 산출하는 느낌들에 주의를 기울이며, 정치 행동이 긍정적 감정과 부정적 감정을 둘 다 더 기꺼이 수용할 때 어떻게 변할 수 있는지에도 주목한다.

정치적 우울은 실패, 애도, 자포자기, 그리고 수치

심 같은 부정적 감정이 정치에 방해가 되므로 부정적 감정을 더 능동적인 감정으로 바꾸어야 한다고 보지 않는다. 사람들이 느낀 경험은 이미 정치적인 것이며, 무엇이 정치적이라고 간주되는가에 대한 생각이 오히려 사람들의 경험으로 바뀐다고 보는 것이 정치적 우울 개념의 지평이다.[62] 느낌과 정치가 만나면, 엉망인 느낌들을 몰아내는 대신 그 느낌에 대처하는 형식의 운동을 논의할 장이 열리며, 그래야 정치의 장 안에서 ("가공이나 처리"처럼) "치료"와 닮은 실천의 역할도 더 온전히 포용할 수 있다. 느낌과 정치가 만나면 치유의 정치라는 문제도 다시 사유해볼 수 있다. 느낌과 정치의 만남을 통해, 정치적 감정들을 해결하려 노력하는 방법으로서 치유의 정치가 지닌 가치를 인정하게 될 수 있을 뿐 아니라, 치료를 값비싸거나 관리 위주의 의료 시스템이 실행하는 일대일 과정이 아닌 다른 것으로 상상할 필요성에도 주목할 수 있게 되기 때문이다. 퍼블릭 필링스 프로젝트는 "치료 문화"를 비판하는 작업(여기에는 로런 벌랜트가 "잔인한 낙관"이라 부른 형식의 비판도 포함된다)에 관여하는 한편, 치료법과 치유 개념을 확대해, 사람들이 일상생활의 미시 층위와 조직된 집단 및 정치의 거시 층위 양쪽에서 감정 개선을 추구하는 많은 방식의 표명까지 치유로 보고자 한다.

최근 문화 이론 내에서 아케디아가 부활하는 현상은 세속화 시대에 진부해진 영성 개념을 되살려, 영적 체념과 자포자기에 관한 어휘를 좌파 멜랑콜리와 정치적 우울에 관한 논의로 들여온다. 느낌에 대한 세속적 지식(그리고 느낌을 종교적 정동의 세속화로 보는 담론)은, 과학인 심리학과, 정신분석학처럼 아직 더 인문주의 스토리텔링의 형식에 전념하는 심리치료 간의 분리를 비롯하여 현대 의학과 근대 인문주의 전통이 맺고 있는 오랜 역사적 관계의 일부다. 아케디아의 기원이 근대 이전의 종교 문화와 관행에 있다는 점은 과학과 인문학이라는 "두 문화"가 모두 세속적 근대성의 일부임을 일깨워주는 기능을 한다. 예컨대 아감벤은 세속적이고 창조적이므로 좋은 멜랑콜리를, 종교적이고 창의성을 약화하는 것으로 낙인찍힌 아케디아와 분리시키지 않고 두 범주를 역사적 연속선상에서 고찰하는 가운데, 종교적 신성함의 유산이 "수도원 생활의 슬픔과 우울의 세속적 후계자"인 세속 멜랑콜리에 끈질기게 남아 있다며 멜랑콜리와 아케디아의 연속성을 포용한다.[63] 신을 향한 믿음의 상실과 관련된 아케디아 개념은 현대인과 아주 동떨어져 있거나 진부하게 보일지 모르고, 특히 퀴어 운동가나 좌파 운동가에게는 더더욱 그렇게 보일 수 있다. 하지만 영적인 것에 더 큰 생생함을 부여하겠다고 영적인 것을 굳이 세속화해야 하는지 의문을 제기한다면, 자포자기의 영적 형식들을 이상이나 책무를 상실하는 다른 경험들과 의미심장하게 비교해볼 기회를 얻을 수 있다.

느낌과 정치 간에 존재하는 우리 시대의 긴장들은 ("숨김없이 감정을 표현하는" 치료 방법을 의심하는) 의학과 정치로부터 불합리함을 내쫓으려는 세속주의 경향 때문일 수 있다. 자포자기에 더 많은 자유를 부여할 경우 영적 어휘를 비롯한 새로운 어휘들은 자포자기와 공존해 살아가는 동시에 자포자기에 맞서 싸우는 데 유용할 수 있다. 아케디아는 부주의한 상태라고 묘사되지만, 한편으로는 지나치게 주의를 기울이는 상태이기도 하므로, 무감각이나 무기력 못지않게 마음의 불안도 아케디아의 특징이다. 아감벤은 권태나 지루함을 복합적인 정치적 감정으로 다시 사유하기 위해 아케디아의 이러한 양면성을 강조한다. 브레넌 또한 초창기 기독교의 이러한 사유가 우리가 사는 현재와 무관하지 않다고 생각하며, 다른 사람들의 느낌을 가져가버려서 생기는 몸과 영혼의 병을 규정하기 위해, 외부에서 들어와 마음을 지배하는 악마의 이미지를 채택한다.

　　희망의 상실은 신앙의 상실과 같을 수 있다. 신앙역시 종교적 함의가 아직 사라지지 않아서 그렇지 희망의 한 형식이기 때문이다. 영성에 대한 관심이 출현하는 시점은 정치 조직이 실패하거나 조직의 목표에 의심이 생겨 "이제 무엇을 해야 하는가?"라는 질문이 재무장에 대한 요청이 아니라 부질없음의 표현이 되는 정치적 위기의 순간이다. 정치에서 감정에 대한 저항은 영성에 대한 저항과 닮아 있다. 두 저항의 동기가 같기 때문이다. 그 동기란 지나치게 많은 감정(혹은 "민중의 아편"인 종교)에 탐닉하다 보면 정치로부터 자기중심적으로 후퇴하여 충분한 노력을 기울이지 않거나 포기하는 결과가 초래되리라는 두려움이다. 영성을 정치 쪽으로 다시 들여오게 되면, 감정과 정치 간의 관계를 다시 사유하는 프로젝트에 도움이 된다. 감정과 정치 간의 관계를 다시 사유하게 되면, 조직화된 정치 집단이나 거기 속한 이들의 행동이, 영적이고 감정적 삶이 열망하게 되는 이상화된 지평이나 빤히 예상 가능한 지평으로 변질되지 않게 할 가능성이 열린다. 푸코가 초기 기독교에 관심을 둔 것은 일상을 살아가는 삶의 기술이 정치의 한 형식

　　　　　2부 퍼블릭 필링스 프로젝트

이 될 수 있다는 것, 특히 권리와 가시성에 기반을 두지 않은 퀴어 정치의 새로운 형식일 수 있다는 것을 말하기 위함이었다.* 종교적인 삶의 범주인 금욕 개념을 통해 푸코는 근대 정체성 형성의 역학에 기반을 두지 않은 윤리와 정치, 그리고 쾌락의 정치와 자기계발의 정치 간의 새로운 관계를 상상할 수 있었다. 정치적 우울이 아케디아나 영적 자포자기처럼, 존재를 인정해야 하는 감정이라면, 퇴치하거나 억압하는 대신 인정하고 감안해야 하는 감정이라면 그것은 어떤 실천을 길러낼 수 있을까?

아케디아와 행위예술

아케디아에 관한 카시아누스의 글은 바울이라는 이름의 수도원장에 관한 주목할 만한 사례로 끝난다. 원장은 묵상을 위해 종려나무 가지를 모아들인다. 그의 이러한 행동은 묵상에 계속 집중하도록 하는 목적 외에 다른 어떤 목적에도 소용없다. "[바울은] 종려나무와 소박한 정원을 가꾸면서 불안을 해소했다. 사실 그는 먹고살 자원이 풍부했다. 음식도 충분히 많았고 먹고 살아가기 위해 할 일은 전혀 없었지만, 자신에게 매일 해야 할 일을 부과했다. 마치 그 일이 자신을 먹여 살리기라도 한다는 듯 말이다"(XXIV). 연말이

---

* 기존 퀴어 정치의 기반이 권리와 가시성이었던 데 반해 일상사가 새로운 정치 형식이 될 수 있다는 뜻이다.

되어 필요도 없는 종려나무 잎으로 동굴이 가득 차자 원장은 잎사귀를 모조리 태워, "그토록 근면하게 노동했던 성과물"을 무로 환원시켰고, 그럼으로써 "수도자는 육신의 노동 없이는 한곳에 머물 수도, 아득히 높은 완성의 경지까지 올라갈 수도 없다는 것을 입증했다"(XXIV). 희망이나 신앙을 되살리는 실천은 절대로 완성되지 않는 일상의 실천인 동시에 몸과 상당한 관련이 있다.

수도원장 바울이 매일 하는 실천과 그 실천이 연간 의례로 축적되었다는 일화를 읽고 나는 시간을 기반으로 한 행위예술 실천이 떠올랐다. 행위예술에서는 평범한 활동이 반복과 의도적 구성을 통해 미적 의미를 띠게 된다.64 일상적 활동과 예술 간의 이러한 연결은, 마리나 아브모비치, 아나 멘디에타, 그리고 린다 몬타노처럼 행위예술의 근간을 만든 작가들이 자신의 몸을 이용하여 시간의 지속을 보여주는 행위예술에 가톨릭교가 강력한 영향을 끼쳤다는 사실을 생각하면, 반드시 놀랄 일은 아니다. 아브라모비치의 행위예술은 특정 몸짓이나 행위를 되풀이하다 지쳐 쓰러져버리는 자기희생적 고행 형식을 띤다. 「토마스의 입술」(1975년/2005년)이라는 작품에서는 작가가 얼음 덩어리로 만든 십자가 위에 누웠고, 「광채」(1997년/2010년)라는 작품에서는 자전거 좌석 위에 나체로 십자가에 매달린 듯 한 포즈를 취한 바 있다. 멘디에타는 자신의 피를 갤러리 벽에 발랐고, 모래와 흙에 나체로 누워 있다가 자신의 몸이 모래나 흙에 남긴 흔적에 불을 지르는 의례 행위를 통해 몸을 덧없는 영혼으로 변형시켰다. 몬타노는 아빌라의 성녀 테리사와 마더 테리사에게 영감받은 작품들을 만들었고, 「일상생활의 예술 7년」이라는 작품에서는 2회에 걸쳐 가톨릭교와 불교와 힌두교를 결합해 "일상생활의 예술"을 선보였다. 「일상생활의 예술 7년」에서 몬타노는 (차크라*에 맞추어) 1년 동안 매일 같은 색의 옷을 입었다.65 아브라모비치는 2010년 뉴욕현대미술관에서 행위예술 작품 「예술가가 여기 있다」를 전시했다. 작가는 매일 전시장에 침묵을 지키며 앉아 있었고, 살아 있는 종교 성화처럼 관객들을 한 사람 한 사람 맞이했다. 관객은 아브라모비치 맞은편에 원하는 만큼 혹은 몸이 허락하는 만큼 앉아 있을 수 있었다. 제목이 시사하듯, 그냥 앉아 있기만 하는 신체 행위가 벌어지는 동안 그곳에 존재하는 작가의 능력이 그 자체로 작품이었다. 수도원장 바울이 되풀이해 실천한 육체노동의 강조점은 그 어떤 물적 결과나 목적이 아니라 노동 과정 자체에 있는 것으로서("그는 그 노동을 단지 자신의 마음을 정화하고 생각을 강화할 목적으로 수행했다") 이런 행위예술과 닮아 있다. 그뿐 아니라 바울의 노동은 공예나 가사노동 습관, 그리고 명상 같은 영적 형식과도 닮아 있다. 우울 및 자포자기를 다루는 방편으로 이들 실천이 지닌 가치는 후반부에 다시 살펴볼 것이다.

카시아누스는 아케디아에 대처할 방안으로 육체노동을 강조하는 가운데, 아케디아가 영적 혹은 감정적 문제

---

* chakra. 본래 바퀴 또는 원형을 뜻하는 산스크리트어로, 탄트라 요가에서는 꼬리뼈에서부터 정수리까지 인간의 척추를 따라 존재하는 일곱 개의 에너지 연결점을 의미하며 특정 색깔과도 연관된다.

우울을 글로 쓰기　　　　　209

만이 아니라 육신의 문제라는 점 또한 지적한다. 영적 초월과 정신적 명료함을 추구하는 고독한 수도사의 여정에서 마음대로 통제되지 않는 육신의 존재는 카시아누스의 논의에 끈질기게 등장하는 특징이다. "그것[아케디아]은 수도자를 자기 방에 머물며 영적 진전이라고는 전혀 이루지 못한 채 게으름이나 떨게 만들거나, 그를 방에서 몰아내어 불안하게 방황하도록, 그리고 매사에 나태하도록 만들어, 다른 수도자 형제의 방이나 수도원을 계속 떠돌며 지금 당장 어디 있어야, 혹은 무엇이 있어야 활력을 얻을 수 있을지 그것만 찾아다니게 만든다"(VI). 독방에 갇혀 이리저리 서성이며 육신을 초월해 묵상의 집중 상태를 이루려 고군분투하면서 아케디아에 시달리는 고독한 수도자는 생화학적 질환이 아니라 분명 육신의 질환에 걸린 것일 수 있다. (이런 수도자는 또한 글쓰기가 어려워 아무것도 하지 못하고 여기저기 옮겨 다니며 앉아만 있거나, 책상 앞을 떠나 다른 일을 하면서 정작 해야 할 글쓰기는 미루는 우리 시대의 학자와 기괴할 정도로 닮아 있다.) 이런 의미에서 아케디아는 육체 기능의 쇠락이라는 형태를 띤 우리 시대 사람들의 우울에 대해 뭔가 교훈을 제시할 수 있다. 게으름은 이제 더 이상 도덕적 의미에서 죄악시되지는 않지만, 생산성을 정체성의 상징으로 간주하는 신자유주의 시장 기반의 자아 개념에서는 심각한 문제이기 때문이다.

육체노동을 강조하는 카시아누스의 처방은 묵상을 유지해야 하는 정신적·영적 요구를 충족시킬 해결책이자 그 요구에서 필연적으로 귀결된 결과이기도 하다. 그의 처방은 해결책이자 결과 둘 다로서 우울에 대한 우리 시

2부 퍼블릭 필링스 프로젝트

대의 "치유"를 사유할 때 시사점이 있다. 육체노동이 결부된 일상의 습관이나 실천을 동반하는 영적 생활에 대한 카시아누스의 이야기는 우울에 대한 의학 논의에 깔려 있는 심신 관계의 끈질긴 딜레마를 다루고 있기 때문이다. 생화학적 질환이건 영적이거나 정치적인 문제로 파악되건 우울은 몸에 영향을 끼치며, 그렇기 때문에 약물이건 운동이건 (가만히 앉아 있을 때조차 강력한 육체적 성격을 띠는) 명상이건 특정한 신체적 형식의 치료를 필요로 한다. 아닌 게 아니라, 평범한 삶을 포기하는 것이 고독한 은거의 형태를 띠건 단체생활의 형태를 띠건, 금욕이나 수도생활은 육신의 습관과 몸 계통에 기반을 두고 있다는 점에서 역시 신체요법의 한 형식이다.

그러므로 우울을 신체 질환으로 보는 논의에서, 중세 수도사는 신경계 생리 연구에 사용되는 원시 소랏과에 속하는 군소갯민숭달팽이에 비유할 수 있다.* 66 뇌 스캔과 뇌를 바꾸는 약물은 우울 "치료제"를 찾는 대중적 방법이 되었지만, 역사 자료를 참고하는 작업 역시 나름의 가치가 있다. 최상의 뇌과학 논의에서 발견된바, 심신 간의 통합 관계에 대한 새로운 비전은 근대와 전근대 혹은 성과 속을 가로질러 초기 기독교 수도사와 이들의 생활 실천의 지혜를 참고하는 문화 및 인문학 연구와 협력할 수 있다. 느

* 영적 문제와 육신의 문제가 결부되어 있다는 것을 보여주는 중세 수도사가 뇌의 정신 작용의 근거를 신경계라는 물적 체제에서 찾으려 할 때 자주 쓰이는 실험 대상인 특정 달팽이와 비슷하다는 뜻이다.

낌을 심신 모두에 속하는 것으로 파악하는 데서 출현하는 심신 간의 통합 관계는 뇌과학뿐 아니라 영적 실천의 교훈이기도 하기 때문이다.

신체요법은 몸과 정신뿐 아니라 몸과 영혼도 연계할 수 있다. 느낌과 마찬가지로, 영혼과 정신 역시 몸과 정신의 분리 불가능성을 가리키는 또 다른 이름이다. 신체요법은 신경가소성에 대한 과학적·약리학적 접근도 포함하지만, 그뿐 아니라 심리적·영적 막힘상태에 대한 대응책으로 명상, 영적 실천, 그리고 신체 운동을 독려하는 걷기, 수공예, 과정 기반의 글쓰기 같은 일상의 의례와 습관의 형식도 포함한다. 중세 수도사들의 금욕 실천은 심신을 이어주는 방법이자, 정치적 우울에 관해 말할 수 있는 방법으로 생각해볼 수 있다. 이 실천은 우울을 다루는 나의 책에 중요할 뿐 아니라, 토착민 영성이 집단학살과 식민주의에 대한 대응으로 정서적·육체적 주권을 어떻게 함양해주는가, 그리고 뭔가 만들어내는 가정 내 실천과 퀴어 행위예술이 일상생활의 예술을 가지고 현대 생활의 권태를 어떻게 물리칠 수 있는지 그 방법을 탐색하는 나의 연구에도 매우 중요하다. 이후의 장에서 이 탐색에 관해 논할 것이다.

2
박탈에서 급진적 자기소유로
— 인종차별과 우울

그러나 백인들이 흑인의 슬픔을 겪는다면 … (잠시 멈춤)
도저히 감당하지 못할 것이다. (잠시 멈춤)
극소수의 백인들은 흑인의 슬픔을 실제로 진지하게 생각
　할 수도 있겠지만
원래 살던 대로 살아간다.
흑인의 슬픔을 부인하는 삶이다.
"아, 그 정도로 나쁠 리 없어."
백인들도 나름의 슬픔이 있다.
아메리칸 드림을 이루지 못해 겪는 슬픔
하지만 그건 아주 아주 아주 다른 슬픔이다.
— 애나 디비어 스미스, 『황혼: 로스앤젤레스, 1992』중
코넬 웨스트의 대사

우울이 적어도 아메리카의 두 대륙에서는 생화학적 불균형
이 아니라 우리 모두의 삶에 출몰하는 식민주의, 집단학살,
노예제도, 사법상의 배척, 일상적 인종 분리 및 고립의 역
사를 담고 있는 흔적이라면 어떻게 되는가? 이 장은 이 전
제를 진지하게 고려한다. 그렇게 하려면 앞 장에서 탐색했
던 의학과 역사 대부분의 문헌에서 벗어나야 한다. 앞 장에
서 다룬 문헌들은 직접 인정하지는 않지만 아무래도 백인

중산층 주체를 상정하는 경향이 있다. 백인 중산층에게 우울은 대개 알 수 없는 수수께끼다. 특권과 안락함 때문에 겉으로 보기에 아무런 문제도 없어 보이는 중산층의 삶과 우울이 어울리지 않는다는 이유 때문이다. 정작 우울이라는 곤란을 더 빤히 겪는 사람들〔흑인〕에게 우울은 놀랄 일도 아닐 테지만 그래서인지 이들의 우울은 대개 책이나 주류 언론의 기삿거리가 되지 못한다. 그러니 이들의 경험을 추적하려면 "빵 부스러기 자국을 따라가야 한다". 이 빵 부스러기에는 이 장의 서두에서 인용한 제사가 포함된다. 이 제사에서 코넬 웨스트는 무심한 듯 냉랭하게 흑인의 슬픔을 백인의 슬픔과 구분하는 감정의 인종선color line을 불러낸다.[1] 몇 문장 사이 공간에서 웨스트는 거짓 인식의 틈새를 열어젖혀, 흑인의 슬픔을 안다고 지레 짐작해버리는 백인은 누가 됐건 초라하게 만들고, 백인이 겪는 우울의 원인을 스윽 지나가듯 멋들어지게 진단한다. 백인의 우울은 의학적 수수께끼가 아니라 문화적 곤경이라는 진단이다. 우울의 원인을 아메리칸 드림으로 돌림으로써, 웨스트는 백인이란 자기가 행복하거나 보호받아야 한다는 믿음이 틀렸다고 입증될 때, 다시 말해 흑인들은 애초부터 원천 봉쇄당해 가져본 적조차 없는 희망—아메리칸 드림이라는 이름의 희망—이라는 특권에 구멍이 날 때 슬픔을 느낀다고 넌지시 비꼬아주는 셈이다.

　　웨스트는 아프리카계 디아스포라이자 비판적 인종 이론을 연구하는 많은 학자 중 한 사람이다. 식민주의, 노예제도, 집단학살의 너무나 생생한 사후세계—유령을 포함하여—를 논의하기 위해 이런 학자들은 슬픔의 범주를 다룬다. 그러나 "감정의 인종선"이 완전히 고정된 개념은 아니다. 인종화된 존재의 정동적 삶과 상실과 트라우마의 형태로서 인종차별의 심리적 영향을 설명하기 위해 프로이트와 정신분석학적 패러다임을 활용하는 인종적 멜랑콜리에 대한 풍부한 학문적 연구가 있기 때문이다.[2] 이는 대개 트라우마 연구의 맥락에서 등장했지만, 소수인종이 경험하는 인종적 멜랑콜리에 대한 연구가 인종차별이 일상적인 것부터 대파국까지 넓은 스펙트럼을 아우른다는 점을 감안하면 우울 연구와 관련성이 더 커 보인다. 앞 장에서 논의한 수정주의적 멜랑콜리 이론의 일부인 이 연구들은 멜랑콜리를 우울 개념의 생산적인 대체물로 개념화하고, 서구의 역사적 계보에서 식민주의와 인종의 존재를 전면에 내세우는 대안적인 멜랑콜리 계보학도 제시한다.

하지만 멜랑콜리 개념이 인종을 사유하는 범주로 과연 가치가 있는지 여부를 둘러싸고 논쟁이 상당하다. 이 논쟁에는 정신분석학, 그리고 거기 포함된 멜랑콜리 개념이 서구적이거나 개인주의적이라는 이유로 문제가 있는 패러다임이라고 보는 감정적 인종선 논의도 포함된다. 정신분석학을 비판하는 일부 논의에 따르면, 멜랑콜리는 회복 불능의 부정적 정동과 연관되거나 과거에 계속 붙들려 앞으로 나아가기를 거부한다는 문제가 있다. 부정적 정동의 강도와 관련해보자면, 멜랑콜리는 슬픔이 지나쳐서 정치적으로 유용하지 않다는 비판도 받지만, 반면 슬픔이 충분하지 않다는 이유로, 즉 과거를 향한 감상적 향수 때문에 정작 슬퍼해야 할 현실 문제를 외면한다는 이유로 욕을 먹는다. (물론 두 비판 모두 과거를 향한 멜랑콜리적 애착심이 정치적인 진전이건 심리적인 진전이건, 아니면 둘 다의 진전이건 앞으로 나아가는 걸 막고 있다고 못마땅해한다는 점에서 같은 문제의식의 다른 변형일 뿐이긴 하다.)3 인종 멜랑콜리를 다루는 데이비드 엥과 한신희의 논의는 멜랑콜리에 대한 이런 유보적 태도를 거론하면서 멜랑콜리의 부정적 측면이 사실은 순진한 희망의 정치를 생산적으로 교정할 수 있는 방책일 수 있다고 제안한다. 이런 작업의 핵심은 우리가 아는 정치가 사실은 정치가 아닐 수도 있다는 감각이다. 결국 정치란 게 무엇인지 우리가 잘 모를 수도 있다는 감각이다. 즉 느낌을 돌보는 일이 이제껏 으레 행해져온 정치를 붕괴시킨다는 뜻일 때, 느낌을 돌보는 일이 오히려 그 느낌이 무엇일지 알아보기 위해 속도를 늦추어야 한다는 뜻일 때, 비로소 멜랑콜리의 정치가 효력을 발휘한다는 감각이다.4 웨스트도 말하듯, 어렵지만 도전해볼 만한 과제는 슬픔 속에 사는 것, 즉각적인 구원을 찾지 않고 슬픔을 온전히 탐색하는 것 (혹은 웨스트의 말대로 기독교 은유를 쓰자면 〔구원을 찾으러 주일인 일요일마다 예배를 보러 가는 게 아니라〕 "토요일의 사람들"로 남는 것), 그리고 절망 한가운데서도 별 이유 없이 완고하게 믿음을 지키는 것, 절대로 희망을 포기하지 않는 것이다. (이런 태도는 웨스트가 "깊이 세속적인" 개념이라 주장하는, 더 합리적인 낙관적 약속과 대조를 이룬다.5)

이 장은 멜랑콜리 연구에서 정신분석학과 비판적 인종 이론의 융합에 매우 깊은 영향을 받았지만, 나는 **슬픔**sadness이라는 일상적인 어휘를 더 선호한다. 이는 **멜랑콜리나 우울** 같은 임상적 혹은 기술적 용어가 일상 대화 속에 놓이게 해 그 의미와 계보를 확장하기 위해서다. 웨스트의 언급에 따르면, (흑인의) 슬픔은 많은 것이 얽혀 있는 복잡한 느낌이며 (종착점이 아니라 출발점으로서) 절망, 희망을 아우르는 것이자, "도덕적으로 분위기 파악 못 하는 사회"가 너무나 자주 듣지 못하는 "흑인의 분노로 점철된 멜랑콜리"도 아우르는 것이다.6 프레더릭 더글러스의 대농장에서 울려 퍼지던 흑인 노예의 영가에서부터 콜트레인의 긴 솔로에 이르기까지 아프리카계 미국인들에 의해 지속적으로 표현되어왔음에도 불구하고 미국 사회는 이 슬픔과 분노를 도무지 듣지 않았다.7 (웨스트가 정신분석학 어휘를 떠올린다는 점은, 그 역시 체호프나 드라이저 같은 백인 작가를 언급하는 것에도 드러나듯, 문화적 슬픔을 표현하는 데 여러 계보가 혼합된 유산이 있음을 보여준다.)

감정의 인종선을 가로지르는 한 가지 방법은 백인들이 이 아프리카계 디아스포라 계보를 인정하는 것이다. 이 계보는 우울을 연구하는 데 있어 매우 다른 출발점을 제시한다. 이 출발점은 서구 의학의 역사,『DSM』, 약리학, 혹은 백인 중산층 여성과 그들이 경험하는 불안에 대한 이야기, 멜랑콜리에 대한 문학·정신분석학의 전통과 매우 다르다. 실제로 인종차별과 우울이 연관성을 추적하는 것은 일반적인 연구 질문이 전혀 아니다. 이런 연결점을 찾는 연구는 특별한 도구와 창의적인 형태의 학제간 연구를 필요로 한다. 이상적으로는 학문적 통찰을 넘어 새로운 문화 실천과 사회 정책을 끌어내야 할 것이다. 학제간 방법론과 전문성에 대한 질문들이 여기서 관건이며, 여러 세대에 걸쳐 광범위한 지역의 다양한 사람들을 가로질러 식민주의와 노예제도가 이들에게 끼친 심리적 악영향을 어떤 종류의 치료책과 사회 변화가 "치료"할 수 있는지에 대해서라면 인종 연구와 의료인류학이 임상심리학(보다 더 많이는 아니더라도) 못지않게 할 말이 많다.8

정신 건강 치료에서 인종 차이에 집중한 다문화 치료라는 하위분야가 급성장 중이긴 하지만, 그 출발점은 (인종차별이 유색인종에게 끼치는 심리적 영향을 살피는 일이나, 정신 건강에 대한 기존의 여러 이행 방식의 틀을 다시 설정하는 것이 아니라) 기존의 질병 치료 모델에 유색인종을 그저 포함시키는 경향을 띤다.9 예를 들어 우울증에 대한 의학 문헌은 우울증 및 불안의 비율이 인종에 따라 달라지는지 살펴보지만 그 결과는 대개 불분명하다. 이유는 유색인종에서 우울증의 비율이 더 높은 이유를 설명하기 어렵기 때문일 수도 있고(부분적으로 이는 유색인종이 일반적으로 생물학보다는 문화의 방향을 가리키며 따라서 지배적인 의학 모델에 도전하기 때문이다), 더 낮은 우울증 비율이 실제 차이보다는 방법론상 문제가 있음을 나타내기 때문일 수도 있다. 가령 유색인종은 적절한 의료 서비스를 받지 못하기 때문에, 또는 우울이 여타의 건강 문제와 별개의 범주로 드러나지 않기 때문에, 낮은 우울증 비율을 보이기도 한다.10

그래서 조사의 주요 영역 중 하나는 의학적 치료에 대한 태도다. 유색인종에게 일반적 의료 접근이 더 부족하기 때문에 진단율이 더 낮을 뿐 아니라 치료율도 더 낮다. 그로 인해 정확한 비교 연구가 차단된다. 여러 연구에 따르면, 예를 들어 아프리카계 미국인들은 약물 치료와 상담을

2부 퍼블릭 필링스 프로젝트

덜 받는 반면, 멕시코계 미국인들은 상담은 받으려 하지만 약물 치료는 받으려 하지 않는다.[11] 미국의 중국계 이주민 여성들의 경우 신체 질병에 대해서는 의료의 도움을 받으려 하지만 정신질환에 대해서는 그렇지 않다.[12] 많은 연구가 의료 모델이 최선이라는 추정, 그리고 진료에 저항하거나 의료 서비스에서 방치된 사람들이 더 많이 더 충분히 정신 건강 서비스를 받도록 조치해 연구 프로젝트에도 포함시켜야 한다는 추정을 근거로 이루어진다. 예컨대 아프리카계 미국인들의 우울증에 대한 연구를 검토한 어느 글에 따르면, "아프리카계 미국인들은 주요 우울증 인식과 치료에서 수많은 장벽을 만난다. 심리적 고통이 몸의 증상으로 발현되어 우울증 진단이 쉽지 않다는 문제, 진단에 대한 낙인, 우울증에 동반되는 질병을 함께 치료하는 일의 어려움, 의사와 환자 관계에서 나타나는 문제, 포괄적인 1차 의료 서비스의 부족 등을 포함한다."[13] 이 항목들은 다음을 시사한다. 아프리카계 미국인들에게 나타나는 우울은 인종차별과 계급차별이 건강 문제로 분명히 드러나는 다양하고 심층적인 방식과 이어져 있다. 이렇게 드러나는 건강 문제는 단순히 더 효과적인 우울증 치료를 제공하는 변화 정도가 아니라 의료 체계 전반의 재고를 요구한다. 예를 들어 우울증 진단에 사용되는 척도는 모든 사람에게 사용되는 문진표와 동일하다. 그리고 이런 척도의 문진표에 깔려 있는 전제는 사람들이 지배 문화에 부합하기를 원할 것이라는 추정이다. 이러한 추정은 상대적으로 아무런 검토를 받지 않은 채 남아 있어서, 여기에 바탕을 두는 한 의료 모델의 대안을 찾을 여지도 전혀 없고 "소수 집단의 사람들"이 동화

외에 원하는 것이 무엇인지 논의할 수 있는 공간도 없을 수
밖에 없다.

그럼에도, 그리고 동시에 유색인종의 우울증을 조
사하는 이런 식의 연구는 심지어 대부분이 임상 모델과 정
량적 데이터에 집중한 것일 때조차더 급진적인 연구 및 실
천 모델을 만들어낼 잠재력을 갖고 있다. 연구자가 치유 의
식에서부터 역사와 억압에 대한 이해까지 포괄하는 문화
적으로 특수한 실천들이 어떻게 정신 건강에 유용할 수 있
는지에 눈길을 돌릴 때, 일반적 경향을 벗어나는 몇 가지
예외가 있다. 예컨대 종교가 아프리카계 미국인 공동체에
서 우울 및 여러 다른 정신 건강 문제를 앓는 사람들을 도
와주는 한 가지 방법으로 어떻게 기능하는지 조사한 연구
들이 있으며, 원주민 공동체에 대한 연구는 전통적인 영
적·문화적 실천이 어떻게 치료 가치를 지닐 수 있는지에
특히 주목한다.14 "다문화 심리학" 분야에서 문화적 차이를
더 온전히 거론함에 따라 이 분야는 분과학문적·방법론적
경계에 도전하기 시작한다.15 문화적 차이와 임상실천이 만
나는 교차점을 더 잘 이해하기 위해서는 질적·문화기술지
적 데이터가 필요하다는 가능성도 고심해서 파악해야 한
다.16 그래서 임상심리학과 사회복지 분야는 아서 클라인
먼과 바이런 굿 같은 학자들이 제시한 의료인류학의 방향
으로 나아간다. 클라인먼과 굿은 의학 모델을 전제하지 않
고 문화횡단적 관점에서 우울을 연구한다.17 이들이 간 길
을 따라 테리사 오넬은 몬태나주의 플랫헤드 원주민 보호
구역에서 높은 우울 발병에 대해 조사하면서, 의학 모델이
플랫헤드 살리시족이 우울을 이해하는 방식과 양립하지 않

는다는 점을 붙들고 씨름한다.18 살리시족은 우울을 문화적 슬픔이라고 이해하며 이에 대해 공동체가 책임을 져야 한다고 본다. 이런 여러 관점 사이에서 우울을 조사하고 연구하는 일은 의학 모델과 문화 모델의 양립 불가능성과, 문화 모델을 밀고 나가는 데 필요한 상상력을 상기시킨다.

　　이 책 프로젝트를 추진하는 동안 나는 아프리카계 디아스포라 작가들의 글에 우울에 대한 전혀 다른 계보를 찾을 힌트가 있다고 들었다. 여기에는 해리엇 제이컵스, 넬라 라슨, 옥타비아 버틀러, 토니 모리슨이 있고 재키 앨리그잰더, 세이디야 하트먼, 루스 윌슨 길모어, 샤론 홀랜드 같은 학자들도 있다. 이들의 저작은 지리적 "몰아내기"와 심리적 "박탈"의 오랜 역사를 자세히 기록할 뿐만 아니라 앨리그잰더가 "급진적 자기소유"radical self-possession라고 부른 것, 즉 느낌과 감각 경험을 포함하는 형태의 주권을 상상한다. 노예제도와 식민주의가 여러 세대에 걸쳐 끼친 심리적 영향을 사유하는 데 트라우마가 유용한 범주가 될 수 있지만, 이 역사를 온전히 이해하려면 인종차별이 우울처럼 훨씬 더 오랜 기간에 걸쳐 지속된, 만성적이고 바닥에 깔려 있는 느낌과 연관된다는 점까지 고려해야 한다. 우울처럼 인종차별도 일상 경험의 모든 층위에 영향을 미치는 만연한 문제라서, 때로 명백하게 가시적이지 않은 비스듬하고 간접적인 방식으로 일상에 구석구석 영향을 미친다. 샤론 홀랜드의 표현대로 "인종차별은 일상적이다".19 그 일상적 형태에서 인종차별은 백인과 유색인종 모두에게 존재하지만 다르게 작동한다—우리 모두는 차별적 접근의 시스템에 영향을 받는다. 루스 윌슨 길모어는 인종차별을 국가가 승인한, 초법적으로 생산되고 착취되는 "조기 사망에 이를 정도로 집단에 따라 차별화된 취약성"이라고 정의하면서, 인종차별의 불공평을 강조하는 유물론적 해석을 제시한다.[20] 우리가 이 정의에 감정생활을 추가하여, 감정적 쇠약이 어떻게 사람을 조기 사망의 표적 집단으로 만들어버리는 건강 문제를 일으킬 수 있는지 고려할 수 있을까? 더욱이, 인종차별이라는 폭력의 인근에서 특권적 삶을 살아가는 백인들에게 인종차별이 끼치는 결과는 무엇일까? 코넬 웨스트가 묘사한 감정선은 백인들의 느낌을 포함하여 이러한 분단의 양쪽에서 우울의 촉매제가 될 수 있다. 백인들의 느낌은 때로는 무의식적이고 때로는 그렇지 않으며 때로는 억울해하고 때로는 그렇지 않은데, 그들이 느끼는 슬픔의 형태는 역사적으로 권리를 박탈당한 사람들이 느끼는 슬픔의 형태와는 아무런 공통점이 없는 비교 불가능한 것이다. 이 공통점 없음은 소외와 희망 없음의 정동으로 체험될 뿐만 아니라 이런 느낌들의 좀 더 임상적인 (우울증 같은) 형식을 지닌 정동으로도 체험된다.

이 장에서는, 일상적 인종차별의 아카이브를 들여다보면 인종차별이 순식간에 벌어지는 일이지만 곳곳에 만연해 있다는 점을 숙고함으로써, 몰아내기와 박탈로 점철된 인종적 역사와 우울 간의 관계를 탐구한다. 이를 위해 특별히 두 명의 아프리카계 디아스포라 학자 세이디야 하트먼과 재키 앨리그잰더의 글에 초점을 맞춘다. 노예제도 아카이브의 부재를 탐구한 이들의 연구는 내가 정치적 우울이라 부른 것의 형식을 만들어낸다. 하트먼은 아프리카로의 귀환을 과거 청산의 형식으로 보는 것에 저항하는 반

면, 앨리그잰더는 아메리카 토착민이 기원상 아프리카적이
자 아메리카적인 주권뿐만 아니라 이 두 형식의 주권을 혼
합한 형식을 사용하여 본인이 **급진적 자기소유**라 부른 것
을 또박또박 표현하는 실천에 주목한다. (정치적) 우울은
느낌을 통한 몸과의 관계, 그리고 느낌을 통한 집[삶의 터
전]과의 관계를 느끼지 못하게 훼방하고 중단한다. 앨리그
잰더가 말한 급진적 자기소유는 느낌을 통해 몸과 집[삶의
터전]과의 관계를 확립하는 것이다. 나는 몰아내기와 박탈
을 그리고 과거의 출몰이라는 면에서 정치적 우울을 또박
또박 설명하기 위해서 하트먼과 앨리그잰더의 통찰을 분석
틀로 사용해, 두 백인 작가의 우울 회고록, 샤론 오브라이
언의 『패밀리 실버』와 제프리 스미스의 『뿌리가 물을 찾아
뻗어나갈 때』에서 어떻게 우울을 이주와 계층이동의 역사
와 연결하여 이해하고 분석할 수 있는지를 살펴본다.

　내가 아프리카계 미국인 문화에서 나온 사례를 주
로 사용하는 것은 어쩔 수 없이 커진 이 프로젝트에서 초
점만큼은 반드시 좁혀야 했기 때문이다. 내가 이런 예를 사
용하는 것은 인종과 우울을 함께 사유하는 다학문적 프로
젝트에서 유일하게 가능한 궤적이기도 하다. 토착민 연구
를 활용하는 것은 토착민 연구가 몰아내기와 박탈의 역사
를 탐구하는 데 필수적인 자원이라고 주장하기 위함이며,
디아스포라와 토착민을 조합하는 것은 다른 비교학적 프
로젝트에도 영감을 주길 바라기 때문이다.[21] 나의 목적은—
정신분석학과 일상의 구어 표현, 백인과 흑인, 토착민과 디
아스포라를 혼합하여—인종선을 가로지르고 회고록과 학
술 연구의 융합을 포함한 다양한 글쓰기에 의지해 우울을

인종과 연결할 필요가 있다고 주장하는 것이다.

일상적 인종차별의 아카이브

이 장의 서두에서 『황혼: 로스앤젤레스, 1992』를 인용한 대목에 이어 코넬 웨스트는 흑인의 슬픔에서 나온 (음악과 글을 포함한) 표현 문화의 여러 형식을 논의한다. 그가 언급하는 이 문화의 계보는 프레더릭 더글러스가 자서전에 기록한 흑인의 슬픔의 노래, W. E. B. 듀보이스가 말한 유명한 "인종선의 문제"에 핵심적인 슬픔의 노래부터[『흑인의 영혼』 특히 14장 참조], 토니 모리슨의 소설, 존 콜트레인과 마일스 데이비스의 재즈를 아우르는 계보다. 웨스트는 안톤 체호프와 리처드 프라이어를 비롯한 여러 작가를 짧게 언급하는 가운데 감정의 문화정치를 정식화하면서, 모리슨은 슬픔을 "어떤 **소설가들**보다도 잘 포착하지만 / **콜트레인**은 / 슬픔을 이해했다"고 언급한다.[22] 그는 문화의 중요성을 계속 강조하면서, 마일스 데이비스가 콜트레인의 뒤에 서서 콜트레인이 원하는 만큼 연주하도록 기다려줌으로써 흑인의 슬픔을 표현하도록 독려해준 공헌이 있다고 언급한다. 마일스 데이비스의 이런 행동은 참을성 없이 성급하게 요점을 언급하며 자기주장을 내세우는 연구자나 정치인과 대조적이다. 웨스트는 흑인 지식인이 공적 영역에서 활동하는 형식이 다양하다고 본 그랜트 패러드의 주장에 공명한다. 웨스트는 음악가와 소설가야말로 공적인 느낌을 명료히 표현하는 데 특히 잘 준비된 이들임을 시사한

다. 공적인 느낌을 또박또박 표현하는 것이야말로 인종차별의 역사를 생각할 때 필수적이다.23

이렇게 해서 나는 인종차별(그리고 우울)이 어떻게 느껴지는지에 대한 복잡한 정동적 이야기를 찾아 나서면서 과학이나 심리학이 아니라 예술에 눈길을 돌리게 되었다. 예를 들어, 이 책의 프로젝트에 지속적인 영향을 준 것은 노예 서사 비평과 미국에서 주로 1970년대 이후 출판된 새로운 노예 서사였다. 이 비평은 노예제도 아카이브가 대충의 스케치 수준이거나 아예 부재함에도 불구하고 노예제를 직접 겪은 경험을 재창조한다. 새로운 노예 서사는 이런 역사적 작업을 하는 상상력이 풍부한 장르에 주목한다. 나는 예감의 인도를 받아, 인종차별이 때로는 눈에 잘 띄지 않거나 공손함으로 가려지는 곳에서 인종차별의 일상적·정동적 삶이 울리는 메아리와 힌트도 수집했다─넬라 라슨의 『패싱』(1929년)에서 타오르는 분노, 글로리아 안잘두아가 『경계지대/경계선』(1987년)에서 초감각적인 감정 지식으로 논의한 라 파쿨타드la facultad, 아시아계 미국인 여성들의 높은 우울 발병률과 자살률을 다루는 크리스니타 윙의 공연 작품 「뻐꾸기 둥지를 날아간 윙」, 영화 「달콤 쌉싸름한 초콜릿」의 멜로드라마적 러브신을 보면서 우는 자신의 모습을 담은 장면과 이에 대한 호세 무뇨스의 해설이 포함되어 있는 영상 설치 작품인 나오 부스타만테의 「니어 폴리탄」.24 불쑥 나타나는 이런 순간들을 내가 계속 모았던 이유는 그 순간들이 유색인종이 인종차별의 맥락에서 살아가는 것이 어떻게 **느껴지는지**를 복잡하게 설명하기 때문이다. 내가 모은 것은 비록 다소 자의적이고 비체계적인 수집물이기는 하지만, 이것이야말로 특히 나 같은 백인 관찰자에게는 웬만해선 눈에 보이지 않는 정동적 경험을 파악하기 위해 필요한 방법이라고 나는 예감했다. 그것은 필 하퍼가 말한 "느껴진 직관이라는 증거"를 보여준다. "느껴진 직관의 증거"란 특정한 종류의 경험 주변에 아무런 공적인 삶이 존재하지 않기에 이에 접근하는 유일하게 활용 가능한 전략이 "사변"뿐일 때 긴요한 것이 된다. 사변은 "관례적 수단으로는 지각 가능하지 않은 것"이며 그래서 인식론상 종종 폄하된 지위를 부여받는다.25 내가 이 장에서 사용하는 예들을 이어주는 끈은 이 텍스트들이 가정의 영역, 일상적 느낌의 풍경에 초점을 둔다는 점, 그리고 인종화된 노동 분업의 관점에서 나온 것이라는 점이다. 이 관점에서 보면, 중산층 가구의 기능을 유지해주거나 중산층 가구를 계층상승을 열망하는 지평으로 만드는 숨겨진 사회적 관계와 활동이 더욱 가시적으로 드러난다. 이 장에서 내가 사용하는 예들은 동화의 역학을 두드러지게 강조하면서 훌륭한 중산층 지위에 대한 추구가 지닌 양가성을 드러낸다. 즉 중산층 지위에 대한 추구는 유색인종뿐만 아니라 백인에게도 너무나 자주 우울의 원인이 된다.

이 점을 보여주는 한 예를 들자면 옥타비아 버틀러가 『킨』(1979년)을 쓸 때 영감받은 통찰을 언급한 대목을 들 수 있다. 이 소설에서 현재 배경의 아프리카계 미국인 여성은 비자발적으로 19세기 노예제 시절 속으로 던져진다. 이제 주인공인 이 여성은 성폭행을 포함한 노예 신세의 일상과 씨름하게 된다. 버틀러는 시간 여행이라는 공상과학소설의 전략을 사용하여 새로운 노예 서사를 만들어 현재의 흑인 여성을 과거로 보냄으로써 노예 상태의 정동적 역학을 드러낸다. 버틀러의 작품에서 종종 일어나듯이 주인공은 성적 행위주체성과 노예 상태를 둘러싼 복잡한 윤리적 딜레마에 직면한다. 주인공은 자신의 조상인 흑인 노예 여성과 백인 노예주 사이의 성적인 관계를 자신이 매일 살아내면서 이 백인 남성의 목숨을 구해줄 것인지 말 것인지를 선택해야 하는 상황에 놓여 있음을 알게 된다. 이 백인 남성이 없다면 미래의 자신은 태어나지 않는다. 버틀러는 『킨』을 쓰게 만든 기원점이 어머니의 경험에 있다고 설명한다. 어머니는 백인의 집에서 가사 노동자로 일하면서 인종차별적 발언에 아무 반응을 하지 않은 채 모욕적인 언사를 들어야 했고 지나치게 고분고분한 사람이라고 오인받았다.

『킨』을 쓸 때였어요. 대학에서 이 경험을 실제로 했다는 게 기억나더군요. 내가 항상 이야기하는 경험 말이에요. 흑인 남성이 이렇게 말하는 거예요. "너무나 오랫동안 우리를 과거에 붙들어두는 이 나이 든 흑인들을 모두 다 죽이고 싶은데, 내 부모로부터 출발해야 하니까 그럴 수가 없어." 이 말은 내 친구가 한 말입니다. 심지어 그가 흑인 역사를 나보다 더 **많이** 안다고 치더라도 그가 아는 건 완전히 머릿속의 관념일 뿐이라는 걸 나는 깨달았어요. 그 친구는 흑인 역사에 대해서 아무것도 느끼지 못했으니까요. 그는 남을 죽이고 자신도 죽을 수 있는 종류의 사람이었어요. 살아남고 버티며 희망하고 변화를 일구는 사람과는 정반대되는 사람이지요. 어머니 생각이 났습니다. 어머니는 베이비시터를 구하지 못할 때는 나를 데리고 일하러

가곤 하셨어요. 내가 너무 어려서 혼자 둘 수가 없으니까요. 어머니가 뒷문으로 들어가는 것을 보았죠. 사람들이 어머니가 좋아하지 않고 대꾸할 수 없는 말을 어머니에게 내뱉는 것도 보았습니다. 사람들이 어머니가 듣고 있는데도 "나는 흑인들이 정말 싫어"라고 말하는 것을 들었습니다. 어머니는 계속 일을 하셨고 나를 학교에 보내주었고 집을 샀습니다. 어머니는 이 모든 걸 해낸 분이에요. 나는 내 친구가 진정한 용기가 무엇인지 모른다는 것을 깨달았습니다. 내가 쓰고 싶었던 건 이런 겁니다. 어른이 된다는 것이 어떤 의미인지에 대해서 쓰고 싶었고, 우리가 무슨 선택을 해야 하는지 알게 될 때, 사실 아마 두려울 테지만 우리는 그래도 행동에 나서야 한다는 걸 쓰고 싶었어요.[26]

버틀러의 친구는 앞 세대 나이 든 흑인들이 비겁하게 주류에 동화되었다고 생각하기에 이를 매우 경멸하며 그 때문에 앞 세대를 죽일 준비가 되어 있는 호전적인 사람이다. 이런 친구와 대조적으로 버틀러는 어머니의 생존 전략에 공감과 존경을 표현한다. 백인 가정의 내밀한 환경에서 일하는 어머니의 생계는 인종차별적 발언을 귀담아 듣지 않는 태도에 달려 있다. 버틀러는 이것이야말로 영웅적 용기의 형태라고 언급한다. 생존하는 데 필요한 행동은 두려움과 분노가 혼합된 감정을 포함해 복잡한 느낌을 수반한다. 지나치게 관념적일 뿐 흑인의 역사를 "느끼지" 못하는 친구의 무능을 버틀러가 나무라는 것은 온당하다. 이 친구와 달리 버틀러는 상상력 가득한 허구인 소설을 사용하여 억압받는 이들이 하게 되는 복잡한 선택을 감정적으로 알고 이해할 수 있는 것으로 만든다. 이것은 공상과학소설의 환상과 낯설게 하기 전략을 필요로 하는, 품이 많이 드는 작업이다. 버틀러는 노예제도와 디아스포라(그리고 일상적 인종차별)의 감정적 역동을 생생하게 드러내고자, 자신의 적이나 압제자와 어울린다는 이유로 배신자로 여겨지는 (『제노제네시스』의 릴리스 같은) 여성 주인공을 창조한다. 버틀러가 창조한 이야기는 소위 배신자가 왜 그렇게 행동하는지 그 동기를 이해하게 만드는 힘이 있고, 기꺼이 교섭하려는 의지야말로 미래에 대한 강고한 희망의 감각이 만들어내는 결과임을 보여준다. 이런 감각은 새로운 혼합 인종을 양육하는 데 헌신하는 모습으로도 드러난다.

버틀러의 일화는 우리 시대 학계에서 차별금지 조항을 둘러싼 이상한 정동의 역동을 떠올리게 한다. 지금 학계는 노골적인 인종차별 행위가 더 이상 일반적으로 행해지거나 관용되지 않는다고들 짐작하는 시절, 민권운동 이후 세계에서 오히려 인종차별이 매우 일상적으로 벌어지는 장소다. 학계 환경에서 유색인종은 일자리, 장학금과 연구비, 다른 여러 형태의 지원을 제공하는 정책의 수혜자라고 간주되지만, 점잖은 관료 문화 세계에서 무심결에 자행되는 여러 형태의 인종차별은 너무 비가시적이어서 아무도 그것이 인종차별 행위임을 포착하지 못한다. 인종차별은 무지가 소위 특권이 되는 상황을 불안과 스트레스 가득한 상황으로도 만들어버린다.

이 장은 내가 읽고 가르쳐온 문학 텍스트뿐 아니라 수년에 걸쳐 동료들로부터 개인적으로 들어온 이야기에도 빚지고 있다. 그러나 이런 이야기들, 그리고 이 이야기들이 드러내는 일상적 인종차별의 증거는 사실 내가 독자에게 전해줄 수 있는 내 이야기는 아니다. 나는 대체로 이런 은밀한 지식들의 흔적을 더 공적인 장소에서 찾아내야 했고, 이런 지식의 중요성도 인식되기를 바란다. 예컨대 필 하퍼는 어떤 모음집에 글을 기고해 유색인종 포함을 상징하는 저자가 되어달라는 요청을 거절하지 않음으로써 경력을 쌓을 수 있었음을, 그리고 이런 구색 맞추기식 청탁이 대개 마감에 임박해서 오는 경우도 많아 급히 글을 써내야 했다는 점을 기꺼이 이야기해주었다. 멜리사 해리스-레이스웰은 살아남으라는 가르침을 받아온 중산층 흑인 여성에게 우울은 금지 사항이었다고 말한다. 그는 오랫동안 혼자서 흑인 해방운동을 하다가 쓰러져간 패니 루 해머의 예를 떠올리면서 이렇게 언급한다. "넌더리를 내고 지치는 일에 이젠 아주 넌더리가 나고 지칩니다"라는 해머의 말을 우울에 대한 논평으로 새롭게 읽어낼 수 있다."[27]

이러한 예들이 시사하는 대로, 인종차별이 만들어낸 낯설지만 일상적인 상황에서 정동적 삶을 설명하는 풍부한 어휘를 얻을 수 있다. 이 예들은 동화와 급진 정치 사이에서 일어나는 긴장, 인종적 차이를 가로지르는 젠더와 계급의 굴절에 대해 말한다. 이 예들은 사회운동이나 거리에서가 아니라 일상의 정동적 삶에서 볼 수 있는 대안적 정치 반응 양식을 보여준다. 폭력과 일상생활 사이의 복잡한 연결점을 보여주는 사례로서 이 이야기들은, 우울한 젊은 백인 여성의 세계와 국가적 트라우마 및 애도의 역사 사이의 연결을 만들어내는 쉽지 않은 시도에 대한 중요한 관점도 제공한다. (만약 때때로 논의가 우울에서 멀리 벗어난 것처럼 보인다면, 이는 서로 다른 세계를 연결하기 위해 무엇을 해야 하는지 보여주는 신호다. 왜냐하면 과학/인문학의 분열은 인종 분열과도 교차하기 때문이다.) 일상생활과 가정의 장면에서 나온 이런 예들—점잖은 예의처럼 보이지만 다른 이야기를 전해주는 이런 정동—은 인종화된 역사의 영향이 얼마나 광범위한지를 보여준다. 이런 예들이 항상 노골적인 폭력의 순간으로 나타나는 건 아니다. 겉으로 드러나는 감정은 오래 이어져온 분명한 인종차별의 역사와 연결된 분노와 공격심의 억압이 다른 형태로 공개 표출되는 것이라고 보아야 한다. 인종차별의 역사가 남긴 이 유산은 계속 일상 경험에 스며들어 있다—우리는 모두 인종화된 폭력이 깊이 밴 환경에서 살아간다. 즉 우리가 걷고 있는 이 땅은 토착민이 도둑맞은 땅이며, 우리가 사용하는 물건을 생산한 노동은 저임금으로 착취당하는 노동이고, 우리가 살아가는 지역은 인종이 분리되어 있거나 재개발된 곳이다.

세이디야 하트먼의 정치적 우울
『어머니를 잃다』에서 세이디야 하트먼은 노예제(와 그 유령들)를 다시 생생하게 특히 정동적으로 되살리려 시도해온 수많은 작가와 연구자의 대열에 합류한다. 그는 노예제도가 현재까지 끈질기게 영향을 미치고 있음을 드러낸다. 이런 작업은 노예의 후손인 하트먼에게 단순히 학술활동이 아니라 개인적인 의미를 지닌 활동이다. 또한 매우 현재적인 정치적 이해관계를 지닌 역사 프로젝트이기도 하다. 하트먼이 표현한 대로, "노예제도가 미국 흑인의 정치적 삶에 중요한 문제로 끈질기게 지속된다면, 이는 지나간 시절에 대한 골동품 애호식의 강박이나 너무나 기나긴 기억의 짐 때문이 아니라 몇 세기 전에 단단히 자리 잡은 인종 정치의 계산법으로 흑인들의 삶이 여전히 폄하되고 위협받기 때문이다. 이것이 노예제도의 사후세계다—기울어진 삶의 기회, 건강과 교육에의 제한된 접근권, 이른 죽음, 감금과 빈곤화. 나 역시 노예제도의 사후세계가 만들어낸 산물이다."28 루스 윌슨 길모어가 정의한 인종차별, 즉 "조기 사망을 부르는 취약성"을 떠올리게 하는 하트먼은 자신의 가족사와 아프리카로 거슬러 올라가는 노예제도의 역사 사이의 연결점을 탐색함으로써 현재 인종차별의 상태를 "노예제도의 사후세계"로 이해하려 한다. 하트먼의 연구는 그를 가나로 데리고 가는데, 가나에서 그는 엘미나 해안 지역의 토굴감옥과 같은 장소에서 벌어졌던 노예무역의 흔적을 탐사한다. 엘미나 해변가는 가나 정부가 신흥 산업으로 장려한 노예 관광의 일부가 되었다. 하트먼은 노예제 이전 시절의 삶의 흔적을 유심히 찾아보려 노예무역 경로를 따라 내륙으로 여행한다. 이 경로는 노예들이 처음으로 붙잡혔던 마을로 이어진다. 노예들을 붙잡은 것은 대개 다른 아프리카인들이었다. 붙잡힌 이들이 그토록 오래 살아남는다면 최종적으로 아메리카 대륙으로 끌려가는 여정에서 첫 단계에 해당하는 트라우마 경험이었다.

『어머니를 잃다』는 독특한 학술 연구로, 품이 많이 드는 아카이브 연구 및 현장연구에서 회고록을 필수적인 부분으로 활용한 흔치 않은 저작이다. 단순히 아카이브 연구와 현장연구를 하게 된 개인적 동기를 설명하는 책이 아니다. 그렇기에 하트먼의 텍스트는 내가 앞 절에서 논의한 것, 즉 회고록이 연구 방법이 될 만한 잠재력을 보여준다. 하트먼은 "개인사이기도 한 노예제도의 역사"를 써야만 했다. 그 이유는 노예제도에 관해 거의 대부분 부재한 아카이브의 "파악하기 힘든 교묘한 회피와 미끄러움"을 포착해 "아무것도 없는 것과의 조우에 대한 이야기를 어떻게 쓸 것인가"라는 딜레마를 다루는 유일한 방법 중 하나가 연구자로서 자신의 분투와 실패를 기록하는 것이기 때문이다.29 역사 기록의 공백에 대한 이야기인 『어머니를 잃다』는 미국 문화 수립의 근간을 차지하는 노예제, 집단학살, 식민주의의 역사가 우울과 연결되는 관계를 추적하는 나의 노력에 어떤 빈틈이 있는지도 알려준다. 나는 우울도 "노예제도의 사후세계"의 일부로 고려되기를 원하지만, 우리 시대 일상적 느낌들(특히 백인 중산층인 사람들의 느낌들)과 트라우마를 남긴 과거의 폭력 사이의 연결을 추적하는 일은 어려울 수 있다—그 연결점들은 과학적 증거나 현존하는 연구물이나 물질적 박탈의 형태보다는 희망 없음의 느낌이나 유령으로 나타난다. 아프리카계 미국인 및 여러 다른 인종 공동체에서 보이는 우울에 대한 임상 연구를 떠나 아프리카 귀환에 대한 회고록으로 옮겨 가는 이 이행이 기이해 보일 수 있겠지만, 내가 여기서 제시하는 주장은 다음과 같다. 하트먼의 회고록과 같은 문화적 기록물은 임상 이론과 실천에서는 아직 존재하지 않는 여러 양식의 사유와 느낌을 포함한다는 것이다.

『어머니를 잃다』는 우울이라는 범주를 인종차별 및 식민주의의 역사와 연결할 뿐 아니라 정치적 우울에 관한 텍스트로도 읽을 수 있다. 아프리카로 가는 하트먼의 여정은 절망이 동기이며, 미국에서 민권운동이 그리고 아프리카에서 탈식민화 시기가 둘 다 실패했다는 감각, 그리고 이러한 투쟁에 하트먼 자신이 뒤늦었다는 감각 또한 동기가 된다. "나의 시대는 꿈을 꾸는 시대가 아니라 환멸의 시대다. … 사람들의 지평을 정의했던 꿈은 더 이상 나의 시대를 정의해주지 못한다. 해방의 서사는 더 이상 미래 청사진이 아니다. 혁명가들이 확립하려 했던 과거와 현재 사이의 결정적 단절은 실패했다."[30] 하트먼은 종종 자신을 위로할 수 없는 존재로 표현하며 미국이나 아프리카에서 안이하게 느껴지는 소속감에 저항한다. 미국에서의 지속적인 소외감과 박탈감으로 인해 그는 백인들 사이에서뿐만 아니라, 고향에 대한 희망이나 귀향의 꿈을 유지할 수 있는 아프리카계 미국인들 사이에서도 자신을 낯선 이방인이라고 느낀다. 또한 그는 가나에서 만난, 아프리카계 미국인이면서 가나에서 살아가는 이들, 즉 미국 민권운동의 첫 번째 물결, 탈식민화가 일어났던 시기인 1960년대에 더 나은 세상을 향한 희망으로 아프리카로 갔던 세대와 자신이 다른 존재라고 여긴다. 그리고 아프리카를 조상의 원천, 아프리카 중심적 문화 및 과거와 반가운 연속성의 원천으로 보는 관광객과도 거리를 둔다. "가나로 이주한 이들의 마음을 끌었던 것은 새로운 삶을 살 수 있다는 비전과 재탄생의 약속이었다. 나의 마음을 끌었던 것은 옛 삶의 파괴되고 버려진 폐허였다. 그들은 새로운 사회를 건설하는 데 마음을 쏟았다. 나는 해안가부터 사바나까지 파괴의 여정을 추적하는 데 마음을 쏟았다. 그들은 치유받기 위해 아프리카로 왔다. 나는 상처를 파헤쳐보려고 왔다. … 나의 세대는 토굴 감옥을 1차 목적지로 삼아 이곳에 온 첫 세대였다. 나와 달리 앨릭스 헤일리의 『뿌리』를 읽고 동기를 부여받았던 수많은 흑인 관광객은 아프리카로부터 물려받은 부계 유산을 되찾기 위해 가나와 서아프리카 지역으로 여행을 왔다. 이들과 나 사이의 이 파열이 나에겐 이야기였다."[31]

하트먼은 민권운동과 탈식민화 시기로부터 자신이 세대적으로 정치적으로 거리를 두고 있음을 분명히 표명한다. 이 표명은 현재 트라우마 연구와 공적 기억 문화에 대해 관심이 폭발하는 현상을 설명할 수 있게 하는 것이 바로 정치적 우울임을 시사한다. 하트먼은 토니 모리슨과 같은 소설가들, 그리고 호텐스 스필러스 같은 비평가들이 "상처를 파헤쳐보기" 위하여 과거를 되돌아보는 작업에 합류하며, 이 작업을 하지 않는 것이야말로 현재에 중대한 영향을 끼치는 역사적 기억상실의 희생양이 되는 것이라고 주장한다.[32] 우울의 정치학은 "파열이 이야기가 되는" 정치이며, 여기의 미국 흑인들과 저기의 아프리카 사람들 사이에 축하할 아무 연결점이 없고, 식민주의 이전의 아프리카의 과거라는 낭만이나 유토피아도 없다. "급진적 변화를 꿈꾸지 못하는 소진된 정치적 상상력과 점증하는 절망감이야말로 꽉 채워진 버스 한 대로 관광을 와 노예무역 항구에 서서 눈물을 흘리며 항구를 바라보는 낯선 흑인 이방인들을 초래한 원인이었다."[33] 절망과 정치적 우울의 느낌을 꼭 붙든 채 하트먼은 과거에 대한 멜랑콜리적 애착심을 물리치려 애쓴다. 자칫하면 감상에 빠질 법한 아프리카중심주의에 대한 순진한 찬양을 물리치고자 하는 것이다.[34] 이런 애착심이나 순진한 마음은 정치적으로 유지하기 어렵고, 공적으로 또박또박 표출하기도 어려운 감정이다. 텔레비전 인터뷰에서 하트먼에게 태비스 스마일리가 흑인들의 정신을 고양시켜주는, 조상 계보의 회복에 대한 이야기를 들려달라는 욕망이 담긴 요청을 하자, 하트먼은 아프리카와 연결되지 않았다는 주장이 무슨 뜻인지 설명하느라 애를 먹는다.[35] 하트먼은 못마땅함을 감추지 않은 채, 자신을 소외감으로부터 벗어나게 하려는 목적에서 나올 법한 안이한 치료적 명제나 아프리카로의 역방향 이민에 저항한다. 그렇지만 이 절에서 나의 궁극적 질문은 다음과 같다. 하트먼은 "치유"와 "상처 파헤치기"를 구별했지만, 이 구별을 서로 배타적이지 않은 방식으로 다시 사유할 수 있을까?

『어머니를 잃다』를 정치적 우울을 명징하게 표명한 글이라고 읽어 보자. 역사적 트라우마에 정동적으로 접근할 수 있게 해주는 이 텍스트의 노력이 아닌 다른 데 초점을 두고 다른 틀에서 사유해 보자. 이 텍스트의 가장 강력한 순간들 중 일부는 노예제도의 경험을 떠올리려는 불가능한 시도에서 나온다는 점은 확실하다. 하트먼이 엘미나의 토굴감옥에 서서 과거를 제대로 느낄 수 없거나, 느끼더라도 오로지 으스스한 먼지투성이만 봄으로써 느낄 수 있던 때처럼 말이다. 즉 그는 "시간을 거슬러 과거에 다다라서 노예제도라는 감옥에 갇힌 사람들과 접촉하는 데" 실패한다.[36] "나의 손으로 만지듯 파악할 수 있었던 내 과거의 유일한 부분은 내가 움찔하며 뒷걸음질 쳤던 오물이었다."[37] 하트먼은 역사와의 물질적 조우를 무대에 올려놓음으로써 기록상 부재한 아카이브를 보충하기를 희망하는 가운데(그리고 회고록을 쓰는 또 하나의 이유는 이런 종류의 현장연구를 기록하는 것이다), 토굴감옥을 걸으면서 자신이 상상했던 것과는 전혀 다른 종류의 감각을 경험한다. 토굴감옥 바닥에 널린 가죽과 오물은 전적으로 너무나 물질적인 과거의 잔여물을 만들어내며 감옥 바닥 층층이 탄탄하게 쌓여 있다. 그러나 궁극적으로 이것은 놓쳐버린(상실된) 조우의 장면이다. 하트먼이 느끼는 것이라곤 상실감일 뿐, 이 공간에 거주했던 노예들과의 연결감이 아니기 때문이다.

하트먼이 노예제도를 기록한 문헌과 마주하는 일 역시, 과거를 재발견하는 거의 유일한 방법임에도 불구하고 감상적이지 않다. 하트먼은 트라우마의 충격적인 현실과의 안이한 접촉 감각을 거부하기 때문이다. 노예선 "리커버리"에서 벌어진 어린 소녀의 죽음은 18세기 영국 노예제 폐지론자였던 윌버포스가 대중의 주목을 끌고자 이용했던 법정 소송의 주제였다. 하트먼은 이 소녀에 대한 아카이브의 흔적을 찾아내는 가운데, 이 소녀의 이야기가 소녀가 처한 곤경에 공감하는 이들에게조차 체감되는 경험이 아니라, (소녀를 발가벗겨 거꾸로 매단 장면을 그린 삽화의 형식을 통해) 스펙터클로 이어졌다고 비판한다. 윌버포스와 다른 방식을 찾아내려는 하트먼의 노력, "이 소녀를 죽음이나 질병 혹은 폭군으로부터가 아니라 망각으로부터 구출해내려는"그의 노력은 탈출과 저항의 가능성을 상상하게 만든다. "이야기가 거기서 끝났다면 작게나마 위로를 느낄 수 있었을 것이다. 나는 이 가능성의 순간에 매달릴 수 있었을 것이다. 이 소녀의 고통에서 유익한 교훈을 찾을 수 있었을 것이고, 이야기 하나로 소녀를 망각으로부터 구출할 수 있을 거라고 착각할 수 있었을 것이다."[38] 그러나 물론 하트먼은 이런 종류의 정동적 구출 혹은 아카이브상의 구출에 회의적이다. 그러면서도 "한 생명의 상실을 온전히 느끼면서 이 소녀에게 우리의 희망을 거는 것이 훨씬 더 쉬웠다. 그토록 많은 사람들의 죽음은 다루기 힘들었다"는 점을 인정한다.[39]

부재한 아카이브와의 조우 그리고 이를 유령 이야기로 재구성하는 하트먼 판본의 이야기가 생생하기는 하지만, 이런 조우와 재구성은 점점 더 친숙한 것이 되었다. (아마도 토니 모리슨의 『빌러비드』가 가장 유명한 예일 것이다.) 그럼에도 불구하고 이것들은 노예제도의 사후세계가 지속되는 한 끈질기게 반복될 것이고 여전히 의미가 있다. 하트먼의 프로젝트가 다른 텍스트들의 프로젝트와 다르게 기여한 점 중 하나는 개인의 서사를 사용하는 방식이다. 하트먼은 개인의 서사를 이용해 아카이브 복원이 정치적 우울에서 동기부여된 것이라는 프레임을 만들어낸다. 그리고 이에 수반되는 질문(즉, 이런 움직임이 트라우마 연구의 정동적 역동이라는 더욱 광범위한 정치적 연구에 대해 제기하는 질문)을 다룰 틀을 만들 때도 개인의 서사를 이용한다. 하트먼은 멜랑콜리적 향수(혹은 현재와 연결되지 않는 과거에 머무는 자기만족감)에 빠지지 않으려 매우 철저한 노력을 기울인다. 하트먼의 정동 정치에서 심장부를 차지하는 질문은 중산층 흑인 지식인인 자신의 위치와 노예제도가 횡행했던 과거 사이에 연결점이 어떻게 존재하는가(그리고 과연 그런 연결점이 존재하는가 여부)

　　　　2부 퍼블릭 필링스 프로젝트

라는 고민이다. 하트먼은 아프리카의 토굴감옥에 서서 자신이 노예들의 삶(과 죽음)에 닿을 수 없음에 좌절감을 느끼며 이렇게 질문한다. "자기 나라에서 납치당한 노예 1세대까지 거슬러 올라가면 나의 체념과 절망을 설명할 수 있을까? 그 기원이 내가, 지금의 사우스캐롤라이나인 곳에 1526년, 혹은 과거에 제임스타운이라 불린 곳에 1619년 첫발을 디딘 이들처럼 때로 미국에 피로감을 느꼈던 이유였을까? 이 기원이 그 모든 아이를 잃은 어머니들과 고아가 된 아이들을 강력하게 잡아당긴 감정이었을까? 세대마다 손상된 삶의 굴레, 아메리카에서 태어났음에도 고향 땅에서 영원한 외부인으로 예나 지금이나 새롭게 고통을 느끼는 것이 그 기원 때문일까?"40 하트먼은 역사로 시선을 돌려 역사를 이 절망과 피로감을 이해하는 자원으로 삼는다. 이 절망과 피로감은 우울의 증상으로 자주 언급되지만, 이 경우 우울은 의학적 질병이 아니라 인종차별의 결과이자 고향[삶의 터전] 없음의 느낌으로 읽힐 수 있다. 1960년대와 1970년대의 사회운동으로도 치유되지 못한 하트먼의 정치적 우울은 아프리카로의 여정(지적이면서 동시에 지리적인 여행)으로 이어진다. 이 여정은 정치와 치료(약물 치료든 정신분석학적 치료든) 둘 다의 대안이 된다. 하트먼은 감각을 통해 만날 수 있는, 또는 느낄 수 있는 역사와 만나려 한다. 역사와의 조우가 물질적으로 특정한 장소에서 일어나기 때문이다.

하트먼은 회고록이나 자서전 작가들이 공공연히 받는 비난, 나르시시즘이나 자기탐닉이라는 비난의 위험을 감당하면서, 노예들의 경험과 자신의 삶 사이의 연결 고리를 탐색한다. 이는 과거와 현재의 관계에 대해 중요한 질문을 제기하여 노예제도의 역사가 계속해서 우리 시대의 관심사와 이어지도록 하기 위해서다. 하트먼은 묻는다. "도대체 왜 묘지에서 자서전을 시작하겠나?"[41] 하트먼은 만약 유토피아나 정치적 미래가 민권운동이나 탈식민화의 꿈이 아닌, 아프리카계 미국인의 정체성을 구성하는 트라우마적 균열에서 어떤 유형의 유토피아나 정치적 미래가 자신에게 가능할지 궁금해한다. 하트먼은 절망은 역사적으로 만들어지는 것이라고 주장한다. 하트먼의 이 주장은 쉽게 할 수 있는 주장이 아니다. 왜냐하면 그는 "그때와 지금 사이에 찍힌 점들을 연결하려" 노력하는 가운데 자신이 "서투르게 더듬을 뿐 실패한 목격자"임을 발견하기 때문이다. 그렇지만 그럼에도 불구하고 그는 정치적 우울을 다르게 이해하는 중요한 길을 열어준다. 정치적 우울은, 역사가 심지어 현재의 가장 개인적인 경험도 형성하는 환경임을 시사한다.

여전히 지속되는 인종차별의 암울하도록 단순한 사실에도 불구하고 하트먼에게 자신의 절망과 과거 고통 사이의 연결 고리는 여전히 포착하기 어렵다. 이 어려움에 직면한 하트먼의 서사는 예기치 않게 방향을 틀어 아프리카의 토굴감옥으로부터, 어머니의 출신지인 앨라배마주 몽고메리를 경유하여 자신이 어린 시절을 보낸 뉴욕의 거리로 이동한다. 토굴감옥의 폭력에 비해 사소해 보일 법한 하나의 이야기를 통해, 개인적인 것이 놀라우면서도 잠재적으로 위험한 방식으로 터져 나온다. 하트먼이 들려주는 일화는 다음과 같다. 하트먼의 어머니가 빙판길에서 우연찮

게 빨간 신호등에서 달리다가 경찰에게 붙잡힌다. 어머니
는 경찰에 대응하기 두려워했지만 열두 살짜리 소녀였던
하트먼은 성을 내며 경찰한테 소리를 질렀다. 어린아이의
흥분에 당황한 경찰은 그의 어머니를 놓아주었고, 하트먼
과 어머니는 이 사건으로 충격이 하도 커서 이에 대해 아
무 말도 하지 못한다. 이 이야기는 미국에서 일어나는 일상
적인 인종차별을 보여준다. 특이성보다 평범함을 충족할
만한 일화다. 하트먼은 이 사건을 찬찬히 풀어 이야기함으
로써 민권운동 시기에 자란 세대가 물려받은 복잡한 느낌
들을 보여준다. 어머니가 어떻게 정치적 변화에 대한 희망
과 함께 백인 경찰관에 대한 두려움도 자신에게 물려주었
는지를 설명하면서 하트먼은 자유와 유색인종의 지위 향
상이라는 꿈의 이면과 "인종선이 지배하는" 세계의 감정적
무의식을 드러낸다. 하트먼의 어머니는 "인종통합에 찬성
하고 열심히 살려고 노력하는 사람"이지만, 그럼에도 불구
하고 자녀에게 "무한한 가능성과 절대적 한계", "드넓은 하
늘, 호박색의 파도, 나무에 매달린 흑인의 시체들"* 등 "일
군의 상호모순적인 교훈"을 가르쳤다.[42] 이런 가르침을 받
은 "양 갈래로 땋아 묶은 머리에 회색 무릎, 체크 점퍼"를
입은 가톨릭 여학생은 사소한 교통 신호 위반 사건에서도
마치 자신이 남부에서 린치를 당할 것처럼 혹은 아프리카
에서 노예로 끌려가기라도 할 것처럼 반응할 태세를 보이
게 된다. 상당한 지위가 있는 흑인 가족에서조차 이런 공
포와 의심의 유산―백인을 신뢰하지 못하는 것, 공권력과
마주치게 되는 어떤 경우든 최악을 가정하는 경향―은 인
종차별의 일상적인 정동적 삶이다. 인종 불평등이 계속됨

을 보여주는 (최소한 어떤 이들에게는) 훨씬 더 가시적인 증거인 감금과 죽음의 참담한 통계를 이야기하면서 하트먼이 함께 포착하려고 한 것은 바로 이런 인종차별의 일상적·정동적 삶이다.

자신의 경험을 과거 노예들의 경험과 나란히 놓는 것은 위험할 정도로 주제넘어 보일 수 있으며, 노예제와의 감상적 동일시—[자녀를] "잃은 모든 어머니들과 고아가 된 아이들이 불러일으키는 강렬한 감정"—가 위로할 길 없는 슬픔과 고통에 너무 손쉬운 수단을 제공할 수 있다는 점 역시 하트먼은 조심스레 경계한다. 그렇지만 하트먼이 과거와 현재를 연결하기 위해 그토록 멀리 나갈 필요는 없다. 자신이 어린 시절에 경험한 사건을 설명한 다음 곧바로 허리케인 카트리나[2005년]로 인한 재난을 언급하기 때문이다. 이 언급은 노예제의 과거가 현재 인종차별과 끈질기게 연결되며 현재에도 계속 의미를 갖는다는 하트먼의 감각을 명백히 보여준다. 그러나 하트먼의 더 강력한 대담함은 다소 덜 노골적인 폭력 일화를 이 극단적이고 매우 공적

* 1863년 노예해방령이 공표된 후, 19세기 후반부터 20세기 전반까지 흑인에 대한 린치가 횡행했다. 노예해방령은 흑인과 백인의 법적·형식적 평등을 의미한다. 이를 받아들이지 못한 백인들은 흑인들을 공공연히 린치한 후 백인의 폭력에 죽어간 흑인들의 주검을 전시하듯 나무에 매달기도 했다. 흑인과의 평등을 받아들일 수 없다는 분노와 흑인에 대한 위협을 이렇게 표출한 것이다. 빌리 홀리데이(Billie Holiday)의 대표곡 「스트레인지 프루트」(Strange Fruit)는 흑인들이 나무에 매달린 채 숨겨 있는 모습을 묘사하며 흑인에 대한 차별과 폭력을 고발한다.

인 고통의 설명에 끼워 넣은 것이다. 그는 인종차별의 정동적 삶을 묘사하기 위해 매우 평범한 개인적 일화로 전환한다. 하트먼은 자신의 인종적 절망을 토굴감옥의 육중한 고통과 나란히 놓는 것을 감행한다. 이는 덜 극적이지만 그에 못지않게 불안한 현재를 외면하고 대신 과거의 끔찍한 폭력에 주목하는 공적인 트라우마 문화의 관습적 반응과 표현을 피하려는 것이다. 현재와의 이런 일상적 연결이 없다면 트라우마를 발생시킨 역사는 그저 자기탐닉의 실행에 불과한 것이 된다. 다시 말해 인종차별로 인한 현재의 일상적 피로를 과거의 멜로드라마로 대체해버릴 수도 있다.

　　아프리카 노예무역이라는 과거와 포스트식민적 현재의 어두운 면, 그리고 미국에서 계속되는 인종차별에 철저하게 주목하는 가운데 하트먼은, 문화연구 내에서 비판에 대한 대안을 찾아내려는 최근 노력의 중심에 있는 회복적 양식을 거부할 것처럼 보인다. 그럼에도 자신이 경험한 두려움, 분노, 희망 없음의 느낌을 포함해 노예제도의 정동적 사후세계에 대한 그의 관심은 그 자체로 회복의 형식이다. 즉 해방, 탈식민화, 민권이라는 여전히 성취되어야 할 꿈들의 그림자 속에서 자라고 있는 어린 소녀들이 경험하는 일상적이지만 복잡한 느낌들의 가치를 인정하는 한 가지 방식이다. 더욱이 하트먼은 자유에 대한 유토피아 비전을 끈질기게 의심할 때조차 자기 나름의 회복적 꿈을 지니고 있다. 『어머니를 잃다』는 하트먼이 가나의 해변가에서 노예무역 경로를 따라 아프리카 내륙으로 가는 여정으로 끝맺는데, 내륙에서 그는 끝없는 상실에 다시금 직면하게 된다. 그곳에서 흑인에 대한 백인의 착취를 은폐하는 거짓

말(아프리카인에게 폭력을 저지른 것은 아프리카인이다)을 만든 폭력의 유령이나 영웅적으로 피해를 당한 아프리카 주체와 다시금 만나게 되는 것이다. 대체로 아프리카 학자들로 이루어진, 노예제도 및 기억 연구 집단의 한 일원으로서, 하트먼은 점점 더 고립감을 느끼게 된다. 아프리카계 디아스포라 출신 미국인으로서 노예제도의 쓰라림은 여전히 살아 있고, 아프리카인들의 저항과 생존에 대한 동료들의 이야기는 아무런 위안을 주지 못하기 때문이다. 그러나 균열의 인식론에 집중하는 가운데, 자신이 "도망노예들이 꾸는 꿈들"이라 부른 것을 찾아낸다. 즉 "가나에서 1년을 지낸 후 내가 여전히 나 자신을 아프리카계 미국인이라고 부를 수 있다면, 그 이유는 나를 아프리카와 연결해주는 원천이 바로, 도망한 노예들과 저항한 노예들이 만들어낸 공통의 유산에, 노예선에 승선하여 자살한 노예 여성들의 용기에, 그리고 시계를 멈추고 새로운 질서를 만들려고 (심지어 이로 인해 목숨을 빼앗기더라도) 열심히 분투했던 혁명가들의 노력에 있기 때문이다. 내가 그 원천으로 돌아간다고 위대한 궁궐과 왕과 왕비의 화려한 복장을 얻게 되는 것은 아니다. 내가 나의 것이라 주장하리라 선택했던 유산은 무수한 방식으로 노예제도에서 탈출하거나 못 한다면 아무것도 하지 않으려는 행위, 노예제도를 견디며 살아남으려고 한 지속적인 몸부림에서 가장 명확하게 표출된다. 이것이 도망노예들이 남긴 유산이다".43 하트먼은 국민주권의 유토피아나 문화 민족주의cultural nationalism*가 말하는 의미의 친족관계로 이루어진 유토피아가 아니라, 사람들이 폭력과 절망 주위로 함께 모임으로써 앞으로 움직여 나아가는 방법을 찾아내는 유토피아를 추구한다. "그것은 민족의식이라기보다는 자율성의 꿈이었다. 그것은 다른 곳을 향한 꿈이었으며, 국가가 없는 사람들도 마침내 번성할 수 있는 다른 곳에 대한 꿈, 그 나름의 약속과 위험을 지닌 꿈이었다."44 "다른 곳에 대한" 유토피아적 "꿈" 속에서 하트먼은 우울한 정동을 붙들고 심지어 그 정동을 변혁의 원천으로 활용한다. 즉 우울하고 소외되고 외롭고 혹은 국가가 없는 이들이 어떻게 위안을 찾아낼지 상상하는 비전을 구축하는 방법으로 우울을 활용한다. 하트먼은 불충분한 아카이브에도 불구하고 기억을 통해 불려 나온 과거의 노예들이 동지가 되는 정치를 다음과 같이 또박또박 표명한다. "그것은 사회의 재건을 요구하며 이것이야말로 죽은 자들에게 우리가 진 빚을 기리는 유일한 방법이다. 이것이 우리의 시대와 그들의 시대의 친밀성이다—미완의 투쟁. 현재를 변화시키려는 희망이 아니라면 무엇 때문에 노예제도의 유령들을 불러내겠는가?"45 하트먼은 과거에 갇힌 배상의 정치를 거부하고 자유를 달라고 간청하며 무릎을 꿇은 흑인의 이미지도 거부하면서, 감상성을 피하되 절

---

* 미국의 맥락에서 문화 민족주의는 소수인종의 문화적 자결권을 추구한다. 대체로 민족주의는 민족의 정치적 자결권에 바탕을 둔 독립국가 형성을 추구한다. 1960년대와 1970년대에 미국 소수인종이 주창한 문화 민족주의는 미국이 백인의 나라가 아니라 여러 민족으로 구성된 하나의 국가임을 강조하며, 원주민에 대한 학살, 노예제도, 인종차별에 대한 저항의 역사에서 기반해 소수인종의 정신적·문화적 자율성을 추구한다.

망의 옆에 희망을 두는 정치를 찾아낸다. 그는 과거에 고착
된 채 미래와 아무런 연결점을 만들어내지 않는 끝없는 슬
픔을 피하려고 한다. 동시에 그는 과거와 과거의 폭력을 적
절하게 다루지 않는 순진한 낙관, 너무나 안이하게 자축하
는 낙관도 피하려고 한다.[46]

　　재키 앨리그잰더: 신성한 것과 급진적 자기소유
재키 앨리그잰더는 미들 패시지*를 경험한 여성들을 연구
하던 중 그들의 흔적을 포착하기가 계속 어려워지자 글을
쓰지 못하게 된다. 글을 쓰지 못하는 상태라는 형태로 정치
적 우울을 경험한 것이다. 앨리그잰더가 세이디야 하트먼
이 주장하는, 아카이브의 균열을 온전히 인정하는 동안 그
의 희망찬 자아와 역사의 복구는 글쓰기 과정에 다른 어조
를 부여한다. 하트먼과 앨리그잰더의 차이는 하트먼과 달
리 앨리그잰더가 기꺼이 신성한 것을 포용하려는 의지를
지녔다는 점이다. 또한 아프리카계 디아스포라를 브롱크
스, 브루클린 같은 장소의 도심 흑인거주지와 연결해주는
영적 실천과 앨리그잰더가 맺는 관계에도 있다. 이런 흑인
거주지에서 사람들은 하트먼처럼 매우 소외된 상태에 있으
면서도, "떠도는 영혼들로 북적이는 도시에서, 고층 빌딩이
나 콘크리트 건물로 쉽사리 충족되지 않는 열망 가득한 도

---

* Middle Passage. 노예무역의 주요 항로로 아프리카 서해
　안과 서인도 제도를 연결했다.

시에서 고대의 기억을 살아가고" 있다.47 하트먼이 "역사란 세속적 세계가 죽은 자들에게 관심을 기울이는 방법"이라고 제안한다면,48 앨리그잰더는 "세속적인" 것 너머로 움직여가서, 하트먼에게 매우 중요한 것인 반감상적 방식으로, 죽은 자들을 인정할 수 있는 영적 실천을 찾아 나선다.

앨리그잰더가 펼치는 대담한 주장에 따르면, 탈식민화는 폭력의 역사가 만들어낸 장기적 결과인 내면화된 자기혐오, 멜랑콜리, 정치적 우울로부터의 해방을 포함하고 이런 탈식민화는 "급진적 자기소유"의 형식을 띤다. "급진적 자기소유"는 폭력의 역사가 빼앗은 자아를 영적으로 되찾아오는 실천을 중요한 요소로 수반한다. 앨리그잰더는 영적인 것을 가부장적이거나 탈정치화된 것으로 생각하는 페미니즘 이론 및 초국가적 이론에 만연한 "의심의 지리학"을 언급하면서 이렇게 묻는다. "초국가적 페미니즘 및 이와 관련된 급진적 프로젝트에서 주변화를 이론화하는 제도화된 사용가치를 넘어 신성한 것을 진지하게 받아들인다는 것은 무엇을 의미하는가?"49 앨리그잰더는 유색인종 여성과 빈곤 여성에 대한 문화기술지 연구가 종종 이 여성들의 영적 신앙을 낯설거나 이국적인 것으로 접근하거나, 아니면 동조적으로 연구할 때도 이들의 영적 신앙을 타자화하는 온정주의적 특성이 있음을 유심히 관찰한다. 그러면서 그는 "아프리카계 사람들의 영적 실천을 문화 보존과 생존으로 보는 지배적 이해방식을 넘어 영적인 것의 의미를 인식론적인 것으로 파악하고자 한다".50 부두교와 (산테리아교로 더 널리 알려진) 루쿠미교 전통에서 여성 성직자인 앨리그잰더는 "성스러운 것을 진지하게 다루는" 아프리카계 디아스포라 실천에 대한 자신의 경험을 활용한다. 그는 영성의 언어와 이론의 언어를 상호 배타적으로 보기를 거부하며 이 둘 사이를 오간다.

「성스러운 것의 교육학」이라는 의미심장한 제목의 글에서 앨리그잰더는 하트먼처럼 연구 과정에 대한 자서전적 설명을 연구에 통합한다. 그의 연구 과정에는 노예제도에 대한 아카이브 부재를 깨닫고 경험하는 좌절, 자신이 경험한 아프리카계 카리브인의 영적 실천, 그리고 영적인 것과의 조우가 포함된다. 그리고 하트먼처럼, 그도 학술 연구 관습을 벗어난 글쓰기 형식으로 시선을 돌린다. 앨리그잰더의 경우 아프리카 바다의 신 예마야Yemaya에게 바치는 산문시, 그리고 아프리카 여성 키침바Kitsimba의 상상된 말이다. 키침바의 역사를 앨리그잰더가 재창조하려 한 것이다. 하트먼도 실패하리라 경고한 앨리그잰더의 실험적 산문은, 노예제도 아카이브를 붙들고 씨름하면서 불가피해진 절박한 조치에서 나온 것이다. 앨리그잰더는 "19세기 트리니다드섬에서 아프리카인의 우주론과 치유 방식이 어떻게 인식론적 투쟁이 되었는지"에 대한 연구 프로젝트에 착수해 영국의 식민지 기록 보관소에서 아카이브 흔적을 찾으려 한다. 그러면서 그는 그 자신이 영적 위기라고 특징지은 지적 위기에 빠져든다. "문제를 제기하는 보통의 방식을 잃어버린 채 나는 취약해졌고, 글을 쓰지 못하는 상태로 알려진 종류의 위기를 경험했다."[51] 그는 선언한다. "글을 쓰지 못하는 상태는, 소외처럼—혹은 소외의 한 측면으로서 글을 쓰지 못하는 상태는—영적인 해결책을 필요로 하는 영적인 문제다."[52] 그는 자신이 글을 쓰지 못하게 된 상태를 이렇게 이해하게 된다. "영혼에 대해 아직 인지하지 못했는데 갈망하는 마음을 숨기려는 고집불통 상태."53 하트먼처럼 그는 생생히 겪은 노예제의 경험lived experience을 포착하는 연구 방법이자 글쓰기 형식을 찾아내려고 몸부림친다. 그리고 활용 가능한 아카이브가 그 과제에 부적합하기 때문에 자신의 영적 실천과 회고록 장르, 둘 다를 도구로 활용한다.

앨리그잰더는 신성한 것을 인식론적 범주로 본다. 즉 세속적인 앎의 방식과 완전히 동떨어져 있거나 넘어서는 범주가 아니라 지식을 생산하는 새로운 방식이라는 것이다. 이는 관습적 지식 생산 방식에 대한 도전이기도 하지만, 한편으로는 그의 텍스트에 균열과 변동을 만들어내기도 했다. 예컨대 앨리그잰더가 연구 중인 여성인 키침바가 그에게 학술적 방식으로는 연구가 불가능하다는 점을 통보하는 대목이 그렇다. 키침바는 이렇게 주장한다. "그[앨리그잰더]가 나의 매일을 알고 느끼게 되어야 나에 대한 글을 쓸 수 있을 텐데, 그가 느낌으로 배우는 사람이 아니었기 때문에" 훨씬 더 어려운 과제다.54 앨리그잰더는 책과 아카이브를 조사하는 대신 느낌을 이해하는 새로운 방식을 포함하는 몸과 연관된 치유 과정에 착수해야 한다는 결론을 내린다. 그의 영적 실천은 그래서 자기소유와 정신적 통합을 찾아 나서는 탐색을 향한 심오한 대응이기도 하다—지식의 문제가 정동의 형식을 띠게 되는 것이다.

앨리그잰더는 서구와 부유한 북반구의 실증주의 및 합리주의 인식론에 대항하는 방식으로서 신성한 것의 언어에 기꺼이 참여하여, 식민주의, 집단학살, 노예제와 얽힌 억압의 역사가 영적인 형식에서 드러난다고 논한다. 그는 자신의 방식으로 생명권력이 특정한 인구 집단을 표적으로 삼아 파괴하거나 예외상태와 영구적 전쟁 상태를 만들어내는 신자유주의와 전 지구화를 새롭게 개념화하는 데 기여한다. 그는 해방에 짓눌린 영성에 억압된 자아를 되찾아오는 것, 즉 일상적 실천의 과정이 포함된다고 이해한다. 예를 들어 『나의 등이라 불리는 이 다리』*가 성취한 바를 논하는 대목에서 이렇게 말한다. "이 책은 [유색인종 여성인 우리에게] 초월적 비전이 아니었다. 이 책은 몸으로 직접 겪은 경험의 평범한 일상, 즉 폭력이 먹이를 찾아내는 바로 그 현장을 변화시키는 것에 뿌리를 둔 비전이었다."[55] 학자들이 식민 폭력의 렌즈를 통해 민주주의, 인권, 멜랑콜리, 주인-노예 관계 등의 서구 개념을 다시 보는 법을 배운 것과 마찬가지로, 우리 역시 신성한 것에 관한 담론을 폭력의 역사와 연결해 읽어낼 수 있다.

앨리그잰더가 경험한 글을 쓰지 못하는 상태와 영적 위기를 나는 우울을 의료적 질병으로 축소하지 않고 우울을 명명하는 다른 방식이라고 본다. 이 경험은 과거의 이주, 현재의 이주, 디아스포라, 삶의 터전에서 벗어남, 박탈의 경험과 근본적으로 연결되어 있다. 하트먼처럼 앨리그잰더는 역사와 전 지구적 정치로 시선을 돌려, 절망과 좌절

---

* 글로리아 안잘두아와 체리 모라가(Cherríe Moraga)가 미국 유색인종 여성 페미니스트들의 글을 모아 1981년에 출간한 책. 현대 페미니즘 이론사에서 교차성 이론 및 유색인종 페미니즘의 출현을 알린 책으로 평가된다.

이라는 일상적 감정을 포함한 심리적 상황을 설명한다. 우울에 대한 다문화 심리학적 접근에 대한 대응으로 읽히는 앨리그잰더의 연구는 탈장소화displacement * 의 지속적인 영향을 설명하는 대안적 언어를 제공한다. 카리브해 출신의 이민자로서 (그리고 그렇기에 먼 과거부터 이어진 오랜 디아스포라와 최근의 새로운 디아스포라 둘 다로 형성된 주체인) 앨리그잰더는 영적 작업을 "중심화"의 한 형식으로 보고 이런 의미의 영적 작업에 특히 초점을 맞춘다. 여기서 중심화란 탈장소화가 빈번히 수반되는 "어긋남"을 다룬다. 동화가 만들어내는 망각 효과를 설명하면서 그는 "이 여정과 관련된 위험"을 지적한다. 즉 "망각의 실천, 조상과

* 이 글에서 displacement는 다양한 맥락에서 이주로 인한 장소이동을 뜻한다. 자신이 살아온 친숙한 장소로부터 벗어나게 되는 상태를 뜻하는 이 단어를 맥락에 따라 탈장소화, 장소이동, 고향상실로 번역했다. 근현대의 식민주의와 제국주의에 의한 탈장소화는 강제적 고향상실과 이주를 특징으로 한다. 대표적으로 디아스포라, 노예제, 토착민 강제이주가 있다. 근현대 디아스포라는 대체로 식민주의와 제국주의로 인해 자신이 살던 삶의 터전을 떠나 다른 지역에서 살아가는 이들이다. 미국 원주민과 흑인 노예의 역사에서 장소이동은 강제적 폭력에 의한 것이다. 아프리카에서 아메리카 대륙으로 끌려 온 아프리카인들에게 장소이동은 인신 납치, 가족 및 공동체와의 분리, 고향상실의 트라우마를 동반한다. 아메리카 대륙의 토착민에게 장소이동은 백인들의 대규모 원주민 학살로 인한 부족의 해체와 상실, 고향과 고향 땅의 상실, 원주민 보호구역으로의 강제이주와 고립이었다. 고국을 떠나 미국으로 오는 이주, 여러 가지 이유로 인한 국내 이주도 자발적인 것이기는 하지만, 친숙한 삶의 장소로부터 벗어나 탈구되는 경험을 수반한다.

연결된 끈을 당기기를 거부하는 것, 우리 자신의 생명력을 부정하기를 부추기는 원치 않는 선물, 소외가 덤으로 주는 선물에 피신하면 대가를 치르기 마련이다".56 아프리카 디아스포라 전통에서 영적 실천은 상상적이거나 향수를 불러일으키거나 본질화할 필요가 없는 기원문화와의 연결을 만들어내는 한 방법이다. 『나의 등이라 불리는 이 다리』에 대해 논평하면서 앨리그잰더는 반민족주의적 · 반정체성주의적인 "삶의 터전" 개념을 고수한다. 이 개념은 차이를 가로지르는 연결을 포함할 수 있으면서도, 한편으로는 그 차이의 집이 되려고 항상 노력해야 한다는 것을 말해준다. "우리는 망명을 신진대사로 소화하고 그 주요 부산물—소외와 분리를 먹으면서 자랐다."57 초국가적 자본이 사람들을 전 세계로 이동시키면서 만들어내는 여러 모습의 소외와 분리(영적인 소외와 분리를 포함한)를 극복하는 프로젝트는 우리 모두에게 해당되는 탈식민화 프로젝트다. 비록 어떤 이들은 탈장소화의 부담을 덜 지기도 하지만 말이다.

앨리그잰더는 신성한 것을 억압에 대한 대응으로 제안하며, 정동, 몸, 실천 혹은 "감각들의 재설계"를 포함하는 내면의 정치를 구상한다.58 그는 어떻게 신성한 것이 일상의 가정생활이라는 환경에서 출현하는지 논의하고 그다음 장에서 "습관의 유토피아"의 한 유형을 탐구한다. "그것이 일상 영역의 모든 곳에서 존재라는 연속되는 실존적 직물을 구성하는 일부로 발견된다면, 그것은 동시에 모든 사람의 매일의 삶에 살고 있는 것이다. 신성한 것은 내가 여기서 참여하는 영적 실천과는 다른 형식을 띠는 영적 작업 속에 살고 있다. 신성한 것은 우리가 관례적으로 우연의 일치라고 보는 그러한 "것들" 속에, 서로 결합하고 있지만 다른 틀을 지녀서 외관상 이질적이지만 동시적인 순간들 속에 살고 있다."59 심지어 앨리그잰더가 신성한 것을 평범한 일상과 연결함으로써 신성한 것을 탈신비화할 때조차 그는 정치적 실천에 대해 우리가 이해하고 있는 바를 변화시키는, 신성한 것의 개념을 주저 없이 주장한다. (이렇게 그는 다음과 같은 나의 주장을 상기시킨다. 좌파 멜랑콜리와 아케디아가 연결되는 지점과 관련해, 우리는 영적인 것에 대한 세속적 설명을 제시할 뿐만 아니라 정치적인 것을 영적인 것으로 만들 가능성을 고려해야 한다.) 그는 전통과 근대성의 안이한 구분을 줄기차게 거부함으로써, 신성한 것이 원시적인 것과 전통적인 것을 연상시킨다는 이유로,* 그리고 세속적인 것에 특권을 부여하는 다른 개념적 틀을 통해서 폐기처분되어서는 안 된다고 주장한다.60 그는 신성한 것을 초국가적 페미니즘 이론의 언어로 번역하지만 신성한 것을 이 이론에 맞도록 길들이지 않는다.

　　앨리그잰더는 모든 인간 존재가 소중하고 서로 연결되어 있다는 전제로 시작하는 아프리카에 기반한 우주론을 초국가적 정치와 연구의 토대로 활용한다. 세속적인 것에 결연하게 헌신하는 이들에게 이 전제는 신성한 것의 의

---

* 서구의 백인중심적 담론은 비서구와 유색인종의 문화와 실천을 원시적·전통적·종교적인 것으로 규정함으로써 서구의 세속적 근대성을 우월한 것이라 주장한다. 서구 제국주의는 이런 담론을 식민지 통치 전략으로 활용했다.

미를 이해하는 방식일 수 있다—신성한 것은 공동체에 한 사람 한 사람이 중요함을 주장하는 급진적 휴머니즘과 급진적 민주주의의 한 형식이다. (그렇지만 앨리그잰더가 이렇게 인간을 이해하는 중요한 원천에는 생명력 혹은 모든 존재에게 있는 에너지를 뜻하는 아프리카인들의 **아세**ase 개념도 있다.)61 그는 "신성한"것이라는 범주를 불러와서, 영혼을 죽이는 식민주의의 영향에 대항할 수 있는 새로운 형식의 지식 생산과 아카이브 실천을 설명한다. 식민주의는 자기변혁의 정치를 필요로 하는 여러 모습의 자기소외를 계속해서 지금까지도 생산한다. 신성한 것이라는 범주는 이러한 주체의 정치를 표현하는 방법이다. 이는 토니 케이드 밤바라의 자기혁명 촉구에 대한 에이버리 고든의 설명처럼, 개인화된 탐구가 아니다.62 신성한 것은 화려하지도 않고 초현실적이지도 않은 일상적 실천들과 연결되어 있으며, 자아, 자아의 느낌, 기분, 에너지, 의지를 다룰 수 있는 정치적 실천의 재사유를 제안한다. 신성한 것을 불러오는 위험부담을 감당함으로써 앨리그잰더는 일상적인 단절감을 초국가적 역사와 연결하고, 이를 해결하기 위한 실천, 종종 몸의 일상적 실천을 만들어낸다.

신성한 치료법

재키 앨리그잰더가 제안한 신성한 것의 교육학에 대한 미래 연구 방향 중 하나는 토착민 영성 연구 센터를 설립하는 것이다.63 아프리카 디아스포라의 실천을 아우르기 위해

"토착성"이라는 범주를 사용하는 것은 때로 상충하고 서로 불화하는 두 개념인 토착민과 디아스포라 사이의 친선관계가 가능함을 시사하는 의미심장한 조치다. 토착민임과 디아스포라 개념은 (말뜻 그대로의 토지 주장을 포함한) 삶의 터전을 주장할 수 있는 이들[토착민]과 삶의 터전이 더 상상적인 개념인 이들[디아스포라] 사이의 차이 때문에 때로 상충한다. 토착민 영성 연구는 토착민 문화와 디아스포라 문화를 연결하는 혼합과 통합에 대한 논의를 가능하게 하며, 예컨대 아프리카 우주론과 미국 (원주민) 우주론에 대한 비교학적 관점을 열어준다. 그리고 신성한 것의 인식론과 세속적 인식론 사이의 구분을 해체하는 것을 목표로 삼는다면 미국 토착민 연구는 영적인 것을 치료법, 정치, 연구의 영역에 들여오는 데 중요한 자원이 된다. 절망과 우울을, 장기간에 걸쳐 영향을 미치는 디아스포라와 노예제도의 유산으로 설명하는 하트먼과 앨리그잰더의 노력은, 우리 시대 토착민이 중독과 우울을 식민화, 집단학살, 강제적 고향상실의 산물로 다루며 씨름해온 것과도 잘 맞아떨어진다. 토착민 공동체에서 "치료법"은 치료의 도구로서 역사적 틀뿐만 아니라 전통적인 영적 실천을 점점 더 많이 포함한다. 예를 들어 테리사 오넬의 설명에 따르면, 플랫헤드 보호구역에서 우울을 이해하는 여러 방식은 역사적·문화적으로 구체적인 맥락에서 우울을 여러 세대에 걸친 상실을 인정하는 슬픔이라고 이해하는 방식을 포함한다.64 사회복지사인 마리아 옐로 호스 브레이브 하트는 트라우마 이론과 토착민 패러다임을 조합해 장기간에 걸친 폭력의 역사를 거론하는 워크숍을 개발한다.65 예컨대 캐나다의 진실과화해위원회의 설립을 포함한 기숙학교 체계를 다룬 풍부한 연구는 다음과 같은 전제에서 출발한다. 식민화의 유산이 정신과 영혼에도 막대한 영향을 미치며 정신의 탈식민화는 역사적·영적·법적·심리적 작업을 복잡하게 혼합한다는 것이다.[66]

　　미국과 캐나다에서 아메리카 원주민과 토착민 연구에 중심적이었던 주권 개념에 대한 논쟁은 세속적인 것과 영적인 것 사이의 구분이 도전받는 중요한 장소다. 여기서 영적인 이해가 주권 개념과 관련성이 있다는 주장이 제기된다. 예를 들어 데일 터너는 토착민의 지식 형태가 서구 패러다임 속에서 철학이라기보다는 영성으로 분류할 법한 것을 포함하는데, 이런 지식은 토착민 철학과 서구의 정치적 이해 방식 사이를 오갈 수 있는 "언어 투쟁가"word warriors의 작업을 통해 법적 교섭과 정부의 행정 교섭에 통합될 필요가 있다고 제안한다.[67] 터너는 토착민 문화를 서구의 통치성 모델 내부의 소수자적 모델로 국한하는 자유주의적 주권 모델을 거부한다. 타이아이아케 앨프리드도 근본적으로 서구적인 주권 개념을 토착민 영성의 시점에서 면밀히 비판한다. 토착민 영성은 서구의 패러다임 속에 문화적 차이의 한 형식으로 가둘 수 있는 것이 아니다. 서구의 주권 개념에 비판적인 앨프리드는 존중과 같은 토착민 개념에 바탕을 둔 새로운 권력 모델을 제안한다.[68] 이런 비판 이론가들은 앨리그잰더처럼 영성을 인식론적 범주로 다루는 야심찬 모델을 제시한다.[69]

　　이렇듯 발전 중인 이런 수많은 연구는 심리적인 것도 주권의 한 영역이자 토지권, 통치성, 정치 변혁의 문제와 긴밀하게 연결되어 있음을 시사한다. 자기소유, 자결, 주권의 범주를 신성한 것의 시점에서 다시 사유하는 것은 정치적인 것과 감정적인 것 사이의 관계를 재사유하는 데에, 그러므로 우울을 이해하는 여러 방식에도 시사하는 함의점이 많다. 이것은 역사 폭력의 문화적 인식을 우리 시대 치료법과 정치와 결합하여 이해하는 새로운 방식도 열어준다. 이러한 작업은 노예제도와 식민주의의 파괴적인 사후 세계를 인정하고, 토착민의 자원을 활용하여 아메리카 토착민 전통과 아프리카 디아스포라 전통에 존재하는 자아와 공동체를 건설한다. 진정으로 통합된 "다문화 치료법"이라면 문화마다 특수한 토착민 주권 이론을 아우를 것이며, 이는 우리가 자아를 주장함으로써 의미하는 것을 재정의하는 가운데 정신분석학적 모델의 한계를 넘어가는 의미심장한 대안을 제공한다.

식민화와 디아스포라의 역사로부터 그리고 신성한 것에 대한 토착민의 여러 개념에서 나온, 우울을 설명하는 여러 패러다임은 우울을 백인 중산층 중심으로 이해하는 방식에도 시사하는 바가 많다. 급진적 우울 이론은 모두가 사용할 수 있는 체계적 틀을 구축하기 위해서 박탈과 인종의 문제를 제대로 다루는 것을 목표로 삼는다. 그것은 유색인종에 대한 자유주의적 모델에 기반한 다문화적 상담에도, 그리고 인종차별을 전혀 언급하지 않는 백인에 대한 치료법에도 대안을 제공한다. 더 확고히 자리 잡은 형태의 급진적 치료 실천이 나타날 때까지, 문화적 텍스트와 (영적 실천을 포함한) 실천은 급진적 자기소유가 어떤 느낌인지 상상하는 데 중요한 자원으로 남아 있을 것이다.

우울 회고록을 다시 읽기 *

앞서 제시한 아프리카 디아스포라, 식민주의의 집단학살, 탈장소화, 토착민 영성에 대한 논의가 제시하는 비판적 틀을 통해 우울 회고록을 다시 읽어보면 어떻게 될까? 이 책을 쓰는 과정에서 나는 어떤 하위장르가 계속 확장 중인지에 대한 글을 계속 읽었는데, 이 질문은 슬레이터, 스타이런, 위즐, 솔로몬 등이 쓴 주류 회고록보다 내가 더 좋아했던 장르의 예를 찾아내는 지침이 되었다. 마침내 나는 몇몇 동조자, 즉 의학 모델과 의약학적 치료에 회의적 관점을 취하고 우울을 적응, 해석, 새로운 삶의 방식을 계속 탐색하는 과정으로 보는 (그래서 회고록 작업에 잘 맞았던) 작가들을 찾아냈다.[70] 특히 학술 연구와 회고록을 결합한 두 명의 걸출한 작가가 눈에 띄었다. 『패밀리 실버』에서 샤론 오브라이언은 안식년 동안의 경험을 글로 쓰면서 하버드대학교에서 교육받은 아버지를 포함한 계급, 이주, 그리고 실패한 계층상승 추구로 특징지어지는 가족사에서 자신의 만성적인 우울의 뿌리를 추적한다. 『뿌리가 물을 찾아 뻗어나갈 때』에서 제프리 스미스가 몬태나대학교 환경학 대학원에서 했던 연구는 항우울제 복용을 중단한 후의 경험을 바탕으로 우울의 "자연사"를 쓰려는 그의 노력을 잘 보여준다.[71] 이 작가들은 의약학적 우울증 치료에 중요한 대안을

---

* 이 책 전체에서 she는 "그"로 번역했으나 이 절에서는 "그녀"로 번역한다. 이 절은 여성 작가 샤론 오브라이언과 남성 작가 제프리 스미스의 회고록을 논의하기 때문이다.

제공한다. 그들은 우울의 원인이 여러 가지라고, 매우 인간적이고 평범한 취약성, 장기간 계속되는 역사적·사회적 불평등의 결과라고 이해했기 때문이다.

오브라이언과 스미스가 우울에 대해서 내리는 산만하고 야심 찬 결론은 우울 회고록이 많은 것을 다룰 수 있음을 시사한다. 그들의 우울 회고록은 훨씬 더 노골적으로 항우울제를 지지한 슬레이터, 스타이런, 솔로몬, 워츨이 쓴 대중적으로 찬양받는 회고록과도 대조된다. 이런 차이를 보여주는 한 가지 지표는 이들이 서로 다른 출판사에서 출판되고 그에 따라 상이한 공론장을 지닌다는 점이다. 의학 모델과 다른 대안을 찾으려면 대학 출판사나 소규모 독립 출판사들에서 출판된 책을 찾아보아야 한다. 『패밀리 실버』는 시카고대학 출판사에서 출간되었고, 『뿌리가 물을 찾아 뻗어나갈 때』는 (『어머니를 잃다』를 출간한) 파라, 스트라우스 앤드 지루 출판사의 임프린트인 노스포인트 프레스에서 출간되었다. 이런 공론장에서는 회고록과 비판적 분석을 결합하는 것이 가능하고, 본론을 벗어난 것처럼 잘 맞지 않거나 여담처럼 보이는 것을 길게 쓸 수 있으며, 선정적 사례사로부터 벗어나 열린 결론을 제시하는 일이 가능하고, 독자에게 친숙하지 않을 법한 산문 스타일을 실험할 수 있다. 이런 공론장은 또한 관습적인 의학적 사례사나 선정적인 고백록이 아니라 다른 형식의 회고록도 사용하도록 제안한다. 이런 장은 공적인 감정에 대한 연구 보고서, 공상적 소설, 창의적 표현의 가치도 인정한다.

엘리트 제도의 유령과 학계가 부추기는 계층상승 열망을 뚜렷하게 드러내는 오브라이언과 스미스는 하트먼과 앨리그잰더와 나란히 함께 생산적으로 읽힐 수 있다. 오브라이언과 스미스는 최소한 암묵적으로라도 인종에 따라 달라지는 계층이동과 동화로 인한 박탈의 면에서 우울을 접근하고 분석하기 때문이다. 이들의 회고록을 더욱 명시적으로 인종을 염두에 둔 관점에서 읽으면, 특히 말뜻 그대로의 몰아내기/박탈과 심리적 박탈의 얽힘에 초점을 둔 관점에서 읽으면, 이들의 회고록은 (교육을 포함한) 계층이동과 지리적 장소이동을 의학 모델의 대안으로 강조한다. 교육을 받으려고 스미스는 애팔래치아 지역의 고향을 떠난다. 나중에 그의 귀향은 우울과 더불어 살아가는 법을 배우는 과정의 일부가 된다. 오브라이언은 하버드대학교에서 교육을 받으면서, 어린 시절 교외 지역에서 소녀로서 받았던 것과는 다른 보스턴의 사회지리에 입문하게 된다. 그녀의 하버드 교육은 아버지의 욕망을 반영한다. 하버드 교육은 아버지에게도 그 자신이 자랐던 매사추세츠주 로웰의 노동계급 아일랜드인 가톨릭 공동체를 떠나 미국 주류 사회에 동화하는 욕망을 부추겼던 그 자신의 욕망도 반영한다. 비록 교육이 이 두 작가에게 회고록을 가능하게 한 글쓰기와 출판기관에 접근할 수 있도록 해주었지만, 동시에 학계 제도의 단점도 폭로하게 되는데, 이는 자신의 회고록 글쓰기와도 겹치고 하트먼과 앨리그잰더가 직면했던 방법론적 답보상태와도 겹치는 방식이다. (사회복지사로서의 경험도 스미스에게 의료 제도에 대한 비판적 관점을 제공한다.)

샤론 오브라이언의 감정적 유산

우울에 대한 문화적 설명을 탐구하려는 샤론 오브라이언의 의지는 여러 프로작 회고록을 벗어나 환영할 만한 대안을 제시한다. 그렇지만 내가 『패밀리 실버』에 끌렸던 것은 우리 둘 다 공통점을 지닌 전기적 사항 때문이다. 오브라이언과 나는 이주의 역사를 지닌 가정에 태어난 아이이자 학교 다닐 때 똑똑했기 때문에 구원받았던 소녀였지만 학계에 양가적인 감정을 느끼는 페미니스트로 자랐기 때문이다.[72] 오브라이언의 비판적 회고록은 평생에 걸쳐 학교와 글 읽기에 헌신한 것에 의문을 품기 시작하면서 경험한 중년 우울이 촉매작용을 했던 연구 및 글쓰기 프로젝트다. 약물 그리고 여러 다른 치료가 듣지 않자 그녀는 "유전자적 유산" 대신에 "감정적 유산"을 찾아 가족사로 시선을 돌린다.[73] 비록 유전자 모델이나 의료 모델을 전적으로 거부하는 것은 아니지만—그녀 자신은 약물 복용을 필요로 하고 효과가 있는 것이라면 무엇이든 수용하는 "실용적" 접근법을 선택한다—약물을 치료제로 찬미하는 이야기와는 다른 대안도 추구한다. "나에게 찾아온 반갑지 않은 방문객은 프로작 광고가 약속했던 것과는 달리 사라지지 않았다. 이 때문에 나는 내게 일어난 일을 설명해줄 이야기를 원했다. 내가 보기에 인간의 연약함과 한계—미국인답지 않은 특성, 인간적 조건—에 종속되는 것은 설명을 필요로 하는 것 같았다."[74]

이 이야기를 쓰기 위해서 오브라이언은 전기 연구 및 전기에 수반되는 아카이브 연구를 전공한, 뿐만 아니라 이미지에 재능을 지닌 문학 연구자로서의 능력을 활용한다. 에피소드로 구성된 그녀의 회고록은 어머니와 아버지의 역사라는 더 큰 서사를 포함한 구조로 되어 있으면서도 중요한 물건과 문서에 초점을 둔 일련의 짧은 글로도 구성되어 있다. 가장 눈길을 끄는 이미지 중 하나는 이 책 제목과 관련된 이미지다. 패밀리 실버family silver는 어머니의 가족에서 모아온 부의 한 형태로 전해 내려오는 은제품이다. 패밀리 실버와 똑같이 중요한 것으로 부모의 학문적·작가적 열망이 담긴 문서가 있다. 아버지의 하버드대학 입학 원서와 학위증, 오브라이언도 잊고 있던 하버드대학 입학 원서(이것은 자신이 "하버드대 교정의 그늘 속에" 있다고 느낀다는 점을 드러낸다), 어머니가 돌아가신 후 발견한 어머니의 메모장. 느낌의 아카이브에서 자료를 수집하는 사람인 오브라이언은 하트먼처럼 가족 문서를 연구 프로젝트에 필요한 재료로 다루며, 그 결과물은 회고록 연구뿐만 아니라 미국학, 페미니즘 연구, 임상심리학, 트라우마 연구 같은 다양한 분야에 기여하는 학술 연구물이자 회고록이다.75 그녀의 글쓰기가 드러내는바, 역사적인 것과 서정적인 것을 결합함으로써 회고록을 공적 감정에도 잘 맞는 장르로 만든다.

　　오브라이언의 우울은 하버드대학에서의 안식년 동안 특히 두드러지게 드러난다. 그녀가 자랐던 보스턴 지역으로 되돌아간 시절이자, 아버지가 대학을 다녔던 곳이고 자신이 학부와 대학원을 다녔던 곳으로 되돌아간 시절이기도 했다. 그녀는 자신이 기대를 실현하지 못했다고 느끼는 느낌의 원인을 추적하면서 부모가 실현하지 못한 열망, 특히 아버지가 파격적 승진을 기대했던 직장에서 오히려 해

고되면서 우울에 빠졌던 시절을 설명한다. 역설적이게도 "아버지의 중년 위기는 직장에서의 실패 후에 시작되었고 나는 직장에서 성공한 후" 우울을 경험한다. "차이가 있었 지만 공통점도 많았다. 우리는 둘 다 마흔일 때, 인생의 후 반부에 들어서는 문턱에 있을 때 우울이 시작되었고 우리 둘 다 삶의 의미와 일이 무너지고 있음을 발견했다. 거기에 우리는 서 있었다. 아버지는 실패와 더불어, 나는 성공과 더불어, 쌓아올린 모든 것이 와해되는 심연을 쳐다보면서 말이다."76

오브라이언은 사람을 박살내는 아메리칸 드림의 압력, 뚜렷하게 가시적인 성공의 요구로부터 벗어날 필요 를 강조한다. 그녀는 "성취의 압력을 상징하고 공경하며 성 취에 전념하는" 하버드대학이 아버지와 자신의 삶에 무엇 이었는지 살펴본다. 그러면서 "우울은 외적 승인의 추구와 연결되어 있으며 이 연결점"이 어떻게 학계에서 자신의 삶 을 지배해왔는가 하는 질문에 다다른다. 학술 연구로부터 (『패밀리 실버』를 포함해) 더욱 창조적인 종류의 글쓰기로 방향을 바꾸려고 하면서 그녀는 박사학위논문, 책 저술 및 여러 다양한 생산성 지표대로 정체성을 만들어내라고 하는 자본주의적 압력으로부터 자신을 떼어내고 이로써 우울을 벗어나는 길을 찾는다. (그리고 무엇보다도 이런 점에서 그녀의 이야기는 나의 이야기와 통하는 데가 있다).77 그녀 는 소로의 월든 호수 등 칩거의 전통을 잘 아는 미국학 연 구자의 지식과 페미니즘 전문 지식을 결합하여, 우울을 "노 동 윤리에 대한 무의식적 형태의 저항"으로 볼 수 있다고 논의한다. 그러면서 우울을 실패나 약함이 아니라 강력한 선택으로 포용할 법한 이야기를 찾아 나선다. "나는 내 삶에 맞는 새로운 이야기, 나에게 희망을 주지만 회복이라는 해피엔딩을 필요로 하지는 않는 이야기를 찾아내려고 애를 썼다. 이러한 노력은 미국에서, 즉 개인의 성과를 찬양하고 특히 집요하게 요구하는 문화에서 성공 플롯에 이런저런 방식으로 맞지 않는 삶을 상상하는 데 충분한 이야기를 갖지 못한 문화에서 일어나는 투쟁이다."78

비록 오브라이언이 "성공 플롯에 … 맞지 않는" 삶과 이야기를 상상하는 데 퀴어 비규범성 이론을 활용하지 않지만 페미니즘에 열심이라는 점은 우울을 계급 및 이주와 연결된 것으로 보는 그녀의 사회적·문화적 서사에 젠더가 필수 요소임을 의미한다. 그녀는 어떻게 중산층 소녀들에게 요구되는 "착함"niceness이 소녀들을 침묵하게 하고 좌절시키는지를 특히 강조한다. 그리고 이미 훌륭한 학생이었던 열두 살 즈음의 자신을 찍은 사진을 보며 이렇게 설명한다. "이 아이는 착한 여자아이, 가족의 계획을 따르는 딸, 상황에 따라 적절한 모습을 연출하는 사람이다. 이 아이는 착하다는 이유로 보상을 받고 있었지만 말 못 할 슬픔이 있는 것처럼 보인다."79 그녀는 어린 시절 자신이 어떻게 억눌렸는지 그리고 어떻게 나중에 페미니즘을 통해서 자신이 쓴 윌라 캐더의 전기를 포함한 학술 연구를 꽃피울 수 있었는지를 주의 깊게 설명한다. 그러면서 그녀는 두려움을 우울의 뿌리라고 보는 페미니즘적 설명을 제시한다. 즉 "목소리를 내는 것에 대한 두려움, 나 자신을 온전하게 표현하는 것에 대한 두려움, … 착하게 굴지 않으면 일어날지도 모를 일에 대한 두려움". "그다음에는, 내 생각을 말하고 나면 그 뒤에 따라올지도 모를 두려움 혹은 다른 사람들이 기대하는 바에 부응하지 않는 것—버려짐, 나와 내 가족을 오랫동안 사로잡았던 유령."[80]

오브라이언은 여성 작가들을 연구한 1세대 페미니즘 비평에 영향을 받았음을 분명히 드러내는 가운데, 목소리를 찾는 것의 중요성과 자기표현의 중요성에도 큰 비중을 둔다. 가족의 계보와 할 일 목록이 혼합되어 있는 어머니의 메모장을 이렇게 언급한다. "나는 건강과 힘이 약해지는 동안에도 그저 자기 삶을 살아가는 나이 든 여성의 영웅적 모습을 어렴풋하게나마 본다. 어머니의 삶이 슬프게도 불완전하다고 생각하곤 했었다. 이것이 어머니가 나의 좀더 공적인 삶에 그토록 보람을 느꼈던 이유였다. 하지만 이 메모장은 일상생활의 지속으로 가득 차 있다. 우울은 어머니가 결코 볼 수 없도록 조심한 내 삶의 비어 있는 조각들이었다. 이러한 우울이 우리를 접수할 때 우리가 잃어버리는 것은 바로 일상의 지속이다."[81] 어머니의 메모장에서 오브라이언은 창의성과 일상적 경험을 둘 다 보여주는 일상생활의 글쓰기를 찾아낸다. 그녀는 자신이 중산층의 침묵으로부터 구출된 것도 아니고 어머니와는 다른 삶을 자신에게 부여한 엘리트 학계의 제도로부터 구출된 것도 아니며 여전히 여성성 규범에 붙들려 있음을 발견한다. 하지만 여기서 언급해야 할 중요한 점은 여성에게 침묵을 지시하는 규범 또한 계급과 인종에 따라 달라진다는 점이다. 오브라이언의 서사가 어떻게 특히 백인 중산층 여성성과 관련되는지 좀 더 온전히 설명한다면 더 강력한 서사가 될 터이다.

그렇지만 인종화된 관점은 오브라이언이 계급과 이주에 주목한다는 점에 최소한 암묵적으로라도 존재한다. 계급과 이주는 아일랜드계 가톨릭 이주민의 자손인 오브라이언 가족의 여러 세대에 걸친 역사에 중심적이다. 그녀의 서사에서 보스턴과 그 주변 지역은 엘리트 학계의 문화와 아일랜드인의 미국 이주로 만들어진 노동계급 백인 (그리고 인종적으로 공간이 분리된) 주변 지역 둘 다를 아우르는 도시로 도드라지게 그려진다. 오브라이언은 젠더에 초점을 두고 분석하면서, 모계에만 초점을 맞추지 않고 가족의 남성들이 어떻게 남성성 규범에 맞추려고 노력하는지 살펴본다—만나지는 못했지만 늠름했던 외할아버지는 공연가였고, 아버지는 로웰의 공장 노동자로 일하다가 하버드에서 대학 교육까지 받은 사람이었다. 그렇지만 아일랜드에 있을 당시 가족의 역사는 오브라이언이 추적하기 어려운 것이어서, 그녀는 이주와 빈곤의 경험이 가져온 결과뿐만 아니라 이 역사를 둘러싼 침묵의 효과에 대해서도 궁금해한다. "우리는 조상의 감정적 역사, 특히 그들이 표현하지 못한 고통, 망명, 열망의 이야기를 물려받았다고 생각한다. … 지금 우리가 트라우마에 대해 아는 바로 보자면, 아일랜드에 남은 이들 그리고 그곳을 떠나 결코 다시 고향 땅으로 돌아가지 못한 사람들 양쪽 모두 감정적·심리적 특징을 띤다는 점은 분명하다. 이 유산이 자녀와 손자의 특징이 된다는 점도 분명하다."[82] 오브라이언은 우울을 여러 세대에 걸친 트라우마의 전승과 연결한다. 그러면서 홀로코스트 논의나 아프리카 디아스포라 논의에서 빌려온 용어들을 사용하여 아일랜드 이주민의 역사를 논한다. 서사의 마지막 부분에서 그녀는 아일랜드로 되돌아가서 가족 계보의 자취를 찾아보고 이렇게 선언할 수 있게 된다. "그들은 내가 학교에서 얼마나 잘하는지, 내가 얼마나 많은 책을 출판했는지, 나의 집이 얼마나 깔끔한지에 대해 아무런 관심이 없다. 그저 내가 웨스트 코크의 이 작은 마을에 와서 이 묘지를 둘러보는 것을 그저 반가워할 뿐이다."[83] 아프리카 디아스포라의 유산을 정치적 우울, 글을 쓰지 못하는 상태, 일상적 인종차별에서 찾아낸 하트먼과 앨리그잰더처럼, 오브라이언은 이주의 역사가 장기간에 걸쳐 자신의 우울에 미친 영향을 진지하게 논의한다. 비록 하트먼, 앨리그잰더와 달리 오브라이언은 과거의 장소로 되돌아가 봄으로써 가족을 발견하기를 바랄 수 있다는 점은 의미심장한 차이이긴 하지만 말이다.

우울의 자연사

제프리 스미스는 시골 출신이자 좀 더 직접적으로 말해 노동계급 출신이라서, 오브라이언과는 다소 상이한 궤도에 있다. 비록 스미스와 오브라이언 둘 다 우울을 계층상승(출세)의 압력과 연결하기는 하지만 말이다. 스미스의 학력은 "하버드 교정의 그늘"과는 거리가 멀다. 그는 중서부와 서부의 더욱 주변 지역에 있는 공립학교, 애선스에 있는 오하이오대학교, 미시간대학교, 몬태나대학교를 다녔다. 분명컨대 나는 페미니스트 연구자로서 오브라이언과 공통적인 정체성을 지닌다는 점에서 오브라이언의 연구에 끌린다. 그렇지만 스미스의 『뿌리가 물을 찾아 뻗어나갈 때: 멜랑콜리의 개인적 자연사』는 예상치 못하게 발견한 책이었고 결국 나의 연구 프로젝트에 특히 강력한 힘을 발휘했다. 이 책이 의약학적 치료 서사로부터 너무나 단호히 벗어난 지점에서 시작하기 때문이다. 그는 약물을 복용해도 우울증이 치료되지 않는 가운데, 그러면서도 그 자신이 정신의학과 환자들과 함께 일하면서 탈진한 상태에서 삶을 얼마나 힘겹게 다시 구축하는지 설명한다. 그가 표현한 대로 "나는 정신의학과의 사례 관리자로 일하는 8년 동안 약물 치료 효과가 없는 우울증 환자를 대상으로 한 치료 계획을 들어본 적이 없었다."[84] 오브라이언처럼 스미스는 글 읽기—멜랑콜리의 역사를 포함하여 다방면으로 읽는 독학자의 절충적 목록에서 나온 문헌 읽기—로 시선을 돌린다. 그는 "자연사"라는 고풍스러운 범주의 책을 유별나게 읽은 후 만들어낸 스토리텔링에 주목한다. 스미스는 연구자로서 훈련된 사람이기는 하지만, 관례적인 의학 연구와 직업적 전문성의 관습적 형식으로부터 벗어난 지점에서 출발함으로써 색다른 경로를 만들어낸다.

스미스는 정치적 우울을 거론할 때 퍼블릭 필링스가 취하는 방향으로 움직인다. 그는 의학적·과학적 우울증 모델이 어떻게 가차 없는 노동 수요를 지닌 산업화와 연결되어 있는지에 대한 글을 쓴다. 그는 (르네상스와 낭만주의 시기가 "멜랑콜리의 시대"로 기꺼이 받아들여진 것과는 대조적으로) 현재 시기를 "항우울증의 시대"라고 이름 붙인다. 왜냐하면 우울증은 현대의 일터와 문화가 요구하는 "효율성", "생산성", "성공", "네트워킹", "낙관"과 반대되기에 기피해야 하는 것이라 여겨지기 때문이다.[85] 오브라이언의 이야기처럼 스미스의 이야기도 아프리카 디아스포라 맥락에서, 땅, 몰아내기/박탈에 대한 토착민의 관점에서 읽힐 때 훨씬 더 잘 조명될 수 있다. 우울로부터 벗어나는 회복은 의미심장하게도 그가 애팔래치아 시골 지역으로 되돌아감으로써, 그리고 환경과 풍경에 관심을 쏟으면서 향수, 고향, 장소에 대해 점차적으로 이해를 넓혀감으로써 일어났기 때문이다.

앞 장에서 내가 아케디아의 역사로 시선을 돌린 움직임과 유사하게 스미스는 멜랑콜리 문학 전통을 사용해 의학적 우울증 모델에 균열을 낸다. 특히 지독한 우울증 급습을 경험한 후 그물망을 광범위하게 펼쳐 개념과 실천 둘 다를 아우르는 해결책을 탐색한다. 그러면서 영적인 것과 과학적인 것을 결합하는 인간 생태학의 면에서 자신의 우울을 개념화한다. 그는 멜랑콜리뿐만 아니라 아케디아에 대해서도 언급한다. 그는 단테가 (멜랑콜리를 토성에서 유래된 것으로 보는 고대 개념에 뿌리를 둔) 지하세계로 내려갔던 것을 떠올리면서 우울의 의미를 탐구할 의미가 있는 경험으로 만들어낸다. 그는 심리학자 제임스 힐먼에게 영감을 받고 "우울은 숨겨진 지식이다"라는 가능성을 받아들이며, 자신의 치료사가 우울이 그에게 하려고 하는 말이 무엇일지 생각해보라고 한 말을 듣고 용기를 낸다.[86] 스미스는 이 말을 이렇게 해석한다. "우울은 그 나름의 서사를 가지고 있으며, 우리가 하는 약물 치료는 그 서사를 가로막는다."[87] 의학적 우울증 모델이 우리에게 단지 하나의 이야기만 들려준다는 것이다.

확실히 우리는 그 이야기를 안다. 우리는 그것을 읽은 적이 있거나 텔레비전에서 보았거나 이웃이나 동료에게 들었거나 가족 구성원이 그 이야기대로 살고 있음을 관찰한 적이 있다. 아마 우리 스스로도 그 이야기대로 살아왔을 터이다. 아프기 전에 영위하던 삶을 되찾게 해줄 적절한 약을 찾아라. 이것은 마음을 움직이는 이야기이고 우리의 마음을 강력히 끌어당기는 이야기다. 나는 우리 중 너무나 많은 이가 이 이야기를 듣고 이 이야기대로 살 수 있었다는 점에 감사한다.

이것은 우리가 살아갈 법한 한 가지 방법일 뿐이다. 그렇지만 우리에게는 단지 이 이야기 외에 더 많은 이야기가 필요하다. 항상 그리고 항상, 우리가 오래도록 살아 숨 쉴수록 우리에게 필요한 것은 바로 이것이다. 더 많은 이야기.[88]

스미스는 그래서 모든 종류의 문헌을 자원으로 활용해 우울을 견디며 나아가는 자신의 삶과 방법을 글로 쓴다. 수많은 분과학문과 정보의 원천을 통합하는 회고록 장르의 한 유형으로 글을 쓴다. 그는 의료적 서사가 아닌 다른 종류의 우울 이야기를 찾아 나선다. 이런 점에서 오브라이언과 비슷하고, 광범위한 아카이브를 활용한다는 점에서 하트먼과 앨리그잰더와 유사하다. 하트먼과 앨리그잰더는 노예제도에 대한 아카이브가 부재하다고 판단할 때, 흔치 않은 아카이브, 실험적 연구 방법, 비판적 회고록으로 시선을 돌린다.

이 절충적 형식의 회고록을 가능하게 한 모델 중 하나는 이 회고록의 부제인 "멜랑콜리의 개인적 자연사"에서 알 수 있다. 스미스는 멜랑콜리 개념으로 되돌아가면서

"자연사"라는 고풍스러운 방법과 분과학문을 받아들인다. 자연사는 근대 과학이 발전하면서 인문학과 분리되기 이전에는 자연 세계에 대한 정보를 수집하는 한 방식이었다. 그는 이렇게 말한다. "나는 이 구식 문구를 처음 들은 이후 이 문구가 좋아졌다. 이 문구가 함의하는 것, 즉 자연은 **이야기**라는 점이 좋다."[89] 우울의 "자연사"는 전체론적이며, 우울을 제거해야 할 질병이 아니라 자연 세계의 일부라고 바라보고 이야기를 연구 방법으로 사용한다. 여기서 말하는 연구 방법은 인간과 인간을 둘러싼 자연 풍경이나 환경뿐만 아니라 인문학과 과학도 서로 얽혀 있는 것으로 본다.

현대의 과학 개념과 방법에 도전하는 스미스는 상이한 종류의 정보를 모은 개요를 만들어낸다. 그 개요는 과학적인 것, 영적인 것, 문학적인 것, 개인적인 것을 아우른다. 하트먼, 앨리그잰더, 오브라이언, 그리고 회고록을 쓴 여러 다른 학자처럼, 그도 비평 에세이의 영역으로 들어가서, 피터 크레이머부터 토머스 머턴까지, 피치노부터 자연주의자까지 아우르는 연구 결과를 공유한다. 스미스는 대중적인 우울증 회고록을 쓴 대부분의 작가보다 훨씬 더 명시적으로 인문학을, 표면적으로는 고풍스러운 과학 담론을 포함한 상이한 분과학문의 글쓰기와 연구 방법, 상이한 장르들이 어떻게 우울을 설명하는 문화적 권위를 지닐 수 있는지 보여준다. 예를 들어 그는 우울을 생태학적으로 이해한다. 이런 이해는 우울을 고쳐야 할 단 하나의 증상이 아니라 전체론적으로 보도록 한다. 이런 전체론적 관점은 그가 자신의 우울에 조언을 찾던 중 만난 대체의학자에게서 영향을 받은 것이다. 이 사람은 건강을 한 체계의 균형을 회복하는 문제라고 이해한다. (이것은 체액 이론을 상기시키는 이해방식이다.) 대체의학이 증상을 즉시 완화하지는 못한다. "그것은 마법처럼 우리가 겪는 증상을 제거하여 우리의 건강을 회복시키지는 않"지만 "오랫동안 숨겨진 것들을 바라볼 수 있도록 해준다".90

　　스미스는 "멜랑콜리의 자연사"를 연구하면서 (하트먼과 앨리그잰더에게서 드러나는 디아스포라 및 토착민 논의가 아니라) 일차적으로 서구의 인문학 전통에 있는 원천에 주목한다. 그럼에도 그가 이런 자원을 활용한다는 점은 하트먼과 앨리그잰더가 보여준 방향을 향한다. 환경론자로서 받은 훈련이 그로 하여금 풍경 및 지리와 우울이 연결되는 관계를 우울의 자연사의 일부로 탐구하도록 하는 한에서는 특히 이 방향을 향한다. 하트먼과 앨리그잰더뿐만 아니라 오브라이언에게서도 발견되는 것인 여러 세대를 가로지르는 연구를 스미스도 그 나름으로 수행한다. 그러면서 그는 오하이오주 남부와 웨스트버지니아주에서 자란 시절에 대해 글을 쓰고 개인사를 넘어 확장되는 그 지역의 문화지리를 제시한다. 스미스가 묘사하는 애팔래치아의 고향은 자본주의에도 불구하고 전통적 방식 일부를 보존하고 계층상승을 꾀하기보다 자랑스럽게 가난한 채로 남은 독특함을 지닌 지역이다. "애팔래치아 사람들은 미국의 다른 어떤 지역에서보다 더 많이 애팔래치아 지역의 오래된 과거의 어떤 부분―그곳의 수공예, 음악, 이야기, 종교, 전통, 교훈을 보존하려고 애써왔다. … 이런 전통은 시대착오적인 것이 아니고 좋았던 옛 시절을 그리워하는 소망 충족적 사유 방식도 아니다. 이 오래된 생각은 지금도 여전

히 잘 맞는다."91 낭만화를 경계하기는 하지만 스미스는 그
럴듯한 주장을 펼친다. 토착민이 땅과 맺어온 관계를 애팔
래치아 백인 정착민도 나름의 방식으로 만들어냈다는 점
에 애팔래치아 문화의 독특함이 있다는 것이다. 사실 토착
민 관점에서 읽으면 애팔래치아에 대한 스미스의 깊은 애
착심은 우울과 지리의 관계에 시사하는 바가 많다. 이 깊은
애착심은 더 큰 역사와 연결해야 좀 더 온전한 설명이 가능
하다. 이 애착심은 (아일랜드인을 보스턴으로 오게 한 것
과 동일한 이주, 즉 빈곤한 유럽 지역에서 미국으로 온 이
주를 포함한) 가난한 백인 정착지가 어떻게 토착민의 고향
상실, 미국 남부에서의 노예제도, 그리고 아프리카 디아스
포라의 역사와 서로 맞물려 있는지를 담은 더 온전한 역사
와 연결해야 더 잘 설명할 수 있다. 애팔래치아의 산악 경
계 지대에서 토지는 광산업으로 인해 극도의 수탈을 당하
고 지형상의 어려움이 있는 곳은 수탈하기 어렵기 때문에
배척되었다. 그렇기에 이 산악 경계 지역에는 실로 복잡한
이야기가 많다. 이 이야기들은 전통의 생존 그리고 산업화
와 그 여파가 지속적으로 미치는 영향 둘 다를 이야기해준
다─낭만적으로 찬양할 필요도 없고 비관적으로 암울해할
필요도 없는 이야기들.92

　　스미스는 (두 번 다 대학을 다니려고) 고향집을 떠
난 것이 우울에 빠진 이유였으리라는 결론을 내리고 **향수
병**이라는 용어의 역사를, 자기 문제를 설명하는 한 가지 방
법으로 탐구한다. "고향은 핏속에 있단다." 할머니가 애팔
래치아 고향집에 대해 이렇게 말해준다. 그는 자신에게 필
요한 것이 자신이 자란 풍경임을 이해하게 된다. 자신이 겪

는 고통이 향수로 인한 고통일 수 있다는 점과 씨름하면서 "내가 특정 장소가 더 낫다고 말하는 게 아니"라는 점을 인정하지만, 고향집에 돌아가자 이렇게 자문한다. "대체 어떻게 이토록 깊이 뿌리내린 피를 새로운 곳으로 끌고 가 거기서 만족하기를 바랄 수 있었단 말인가?"[93] 스미스는 고향집을 떠난 것이 우울을 유발할 수 있다는 생각이 틀린 게 아니라고 말한다. 그에게 우울이 찾아왔던 때는 "성공"을 위해 학교, 중산층, 도시 문화에 들어가야 한다고 생각하면서 고향집을 떠난 시절이었다. "우리가 어디를 가든 오래도록 친숙한 풍경의 기억을 핏속에 간직하고 있으며, 이 기억은 우리를 구원해줄 터이고 고향 같은 곳에 정착하도록 할 것이며 그곳에 우리를 붙잡아준다."[94] 스미스가 "피"를 운운한 것은 자연화처럼 보인다. 특히 퀴어 친족관계 개념에 익숙한 독자에게 그렇다. 그렇지만 그가 논의한 "향수"가 보여주듯, 그는 출신지와 맺는 단순한 관계를 의심한다. 이 의심을 잘 보완하는 방법은 인종에 따라 달라지는 향수의 역사를 논의하는 것이다.[95] 장소이동에 대한 그의 논의는 인종과 계급을 연결하기 때문에, 단순히 땅에 대한 자연적 논의가 아니라 사회적 논의를 제안한다. 한 장소와의 결속이 의미하는 바에 대한 그의 환경론적 접근도 매우 사회적이다.

스미스는 고향이란 나고 자란 장소에서만 발견된다고 전제하지 않는다. 이런 점에서 그는 신중하다. 그가 애팔래치아로 돌아가기 전에 몬태나주와 와이오밍주에서 스스로에게 중요한 삶의 터전을 만든다는 점에서 특히 그러하다. 하지만 땅과 환경에 호흡을 맞추는 그의 조율이 토착민의 정신을 지닌다 치더라도, 그가 그려내는 유형의 서부는 이상하게 토착민이 전혀 없는 곳처럼 보인다. 예를 들어 그가 몬태나에서 살 때 가장 극심하게 우울한 상태가 찾아온다. 이곳에서 그는 도보여행과 정원 가꾸기를 하면서 자연 풍경에 강력한 애착심을 품게 된다. 그렇지만 근처의 플랫헤드 보호구역을 포함한 원주민의 현존이 그 풍경에 특징을 부여하는 방식을 탐구하지는 않는다. 플랫헤드 보호구역은 짤막하게 언급될 뿐이다. 그는 와이오밍의 특히 황량한 어느 지역에서 (학계에 있는 그의 애인이 시간강사 자리를 얻었을 때) 짧게 했던 일을 묘사한다. 와이오밍의 풍경을 그는 나중에야 마침내 이해하게 된다. 그렇지만 (들소가 풀을 뜯던 땅에 탄광이 들어서곤 했던) 와이오밍의 "전혀 사람이 살지 않는, 바싹 마른 건조한 대초원"을 쓰는 대목에서 그는 예전에 그 대초원을 차지했던 이들이 토착민 겨레라는 점을 전혀 언급하지 않는다. 토착민 겨레는 이 하이플레인 지역의 풍경을 자신들의 풍경으로 만들었다. 동시에 겉보기에 불모지인 지형은 이 책의 제목과 마지막 이미지에 영감을 준다. 어둡고 보이지 않는 멜랑콜리의 작동과 "뿌리가 물을 찾아 뻗어나가는 곳"인 땅 밑에서의 확장된 삶 사이의 연결점을 스미스가 상상할 때, 이 불모의 풍경이 이 책 제목과 이미지에 영향을 준 것이다.

스미스의 우울의 자연사는 유럽에서 아메리카 두 대륙으로 옮겨 가는 연구, 과학사와 환경사를 포함한 시사점 많은 연구 영역으로 그를 데리고 간다. 창의성과 멜랑콜리 사이의 연결점을 찾아보는 과정에서 그는 예술가와 작가뿐만 아니라 과학자로 이루어진 전체 무리가—뉴턴, 다원, 루이스와 클락을 포함한―멜랑콜리한 천재의 모습을 드러냈고 종종 과학 실험과 탐구로 인해 탈진한 상태였음을 발견한다. 그는 상대적으로 덜 알려진 무명의 19세기 미국 자연주의 저술가들인 프랜시스 파크먼과 호러스 케파트의 이야기를 상세하게 들여다본다. 파크먼은 원주민의 삶도 포함할 예정인 아홉 권에 달하는 북동부의 숲의 역사서를 쓰는 작업에 착수했다. 케파트는 아카이브 기록 보관사이자 사서로 이력을 시작해서 신경쇠약을 겪은 후에 그레이트스모키산맥에 들어가 칩거한다. 칩거하는 동안 그는 『캠핑과 목공예』라는 제목의 묵직한 책을 썼다. 이 두 사람은 문명을 감당할 수 없었을 때 숲으로 가서 "자연인이 된" 것처럼 보인다.

비록 스미스가 식민주의와 토착민 겨레에 대해 명시적으로 논의하지 않지만, 그의 색다른 자연사 아카이브는 멜랑콜리와 우울에 대한 사유에 특수하게 미국적인 계보가 있음을 시사하며 그럼으로써 서구의 유럽 전통을 확장한다. 케파트는 남부 애팔래치아산맥에 오랫동안 품었던 애착심의 결과로 그레이트스모키산맥 국립공원 제정을 주창한 주요 인물이다. 이 국립공원은 체로키족의 고향 땅이 있는 미국 동부에서 보존된 가장 큰 규모의 땅이다. 이 공원의 남쪽 경계선은 눈물의 길*을 따라 강제로 오클라호마주까지 쫓겨 간 후 그 땅에 남아 있던 체로키족이 미국 정부와 복잡한 교섭을 하면서 세워졌다.96 스미스의 핏속에 있는 땅은 수많은 미국인의 역사들이 서로 만나는 지점에 있는 복잡한 지역이며, 자연 속으로 들어간 백인 남성들 이야기는 땅과의 관계에 대한 것인데 그 땅의 자연사도

2부 퍼블릭 필링스 프로젝트

복잡한 지정학적 역사들을 포함한다. 상실한 고향 땅이 멜랑콜리나 우울의 원인이라는 주장은 아메리카 두 대륙에서 다양한 식민화의 역사를 살펴보라고 촉구한다. 이 역사들은 원주민 겨레와 모든 종류의 이주민 모두를 우울 연구의 일부가 되게 한다.

우리는 누구의 땅 위에서 살아가고 있는가?

이 장에서 나는 토착민, 식민화, 아프리카 디아스포라라는 비판적 틀을 통해 스미스와 오브라이언을 하트먼 및 앨리 그랜더와 나란히 읽었다. 이런 독법은 이들의 회고록이 우울을 지리적 고향상실, 장소이동과 연결하는 방식을 강조한다. 나는 이 텍스트들을 (인종이나 지역으로 나누기보다는) 이 장에 함께 모아서, 나란히 서로를 참조하는 비평을 제시했다. 이는 미국 역사의 또 다른 풍경, 즉 자본주의와 식민주의가 만들어냈던 다양한 고향상실과 장소이동의 역사를 연결하는 풍경을 드러내려는 독법이기도 하다. 이 역사에는 (미국 남부에서 북부로 이주하는 국내 이주를 포함해) 아프리카 디아스포라 및 토착민의 고향상실이 포함된다. 그뿐 아니라 이 역사에는 아일랜드에서 일어난 기근과

* Trail of Tears. 19세기 중반 수많은 체로키족과 원주민 부족이 고향 땅을 빼앗기고 강제이주되어 걸었던 길에 붙은 이름.

박탈 때문에 미국으로 이주하여 보스턴에서 백인 노동계급 문화를 만들어낸 아일랜드인 이주민에 대한 오브라이언의 설명도 포함되고, 서부로 몰려간 (아일랜드인을 포함한) 노동계급 백인들이 산업화의 밀물과 썰물에 살아남고자 토착민의 땅으로 들어가 애팔래치아에 정착하여 살아온 과정에 대한 설명도 포함된다. 이런 이야기들 사이의 복잡한 상호 연결점을 계속 업데이트하는 것—시골과 도시의 문화지리 둘 다를 구조화하는 인종 분리를 추적하는 것, 때때로 비가시적이지만 그럼에도 불구하고 미국의 모든 풍경에 현존하는 토착민의 역사를 추적하는 것은 고된 작업을 요한다. 다른 이야기도 있다. 여기에는 과거에도 있었고 현재에도 계속되는, 아시아와 빈곤한 남반구에서 미국으로 옮겨가는 이주도 포함되고, 멕시코계 미국인이 살아가는 경계지역과 카리브해 지역의 스페인 식민주의 유산도 포함된다. (식민주의 이후 시기에 토착민을 포함한) 대부분의 미국인에게, 땅 그리고 어디 출신인지에 관한 이야기는 단 하나의 역사와 관련되는 일이 거의 없다. 오히려 이 이야기는 (리사 로의 논의를 빌리자면) "내밀하게" 연결된 수많은 역사를 함께 서로 엮는 일이다.[97]

우울 문제가 고향상실, 장소이동, 박탈과 연결된 것이라면, "치료"나 "치유", "회복"은 고향으로 돌아가거나 삶의 터전을 새로 찾음으로써 나온다는 주장은 물론 솔깃하다. 그렇지만 이 텍스트들에서 묘사된 "귀향의 의식"은 그 어떤 단순한 향수도 가로막는다.[98] 하트먼이 귀환과 회복을 가장 회의하는 작가다. 왜냐하면 미들 패시지는 영구적 균열의 사례를 제시하는 반면, 조상과 장소에 대한 애착심에 느끼는 더 회복적인 감각은 앨리그잰더와 스미스와 같은 작가들에게서 나타나기 때문이다. 앨리그잰더와 스미스는 토착민 영성이나 한 지역과 연결된 오래된 전통을 떠올릴 수 있다. 토착민 관점과 디아스포라 관점 사이에는 여러 긴장 지점이 존재한다. 이 지점은 벽지 바르듯 쉽사리 가려지거나 해소될 수 있는 것이 아니고 그런 것이어서도 안 된다. 그렇지만 이런 작업을 하는 한 가지 방법은 다양한 역사를 특징으로 하는 장소 감각을 통해서 할 수 있다.

"급진적 자기소유"의 형식을 띠는 주권은 국민주의적이거나 본질주의적 주장의 형식이 아니라 장소와의 감정적이거나 육체적인 혹은 감각적인 연결점이라는 모양을 취할 수 있다. 사실 이것은, 아프리카 디아스포라의 경우에서처럼 사람들이 다른 지역에서 계속 살아갈 때 가능한 종종 유일한 종류의 "고향 주장"land claim이다. 감각적인, 즉 체현된 자아의 주권은, 필연적으로 고향 땅을 주장하는 것이 아니라, 한 장소나 환경과 맺는 관계에 자아의 뿌리를 두는 한 가지 방식이라는 주장과 관련된다. 고향 땅이나 고향집과의 연결이 "자연적"일 필요는 없다. 그 연결점이 사람들과 장소를 연결해주는 "자연", 즉 핏속에 있는 것일 필요도 없다. (그래서 그것은 퀴어하고 디아스포라적인 것이 될 수 있다.) 신경생물학은 (자연사 그리고 아케디아 같은 개념도) 마음과 몸이 깊이 연결된 통합체임을 보여준다. 마찬가지로 사람들과 장소도 서로 연결되어 있으며, 장소는 이전의 역사를 품고 있는 생명력 때문에 활기를 띤다. 예를 들어 스미스가 애팔래치아에 품는 애착심은 그가 역사의 상처를 지닌 환경과 몸으로 관계를 맺고 있음을 느끼

는 감각에서 나온다.99 애팔래치아 민중 문화의 오랜 전통
과 보스턴과 같은 오래된 도시는 하트먼이 엘미나에서 본
노예 토굴감옥과 현재의 일상적 인종차별을 연결할 때와
동일한 밀도로 서술할 수 있다. 우울을 "국가적" 문제로 사
유하는 한 가지 방법은 바로, 단 하나의 고향이나 자연적
고향을 찾아냄으로써가 아니라 인종차별을 거론함으로써
가능해진다. 그 방법은 아프리카계 미국인 문화의 근본적
탈장소화 그리고 고향과 소속을 요구한 토착민 문화의 주
장 사이에 있다.

  이 장에서 논의한 작가들에게 교육은 동화의 위험
으로 가득 찬 교차로다. 다른 계층이나 장소로 옮겨가는
것이 심지어 새로운 세계시민주의의 잠재력을 제공할 때
도 그렇다. 이 작가들은 비판적 회고록을 사용하여 학교가
교육과 연구의 유일한 지점인지 질문하며—고풍스러운 자
연사 방법, 감정적 유산, 존재하지 않는 아카이브, 그리고
영적 실천에 바탕을 두고—취약성과 균열을 인정하는 새
로운 종류의 지식을 만들어낸다. 이 작가들은 우울로 인해
막히고 박탈당하는 상태로부터 벗어날 수 있는 여러 형태
의 지식을 제공한다. 이런 지식은 "우리는 누가 전통적으로
살아온 땅에 존재하고 있는가?"라는 질문에서 시작하는 토
착민 인식론의 틀을 포함한다.100 이 질문에 대한 여러 가
지 대답은 고향상실, 장소이동, 상실의 내밀한 역사를 포
함한다. 이 역사를 인정하는 일은 급진적 자기소유를 실천
하는 것이 될 수 있다.

3
일상 습관의 유토피아
— 공예, 창의성, 영적 실천

우울은 평범한 일상이다

시각예술 작가 앨리슨 미첼이 제작한 「근심거리와의 전쟁」
이라는 제목의 콜라주 섀도박스* 시리즈는 우리가 전쟁과
사회 변화 같은 문제를 우려하고 있는 순간에도 주의를 빼
앗기게 되는 개인적 불안을 드러낸다[도판 1]. 플라스틱 장난
감으로 만든 병정 둘이 성냥갑 안에서 싸움을 벌이고 있고,
성냥갑은 1970년대 가정용 인테리어 양식을 연상시키는 형
광색 벽지 위에 놓여 있다. 은색 액자 틀에는 휘갈긴 글씨
가 보인다. 할 일 목록 스타일로 써놓은 글귀다. 작품 제
목이 제시하듯 근심거리와의 전쟁을, 결정해야 할 선택지
의 형식으로 짜놓은 라벨이다. 유기농 고기냐 값싼 식료품
이냐, 욕실 청소냐 미술관 관람이냐, 고요함이냐 떠들썩한
파티냐, 일이냐 휴가냐, TV 앞에서 캐서롤을 먹을 것이냐
야외 소풍을 나갈 것이냐, 교외생활을 할 것이냐 지금 이
대로 도시에서 살 것이냐, 현재 생활을 유지할 것이냐 빈곤

* 평면 작품을 3차원의 입체 작품으로 재탄생시킨 수공예
예술.

퇴치 전략을 짤 것이냐, 라벨은 이런 식으로 이어진다. 이러한 욕망들의 갈등은 정치적 목적과 우리가 현실에서 실제로 느끼는 것 간에 존재하는 거대한 괴리를 드러내는 데서 그치지 않고, 우리를 꼼짝 못 하게 만들면서도 대개 눈에 띄지 않게 숨어버리는 소소한 불안을 밖으로 드러낼 공적인 공간을 창조한다. (내가 "우리"라는 표현을 쓰는 이유는 이 작품에서 명명하는 인구집단에 나 자신을 포함시키기 때문이다.) 콜라주와 글루건의 공예 미학을 통해 미첼은 하이모더니즘과 전업주부의 도구, 둘 다를 채택한다. 그의 양식은 최근 마사 스튜어트나 그와 비슷한 부류의 사람

도판 1 앨리슨 미첼, 「근심거리와의 전쟁」, 2001.

2부 퍼블릭 필링스 프로젝트

들뿐 아니라 가사를 비틀어 기발함과 재미를 추구하면서 최신 유행을 좇는 백인 여성들에 의해 부활했다.

미첼의 작품은 우울이 퍼블릭 필링스 프로젝트에 의해 포착될 때 어떤 모습을 띠는지 시각 형식으로 압축해 보여준다. 일상의 느낌과 세계에서 벌어지고 있는 일을 같은 잣대로 비교할 수 없다는 점을 포착하면서 미첼이 암시하는 바는, 사람들이 일상의 사소한 근심거리와 전쟁을 연장선상에서 체험하진 않더라도, "근심거리와의 전쟁" 또한 엄연한 현실이라는 것이다. 그는 평범한 일상생활의 중심적 위치, 특히 (예술가, 지식인, 퀴어, 문화 창작자가 실천하는 대안적 삶을 비롯한) 중산층 가정생활의 중심적 위치를 지적함으로써 우울을 이해하려 한다. 「근심거리와의 전쟁」은 나의 우울 회고록의 서사를 아주 적절히 묘사하는 작품이다. 내 회고록 역시 가사 실행 계획과 자기 돌봄, 그리고 우울의 내밀하면서도 물질적인 장소인 내 몸과 집 내부의 일상적인 생활 습관을 다룬다. 이 이야기들은 일상생활의 어려움에 맞서는 생존의 형식을 시기순으로 기술한다. 일상생활은 우울이 뿌리를 내려 만성화되는 장소—아니면 의학 용어를 벗어나서 말하자면 우울이 침투해 전신에 퍼지는 장소—이자, 만사에서 비중이 하도 커지는 바람에 두드러진 감정이나 사건으로 따로 분리할 수 없어지는 장소다. 그러나 일상이라는 소박한 물적 장소는 또 희망의 미세한 풍토로 변할 수 있는 실천을 통해 우울을 바꾸어놓을 수 있는 공간이기도 하다.

따라서 **가정성**domesticity은 우울에 관한 퍼블릭 필링스 프로젝트의 중심 키워드다. 이 프로젝트를 위한 중요한 이론적 토대는 사적 영역과 공적 영역 간의 구별을 재고하는 작업이었다. 일상생활의 내밀한 의례들은 우울이 뿌리를 내리고 있는 장소로, 공적 영역 혹은 최소한 절반의 공적 영역으로라도 보아야 한다. 절반의 공적 영역이라 함은, 스스로를 늘 알리거나 공적으로 인정받을 필요는 없지만 그럼에도 불구하고 공적 공간으로 기능하는 장소라는 말이다. 퍼블릭 필링스의 동조자인 캐슬린 스튜어트는 가정생활을 공적 문화의 사적 삶이라고 명명하고는 아주 능숙하게 포착해낸다. 그가 포착하는 공적 문화의 사적 생활인 가정은 한편으로는 애벌레를 보호하는 누에고치처럼 경제 위기, 전쟁, 그리고 문화 갈등이 야기하는 불안과 공포로부터 구성원을 보호하는 성역이 되겠다는 꿈을 펼쳐놓는다. 그러나 다른 한편으로 가정은 자본주의의 무르고 취약한 아랫배 부분이기도 하다. 이때 가정은 복잡한 범위에 걸친 느낌을 통해 현실을 경험하는 민감한 장소가 되기도 한다.

> 가정은 마음이 있는 곳이다. 집 안으로 들어가 문을 쾅 닫는다. 우리는 크고 아름답고 감각적인 생활용품, 오래된 돌과 귀금속 질감으로 꾸민 욕실, 화려한 장식의 유토피아를 꿈꾼다. …
>
> 아메리칸 드림은 평온한 삶의 형태를 띤다. 핵가족 구성원들이 집 앞 차도의 SUV 옆에 서 있다. 두 눈은 위를 향한 채, 손에는 주식 보증서들을 쥐고, 모든 건 보험에 들어두어 안전하며 지불은 잘 이루어지고 있고 마당의 잔디는 깔끔하게 깎아놓았으며, 저지방 건강식으로 식

단을 짠다. 지역사회는 적절한 수준으로 안전하다. 마사 스튜어트는 세세한 마무리에 관한 조언을 건넨다.

그러나 바로 그때, 가정이라는 도피처 한가운데서 작은 것들이 자꾸 사라지기 시작하고, 그 소멸이 상황에 뭔가 다른 역동성을 부여한다. 우리의 마음이 집으로 끌고 들어오는 온갖 것—중독, 고독, 뭔가 부패하거나 무가치한 것들에서 풍기는 기미로 오염되는 듯 보일 때가 있다.[1]

집으로 끌려오는 것들의 목록에 우울을 보탤 수 있겠다. 캐슬린 스튜어트는 가정의 안락함을 느낌의 기만적 구조라고 기술한다. 가정의 안락함은 나쁜 느낌을 차단해주는 완충제이긴 하지만, 우울이 만연해 있다는 점이 암시하는 바대로 나쁜 느낌, 즉 내부에서건 외부에서건 뭔가 잘못되었다는 느낌에 쫓기는 환경이기도 하기 때문이다. 가정이라는 안식처는 2001년 9·11 테러와 전쟁과 인종 폭력 같은 실제 사건뿐 아니라, 남들의 성공과 불행을 스펙터클로 만드는 타블로이드식 범죄 기사와 유명인 가십 같은 상상의 산물인 사건들처럼 선정적인 사건들에 의해 종종 구멍이 뚫린다. (게다가 실제 사건과 상상 속 사건 사이의 차이를 알기가 늘 쉬운 것도 아니다.) 그러나 가정에는 더 낮은 수준의 근심과 불안, 그리고 사람들을 꼼짝 못 하게 만들어 결국 코앞에 있는 것을 제외하고는 아무것에도 집중할 수 없는 상태에 빠뜨리는 일상적 스트레스도 만연해 있다.

우울이 가정과 엮여 있는 이유는 우울이 평범한 일상이기 때문이며, **일상적인 것**은 퍼블릭 필링스 프로젝트의 또 다른 중심 개념이다. 트라우마가 비극적인 사건뿐 아니라 일상생활의 구조에서 어떻게 스스로를 드러내는가를 다룬 나의 전작前作은 만성적인 우울, 즉 일상적인 감정인 우울에 대한 관심으로 이어졌다. 가정에 대한 캐슬린 스튜어트의 예리한 담론은 "일상적인 정동"에 관해 쓰려는 더 큰 노력의 일환이다. 그의 "일상적인 정동"은 "사회나 공동체에서 널리 통용되면서 시작되고 끝나는 공적 감정이지만, 내밀해 보이는 삶을 구성하는 재료이기도 하다".2 나의 작업을 형성하는 데 큰 역할을 했던 저작에서 스튜어트가 묘사하는 일상성은 격렬한 감정이나 에너지, 잠재성, 그리고 다양한 장면들이 펼쳐지는 장소이며, 이런 치열함과 잠재성과 장면들을 제대로 이해하고 서술하려면 이들을 더 큰 이론 범주에 속한 한낱 사례로 보면 안 된다. 그렇기 때문에 이 일상성을 서술하려면 완전히 새로운 문화기술지나 스토리텔링 장르가 필요하다. 스튜어트는 네바다의 핵실험지구, 웨스트버지니아주의 작은 계곡들, 그리고 사람들이 산책을 하거나 교통 체증 속에서 신호등이 바뀌기를 기다리거나 타겟이나 월마트 같은 슈퍼마켓 체인점에서 뭘 살지 생각하면서 살아가는 동네를 비롯해, 미국 각 지역의 일상생활을 종횡무진 가로지르는 관찰과 글을 통해 완전히 새로운 장르를 만들어낸다. 스튜어트는 평범함에서 내재적 의미를 발견한 다음, 그것을 이야기들로 변모시킨다. 이때 그가 만들어내는 이야기들은 "평온한 삶", 돌풍을 일으킬 만큼 환상적이거나 느낌으로 활력을 띠되 멜로드라마 같은 과장이 꼭 필요치는 않은 잠재성의 현장이다.

우울을 일상적인 것으로 재현하는 작업은 헤더 러

브가 정동적 전환과 관련지어온 묘사로의 전환에 관여한
다.3 의학 담론은 트라우마건 우울이건 모두 질병으로 다
룬다는 점도 문제지만, 미묘하게 다른 다양한 범위의 감정
들을 동질화·보편화한다는 점도 문제다.『정신질환 진단
및 통계 편람 제4판』의 주요 우울 장애 진단 기준 목록에는
더 전문적인 어휘들도 있지만, **슬픔이나 공허감, 흥미나 즐**
거움 상실, 에너지 상실, 무가치하다는 느낌, 우유부단함, 그
리고 **죽음에 대한 반복적 생각** 같은 증상들이 일상의 어휘
로 표현되어 있다.4 **정신운동 지연**psychomotor retardation 대신
둔화being slowed down라는 단어를 쓰는 등 일상 어법을 쓰게
된 변화는 우울을 표명하는 방법에 관한 지식이 의료 전문
가뿐 아니라 누구에게서든 나올 수 있다는 것, 그리고 **우울**
한 기분depressed mood이 자명한 범주가 아니라는 것을 암시
한다. 확산일로에 있는 『DSM』 목록에는 무기력, 무감각,
압도적 부담감, 불안, 아무것도 하고 싶지 않은 상태, 그리
고 공식적 임상 증상의 다양한 변종을 추가할 수 있다. 나
는 **나쁜 느낌**feeling bad이라는 용어를 자주 쓴다. 이 말이 지
닌 일상적 단조로움 때문에 나쁜 느낌을 더 상세히 묘사하
고 서술할 필요가 생기기 때문이다. 이러한 부연은 임상 범
주나 이론 용어가 아니라 (「우울 일기」에 나오는 일화들 같
은) 일화일 수 있다. 우울 담론에 필요한 것은 새로운 용어
가 아니라 감정 상태에 관해 새롭게 말하는 방식, 감정 상
태를 공적인 의미가 있는 뭔가로 만드는 참신한 방법이다.
따라서 내가 **우울**이라는 단어를 쓰는 이유는 그것이 의학
적·대중적으로 광범위하게 쓰이기 때문이긴 하지만, 퍼블
릭 필링스의 잣대로 엄밀히 보면 우울이라는 단어가 일상

생활의 어휘나 이야기와 동떨어져 있지 않고 거기 통합되어 있기 때문이다. 우울은 수많은 상이한 장소에 도사리고 있다. 나는 우울을 우울이라는 일상용어로 명명만 하려는 게 아니라, 생생한 우울 경험의 질감, 그리고 우울이 희망과 자포자기를 결합하고 있는 상태라는 점에 주의를 기울이고 싶고 이를 잘 표현하고 싶다.

이런 이유로 우울에 관한 퍼블릭 필링스의 담론은 과학적 증거나 의학적 진단 혹은 건강 관련 유행병에 대한 커다란 표제 기사를 꼭 포함하고 있지는 않다. 상점까지 가는 여행이나 집에서의 생활을 다룬 나의 평범한 이야기들에서 우울은 질병이라는 꼬리표를 붙일 수 없고, 알아볼 수 있는 현상이라고 콕 짚어내기조차 쉽지 않다. 우울은 사람들이 자본주의 및 식민주의를 경험하는 방식과 관련된 느낌의 구조다. 그럼에도 우울은 자본주의 및 식민주의와의 연관성을 즉각 드러내지 않을 수 있다. 우울은 다른 종류의 감각작용에 관한 이야기다. 우울이 비유적으로가 아니라 말 그대로 감각작용에 관한 이야기인 이유는 그것이 우리 주변의 세계가—우리의 몸, 우리의 느낌과 정신을 포함하는—감각에 끼치는 영향을 다루는 이야기이기 때문이다. 내면과 외면, 몸 내부에 있는 것과 외부에 있는 것, 집 안에 있는 것과 집 밖 동네나 도시의 다른 편에 있는 것, 우리 자신의 비통함과 저 너머 세계의 비극 간의 차이를 알기는 어려울 수 있다. 예컨대 테리사 브레넌은 우울뿐 아니라, 우리 시대의 만성 피로 증후군과 자가면역 질환 같은 규명하기 어려운 다른 질환을 가리켜, 육체와 사람과 집단을 가로지르는 나쁜 느낌이 전달되어 야기된 심리 및 환경의 중독이라고 말한다.5 내면과 외면 사이에서 떠도는 가운데, 우울은 기분일 수 있고 분위기일 수도 감수성일 수도 있다.

우울은 도처에 있을 수 있다. 사람들이 주권적 행위주체여야 한다고 말하지만 이들을 지나치게 많은 할 일(혹은 지나치게 적은 할 일)로 끊임없이 짓누르는 문화의 은밀한 영향 때문이다. 이러한 상황은 특히 중산층에 속하는 주체들에게 적용된다. 물론 중산층의 출세 지향적인 궤도에서 살아가는 사람들에게도 적용된다. 미첼의 「근심거리와의 전쟁」은 가정의 근심을 악화시키는 요인이 섬처럼 고립되어 존재하는 가정의 성격 때문임을 시사한다. 가정은 다른 (더 큰) 근심거리들과 다른 (더 생생한) 전쟁을 막아주는 완충제이기도 하지만, 그런 문제에 접근하지 못하게 차단하는 이중적 역할을 하며 가정의 이러한 이중성을 알고 있다는 데서 오는 불안이 가정의 근심을 악화시킨다는 것이다. 우울에 대한 이야기는 일상생활의 무게에 짓눌려 계속 사라지는 사람들을 다룬다. 물론 때로는 느낌이 힘을 충분히 축적하면 누군가는 견디지 못하고 폭발해버려 전혀 다른 이야기가 나타나기도 한다. 이때의 이야기는 사라지는 사람들이 아니라 사건을 일으키는 사람들에 관한 이야기다. 청년들, 대부분 남성 청년들이 총기를 구해 타인이나 자신을 죽이는 이야기―콜럼바인고등학교(1999년), 버지니아공대(2007년), 텍사스대학교(2010년), 애리조나주 세이프웨이 슈퍼마켓(2011년), 노르웨이 여름캠프장(2011년) 총기 난사 사건들―가 그러한 사례들이다.6 고립이 극심해 앞으로 나서 행동해야 했던 사람들에 관해 해야 할 이야기는 분명히 있다. 그러나 이런 이야기 역시 우리가 살고 있는 가정과 우리가 하는 경험과 공명해야 하는 이야기일 뿐 사이코패스나 괴물을 만들어내는 이야기가 아니다. 지금 벌어지고 있는 일을 설명하기 위해 과학 연구가 꼭 필요한 건 아니다. 우리에게 필요한 것은 더 나은 방법들, 그저 하루하루 버티는 둔한 느낌을 비롯하여 일상생활에 관해 이야기하는 더 나은 방법들이다.

생존의 아카이브

이 장은 우울을 새롭게 다시 기술해보는 탐색 작업을 통해 진행된다. 대안이 될 만한 새로운 핵심어들을 도입하기도 하지만 일상의 느낌과 우울에 대한 나의 색다른 아카이브에 속하는 문화 텍스트들(미첼의 「근심거리와의 전쟁」도 여기 포함된다)을 살피는 작업도 같이 할 것이다. 이 아카이브에는 퀴어 카바레 예술가인 키키와 허브의 공연이 들어 있다. 이들의 커버송 메들리와 디바처럼 당당한 태도는 극단적인 감정의 멜로드라마를 활용해 일상적인 것을 표현한다. 퀴어 에이즈 활동가이자 영화감독 그레그 보도위츠의 다큐멘터리 영화 「습관」도 내 아카이브에 있다. 영화의 단조로운 감정 톤, 그리고 다큐멘터리 양식으로 드러나는 미국과 남아프리카공화국 사이의 괴리는 전 세계에서 유행하는 에이즈에 대한 정치적 우울을 보여준다. 일상과 우울을 다루는 예술의 사례 중 가장 확장된 사례는 미술과 정치와 일상생활을 결합하여 가정생활에 대한 논쟁을 변화시

키는 우리 시대의 페미니스트 수공예 실천이다. 이 장에서
는 시각예술가 실라 페페와 앨리슨 미첼의 작품에 특별히
주목하며, 수공예를 우울 관련 문화에서 창조적 생활 방식
을 꾸려가기 위한 모델로, 그리고 내가 **일상 습관의 유토피
아**utopia of everyday habit라 부르는 일상의 평범한 영적 실천 형
식으로 탐색한다.

　　이 예술가들을 아는 독자들은 지금 소개하는 아카
이브가 내가 사는 특정 인구집단의 감수성과 문화 취향을
반영한다는 점을 눈치챘을 것이다. 내가 속한 집단은 뉴욕
그리고 토론토와 시카고 같은 다른 국제도시들의 도심을
중심으로 활동하는 퀴어 페미니스트 보헤미아라는, 규모도
작고 수명이 대체로 짧은 틈새 공동체다. 주류에서 떨어진
아카이브, 혹은 별난 아카이브일 수 있겠지만 나의 아카이
브는 특정 집단에서 보편적인 관점이 된 의학적 관점(혹은
멜랑콜리에 관한 서양 인문주의 전통의 관점) 말고도 다른
아카이브가 존재한다는 것을 보여주는 추가 증거를 제공
한다. 그러나 이 아카이브는 앞 장에서 언급했던 디아스포
라와 토착민의 아카이브와도 강조점이 다르다. 퀴어 보헤
미아에는 인종과 계급을 가로지르는 접속이 벌어지고, 서
로 다른 세계들과 연결 지으려는 욕망이 넘친다는 점에서
힙스터 문화와 비슷하다. 물론 퀴어 보헤미아에 속한 이들
에게도 편협하거나 피상적인 "다문화 다양성" 문제가 없진
않다. 퀴어 보헤미아에는 문화적 계층이동 및 상승 욕구,
그리고 중산층 특권과 중산층에 대한 동화 문제가 있고 이
공동체가 이런 문제들과 맺고 있는 관계는 다양한 형식을
띤다. 무엇보다 퀴어 보헤미아에는 노동계층에서 온 예술

가들이 포함되어 있기 때문이다. 이 장에서 내가 주목하는 백인 예술가들의 작품은 현실 투쟁에서 떨어져 나와 고립되지 않을까 하는 불안이 우울을 유발하는 문제를 다룬다. 가령 「근심거리와의 전쟁」은 인종차별에 대한 불안을 표현한다. 나는 나를 지탱해주는 예술 중심의 퀴어 문화가 어떤 방식으로 우울에 퀴어 관점을 들여오는지 알아보고 싶었다. 퀴어 관점이란 비규범적이고 삐딱한 것을 좋아하는 취향을 지닌 관점이다. 퀴어 관점을 지닌 예술가들, 그리고 이들의 작품이 발산하는 느낌과 계속 가까이 접하면서 살아가는 생활은 우울에 관한 내 사유에 없어서는 안 될 요소였고 지금도 그러하다.

　　나의 방법은 꼭 작품이나 텍스트를 꼼꼼히 읽는 작업도 아니고, 사례들을 더 일반적인 뭔가의 구체적 실례로 보는 것도 아니다. 내가 주장하려는 것은 우울, 그리고 훨씬 더 중요한 생존을 퀴어 예술 작품들이 포함된 아카이브를 통해 어떻게 살필 수 있는지 그 방법에 관한 것들이다. 여기 소개하는 사례들은 각각 고유하고 독특하며, 이들이 우리의 지식에 기여하는 바들은 예측 불가능할 뿐 아니라 기존 학문의 경계를 따르지도 않는다. 사례와 아카이브 관련 이론들은 퍼블릭 필링스 프로젝트의 중심이었다. 가령 내가 "느낌의 아카이브"를 비평 개념으로 공식화한 작업은 로런 벌랜트가 『아메리카의 여왕 워싱턴으로 가다』에서 고급과 저급, 퀴어와 이성애를 혼합해 아카이브를 구성했던 작업에 빚지고 있다. 이 비판적 감수성은 또한 진부한 일반화를 차단할 목적으로 묘사로 향하는 캐슬린 스튜어트의 작품에도, 행복에 관한 종래의 통념을 부수려 사라 아메드가 구축한 "불행의 아카이브"에도, 그리고 묘사로의 전환이라는 헤더 러브의 개념에도 존재한다.7 벤 하이모어가 시사하듯, 일상성(혹은 우울)을 기술하려면 개인의 구체적이고 고유한 과학이 필요하며, 이런 지식은 일반화를 통해 작용하는 통계나 과학 지식을 붕괴시킨다.8 나의 사례들은 이론을 적용한 것이 아니라 새로운 지식을 논의선상에 올려놓음으로써 우울을 다루는 일반 이론에 저항하는 방법들이다. 나의 사례들은 우울에 관한 의학 이론에 반격을 가하고 의학 이론의 문제를 설정해 그것을 변화시킬 만큼 밀도 있고 복합적이다.

특히 나의 사례들은 회복적 성격을 띤 사례로서, 우울뿐 아니라 삶의 방식에 관해 우리에게 이야기해주는 바가 있다. 나의 사례들은 뭔가 만들고, 창의성을 발휘하고 뭔가 하려고 시도하는 퀴어 문화—행위예술, 활동가 기록, 수공예, 그리고 설치미술—의 전복적이고 실험적인 장르에서 출현한다. 이들은 과학적일 필요도 없고 지식을 구축하기 위해 일반화할 수 있는 정보 형태로 증거를 늘어놓을 필요도 없는 사유 방식을 제공하려는 야심, 이 글이 품고 있는 야심의 창조적 동반자다. 이 사례들은 내게 우울이 일상적이라는 것, 그리고 "치유" 역시 일상적이라는 것, 그리고 치유는 의료가 아니라 일상생활의 예술에 있다는 것을 가르쳐주었다.

우울 아카이브:
키키와 허브, 그리고 모성 멜로드라마

온종일 누워 있고 싶어?
그렇지 않았던 느낌을 기억해?
— 르 티그르, 「훨씬 더 좋아」

나의 우울 아카이브에는 르 티그르가 부른 위 노래의 가사가 포함되어 있다. 저 가사는 움츠러드는 느낌, 누군가와 딱히 뭘 나누고 싶지 않은 듯한 느낌을 흡족할 만큼 공개적으로 말해주기 때문이다.9 르 티그르의 출현 배경이 된 1990년대 라이엇걸과 진 문화는 자신의 느낌을 드러냄으로써, 느낌의 방식과 세상의 상태 모두를 변화시킬 수 있다는 페미니즘의 확신을 견지하고 있었다. 무기력함에 대한 르 티그르의 표현은 키키와 허브의 무절제한 감정 표현과 정반대인 듯 보이지만 키키와 허브의 라이브 공연 역시 이 글을 쓰는 동안 내 사유의 중요한 동반자이자 백비트backbeat 역할을 해주었다.10 저스틴 본드와 케니 멜먼은 무대에 복귀하려는 늙은 알코올중독자 카바레 가수 키키와 피아노 반주자 허브 캐릭터를 구현하면서, 2008년 해체하기 전까지 대중음악과 자전적 독백을 기발하게 뒤섞은 메들리로 이스트 빌리지 관객들에게 즐거움을 주었다[도판 2]. (이후 이어진 오프브로드웨이 장기 공연과 카네기홀 쇼를 통해 더 크게 주목받았다.11) 키키와 허브가 내 우울 아카이브에 속해 있는 이유는 르 티그르처럼 이들 역시 아주 여러 차례 내게 더 좋은 느낌을 주었기 때문이라고 자신 있게 말할 수

있지만, 이들의 능력 덕에 나는 르 티그르류의 고요한 은
둔의 표현과, 우울의 일상적 느낌을 표명하는 더 극적이고
과장된 멜로드라마적 표현 사이의 관계를 생각해보게 되
었다.

가정을 다루는 예술은 우울의 온상인 표준 백인 중
산층 가정의 울타리를 벗어나면 전혀 달라 보인다. 물론
우울은 누구나 경험할 기회를 부여받는 평등한 불행의 형
식으로 이해해야 한다. 가정은 페미니스트들, 특히 퀴어 페
미니스트들에 의해 변형되지만, 키키와 허브가 비틀어놓
은 카바레 무대에서 소재로 채택될 때는 또 다른 형태로 나
타난다. 두 예술가의 무대에서 모성 멜로드라마는 커버송
을 만나고 아동학대는 숨김없는 논의 대상이 된다. (키키
는 단언한다. "신사숙녀 여러분, 어렸을 적 학대를 당하지

도판 2 키키와 허브로 분한 저스틴 본드(오른쪽)와 케니 멜먼, 2007(사진: 리즈
리귀리).

않았다면 그 사람은 분명 아주 못생긴 애였을걸요.") 게이 남성 캠프 문화(키키는 트랜스젠더 남성이다)가 모성 멜로드라마나 여성 영화 같은 여성 장르의 틀을 변형시켜 풍자 대상으로 삼을 때 진정성이 훼손되는 건 아닌지 우려되는 면도 없진 않지만, 나는 키키와 허브가 모성 멜로드라마를 우울의 아카이브로 발굴해, 하마터면 들리지 않았을 뻔했던 소리 없는 느낌에 목소리를 제공하는 방식, 때로는 포복절도할 만큼 우스꽝스러우면서도 통렬히 슬픈 정교한 이야기들의 형태로, 때로는 그저 원초적인 날것의 충격을 담아 이런 느낌을 표현하는 방식에 매료되고 만다.

키키의 과장된 감정은 우울한 사람들의 말없는 어둠과 정반대인 듯 보일 수 있지만, 노래 사이에 간간이 삽입된 키키의 독백에서 드러나는 다층적인 생애사는 그 역시 수도 없이 우울 때문에 밑바닥까지 침잠했을 수 있음을 암시한다. 키키는 우울의 바닥에 머무르지 않고 그 고통을 공개할 방법을 찾아냈다. 그는 맥주 한 잔 더 벌컥벌컥 마시고 잃어버렸거나 죽은 자식들에 관한 다른 이야기를 전하고, 크고 길고 슬픔 가득한 노래들을 부름으로써 자신에게 붙은 악마를 퇴출시키는 의식을 벌인다. 키키는 여러 자식들과 자신의 관계를 소재로 한 연속극을 통해 모성 멜로드라마의 전통을 부활시킨다. 키키의 맏이 브래드는 샌프란시스코의 러시안힐에 살고 있는 동성애자 실내 장식가다. 다른 자식 코코는 키키가 몬테카를로에서 컴백 무대를 성황리에 마친 후 지중해 유람선을 타고 가던 와중에 유람선에서 떨어져 익사했다. 작은딸 미스티는 아동보호소에서 데려간 후 현재는 위탁가정에서 살고 있다. 키키는 이따금

델라웨어에 살고 있는 미스티를 만나러 가며, 희미한 화해의 희망을 품고 있다. 키키에게 엄마 노릇을 할 수 있는 능력이 있는지는 불확실하지만 그럼에도 불구하고 그는 자신의 상실과 사랑을 가슴 저미는 감정으로 승화시키며, 모성이라는 감정이 흔히 재현되듯 타고난 순수한 애착이 아니라 그보다 훨씬 더 복잡한 감정이라는 것을 생생히 드러낸다. 키키는 자신이 어머니 노릇을 형편없이 할 수밖에 없는 형편을 개인의 능력 문제가 아니라 체제의 문제로 예리하게 분석한다. 그는 개인적인 번민과 슬픔 가득한 이야기로 관객에게 감동을 안기기도 하지만, (콜럼바인고등학교 총기 사건이나 당대의 다른 사건들을 언급하면서 그가 선보이는) 독백의 변함없는 주제는 아이들 주변에 만연한 위선. 한편으로는 아이들에게 감상주의적으로 애정을 퍼붓지만 다른 한편으로는 아이들을 학대하는 모순된 태도라는 위선이다. 키키 같은 형편없는 어머니들을 귀신 쫓듯 몰아내거나 희생 제물로 삼는 문화는, 그 문화에 내재된 폭력에 알리바이를 제공함으로써 그러한 폭력을 은폐한다. 키키와 허브가 꾸미는 무대가 관객에게 선사하는 카타르시스 중 하나는 관객에게 우울에 빠져 허우적거리게 만들거나 슬픔을 잊으라며 (헛된) 격려를 하지 않고, 내밀한 카바레 공간에서 세상 전반에 존재하는 가혹함을 생생히 접할 수 있게 해준다는 점이다.

이토록 강력한 정동의 혼합물은 음악과 이야기의 결합을 통해 이루어진다. 키키는 뮤지컬 가수처럼 이야기로 다 담지 못할 격한 감정을 표현하기 위해 노래를 부른다. 가정생활을 다루는 직설적인 이야기에 보태기 위해, 우울이라는 희미한 이름으로 불리는 감정의 소용돌이를 노래로 표현한다. 키키의 노래를 듣고 있으면 왜 멜로드라마가 권리를 박탈당한 이들과 침묵을 강요당하는 이들에게 목소리를 제공해왔는지 생생히 느낄 수 있다. 이들의 공연에서 느껴지는 감정은 대개 고통스러울 만큼 진이 빠지는 경험이다. 공연이 이야기뿐 아니라, 정신없이 빠른 속도로 이 감정 저 감정을 종횡무진 달리며, 세심하게 만든 메들리 사이에서 동요하기 때문이다. 메들리와 커버송 둘 다 다양한 감정의 영역을 통합하는 중요한 방식이다. 커버송으로 만든 노래들, 특히 팝송을 각색한 커버송들은 감정의 진부한 표현을 이용하긴 하지만 새롭고 아주 내밀한 의미를 만들어낼 수 있다. 키키와 허브는 커버송 예술의 달인들이다. 이들의 노래는 "외로워 죽을 지경이야"라는 가사가 담긴 브리트니 스피어스의 「… 베이비 원 모어 타임」부터 제럴딘 피버스 같은 밴드의 낯선 곡조, 그리고 PJ 하비의 「리드 오브 미」나 너바나의 「스멜스 라이크 틴 스피릿」처럼 카바레 쇼에서 커버송으로 부르기에는 어울리지 않는 인디음악 고전까지 광범위한 레퍼토리를 자랑한다.

키키의 노래(그리고 허브의 편곡)는 노래의 감정적 내용을 풍부하게 전달한다. 노래를 비틀어 거기 있는지도 몰랐던 감정을 표현하기 때문이다. 여기서 더 나아가 이들이 부르는 메들리는 커버송의 정서적 역동성을 한껏 끌어올린다. 메들리라는 형식을 활용해, 서로 어울리지 않는 노래들을 느닷없이 이어 붙여 놀라운 효과를 내기 일쑤인 공연은 이례적인 느낌의 결합과 충돌을 창조한다. 키키와 허브의 공연은 멜로드라마 같아도, 아주 광범위한 감정의 톤을 포용하기 때문에, 우울을 비롯한 슬픔의 깊이를 효과적으로 포착하며, 슬픔을 과장되거나 단순해 빠진 감상성으로 바꾸는 데 그치지 않는다. 키키는 정치적 체념에 빠져들을 만한 노래를 찾는 이들에게 자양분을 제공하며, 퀴어적 성격에 여성성을 공연 요소로 첨가함으로써 여성 장르예술을 참신하게 표현한다. 우울에 대한 퍼블릭 필링스의 접근법이 페미니즘의 유산에 기대는 방식을 논의할 때면, 나는 늘 서두 격으로 키키와 허브의 공연을 보라고 제안한다. 둘의 공연은 대중 여성 장르가 일상적 감정생활의 복잡성을 표현하는 힘을 유지하는 방식을 보여주는 모범 사례이기 때문이다.

퍼블릭 필링스와 페미니즘의 유산

앨리슨 미첼의 「근심거리와의 전쟁」은 페미니즘과 우울이 뒤얽힌 역사들을 추적하는 퍼블릭 필링스 프로젝트에 적합한 시각적 상징이다. 정신 건강의 성별화는 미첼이 장난감 병사들을 성냥갑 크기의 가정 내부라는 폐쇄된 공간에 위치시킨 다음 다시 새도박스의 틀 안에 가두어 표현한 데서 드러난다. 그는 가정이라는 후방 전선과 전투가 벌어지는 전선 사이의 표준 관계를 역전시키고—병사들은 이제 집 안에 있다—그럼으로써 히스테리에서 우울에 이르는 여성 질환들과, 포탄쇼크,* 전투 피로증, PTSD와 관련된 남자다움의 역사가 별개가 아니라 서로 이어져 있음을 밝힌다. 미첼은 조너선 메츨의 주장—가령 밀타운, 발륨, 그리

고 프로작 같은 약물을 우울 치료제로 연달아 마케팅할 때
여성들을 주로 부각시킨다는 주장—같은 주장을 시각적으
로 해석한 작업을 제공하는 셈이다.[12] 이런 비판 작업의 최
종 목표는 중산층 백인 여성이 아닌 다른 인구 집단의 느낌
을 살피는 것일 수 있다. 그러나 정신질환을 다루는 의학의
역사에서 중심이 되어온 존재는 중산층 백인 여성들이다.

　　그래서 광기[정신질환]는 여성의 문제라는 식으로
여성과 광기를 엮는 데 대한 비판은 페미니즘의 토대였다.
페미니즘은 우울증 같은 범주로 분류되는 불행감에 더 도
움이 되는 것은 약물이 아니라 사회혁명이라는 생각을 고
취했다. 제2물결 페미니즘 초기인 1960년대 초, 베티 프리
단의 『여성성의 신화』 같은 저서들은 나쁜 느낌으로 드러
나는 문제의 온상이 바로 가정생활이라고 진단했고, 페미
니즘을 치유책으로 제시했다. 가정주부에게 당신을 미치게
만드는 가정이라는 억압을 벗어나야 한다는 해결책을 제
공한 것이다. 프리단은 "이름 없는 문제"라고 명명한 문제
를 논의하면서 수많은 중산층 여성들을 괴롭히는 느낌, 의
학적 또는 사회적 병리 현상으로 잘못 재현되는 "절망이라
는 이상한 느낌"에 대한 해답이 곧 페미니즘이라고 말한다.

* shell shock. 제1차 세계대전 동안 많은 군인이 겪었던
  PTSD를 설명하기 위해 사용된 용어로, PTSD가 공식적
  으로 인정되기 이전에 사용되었다. 이는 극심한 공격 및
  전투 상황에 대한 반응으로 무력감을 유발하며, 공황, 두
  려움, 도피, 또는 이성적 사고나 수면, 말하기 등의 능력
  을 상실할 수 있다.

프리단의 분석은 여성들로 하여금 "절망"을 공적 감정으로 명명해 정치 운동의 촉매제가 될 수 있게 만들라고 독려했다.[13] 그다음 세대에게 가정을 떠나 직장으로 진입하는 것은 중산층 여성들이 추구했던 해결책이 되지 못했다. 항우울제를 가장 빈번하게 처방받은 여성들은 미친 가정주부가 아니라 오히려 직장생활과 가사를 병행하는 데서 오는 심한 스트레스와, 그래도 두 가지를 병행하겠다는 야심 한가운데서 온전히 제 기능을 해야 하는 직장 여성들이었기 때문이다. 그럼에도 불구하고 일과 가정생활의 균형을 맞추려 지금도 애쓰고 있는 중산층 여성들의 일상생활은 여전히 사회문제를 느낌의 문제로 탐색하기 위한 출발점이다. 신자유주의의 복지 파괴로 인해 가족 구성원이나 친밀한 관계에 있는 사람들이 감정노동을 넘겨받으면서 대안적인 친족관계에 있는 사람들조차 어려움을 겪는 현 상황에서는 이러한 탐색이 더욱 절박하다.

페미니즘은 백인 중산층 여성들의 고통을 체제 불평등과 폭력의 진입점으로 삼아 다루기 곤란한 문제에 대처해왔다. 페미니즘이 직면해온 어려움은 "아무래도 상관없어", "나는 아무 가치도 없어", 혹은 "난 어찌해야 좋을지 모르겠어" 같은 감정을 산출하는 일상생활의 생생한 우울 경험에 집중하면서도, 이런 작은 규모의 불안과 전 세계적 규모의 문제를 같은 선상에 놓고 비교할 수 없다는 느낌에 압도당한다는 것이다. 페미니즘은 느낌의 혁명이나 "근심 거리와의 전쟁"을 하자고 하면서도, 정동 문제에 정동적 해결책을 제시함으로써 더 올바른 정치적 해결을 제시하지 못하게 된다며 비판해왔다. 그 결과는 다양한 형태의 우울한 답보상태다. 좋은 느낌이건 나쁜 느낌이건 우리의 느낌은 중요하지 않으며, 자본주의의 풍토병이나 마찬가지인, 개인 자신에 대한 좋지 않은 느낌을 바꾸려는 노력은 무엇이건 변화를 만들기에는 지나치게 하찮다는 관념으로 인한 답보상태 말이다. 끊임없이 울려대는 불평 같은 비판은 좋은 느낌을 향해 삐딱한 시선을 보내고 의문을 제기할 태세가 갖추어져 있다. 좋은 느낌이란 타자들을 무시하거나 착취하는 계급 특권에 불과하거나, 그게 아니더라도 정치 형식으로는 한참 부족한 문화에 불과하다는 것이다. 변화를 일구려는 노력은 언제나 불충분하다. 해야 할 일은 항상 더 있다는 불만이 중요하다는 데서 멈춰버린 답보 상태.

　　로런 벌랜트(캐슬린 스튜어트와 더불어 나의 프로젝트에서 가장 중요한 퍼블릭 필링스의 동조자 중 하나다)는 여성 문화에 대한 가장 정교한 방식의 비판 중 하나를 제시한다. 벌랜트의 비판에서 여성 문화는 "감상적 흥정"sentimental bargain이다. 로맨스와 멜로드라마적 고통을 비롯한 강렬한 감정을 일종의 피난처로 판매하는 문화, 그럼으로써 사회 변화뿐 아니라 더 넓은 세계의 실제 조건에서 동떨어져 있을 안식처를 판매하는 문화이기 때문이다. **근사정치성**juxtapolitical은 느낌의 문화들이 사회 변화의 각축장으로 작동하는 종래의 정치를 끌어들이지 않는다는 점을 논하기 위해 벌랜트가 창안한 개념으로, 예술과 창의성에 바탕을 둔 문화를 비롯한 대안적인 공적 문화들이 대부분 한계가 있음을 표명한다.＊14 벌랜트가 제공하는 분석의 강점 중 하나는, "감상성이라는 미완의 문제"를 집요하게 파고든다는 점이다. 그에게 감상성은 가정을 다루는 담론,

가령 해리엇 비처 스토의 노예제 폐지 정치나 여성 영화의
멜로드라마 같은 담론의 역사에서 발견되는 "감상적 흥정"
이 계속 번성하는 장소다.¹⁵ 필 탱크와 퍼블릭 필링스에서
출현한 정치적 우울이라는 범주를 채택하는 후속 작업에서
벌랜트의 "감상적 흥정"은 "잔인한 낙관"cruel optimism이라는
더 일반적인 범주로 변형된다. "잔인한 낙관"은 사람들이
잘 살아보고자 추구하는 방식들이 실은 그들에게 나쁜 것
으로 드러나는 일상생활의 정동적 상황을 설명한다.

　　여성 문화에서 비롯되는 친밀성이나 애착에 대한
관심은 벌랜트의 분석에서 계속 중요하다. "잔인한 낙관"
의 전형적인 형태 중 하나가, 표준적인 친족 관계에 대한
애착 이외의 것에서 어떻게 "더 나은 삶"better good life이 출
현할 수 있는지 상상하기 불가능해질 때 로맨스(그리고 다
른 형태의 나쁜 애착)로 향하기 때문이다. 그러나 정치를

* 근사정치적 영역에서 사람들은 특정 감정을 공유함으
로써 친밀한 공중으로 형성된다. 정치가 공중과 함께 일
어나는 일이라면, 친밀한 공중은 정동적 세계에서 형성
된다. 벌랜트에 따르면, 정동 세계는 감정의 공유를 통
해 만들어진다. 다시 말해 사람들이 잠시나마 정치로부
터 벗어나 안도감을 느끼는 미학적 장면을 통해서 정동
세계가 만들어진다. 미학이 재현한 장면들을 통해, 혹독
한 차별 대우를 받는 사람들, 사회적으로 부정되는 것 이
상의 역사적 짐을 지도록 강요당한 사람들이 그 장면들
에 대해 특정한 감정을 나누면서 잠시나마 서로 함께 안
도한다는 것이다. 이럴 때 형성되는 것이 친밀한 공중이
다. 친밀한 공중은 적대와 갈등을 다루는 정치를 하는 공
중이 아니다. 친밀한 공중은 정치와 가까운 영역에서 잠
시나마 함께 불평과 슬픔을 나누는 근사정치적 공중이다
(Lauren Berlant, *The female Complaint*, Duke University
Press, 2008, 10).

일상, 친밀성, 그리고 욕망과 애착의 복잡다단함에 뿌리를 둔 것으로 보는 벌랜트의 시각에서 특히 강력한 것은 음식 섭취라는 일상 행위에 대한 관심이다. 가정의 일상적 현장에 초점을 맞추는 가운데 벌랜트는 몸에 나쁜 것을 먹는 행위에 견주어 감상적인 문화를 기술한다. 몸에 나쁜 것을 먹는 행위는 즉각적인 만족 욕구를 시각적으로 생생히 보여주는 은유이다. "원하는 게 딱히 음식이 아닌데도 냉장고를 열어 먹을 걸 찾는 것처럼, 사회적 불안의 순간 감상적인 수사로 향하는 행위는 갈등 없는 세계, 즉 감정이나 친밀성이 아닌 구조적 불평등은 부차적 현상에 불과한 세계에 대한 욕망의 발현이다."[16] 벌랜트가 제시하는 "잔인한 낙관"의 전형적 사례 중 하나는 비만이 만연한 상황이다. 벌랜트는 비만 문제를 "더딘 죽음"의 한 형태로 본다. 자본주의가 사람들에게 일상적인 몸 실천의 층위에서 영향을 끼칠 때 즉각적인 만족과 편안함을 제공하지만, 결국 그 때문에 사람들이 죽게 되는 메커니즘을 기술하는 것이다. (항우울제 역시 "잔인한 낙관"을 위한 처방으로 볼 수 있다. 세상을 바꾸는 대신 개인의 몸 내부로 섭취하라고 건네는 약물인 것이다.) 벌랜트의 이러한 분석은 비만인 사람들을 비만 때문에 낙인찍는 민감한 인종 정치 및 계급 정치와 연관된다는 점에서 논란을 불러일으킬 만하다. 그럼에도 불구하고 벌랜트가 위험을 감수하고 이런 입장을 제시하는 것은 자본주의 사회 체제에 만연해 있는 정크 푸드 쪽으로 관심을 돌리는 한편, 개인이 행위주체성과 선택권을 통해 자신의 몸을 온전히 통제할 수 있다는 관념이 얼마나 허황되고 불가능한지에 주목하기 위함이다. 그래서 벌랜트는 행위주체성을 주장함으로써 (트라우마나 퀴어 정체성에 찍히는 낙인을 고치듯) 과식을 병으로 보는 시각을 고치자는 움직임에서 출현한 비만 행동주의fat activism 같은 공적 문화의 방식도 회의적인 시각으로 본다.

벌랜트의 비판은 사라 아메드가 말한 "페미니스트 킬조이"feminist killjoy＊의 전형적 사례처럼 보일 수 있다. 즐거움이나 낙처럼 보이는 것이 사실은 오염되어 있다고 재해석하는 데다. "정동적 분위기의 변화가 세상을 바꾸는 것과 반드시 같은 것은 아니라는" 주장 때문이다.17 그러나 사회생활이 신체 및 섭식과 관련해 이루어지는 방식에 주목하는 그의 논의와 비판은 어떤 지점에서는 가혹해 보일 수 있음에도 불구하고, 친밀성과 애착을 환원하거나 묵살하는 태도 없이 기술할 방법을 찾으려는 왕성하고 집요한 호기심의 결과다. 벌랜트는 평범한 일상생활에 대한 분석의 속도를 늦추어, 욕망을 온전히 통제하는 합리적 주체를 상정하는 주권 개념을 비판하고, 비스듬히 움직이거나＊ 멍하니 있거나 아니면 그저 버티고 살아가는 사람들에 대한 이야기로 놀라움을 안긴다.

속도를 늦추는 정신으로, 나 역시 사람들이 나쁜 시대에 더 잘 살 방안을 어떻게 찾아내는지 살펴보고 싶다.

＊ 아메드가 『행복의 약속』에서 논의한 페미니스트 킬조이는 소위 분위기나 흥을 깨는 자를 뜻하며, 가부장적이고 성차별적인 사회 규범을 인식하고 그에 대해 문제 제기하고 반박하는 사람을 가리킨다.

이런 방안에는 "느릿한 삶"으로 서서히 진행되는 "더딘 죽음"에 대항하는 것이 포함된다. 내가 주목하는 방안은 우리 시대의 수공예이다. 수공예는 여성 문화의 양면적 지위—투쟁의 장이자 페미니즘 정치의 새로운 기회의 장(혹은 내가 다른 곳에서 "복합적 감정들"이라 부른 것의 장)—에서 출현한다. 수공예는 뭔가 하는 행동으로 사유를 수행하는 실천 형식을 통해 여성 문화와 깊은 대화를 나눔으로써, 무엇이 페미니즘을 구성하는지, 그리고 무엇이 정치적인 것을 구성하는지 질문한다. 이러한 대화, 그리고 우울 같은 문제에 대처하도록 치유와 자기계발을 제공하고자 하는 이 대화의 야심은 퍼블릭 필링스의 관심사에 흥미진진한 환경을 제공한다.

수공예 실천은 신자유주의적 자본주의가 낳은 음흉하고 더딘 죽음의 한 가지 형식인 나쁜 기분이라는 유행병을 막아준다. 특히 이런 유행병은 중산층 사이에 퍼져 있다. 이들은 경제적으로 큰 장애물이 없는데도 불구하고 여전히 근심과 심리적·신체적 스트레스로 수렁에 빠진다. 합리적 자아에 의지하는 주권의 형식과 달리 수공예는 몸

＊ 비스듬한 움직임은 측면적 행위성을 말한다. 합리적 주체는 주권적 의지를 발휘해 목표 달성을 향해 직진하는 행위 능력이 있다고 가정하지만, 벌랜트는 비주권적 주체성에 주목한다. 어떤 상황을 견디거나 변화 중인 상황에 놓여 있을 때 딴청을 피우는 것, 잠시나마 탕진 재미에 빠지는 것, 흡입으로 표현되는 폭식, 딴짓에 몰두하기 등이 비스듬히 움직이는 측면적 행위성이다. 로런 벌랜트, 『잔인한 낙관』, 박미선·윤조원 옮김, 후마니타스, 2024 참조.

정치의 한 형식이다. 여기서 행위주체성은 의지를 적용하는 것과는 다른 형식을 취한다. 수공예는 정신이 육신을 움직이는 것이 아니라 육신이 정신을 움직이는 세계, 혹은 신경생물학적 견해를 다른 식으로 표현하자면, 몸과 정신이 깊이 결속되어 있거나 유기적으로 연결되어 있는 세계의 존재 방식을 키워준다. 수공예는 몸과 감각을 더 통제하는 것이 아니라, 오히려 몸과 감각을 정신으로부터 "되찾거나" 몸과 감각을 정신과 통합하는 느낌으로 체험되는 주권의 형식을 산출한다. 수공예는 여성 문화의 핵심부에 있는 가정 공간에서 출현하여, 구조적 불공평의 형식들을 인정하는 한편, 몸과 감각을 일상생활의 구조로 통합하거나 직조해 넣는 생활 방식, 몸과 감각에 바탕을 둔 생활 방식을 실천하는 모델을 제공한다. 몸과 감각을 직조해 넣는 일상생활에는 말 그대로 질감과 색깔과 감각의 즐거움이 포함된다.

수공예는 세상에 존재하는 한 가지 방식에 관한 것이며, 이러한 존재방식은 지식뿐 아니라 실천, 혹은 이브 세지윅의 표현으로 "인정의 가르침과 배움"pedagogy of recognition을 필요로 한다. 본인이 수공예가인 세지윅은 이 인정의 교수법을 불교와 관련해 기술한다.[18] 느린 삶의 수공예는 꼭 중산층의 성격을 지닌 것만은 아니다. 여기서 말하는 수공예는 노동자계급뿐 아니라 전前자본주의적 삶과 노동 방식과 관련된 육체노동 방식을 취하기 때문이다. 그리고 수공예가 과거에 대한 향수에 지배받는 형태로 보이지 않도록, 수공예가 새로운 퀴어 문화와 장애 문화에 속한다는 점, 이런 문화들이 (동물 연구와 더불어) 머리가 아니라 "몸"에 존재하는 상이한 방식들을 창안해내고 있다는 점에 반드시 주목해야 한다. 덧없이 지나가는 느낌만은 아닌 하나의 어엿한 실천으로서, 수공예는 그 자체를 넘어서는 정치적 변화의 특정 형식과 동의어도 아니고, 정치적 변화를 위한 첫 단계도 아니며 정치적 변화의 재료 또한 아니다. 수공예는 다른 것을 변화시키는 수단이 아니라 이미 자기 변화의 한 형식이다. 그렇다 해도 수공예는 조직화된 정치적 행동을 비롯해 세계에서 다른 종류의 일을 수행하는 데 필요한 영적 투사의 자아를 구축하는 방안이 될 수 있기는 하다.

우울 아카이브: 수공예

손으로 뭔가 만드는 당신은 세상에 윤기를 더하는 거예요.
사랑스러운 여성이여 받아들여요 …
환상적인 수공예의 달인!
계획 따위 따르지 않아요. 손으로 뭔가 만들죠.
춤을 춥시다. 당신은 환상적인 수공예의 달인이니까!
함께 만들며 재료도 나눠요.
당신의 공예 기량은 최고랍니다.
풀을 붙여요. 잘라요. 꿰매요. 천을 짜요.
색을 칠해요. 구슬을 꿰어요. 반죽해요. 염색해요.
수를 놓아요. 납땜도 좋죠. 열을 가해봐요.
나가서 걸어요 (산책, 산책)
대화해요 (대화, 대화)

수공예 대화를 해요. 수공예 대화
원하는 건 뭐든 만들 수 있어요.
— 레슬리 홀, 「수공예 대화」

황금빛 점프수트를 입고 과장된 헤어스타일과 분장에,
1970년대 스타일의 커다란 안경을 쓴 덩치 큰 레슬리 홀은
행위예술가이자, 레슬리 앤드 리스라는 밴드의 프론트맨으
로, 황금 바지와 화려한 장식이 달린 스웨터에 대한 찬가를
랩 형식으로 부른다.[19] 그는 중고 매장에서 보석이나 구슬
이 달린 스웨터를 이동식 주택을 가득 채울 만큼 사들였고
그곳을 박물관으로 바꾸었다. 홀의 공연에서는 그의 열성
에 경의를 표하는 의미로 직접 장식 달린 스웨터를 입고 온
관객들이 무대 위로 초대받아 홀과 인사를 나누고 이들은
관객의 스웨터에 독창적인 이름을 붙여주며 일종의 세례를
거행한다. 홀은 퀴어 펨 드래그queer femme drag* 퍼포먼스를
선보이며, 무지개 신발 끈으로 만든 머리띠, 스판덱스 점프
수트, 그리고 직접 디자인한 인상적인 티셔츠 등 직접 만든
놀랍도록 다양한 상품을 걸친 채, 아주 즐거우면서도 감동
적인 캐릭터와 그를 둘러싼 세계를 창조해냈다[도판 3].

레슬리 홀의 보석 장식 스웨터는 수공예를 향한 관

* 퀴어와 드래그 커뮤니티에서 여성성을 강조하
거나 화려하게 표현하는 방식. 종종 장난스럽
고 과장된 형태로 전통적인 성별 규범에 도전
하며, 젠더와 섹슈얼리티에 대한 사회적 기대
를 비판하는 맥락에서 수행된다.

심의 부활을 보여주는 많은 징후 중 하나에 불과하다. 『비치』와 『버스트』 같은 네오페미니즘 정기간행물은 소비주의와 정치를 흥미진진하게 결합한다. 예술가와 디자이너와 운동에 관한 이야기를 전하고, 직접 만들 수 있는 멋진 물건에 대한 설명을 제공하며, 웹 기반 판매를 활용하는 독립 수공예가들의 제품을 광고하는 방법을 통해서다. 수공예 작가들을 한데 모아 작품을 홍보하고 작가들끼리 연결해주는 레니게이드 수공예 박람회 같은 연례 모임들은 정

도판 3 레슬리 홀, 「스타게이저」(사진: 리나 홀).

　　　　　　　2부 퍼블릭 필링스 프로젝트

기 행사로 자리 잡았다. 가령 오스틴에서 열리는 스티치라는 행사에 방문했을 때 드넓은 컨벤션홀은 손으로 그린 디자인의 티셔츠, 화려한 천들을 이어 붙이고 퀼팅해 만든 핸드백, 그리고 냄비용 장갑과 행주 같은 가정용품을 기발하게 재해석한 물품들을 전시하는 부스로 가득했다.[20] 이 행사에는 디제이, 패션쇼, 그리고 수공예 작업을 직접 해볼 수 있는 부스도 마련되어 있어, 수공예를 개인의 취향이나 취미 혹은 마케팅 트렌드 정도가 아니라 어엿한 문화 현장으로 발전시켰다. 「핸드메이드 네이션」(2009년)이라는 다큐멘터리와 그와 같이 나온 단행본은 수공예가 대안적 삶의 방식이자 정치 프로젝트의 중심지로 부상하게 된 사연을 보여준다.[21] 수공예 운동은 또한 엣시 같은 웹사이트를 통해 온라인 공동체를 만들었다. 이런 공동체에서 수공업을 하는 사람들은 작품을 판매할 수 있고 훨씬 더 먼 거리에 있는 사람들과 네트워크도 만들 수 있다. 그리고 수공예는 퍼블릭 필링스 프로그램에도 들어갔다. 오스틴의 한 행사에서 이라크 전쟁을 논의하기 위해 우리는 참가자들이 전쟁에 관한 대화를 나누면서 정치 문구를 담은 스티커와 그림과 다른 물건을 만들 수 있는 공예 테이블을 설치했다.

가정을 거부하는 페미니즘과 가정으로 돌아가는 페미니즘이라는 두 가지 상이한 페미니즘(흔히 세대 차이에 따른 것으로 해석된다) 사이의 긴장은 우리 시대 수공예 실천에서도 나타날 수 있다. 이런 수공예 실천은 새로운 형식의 페미니즘 감수성과 집단성의 공적 표현이 되었다. 펑크 하위문화의 DIY 미학, 특히 라이엇걸에서 레이디페스트에 이르는 이들의 페미니즘 실천에서 새로 태어난 수공예는 (일상에서 쓰는 물건과 하는 활동에 장식 수완을 발휘하는 정도지만) 사용 가능한 예술품, 모두에게 접근 가능할 만큼 쉽고, (기계가 아니라 수작업으로 해야 하지만) 재생산 가능하며, 판매 가능한 예술품을 만들 기회를 제공한다. 수공예는 시장 문화에 대한 대안이라기보다 대안적인 시장 문화로 스스로를 제시한다. 현재 뜨개질 상점은 1970년대의 페미니즘 서점, 그리고 1990년대 섹스토이 상점에 이어 페미니즘 사유와 활동의 공적 공간으로 합류했다. 이런 상점들은 생산자와 소비자 사이의 경계를 흐린다. 상점에서 사는 물건은 DIY 프로젝트용 재료이고, 사람들은 작업을 공유하며 상업 공간을 단체를 꾸리고 무언가를 배우고 공동체를 세우기 위한 공적 공간으로 사용하기 때문이다.

　　수공예는 역사적 과거와 복잡한 관계를 맺는다. 1970년대 제2물결 페미니즘, 제2차 세계대전 이후의 가정 문화, 그리고 여성 문화의 더 긴 역사들과 18세기 및 19세기까지 거슬러 올라가는 산업 문화와의 대화 속에 위치하고 있기 때문이다. 수공예의 강조점은 대량생산보다 장인의 소규모 생산에 있기 때문에, 수공예를 상업화 이전 시대로 회귀하려는 욕망의 표현으로 보려는 유혹에 빠지기 쉽다. 그러나 수공예는 상업화 이전 시대로 회귀하려는 움직임이라기보다, 다른 형식이나 다른 시대의 상업화로 회귀하려는 움직임으로 보는 편이 더 정확하다. 가령 뜨개 스카프, 퀼트 토트백, 냄비 잡는 천, 앞치마, 행주 같은 주방용품을 비롯해 페미니즘 이전 시대의 복고 스타일을 찾아내는 취향 같은 것을 보면 수공예의 이러한 성격을 알 수 있다. 여기에는 윌리엄 모리스—예술과 디자인(그리고 고급 문화와 하위문화), 그리고 산업 생산과 수공업 생산 사이의 경계 양쪽을 아울렀던 인물—의 정신도 존재한다. 단, 이러한 정신은 2차 세계대전 이후 베티 크로커의 요리책, 『레이디스 홈 저널』및 여러 다른 여성지들, 그리고 매컬스와 심플리시티 가정용 재봉 패턴들, 또 더 최근 수십 년 동안 폐기된 스타일을 복원함으로써 여과 과정을 거친다. 모더니즘 스타일을 통해 과거와 단절하기보다, 수공예 미학에 맞는 산업 생산 형식을 만들고 (중세 같은) 과거의 양식을 수용하려는 노력이 깃든 수공예의 더 장구한 역사는 우리 시대 수공예의 귀중한 배경을 제공한다.[22] 이런 노력은 수공예 운동을 소비자 운동이나 이전 세대 페미니즘 밖에 있는 것으로 보지 말고, 현대 이전과 현대, 여성 문화와 페미니즘, 수공예 생산과 산업 생산 방식 간의 관계 주위에서 오랫동안 역동적으로 생겨난 긴장의 또 다른 계기로 봐야 한다는 점을 일깨워준다.

그런 의미에서 수공예는 페미니즘뿐 아니라 페미니즘 이전의 과거 모두와 대화할 수 있는 무대를 마련해준다. 수공예는 여성 문화가 역사의 두 계기를 가로질러 지속되어온 방식을 인정하기 때문이다. 수공예가 이러한 역사를 인정하는 방식은 강렬한 느낌으로 충만하다. 페미니즘 진영의 유머는 대개 자수, 러그후킹, 색칠공부 등 예술과 대량 생산을 결합해 특히 여성들로 하여금 상세한 지시 사항을 따르고, 다른 사람이 디자인한 이미지를 꼼꼼히 반복하는 노동을 통해 모방하다 스스로 창의력을 표현하도록 독려하는 가정 취미 생활의 부활에 함께 한다. 중고 매장에 나온 물건들은—선명하다 못해 현란한 색채를 강조하는 꽃꽂이, 풍경, 동물, 특히 귀여운 동물들, 그리고 슬픈 눈을 한 젊은 여성들—광범위한 이미지를 창안할 영감을 제공한다. 수공업을 하는 이들은 현재 이런 이미지들을 과거와 현재를 이어주는 방식, 정동 가득한 방식으로 다시 유통시키고 있다. 초미세 섬유와 양털처럼 부드러운 다른 합성섬유 재료가 등장하면서 낡은 것이 되어버린 옛 스카프와 스웨터들이 지금은 고품질의 면직물과 순수한 모직실 작품으로 다시 창조되며, 이렇게 창조한 물건들은 전후 시기 판매량이 나날이 증가했던 아크릴섬유 및 합성섬유와 크게 다르다. 과거 여성들에게 창의력을 발휘할 수 있도록 수많은 형식의 출구를 제공했으나, 여성들이 일터로 나가 바쁘다는 이유로 편의적 구매를 하면서 (최소한 중산층 주부들 사이에서는) 점차 소멸해버린 가정의 섬유공예는 이제 우리에게 취미와 창의성을 발휘할 여가가 있음을 보여주는 방편으로 회복되었다. 많은 경우 가방이나 주방 액세서리 같은 수공예품은 제2물결 페미니즘이 대체로 거부해왔던 여성다움의 형식을 연상시키지만, 가정적인 것, 여자다움, 그리고 귀여움을 향한 비판에 탈동일시disidentification하는 태도를 상징할 수 있다. 이런 수공예품은 사치품은 아니지만 그렇다고 엄격한 실용성만 있는 것도 아닌 액세서리거나 장식용 물건들이다. 이런 물건들이 흔히 수집품의 지위를 부여받는다는 점이 그 증거다. 수공예는 실용적이되 거기 머물지 않고 실용성을 넘어서는 물건을 제작하기 때문에, 상품화를 통해 확산시키기도 쉽지만 또 일상생활의 예술로 간주할 수도 있다.

수공예를 문화정치의 풍성한 영토로 만들어주는 특징은 다양성과 이질성이다. 현재 수공예 현장에서 제작자들이 꾸는 가장 중요한 꿈 중 하나는 수공예를 새로운 형식의 공동체 및 정치와 연결하는 것이다. 뜨개질 동아리, 그리고 사람들이 정보를 교환하고 자기 작업에 더 의미 있는 사회성을 부여하는 여러 단체들은 다른 형태의 집단 활동에도 기여하기 쉽다. 이런 집단 활동에는 운동, 혹은 정치성을 다시 정의해보자는 의미로 "크래프티비즘"craftivism *이라는 운동이 포함된다. 혁명 뜨개질 서클이라는 캐나다의 한 단체는 커다란 플래카드를 뜨개실로 제작해 진보 의제를 주제로 한 시위와 행진에 사용한다. 이들의 소명을 담은 성명에는 "뜨개질을 통해 혁명을 앞당기는 일", "기업이 지배하는 이 사회에서 진정한 혁명적 실천인 공동체와 지역의 자립을 이룩하는 데" 전념하는 비폭력적이고 "건설적인 혁명" 같은 문구가 포함된다. 2004년, 런던에 있는 캐스트 오프라는 단체는 유명한 디자인 미술관인 빅토리아앨버트 미술관에서 행사를 개최했다. 4000명이 넘는 뜨개질 장인들이 미술관 공간을 점유했다. (그럼으로써 풀뿌리 수공예 운동을 명망 높은 디자인 미술관에 들여놓은 것이다. 이 미술관의 역사에는 윌리엄 모리스의 공헌도 들어 있다.)

---

* 뜨개질과 같이 손으로 만든 물건을 사용해 특정 문제에 대한 인식을 높이는 정치적 운동이나 행동주의의 형식, 수공예 행동주의, 뜨개 행동주의라고도 한다.

리사 앤 아워바크처럼 정치적인 작업을 하는 뜨개 작가들은 웹을 배포 지점으로 활용해 "사망자 수 손모아 장갑" 같은 프로젝트를 위한 뜨개 도안을 제공한다. "사망 자 수 손모아장갑" 프로젝트의 경우 뜨개질을 하는 사람이 프로젝트 시작 시점의 사망자 수와 프로젝트가 끝나는 시 점의 사망자 수를 뜨개질해 넣는 식으로 이라크에서 사망 한 미국 군인의 수를 기록한다. 시간 기반의 뜨개질 실천 은 죽음의 시간과 연관되고, 사망자 숫자를 뜨개질하는 지 속적인 과정은 애도 행위가 되어, 뜨개질하는 사람에게 죽 은 이들을 생각할 기회를 준다[도판 4]. 아워바크는 또 가정 에서 옷과 패션에 쓰이는 뜨개질의 용도를 변경하여 정치 적 메시지가 아름다운 색깔과 패턴으로 미묘하게 새겨진 스웨터와 스커트를 배치한 작품을 선보인다. 의류산업 내 러다이트 봉기의 역사를 다루는 노팅엄 현대미술관의 설 치 작품을 보면, 원피스에 디드로가 혁명에 관해 쓴 글에 서 따온 슬로건이 쓰여 있다. "마지막 왕의 목을 마지막 사 제의 창자로 매달아 죽여라"라는 문구다. 또 다른 옷에는 앞쪽에 "우리는 모두 영웅이다"라는 문구가, 뒤쪽엔 "우리 는 모두 테러리스트다"라는 문구가 쓰여 있다. 정치 담론 과 티셔츠 디자인을 재전유하는 방법이다[도판 5]. 뜨개질 폭 격knitbombing 같은 실천은 뜨개질을 공공장소로 도입한다. 공공장소에 설치한 물건들을 뜨개질한 직물로 덮어 산업적 인 분위기를 "아늑함"으로 바꾸는 것이 목적인 경우가 대부 분이다. 텍사스 오스틴의 니타 플리즈*에서 활동하는 마 그다 사예그는 텍사스대학교 캠퍼스의 블랜턴 미술관 밖 에 심은 나무들(텍사스 주의회 의사당이 보인다)[도판 6], 주

도판 4　리사 앤 아워바크, 「사망자 수 손모아장갑」, 2005.

도판 5　리사 앤 아워바크, 「이 뜨개질 기계 가져다 던져버려」,
노팅엄현대미술관 설치, 2009.

일상 습관의 유토피아　　　　　　　　　　　　　　　　317

도판 6 마그다 사예그와 니타 플리즈, 「뜨개질로 만든 원더랜드」,
텍사스 오스틴 블랜턴미술관 설치(사진: 숀 P. 토머스).

요 도로 표지판, 그리고 대안 서점 밖에 있는 가로등, 그리
고 브루클린에 있는 엣지 사무소와 파리의 에펠탑 인근의
석상을 뜨개직물로 덮었다. 이들은 뜨개질을 기반으로 한
정치 운동 중 소수의 사례에 불과하다. 이러한 운동은 공공
장소에서 계속 확산되는 중이고 새로 조직된 단체에도 영
감을 주고 있다.

　　이 새로운 형태의 수공예가 뜨개질을 집 밖으로 옮
겨 거리에 설치함으로써 가정의 고립을 벗어나 공동체로
들어가게 한 것은 눈에 확 띄는 변화임이 분명하지만, 사실
수공예는 오랫동안 사회생활의 형식이었다. 다른 형태의
수작업 노동과 마찬가지로, 수공예품을 제작할 때는 일은

---

* Knitta Please. 2005년 미국 텍사스주에서 시작된 뜨개질
　낙서 운동 집단. 가로등이나 공중전화 부스, 표지판 등의
　공공기물에 뜨개질한 직물을 입힌다.

　　　　　　　　　　　2부 퍼블릭 필링스 프로젝트

손으로 하면서도 말을 하거나 들을 수 있기 때문이다. 이런 수공예의 사회성을 의식해 공예와 정치 간의 관계를 부각시켜 새로운 단체를 만들기도 하지만, 수공예의 근간이 공동체성에 있다는 점, 그리고 그 성격이 노동자 계층 문화와 연결되어 있다는 점은 오랫동안 수공예가 지닌 사회적 힘의 일부였다. 크래프티비즘 운동을 하는 이들은 어떤 상황 때문에 뜨개질과 다른 수공예가 정치로 간주되는지에 관해 우려할 때도 많지만, 크래프티비즘의 의미를 재창조하기도 한다.23 베치 그리어는 크래프티비즘의 소명을 다음과 같이 표명한다. "우리 창조의 목적은 우리 자신을 넘어 접속하는 것이며, 접속은 옆집이든 전 세계든 다 좋다. 공예와 운동은 둘 다 열정을 받아들이며 열정에 영감을 준다. 공예와 정치 운동은 공동으로 참여하는 세력으로 활용될 때 비로소 기존의 사태에 서서히 의문을 제기하고 변화를 만들어낼 가능성이 크다. 잔학한 행위들이 우리 집 앞마당에서, 텔레비전상에서 벌어지고 있다. 포기하거나 폭주하지 않는 선에서, 현재 일어나고 있는 사태에 저항할 방법을 찾아내야 한다. 이 일은 대중의 행동이라기보다는 우리 주변의 상황을 개선하기 위해 자신이 할 수 있는 일을 깨닫는 작업에 가깝다. … 크래프티비즘은 사람들이 자신의 창의력을 활용하여 세상을 개선할 수 있다는 생각을 알리는 가운데, 자신의 의견을 표명하고 자신의 대의명분을 지탱하고 싶어 하는 사람들이 그걸 할 수 있도록 해준다. … 하지만 그걸 하는 방식은 구호를 외치거나 깃발을 흔드는 것이 아니라 자신의 속도를 지키는 것이다."24 수공예를 통해 세계를 변혁하자는 그리어의 비전은 개인적인 것과 정치적인 것을 통합한다. 수공예가 길러주는 창의력은 그 자체로 뜻이 깊다. 뜨개 프로젝트나, 그리어 본인의 십자수 작업에 체현된 지역의 작은 몸짓이 정치성을 구성하기 때문이다[도판 7].

실라 페페의 「공통 감각」

수공예 문화는 캐슬린 스튜어트가 말한 "작은 세계"가 불규칙하게 뻗어나간 형태와 같다. 크래프티비즘은 수공예의 정치적 잠재력을 탐색할 가장 확실한 장소일 수 있지만, 수공예의 미술계 개입은 페미니즘 문화정치를 재개할 때도 중요한 위치를 차지하며, 수공예가 촉각적 공간 및 타인과

도판 7 베치 그리어. 「이 시대는 위험하다」. 2004.

2부 퍼블릭 필링스 프로젝트

감각으로 하는 상호작용, 즉 느낌을 포함하도록 정치를 재정의할 때도 중요하다.[25] 나의 우울 아카이브에는 실라 페페와 앨리슨 미첼이라는 두 레즈비언 작가의 작품이 포함되어 있다. 수공예와 공적 감정 간의 관계를 시각적 물질 형태로 해석해내는 이들의 능력 덕에 내가 사유할 수 있었기 때문이다. 페페의 작품은 추상적이고 개념적이며 순수 미술 전통에 깊이 몸담고 있는 듯 보이는 반면, 미첼의 작품은 갤러리 공간으로 진입한 DIY와 운동 문화에서 온 듯 보이지만, 두 작가가 수렴하는 지점 중 하나는 둘 다 주디 시카고와의 연결점을 주장한다는 점이다. 주디 시카고는 일찌감치 낙인찍힌 페미니즘 작가로, 수공예를 찬양하는 페미니즘 미술에 대한 (다른 페미니스트들의 비판을 비롯해) 여러 비판의 시금석으로 논란을 일으켜온 인물이다.[26] 페페와 미첼의 작품은 페미니즘 내부의 갈등, 그리고 미술과 수공예 사이의 갈등을 해결하려는 회복적 성격의 대응을 체현하며, 이들의 대규모 설치 작업이 그려내는 유토피아적 공간은 사물이 다르게 느껴지도록 만드는 식으로 감각에 개입함으로써 우울이 회복되는 경험을 만들어낸다.[27]

　2000년 이후, 뉴욕을 기반으로 활동하는 작가 실라 페페는 거대한 코바늘 뜨개 작품을 갤러리 벽과 천장에 걸어 장소 특정적 설치 작업을 해왔다. 페페는 때로 이 섬세하면서도 예측을 불허하는 거미줄 같은 작품을 연필 드로잉과 결합하기도 한다. 그는 이 드로잉을 도플갱어라 부르는데, 이것이 전시장에 걸린 코바늘 뜨개가 벽에 드리우는 그림자에 반응하기 때문이다. 그 결과물은 감각적인 동시에 추상적이고, 물적인 동시에 개념적이다. 추상미술과 구상미술, 물성과 개념의 성질을 고루 갖추고 있다는 뜻이다. 페페의 작품은 1970년대 페미니즘 미술의 섬유공예를 참고하는 한편 대중적인 코바늘 뜨개를 조소와 설치의 소재로 만드는 효과를 낸다. 페페에게 영감을 주는 재료 중에는 소박한 것들이 있다. 그의 관심사는 지역적인 것과 평범한 것이다. 그는 주방에 있는 잡동사니 서랍, 대형 슈퍼마켓 울워스(혹은 월마트), 자신의 가족(어머니는 페페에게 코바늘뜨기를 가르쳐주었다. 페페는 첫 작품「조세핀」의 제목을 어머니 이름을 따 지었다)을 소재로 삼는다고 말한다. 재료는 신발 끈(페페의 할아버지는 구두 수리점을 했다), 산업용 고무줄, 선박용 밧줄(페페의 작업실이 브루클린의 고와너스 운하 근처에 있다는 점에서 착안) 등이다.

  장소 특정적인 페페의 설치 작품은 대체로 규모가 아주 크지만, 작고 친밀한 느낌을 주는 크기의 작품도 있다. 이런 작품들은 가정적 측면을 아주 감각적인 방식으로 갤러리와 미술관이라는 모더니즘적 건축 공간 안으로 서서히 잠입시켜 놀라운 효과를 뿜어낸다. 밧줄과 산업용 고무줄 같은 무거운 재료들은 더 작고 섬세하게 엮어놓은 신발 끈이나 털실과 균형을 이루며, 작품의 개별 섹션들은 고유한 시각적 밀도와 독립성을 갖추고 있어, 전체 작품의 누적된 효과에 매력을 더한다. 설치 공간 현장에서 작품을 완성할 때 페페는 모서리, 주변, 문틀, 계단 그리고 아트리움까지 작품으로 에워쌈으로써 작품을 설치 공간에 맞추어 배치하는 편을 택한다. 작품에 방해가 되지 않도록 내부가 텅 비어 있는 흰 상자 같은 공간을 요구하는 종래의 방식을 쓰지 않는 것이다. (과거 미술 작품 설치 일과 미술관 경비

일을 했던 페페의 경력은 작품을 설치하는 공간에 대한 배려와 세심함이 깃든 작업에서 일정 역할을 담당한다.) 페페가 설치하는 작품들은 수명이 짧다. 특정 전시를 위해 작품을 조립하기 때문이기도 하지만, 보이지 않는 지지물에 걸쳐놓은 작품들이 공간에 마법처럼 둥둥 떠 있기 때문이다. (이 책의) 뒤쪽에 사진으로 실은 작품 전체와 세부에서 보이듯, 페페는 설치 작품마다 다양한 색깔을 실험적으로 도입한다. 「랩」[도판 8]이라는 작품에서 사용한 고무줄의 중립적인 검은색은 「고와너스」[도판 11] 같은 일부 작품에서 두드러지는 반면, 「터미널」[도판 16]의 밝은 파란색과 「당신의 할머니는 고지식하지 않아」[도판 15]의 보라색과 녹색처럼 색채가 향연을 벌이는 작품도 있다. 페페는 「틈새 조심」[도판 13]에서는 선박용 밧줄의 과감한 파란색을 밝은 주황색과 섞고, 「F&G 아래」[도판 14]에서는 짙은 보라색을 흑백과 섞어 섬유공예뿐 아니라 추상표현주의를 연상시키는 색채 탐구의 결과를 작품으로 내놓는다. 그러나 「은빛턱수염」[도판 12] 같은 작품의 경우 페페의 추상은 (색채 구성을 통해) 유머러스한 재현적 의미를 전달하기도 한다.

진행 중인 새 연작 「공통 감각」에서 페페는 말 그대로 작품을 만져보는 방식으로 대중의 참여를 유도하는 작품을 창조한다. 「공통 감각」은 대규모 설치물을 더 친밀한 크기로 구성한다. 누구나 만져볼 수 있다는 「공통 감각」이라는 작품의 제목 그대로다. 이 연작 중 첫 번째 작품은 텍사스주 오스틴의 [동시대 시각예술을 다루는 비영리 단체] 플루언트–컬래버레이티브에서 운영하는 테스트사이트에 설치한 코바늘 뜨개 작품이었다. 이 전시 공간은 원래 주택이었다가 프로젝트용 갤러리로 개조한 공간이다[도판 9, 10].28 페페는 다양한 재료를 썼던 이전 작품과 달리, 이번에는 보통 쓰는 털실을 사용한다. 그러나 색실을 짜놓은 모양은 털실 뜨개물의 전형적인 깔끔한 기하학 형태를 폭파한다. 더 큰 규모의 설치 작품과 마찬가지로, 이 뜨개 작품을 거실 가구 한가운데 또는 식탁을 가로지르도록 걸어놓되 관객이 앉거나 돌아다닐 수 있도록 공간에 맞춰 세심하게 배치해놓은 모습에는 마법 같은 면이 있다. 구성과 해체라는 협력적 수행 과정에서 관객은 수예가가 되어 털실을 사용해 자신만의 프로젝트를 고안해 뜨개질로 작품을 만들어봄으로써, 전시 과정 내내 원작품을 해체하라는 초대를 받는다. 2010년 휴스턴의 현대미술관에서 열린 「공통 감각」의 두 번째 전시에서 수공예는 더 전통적인 갤러리 공간을 변형시켰다. 이제 관객들은 갤러리 내부의 의자나 설치물 아래 앉아 자기 작품을 직접 만들고 그 작품들은 기존의 설치 작품과 직접적인 상호작용을 통해 원래 작품으로 포개어져 들어간다. 이제 관객은 작품 외부에 서서 구경만 하지 않는다[도판 25, 26].29 원래 설치한 뜨개 작품은 시간이 지나면서 실타래가 풀려 붉은 실과 회색 실 가닥이 아래로 늘어지고 어쩐지 좀 꾀죄죄해 보인다. 이런 모습 자체가 관객의 참여를 유도하는 일종의 초대로 기능한다. 작가가 "무상無常의 종말을 대비하는 일"이라고 부른 행위를 펼치는 가운데 페페는 무상함에 대한 자신의 관심이 개념미술과 행위예술이라는 순수예술의 전통뿐 아니라, 델리카트슨에서 일하며 공들여 풍성하게 차린 음식이 먹는 순간 사라져버리고 마는 것을 목격했던 어린 시절 경험에서 비롯되었

다고 말한다.30 「공통 감각」에서 페페는 무상성이라는 문제
에 대한 회복적 해결책을 만들어낸 셈이다. 소멸이나 얽힌
것을 풀어내는 일, 혹은 해체라는 작용 자체가 새로운 것
을 만들어내기 위한 사건이라는 의미에서 해결책이다. 수
도자가 종려나무 잎사귀를 모은 다음 태워버리듯, 일의 과
정과 리듬이 중요하며, 해체하는 동시에 제작하는 사람들
의 활동은 공동의 감각이나 공간처럼 공동commons의 마법
을 창조한다.

　　가정이라는 사적 공간과 공적 공간, 사적 친밀성과
공적 기념비성, 공예와 순수미술 사이의 선택을 거부하는
페페는 자신에게 영향을 끼친 작가로 주디 시카고와 에바
헤세 둘 다를 도발적으로 명명한다. 페페는 페미니즘 작가
인 시카고와 미니멀리즘 작가인 헤세를 서로 소원해져 대
화를 하지 않게 된 부모에 짓궂게 비유하면서, 작품이란 섹
시하면서도 동시에 추상적이 될 수 있다는 자신의 확신을
피력한다. (페페의 어느 전시의 제목은 "레즈비언 격식은
핫하다!"였다.31) 페페는 시카고와 레즈비언 페미니즘을 포
용하면서, 헤세의 미니멀리즘 미술 실천과의 친연성도 강
조한다. 헤세와 페미니즘 역사와의 관계는 최근 그의 작품
을 다시 찾아보면서 재해석이 이루어지고 있다.32 가령 페
페의 「미스터 슬릿」이라는 작품은 벽에 거는 검은색 코바
늘 뜨개의 테두리를 빨간색으로 처리한 입구가 여성의 음
순처럼 생겼다. 이 작품에서 페페는 여성의 생식기를 다루
는 예술vaginal art뿐 아니라 헤세가 라텍스 재질로 제작했던
무정형 형태의 작품까지 연상시킨다[도판 17]. 페페의 작품은
또한 페이스 윌딩의 작품도 떠오르게 하는 면이 있다. 윌딩

도판 8 실라 페페, 「랩」, 2001.

도판 9, 10 실라 페페, 「공통 감각」, 큐레이터 엘리자베스 던바와 협업.
테스트사이트 / 플루언트~컬래버레이티브, 오스틴, 2009(사진: 케이트 왓슨).

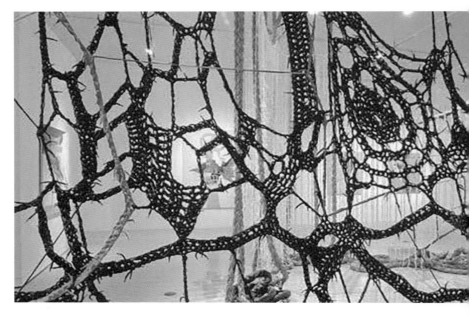

도판 11 실라 페페, 「고와너스」 세부 모습.

도판 12 실라 페페, 「은빛턱수염」 세부 모습.

도판 13 실라 페페, 「틈새 조심」.

도판 14 실라 페페, 「F&G 아래」.

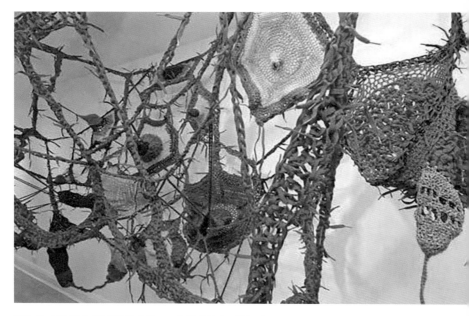

도판 15 실라 페페, 「당신의 할머니는 고지식하지 않아」 세부 모습.

도판 16 실라 페페, 「터미널」 세부 모습.

도판 17 실라 페페, 「미스터 슬릿」.

도판 18 앨리슨 미첼,
「굶주린 가방: 후기자본주의의 바기나 덴타타」.

도판 19, 20 앨리슨 미첼, 「굶주린 가방」.

도판 21　앨리슨 미첼, 「굶주린 가방」.

도판 22, 23, 24 앨리슨 미첼, 「레이디 사스콰치」.

도판 25, 26 실라 페페, 「공통 감각 II」, 휴스턴 현대미술관, 2010(사진: 앤 츠베트코비치).

의 「코바늘뜨기한 환경(자궁의 방)」은 1972년 로스앤젤레
스의 우먼하우스 프로젝트의 일환으로 제작한 작품으로,
페미니즘 섬유공예 설치 형식의 정수를 보여주는 작품이
다. 그동안 본질주의라는 비판을 받아왔지만 지금은 새로
운 관점에서 다시 부각되고 있는 작품이기도 하다[도판 27].
페페는 페미니즘과 미술계 내의 여러 분열을 거부하며, 정

도판 27 페이스 윌딩, 「코바늘뜨기한 환경(자궁의 방)」, 1972.
밧줄과 실, 9' × 9' × 9', 로스앤젤레스 우먼하우스.

치 활동가가 되거나 갤러리 시스템을 비판하는 태도를 정치적 참여의 일환으로 견지해야 한다는 의무감 없이, 당당히 자신의 예술가 정체성을 주장한다.

「굶주린 가방」 안에서 앨리슨 미첼과 함께

앨리슨 미첼의 폭넓으면서 다채로운 절충적 작품 세계는 실라 페페의 미술계 실천과 레슬리 홀의 대중문화 행위예술 사이 어딘가에 위치해 있다. 미첼의 「근심거리의 전쟁」은 공예에서 영감을 받은 그의 많은 프로젝트 중 하나에 불과하다. 미첼의 작품은 지금이야 갤러리와 미술관에서 전시되고 있지만, 사실 미첼은 공식 미술 교육이 아니라 페미니즘과 퀴어 DIY 하위문화 출신에 가깝고, 그의 배경에는 (다수의 애니메이션을 포함한) 협업 영화 제작, 프리티 포키 앤드 피스트 오프*와의 비만 행동주의 퍼포먼스, 프리쇼 시모어라는 공연 단체의 일환으로 하는 음악 및 리코딩 활동, 그리고 여성학 박사학위가 포함된다. 미첼은 퍼블릭 필링스의 감수성을 대체로 표현해왔다. 가령 「날 죽이려 했던 55가지」 같은 연작에서 슬픈 눈을 커다랗게 뜬 여자아이들의 초상화에는 "학술적 전문용어"와 "지원금 신청"부터 "셀룰라이트", "허구한 날 배고픔", "젖은 일기장", 그리고 "흰 바지 입은 날 생리"에 이르기까지 여성들이 늘 겪는 골칫거리들이 표제로 붙어 있다. 수공예의 특징인 이어

---

* Pretty Porky and Pissed Off(PPPO). 캐나다 토론토를 기반으로 활동하는 비만 행동주의 활동가 및 행위예술가 집단이다.

지는 작품은 다양한 이미지들을 산출하며 이 이미지들은, 대부분 수모로 이어지는 골칫거리에 아무리 작아도 나름의 공적 성격을 부여한다. 일상적 느낌들은 귀여운 소녀의 모습에 디바를 표현할 때 쓰는 커다란 두 눈과 과감한 색채를 더하는 미적 선택을 통해 멜로드라마를 방불케 하는 위상을 획득한다[도판 28].

자칭 "맥시멀리스트"인 미첼은 작품의 소재를 대개 중고 매장에서 찾아낸다. 그는 매장에서 털로 된 러그, 아프가니스탄인들의 코바늘 뜨개 물건들, 작은 도자기 장

도판 28 앨리슨 미첼, 「날 죽이려 했던 55가지」, 2000.

　　　　2부 퍼블릭 필링스 프로젝트

식 인형, 인조 모피, 벽걸이 화분 홀더를 모아들였다. 수공
예의 일부는 대량생산보다 수공예나 장인 생산을 선호하
지만, 미첼의 작업은 상품 시장과 관련이 있되, 더 비루한
abject* 형태를 띠고 있다. 미첼은 지난 세대가 쓰던 물품과
스타일을 재활용하는 가운데 진부하거나 퇴보했다고 거부
당하는 것들(그렇기 때문에 깊은 느낌을 자아내는 것들)에
끌린다. 그녀가 보기에 감상적인 것, 귀여운 것, 색이 지나
치게 요란하거나 야한 것, 혹은 어딘가 지나쳐 보이는 물건
은 비만 여성과 페미니즘을 연상시키는 느낌과 닮아 있으
며, 이런 수치와 비루함과 복합적인 감정의 저장고는 퀴어
회복 전략의 원천이 된다. 남들이 버리거나 싼값에 팔아치
우려 방치한 분실물을, 그것도 소비의 대중적 유행이 다 드
러날 만큼 대량으로 모으는 가운데 미첼은 폐기된 것들로
부터 새로운 세계를 창조한다.

　　　페페와 마찬가지로 미첼 역시 대규모 설치 작업을
한다. 레이디 사스콰치라는 거대한 레즈비언 괴물 무리를
출연시킨 연작이 그 사례다. 레이디 사스콰치라는 괴물 무
리의 과장된 크기는 미첼의 비만 행동주의에서 영감을 받
은 것이다[도판 22-24]. 이들은 봉제 인형 겉감이나 키치한 의
상에 쓰이는 화려한 색의 인조 모피로 이루어져 있다. 미첼
은 이 소재의 현란한 색깔과 풍성한 재질을 수용해 작품을

* 줄리아 크리스테바가 고안한 개념으로 정체성, 체계, 질
서를 어지럽히는 것. 오물, 쓰레기, 고름, 체액, 시신, 배
신자, 거짓말쟁이 등 매혹과 반감을 같이 발생시키는 대
상을 뜻한다.

만든다. (그는 또한 인조 모피를 사용해 벽걸이 시리즈도 만들었다. 이 작업은 색칠하기 그림과 덜 노골적인 포르노그래피의 영감을 받아 체구가 큰 여성들을 비만 페미니즘 fat feminism〔몸 긍정 페미니즘〕의 섹스 심벌로 변모시켰다.) 레이디 사스콰치 옆에는 사스콰치 수호 동물들이 있다. 분홍색 털과 노골적으로 드러난 젖꼭지, 이빨, 발톱을 가진 수호 토템 동물들은 귀여우면서도 좀 기괴하다. 두려움을 자아내는 동시에 유혹적이기도 한 이 사스콰치들은 고딕풍의 기괴함과 동화, 토착민 문화와 식민주의 신화, 레즈비언 페미니즘의 여신 숭배 전통을 퀴어적으로 비틀어놓는다.33 여성 괴물들은 압도하는 크기 때문에 쉬이 다가가기 어려운 성질과, 다가가고 싶어지는 성질 사이에서 부유한다. 이 형상들이 두려움을 자아낸다면 그것은 몸집이 거대한 여성이 두려움을 주게 되는 것과 같다. 미첼은 이런 괴물의 성질을 오히려 괴물의 에로틱한 면으로 변모시킨다. 이들의 육감적인 엉덩이는 보란 듯 크고 한번 만져보라고 청하는 듯하다. 여기에 쓰인 인조 모피가 수공예와 섬유공예에서 쓰는 재료의 촉각적 느낌을 유지하고는 있더라도 이 인조털로 만든 괴물의 느낌은 "자연스러움"보다는 "인위성"에 가까우며 이 인위성은 페티시의 대상이 된다. 괴물이 섹시하고 매력적으로 만들어져 있지만, 그것이 가정과 관련된 의미, 최소한 이빨이 빠지거나 길들여진다는 의미에서 가정과 관련된 의미를 띠지는 않는다. 레이디 사스콰치는 거대한 크기와 육감적인 비율의 힘을 유지하는 가운데 레즈비언 페미니즘의 아이콘이 된다.

　　「굶주린 가방: 후기자본주의의 바기나 덴타타」

(2006, 2008, 2010년)라는 작품에서 미첼은 방 크기의 자궁을 제작했다. 뜨개 직물과 색이 과도하게 풍성한 이 공간은 (말 그대로) 히스테리와 감동을 동시에 유발한다.34 페미니즘 미술이 여성의 자궁과 성기, 출산하는 육체에 초점을 맞추는 것이 클리셰처럼 보일 수 있다는 것을 알면서도 미첼은 이런 클리셰를 오히려 적극 수용한다. 동시에 미첼의 섹스 친화적인 다이크적 태도는 이런 전통에서 엄숙함을 덜어냄으로써 전통을 변형시킨다. 작품 공간으로 들어가는 출입구에는 분홍색과 갈색의 다채로운 색조로 된, 코바늘뜨기로 만든 아프간식 담요들이 음순의 주름 모양으로 늘어져 있다. 안으로 들어가려면 클리토리스와 닮은 매듭공에 조각이 걸려 있는 부분을 지나가야 한다[도판 18]. 방 안은 폭발할 듯 다채로운 색채로 가득하다. 러그가 바닥과 벽을 온통 채우고 있고 뜨개 담요가 천장을 덮고 있으며 작은 쿠션이 여기저기 흩어져 있다[도판 19, 20]. 한쪽 끝에는 옥좌가 하나 있는데 올빼미 이미지를 새긴 러그로 싸여 있고, 분홍색 인조 모피로 만든 봉제 동물 인형의 머리가 옥좌 주위에 걸려 있다[도판 21]. 의자에 앉건, 구석에 웅크리고 앉아 방을 둘러보건, 공간을 만지면서 이리저리 돌아다니건, 몸으로 공간을 느끼는 경험은 다채로운 느낌을 촉발한다. 맥시멀리즘 감수성을 통해 미첼은 과소비의 강박 충동을 물리치려 하지 않고 가정 장르인 멜로드라마와 감상주의를 적극 활용함으로써 익숙한 기쁨과 슬픔, 편안함과 고통의 전 범위를 포용하려 한다. 「굶주린 가방」은 충만한 촉각 속에서 타인의 과거에서 온 물건들의 먼지와 때 같은 역사를 비롯해 다양한 역사로 가득 차 있다.

미첼의 예술 실천을 이론적으로 표명한 내용은 그가 쓴 「딥 레즈 I 선언」에서 찾아볼 수 있다. 이 선언문에서 미첼은 레즈비언 페미니즘에 대한 비판을 인정하지만 레즈비언 페미니즘을 거부하지 않는다. 오히려 그는 레즈비언 페미니즘을, "둘 중 하나만 택하는 것이 아니라 양쪽 모두를 아우르는" 감수성을 통해 다양한 역사와 관점을 포용하는 우리 시대 퀴어 문화의 유토피아 비전의 일환이라고 본다. "딥 레즈"의 사유는 갈등의 역사를 인정하고 직접 대면하고자 한다. 가령 이 선언문을 이끌어낸 촉매제 중 하나는 레즈비언 정체성을 가진 이들 및 이들의 공동체와, 트랜스 정체성을 가진 이들 및 이들의 공동체 간의 긴장이다.

> 딥 레즈 프로젝트는 급진 레즈비언 이론 및 실천의 일부 요소를 유지하는 전략의 이점을 검토하는 동시에 포용적이고 해방적인 페미니즘을 발전시켜야 한다는 절박한 필요를 인정하기 위해 새로 만든 것이다. 이 프로젝트는 역사에 매달려 의지하는 데서 벗어나 레즈비언 역사들로부터 유용한 것을 걸러내 우리 시대 도시 레즈비언(그리고 퀴어) 경험을 다시 정의할 방안을 세심하게 탐색하는 과제의 위상을 지닌다. 이러한 탐색을 통해 "레즈비언"은 탈정치화된 무감(혹은 수치) 상태에 빠질 수 있는 장소가 아니라 급진 정체화가 가능한 장소로 부활한다.35

중고 매장이 쓰레기 더미가 아니라 재활용 재료를 공급하듯, 미첼은 초기 세대의 레즈비언 페미니즘에서 유연하고 창조적 활용이 가능한 세계를 발견한다.

이 재역사화의 놀라운 사례는 미첼이 최근 주디 시

카고와 협업한 일이다. 미첼은 시카고의 섬유공예 작품 회고전에서 큐레이터 역할을 한다. 수공예를 활용하는 캣 마자와 진저 브룩스 다카하시 같은 젊은 작가들의 작품도 함께 전시되었다.36 페미니즘의 실패와 갈등이 산출할 수 있는 "무관심"과 "수치"를 정치적 느낌으로 명명하는 가운데, 미첼은 과거를 잠재적 동맹이자 자원으로 간주함으로써 정치적 우울을 피하고자 한다. 수공예를 자신의 이론과 실천의 결합을 표현할 은유로 사용하는 미첼은 딥 레즈 감수성을 가리켜 "예술을 자신의 정치로 통합하는 방법, 그리고 자신의 삶을 살아가면서도 계속 추상적 관념에 고취되는 방법을 사람들이 알아내 실천할 수 있도록 해주는 매듭공예 같은 개념 틀"이라고 말한다. 미첼에 따르면 "딥 레즈는 세상과 우리의 정체성을 상상하는 다른 방식을 제공할 수 있다". 겸연쩍음이라고는 찾아볼 수 없는 이 태연하고 당당한 유토피아 비전에서 "매듭공예"란 따로 떨어진 별개의 재료들을 예측 불가능하게 결합해 한데 모으는 과정, 그리고 예술과 정치의 분열, 혹은 페미니즘의 여러 세대 사이의 분열을 허용하지 않겠다는 저항과 거부 의지를 상징한다.37 특히 중요한 것은 딥 레즈 버전의 "일상생활 예술"이다. 딥 레즈 버전의 일상생활 예술에서 크래프티비즘이 주력하는 것은 실천이며, 이는 정치가 사람들이 자신의 삶을 살아가는 방식에 통합된다는 뜻이다. 「근심거리와의 전쟁」은 이런 감수성을 표명하는 작품들 중 내가 제일 좋아하는 작품에 속한다. 이 작품은 일상을 초월하려 들지 않고 오히려 일상과 상호작용하기 때문이다. 미첼의 또 다른 작품인 「월경 오두막 달콤한 월경 오두막」은 러그로 뒤덮은 또 다른 공간으로, 이 안에서 관객들은 미첼의 애니메이션 영상을 볼 수 있다. 이 작품에서는 수공예의 부드러운 섬유 형식과 대중매체의 가상 형식이 결합되고, 미디어 소비는 집단적·물적 경험이 된다[도판 29].38 「월경 오두막 달콤한 월경 오두막」과 「굶주린 가방」 같은 설치 작품에서 미첼은 대안 공간을 창조해, 일상생활을 말 그대로 다르게 느끼고 경험할 수 있는 환경을 창조하고자 한다.

페페와 미첼은 결국 1970년대 페미니즘 미술에서 수공예와 가정적 성격을 활용했던 경향을 새롭게 활성화한다는 것이 어떤 것인지에 대한 이미지를 제시한 셈이다. 페미니즘 미술의 이런 경향에 대한 양가감정 때문에 주디 시카고 같은 페미니스트 작가들은 낙인찍혔지만, 이들의 작

도판 29. 앨리슨 미첼, 「월경 오두막 달콤한 월경 오두막」, 2010.

　　　　　　　　　　2부 퍼블릭 필링스 프로젝트

품에서 새로 출현하는 세대 서사는 "제3물결 페미니즘"을 칭송하겠다고 "제2물결 페미니즘"을 희생시키지 않는다. 새로 나타난 페미니즘 예술의 서사가 1970년대 페미니즘과 맺는 회복적이고 포용적인 관계는 이들이 미술계와 맺고 있는 관계의 특성이기도 하다. 이들에게 미술계는 더 급진적인 실천이나 행동주의적인 실천을 위해 거부하거나 해체해야 하는 제도가 아니라 수공예의 고향으로 간주된다. 이들은 문화비평가의 편집증적 회의론으로 수공예의 정치에 접근하는 대신—이런 접근법의 결과는 우리가 이미 아는 바 이브 세지윅(세지윅 역시 열혈 공예가이자 섬유공예 작가였다)의 표현으로 "전복과 패권이 어정쩡하게 결합된" 것이다39—우리에게 자신들이 창조한 "작은 세계", 사랑과 배려를 담아 손으로 직접 짜서 만든 질감과 색채의 세계로 들어가라 격려한다.

　토론토에서 열린 퍼블릭 필링스 행사에서 우리는 말 그대로 그 질감과 색채의 세계로 들어갔다. 「굶주린 가방」 안에 모여 앉아 예술과 유토피아에 관해 서로 이야기를 나눈 것이다. 브리트니 스피어스의 「… 베이비 원 모어 타임」(브리트니뿐 아니라 키키와 허브가 부른 버전에 대한 경의의 표현이었다)에서 (캐나다 노래도 부를 겸) 조니 미첼의 「서클 게임」에 이르는 커버송 떼창도 함께 했다. 아늑한 러그와 아프간식 담요가 안아주는 공간에 좁다 싶게 옹기종기 모여 앉아 있다 보니, 외로움을 표현하는 동시에 외로움을 덜어낼 수 있는 방이 있다는 느낌이 들었다. 당시 우리는 따스하고 폭신한 느낌과 밝고 기분 좋은 색깔로 고통을 은폐하는 아프간 뜨개물, 그리고 이제 막 시작된 강

럴한 감정을 노래하는 팝송을 통해 벌랜트가 "감상적 홍
정"이라 비판했던 화폐를 쓰고 싸구려 감정을 소비하고 있
었던 것인지도 모르겠다. 그렇다 해도 그때 우리는 함께 있
다는 가슴 저미는 느낌, 질 돌런이 "유토피아적 수행"utopian
performative이라 칭하는 것과 비슷한 형태의 느낌을 창조해
내고 있었다.40

일상 습관의 유토피아

내가 뜨개질을 비롯한 수공예에 끌리는 이유는 이 형식이
정치적 운동과 예술 모두에서 생산적으로 쓰인다는 사실
말고도, 수공예가 과정 그 자체를 요구한다는 점, 특히 반
복이라는 형식을 요구한다는 점 때문이다. 겉뜨기와 안뜨
기를 계속 반복하는 방식 자체가 창조적인 행위로 이행하
는 뜨개질의 매력이다. 이런 측면에서 수공예는 창의성과
예술과 정치뿐 아니라 영성 및 의례와도 맞닿아 있다. 수공
예는 종교적 묵상이나 명상과 비슷한 종류의 주의력을 요
구한다. 손으로 뭔가를 해야 한다는 것은 주의력을 집중시
키는 동시에 이완도 시켜주고 한 가지 일을 하면서 다른 일
에 신경을 빼앗겨도 된다.41 뜨개질과 명상은 둘 다 평범한
일상에 뿌리를 두고 있다. "영적 실천"을 뜨개질이나 다른
섬유 관련 공예 실천까지 포함하도록 확장할 수 있는 이유
는 영적 실천이나 수공예 둘 다 몸을 반복적이고 규칙적으
로 움직여야 한다는 점, 그리고 시간 소모적이고 지루할 수
도 있는 활동에 몸을 쓴다는 점이 비슷하기 때문이다. 수공

예는 가정생활의 습관성으로부터 뭔가 창조하는 방식으로 이와 관련된 지식은 오랜 세월 더 전통적인 형식으로 구현되어왔고 지금은 변화하는 일상생활의 맥락에 맞추어 부활하고 있다.

내가 수공예에 관해 글을 쓰는 맥락은 우울의 맥락이다. 수공예는 (개인적이건 집단적이건) 마음을 가라앉히고 심지어 기분을 띄워줄 수 있는 일상 활동의 형식으로 우울을 약물로 치료하는 방안에 대안을 제공하기 때문이다. 수공예는 또한 치유의 의미를 재설정한다. 수공예나 그 비슷한 다른 활동은 치료나 교정책이라기보다는 우울과 관련된 정동을 퇴치하지 않고 함께 살아가는 방식이며 이 점에서 치유의 의미가 달라진다. 수공예는 나의 우울 회고록의 감수성, 밥하기, 물리적 환경 조성하기, 그리고 공간을 가로질러 몸을 움직이기 등의 활동을 순차적으로 기록함으로써, 정치가 가정에서, 그리고 몸에서 어떻게 생생한 삶의 경험이 되는지 탐색하는 감수성과 비슷하다. 게다가 수공예는 일상적 형식의 창의성뿐 아니라, 글쓰기와 다른 지적이고 예술적인 생산 방식이 요구하는 더 전문화된 형식과도 맞닿아 있다. 정신노동을 주로 하는 이들에게 수공예의 확실한 매력 중 하나는 손을 사용해 더 구체적인 활동으로 돌아갈 수 있다는 점이다. 그뿐 아니라 수공예는 DIY의 확신도 전달한다. 창의력, 그리고 심지어 예술도 누구나 활용할 수 있으며, 그 결과가 반드시 특별해야만 중요한 게 아니라는 확신을 전한다. 이런 의미에서 수공예는 학문 연구가 요구하고 길러주는 완벽주의와 서열에 반기를 든다.

나의 우울 탐구는 즐거움과 기쁨과 활기를 탐색하

는 작업이기도 하다. 일상의 뜨개질 습관과 영적 실천, 그리고 수공예(더 일반적으로는 창의력)와 우울 간의 연결점은 **희망, 행복, 낙관,** 그리고 특히 **유토피아** 같은 핵심 낱말들로 이어진다. 특히 유토피아는 퍼블릭 필링스 프로젝트와 이 여정에 동행하는 호세 무뇨스, 에이버리 고든, 질 돌런, 마이클 스네디커와 사라 아메드 같은 다양한 동조자들이 부활시킨 말이다.⁴² 이들은 이성애 규범적 가족의 안온함 같은 전통적 형태의 행복이나 식민지의 원초적 낙원 같은 비현실적인 형태의 유토피아를 깊이 의심함에도 불구하고, 배움과 교양에 바탕을 둔 희망을 공식화한다. 이들의 희망은 세계의 안타까운 상태를 온전히 인식하고 불행과 멜랑콜리와 우울 및 여러 다른 나쁜 감정들이 존재할 여지가 크다는 점을 잊지 않는다. 이런 느낌들 사이에도 분명차이가 존재하며, 이 차이 자체가 유토피아 감수성이 "복잡한 느낌들"이 증류된 결과임을 시사한다. 돌런은 필시자신이 연극에서 발견하는 희망의 경험, 그리고 "유토피아의 느낌"에 관해 가장 낙관적인 태도를 견지한다. (그의 주장은 "정동의 변화로는 세상을 바꾸지 못한다"는 벌랜트의비관적인 주장과 대비를 이룬다.) 고든이 제시하는 아프리카계 미국인의 생존 전략의 유토피아는 분명 감상성과는거리가 멀다. 반면 스네디커는 퀴어 서정시의 기교에서 유토피아의 긍정을 발견한다. 무뇨스와 아메드는 희망과 행복에 대한 전통적 시각을 비판하면서 고약함의 여왕이자페미니스트 킬조이를 비판적 쾌락의 방법으로 포용하자고주장하는 한편, 무뇨스는 돌런처럼 "구체적 유토피아"의 시금석으로 퀴어 퍼포먼스에 매력을 느낀다. 유토피아와 다른 관련 개념을 둘러싼 논쟁은 "반사회성"을 다루는 퀴어 이론 논쟁의 일환으로 이루어졌다. 이 논쟁은 미래상에 대한 비전 자체가 이성애 규범을 재생산한다며 거부했던 리 에델먼의 유명한 주장과 관련해 유통되어왔다.43 이 논쟁의 중심은 에델먼이 (리오 버사니를 따라) 비판하는 목가풍의 전원화나 낭만화에 빠지지 않고 유토피아를 꿈꾸고 유토피아에 헌신하는 실천을 지탱하는 일이 가능한가 하는 문제다. 그러나 주목해야 할 점은 유토피아에 관한 퀴어 작업이 일반적으로 부정성을 포용한다는 점, 변태성이나 도착성, 비루함과 실패와 우울과 투쟁에서 유토피아적인 면을 찾아냄으로써 긍정적 정동과 부정적 정동 간의 안이한 이항 대립을 거부한다는 점이다.44

이 논쟁에 내가 공헌한 바는 평범함으로 가득한 일상생활이 정신적 자포자기와 정치적 우울 둘 다에 대응해 새로운 세계를 건설하는 유토피아 프로젝트의 바탕이 될 수 있다고 주장한 것이다. 실천의 형식인 수공예와 뜨개질과 다른 습관들, 그리고 요가와 달리기와 다른 형태의 운동 등의 의례들은 내가 **일상 습관의 유토피아**라 부르려는 활동에 속한다. **실천**practice이라는 용어는 반복되는 행위를 가리키는 말로, 특정 행위를 수행하는 과정을 강조한다는 점에서 아주 적절해 보인다. 특히 일상의 실천과 영적 실천 간의 연결점 때문에도 실천이라는 용어는 더더욱 좋은 용어로 보인다. 하지만 **습관**habit이라는 용어 역시 긍정적 함의와 부정적 함의 둘 다 포함하고 있다는 점에서 적합하다. 습관은 실천의 바람직하고 건강한 규칙성, 그리고 건강하지 못하다고 간주되는 욕망의 강박과 충동성까지 포괄한다. 우리는 나쁜 습관을 깨려 애쓰고 중독을 포기하려 노력하지만, 습관이 일상에서 반복된다는 이유로 둔감해지는 느낌을 받을 수 있다. 또 좋은 습관을 들이는 일은 자신을 선하거나 순종하는 주체로 만드는 자아 형성과 훈육의 체제를 내면화하는 일처럼 보일 수 있다. 그러나 유토피아와 연결해 **습관**이라는 용어를 쓰는 것은 습관이 일상의 영역, 스펙터클처럼 화려하거나 이례적이지 않고 일상생활에서 발생하는 활동의 영역에 속한다는 점에서, 세계 내 새로운 존재 방식을 구축하는 메커니즘이 될 수 있음을 시사한다.45 습관은 실천, 다시 말해 능동성과 의식을 갖고 추구하는 반복적 행위가 된다는 점에서 그 일상적 지위를 버리지 않는다. 일상의 평범한 활동이나 습관은 전문화된 활동뿐 아니라 특정 실천을 위한 기반이 될 수 있다. 이러한 실천에는 영적 실천에 속하는 주문 암송이나 가만히 앉아 있는 일, 아니면 예술이나 운동이나 창작 실천을 위한 기초를 형성하는, 세심하게 다듬어진 움직임이나 기술이 포함된다. **일상 습관의 유토피아**는 에이버리 고든이 말한 "쓸모 있는 유토피아"usable utopia의 한 형식이 될 수 있다. 고든이 논의한 쓸모 있는 유토피아는 "지금 여기"의 유토피아로, "미래를 향해 있지만" 공상과학소설에 나타나는 이국의 정취에 대한 공상적 도취와 식민주의적 꿈에서 발견되는 형태의 유토피아처럼 "미래를 지금 이 세계를 벗어나 도피하거나 이 세계를 대체하는 페티시로 취급하지 않는"다.46 일상 습관의 유토피아는 금욕주의 전통, 그리고 근대적 자아를 구성하는 훈육 체제에서 살아가는 새로운 방법들의 모델을 제공하는 "자아의 실천"에 대한 푸코의 관심도 연상시킨다. 이 유토피아는 이성을 갖춘 합리적·독립적 주체를 다시 사유한다. 일상의 유토피아에서 새로 사유하는 주체는 과정과, 자아와 타자, 그리고 인간과 (동물 및 사물을 비롯한) 비인간 사이에 존재하는 구멍 숭숭 뚫린 허술한 경계를 통해 자아를 구축하는, 감각하는 존재다.47

　　일상 습관의 유토피아에는 뜨개질과 수공예뿐 아니라 내 우울 회고록의 기초를 형성하는 글쓰기 실천도 포함될 수 있다. 예컨대 글쓰기가 줄리아 캐머런의『아티스트웨이』같은 대중서에서는 영적 수련의 형식으로 제시된다.『아티스트 웨이』는 창의성의 기초로 "아침 글 한 쪽"을 매일 쓰라고 조언한다. 내털리 골드버그의『뼛속까지 내려가서 써라』는 불교적 바탕을 깔고, 규칙적인 글쓰기 실천을 현재에 늘 집중하는 방법으로 제시한다. 앤 라모트의『쓰기의 감각』은 글쓰기에서 과정에 중점을 둔다. 라모트가 보기에 글쓰기 행위 자체가 결과물보다 더 중요하다. "쓰레기 같은 초고"도 환영이다. 글쓰기 습관은 젊은 여성 문화의 대들보 노릇을 해왔던 일상의 장르 혹은 대중 장르인 일기 쓰기, 혹은 꼼꼼한 세부로 일상과 현재를 기록하는 데 매우 잘 어울리는 폭넓은 새 장르인 블로그 운영 같은 일상의 실천에도 속한다. 이 다양한 형식의 글쓰기 실천을 가로지르는 강조점은 글쓰기를 일상의 행위로 보는 시각이다. 글은 누구나 쓸 수 있고, 규칙적인 습관으로 글을 쓰면 창의성이 일상생활의 일부가 되기 때문이다. 글쓰기의 신비를 벗겨 일상적인 활동으로 만드는 과정에서 캐머런과 골드버그와 라모트 같은 작가들이 암묵적으로 말하는 것은 영적 수행이 사실은 일상 습관이라는 소박한 형식을 띠고 있다는 점이다. 이러한 영적 경험의 소박한 형식이 설사 초월과 비범함과 연관된 측면이 있다 해도, 그 뿌리는 일상성에 있다. 영적 수행은 지금 이 순간 존재하는 것에 주의를 기울임으로써 일상적인 것과 세세한 것을 귀중히 여기는 일이다. 영적 경험이 자아 너머의 것 혹은 자아 외부의 것과 연결되는 것이라 해도, 그 연결을 통해 유토피아적 느낌으로 가는 구체적 경로는 가까운 곳에 있는 것들을 관찰하거나 주목하는 단순한 행위다. (글쓰기는 이러한 행위에 도구로 복무한다.) 그리고 영적 경험이 자기 내면의 성스러운 것을 인정하는 데서 비롯되는 자존감의 창조라고 할 때, 자유로운 글쓰기는 함부로 판단하지 않고 모든 생각과 감정을 소중하게 여기는 실천을 촉진시키며, 이 또한 일상적 습관의 형식이다. 그렇다면 이러한 글쓰기 이론에서 영적 실천은 일상 습관의 변종이며, 일상 습관은 영적 실천의 변종인 셈이다. 이렇게 말할 수 있는 이유는 이 이론들이 이해하는 영성은 (유토피아 개념과 마찬가지로) 초월적인 것이 아니라 지금 여기에 뿌리를 둔 것이기 때문이다.

일상 습관의 유토피아는 우울의 특징인 몸과의 연결 상실, 일에 의미를 부여하는 감각과의 연결 상실, 그리고 타인들과 맺는 관계와의 연결 상실을 출발점 삼아 구축된다. 일상 습관의 유토피아는 현존하는 가정생활 내에 유토피아적인 욕망 및 활동이 일상적 욕망 및 활동과 공존한다는 것, 그리고 이러한 욕망과 활동이 핵가족 생활, 소비자 운동, 대중매체, 그리고 신자유주의 문화의 정동적 문화들을 새롭게 구축할 가능성이 있음을 암시한다. 그렇더라도 일상 습관의 유토피아는 우리 시대 정치의 끔찍한 상태

를 얼버무리려 하지도, 작은 일상의 몸짓을 통해 표명되는
슬픔, 무감함, 고립감, 혹은 분노를 부정하지도 않는다. 이
런 태도를 보여주는 적절한 사례로 그레그 보도위츠의 영
화 「습관」을 살펴보려 한다.

우울 아카이브: 습관

하루가 끝날 때 나는 생각한다. 내가 작업을 하는 목적은
나의 역사적 현재*를 이해하는 것이라고. 내게는 그 점이
매우 중요하다. 나 자신만의 순간을 이해할 수 있는 것 말
이다. … 다른 어떤 종류의 세계적 의미도, 당신에게 띠는
의미도, 다른 누구의 의미도 아닌 내게 지금 현재가 띠는
의미가 중요하다. 오랜 시간 동안 나 자신을 위한 우주론
을 어떻게든 생산하려 노력하지 않을 때 나는 괴롭다.
— 그레그 보도위츠, 「습관」

그레그 보도위츠의 자전적 다큐멘터리 「습관」(2001년)은
전작인 「빠른 여행, 긴 낙하」(1993년)의 후속편으로, 에이
즈가 세계적 유행병이 된 시대 HIV 생존자로 오랫동안 살
아가는 자신의 일상생활을 고찰한다.⁴⁸ 「습관」은 이메일에

* 역사적 현재란 특정한 시공간을 지닌 현재라는 의미다.
모든 것을 역사화하라고 주장하는 마르크스주의 비평가
프레드릭 제임슨(Fredric Jameson)의 문화 분석 방법은
현재까지 역사화할 것을 요구한다. 츠베트코비치 역시
그의 영향 아래 있다.

답장을 쓰고 에이즈를 세계 위기로 다루는 기사들에 익숙해지는 등, 죽음을 재촉하는 습관들과, 매일 명상을 하거나 살기 위해 약을 복용하는 일처럼 자각을 창조하거나 생을 촉진시키는 습관들 사이의 모순을 탐색한다. 보도위츠의 관심사는 의지와 행위주체성의 문제, 죽음의 유령이 시시각각 다가와 우울이 일상생활의 불가피한 조건처럼 보이는 상황에서 도대체 무엇 때문에 뭔가 할 수 있게 되는지 살피는 것이다.49 「습관」은 일상에서 되풀이되는 평범한 활동들을 묘사한다는 점에서 지루할 위험이 있다. 비디오는 보도위츠가 아침에 일어나 약을 먹고, 커피를 내리면서 주방 창밖을 응시하는 장면으로 시작해 같은 장면으로 끝나며, 남아프리카공화국의 에이즈 운동 및 전 세계 제약 프로젝트에 관한 더 전통적인 운동 다큐멘터리 영상들은 보도위츠가 컴퓨터 앞에 앉아 있는 장면, 잔디를 깎는 장면, 여자친구 클레어와 침대나 마당에서 함께 노는 장면들과 교차된다. 되풀이되는 이미지는 그가 매일 복용하는 수많은 알약의 이미지다. 습관을 문제인 동시에 해결책으로 제시하는 보도위츠의 비디오는 습관을 일상생활과의 관계 속에서 재정립하는 방식을 탐색한다. 습관 때문에 세상에 관심을 기울이지 못하게 될 수도 있고, 보도위츠 역시 자신의 우울한 아노미 상태를 별로 숨기려 하지 않는다. 하지만 그는 예술과 명상 같은 습관들이 행위주체성과 의지를 키울 수 있다는 점 역시 놓치지 않는다. 복용해야 하는 알약을 날짜와 시간 표시가 있는 커다란 플라스틱 용기에 나누어 담는 매주의 의례를 시작하면서, 그는 규칙적으로 약을 먹게 해주는 약통의 칸막이들이 자신이 약을 다 챙겨 먹었는지 확실치 않아 받았을 "스트레스와 해야 할 걱정"을 줄이는 데 도움이 된다고 설명한다[도판 30].

「습관」은 「근심거리와의 전쟁」에서도 다루었던 비교 불가능성의 문제 역시 건드린다. 보도위츠 개인의 생활을 세계 상황과 병치함으로써 초래되는 위험이 없지는 않다. 시카고에서 보도위츠가 영위하는 가정생활은 아무리 지루한 반복으로 점철되어 있다 해도, 식료품과 매일 먹을 수 있는 약물이라는 안락함이 어느 정도 보장되는 생활인 반면, 세계 다른 지역의 HIV 생존자들에게 허락된 삶의 현실은 보도위츠의 삶보다 훨씬 더 열악해 두 가지 삶 간의 극명한 차이가 단순한 에이즈 문제의 차이를 넘어선다는 점을 도외시할 위험이다. 비디오는 시카고에 사는 환자가 앓는 에이즈라는 만성질환을 둘러싼 일상생활과, 2000년 남아프리카공화국에서 열린 전 세계 에이즈 총회, 재키 애크멋과 치료행동연합의 에이즈 관련 활동, 그리고 1980년대 북아메리카 퀴어 에이즈 운동이 일어났던 때, 그리고 그 시절을 지나 전 세계에 에이즈가 확산된 절박한 현실 사이를 이리저리 움직인다. 보도위츠는 이 세계들을 어떻게 연결할까 하는 질문에 안도감을 느낄 만한 해결책을 제시하지 않는다. 그는 이들을 종합하는 연결점을 만들기는커녕, 행위주체성과 의미를 추구하는 자신의 노력이 "답보상태"에 빠져 있다는 점, 자신이 남아프리카공화국의 운동과 접촉하는 면이 크지 않다는 점을 오히려 강조한다. 그는 여전히 소박한 목표에 매달리며, 우울이 격차가 큰 세계들 사이의 매개가 실패한 결과물이라고 해석한다. 남아프리카공화국의 에이즈 운동은 에이즈 관련 운동의 부활과 팽창이

라는 의미를 비롯해 어떤 가능성을 보여주는 환희의 순간
을 상징하지만, 에이즈라는 팬데믹이 광범위하게 확산되고
있다는 진실과 그 때문에 더욱 부각되는 경제 불평등, 그리
고 새 활동 전략을 개발해야 할 필요성을 생각하면 난제가
첩첩산중인 위협적 상황 역시 상징한다.

　　이렇듯 이질적인 현실들 사이를 매개하거나 산뜻
한 해결책 제시를 거부한다는 점에서, 「습관」은 감정적으
로, 지적으로 정직하다. 그러나 유토피아적인 계기들도 없
지 않다. 영화에서 가장 희망찬 계기들로는 2000년 남아공

도판 30　그레그 보도위츠, 「습관」의 스틸컷, 2001.

　　　　　　　　2부　퍼블릭 필링스 프로젝트

의 더반에서 열린 세계 에이즈 총회에서 새로운 남아프리카공화국 에이즈 운동이 거둔 자랑스러운 승리, 그리고 예술과 영성을 암시적인 방식으로 결합하는 보도위츠 주변에서 그가 일구는 일상의 생존 실천에 대한 묘사가 있다. 보도위츠의 여자친구인 클레어 펜터코스트는 자신의 작업실에서 미술 작업을 하고 쿤달리니 요가를 하는 모습으로 등장하며, 보도위츠 또한 이본 레이너(예술가이자 오랜 암 생존자로서도 보도위츠에게 연장자 멘토였던 인물)와 예술과 필멸성을 주제로 대화를 지속한다. 이 대화는 「빠른 여행, 긴 낙하」에도 등장했던 이야기다.

　　「습관」의 마지막 장면 중에는, 오랜 친구들이자 에이즈 활동 동료인 대니얼 울프와 리처드 엘로비치가 매일 아침 사진과 영성 관련 성화로 제단을 차려 놓은 구석의 묵상용 자리에 느긋이 앉아 일상의 기도 규칙에 관해 이야기하는 장면이 있다. 이들의 영적 실천은 완벽한 해결책이나 초월적 순간으로 제시되지 않으며, 오히려 일상생활에 뿌리를 둔 소박한 언어로 말해진다. 이들이 함께 기도하는 실천은 "아침 수영과 같으며" 리처드는 기도가 냉철한 정신에 꼭 필요하다 말하면서도, 중독자로 마약을 구할 때 안전을 위해 기도한다는 농담도 빼놓지 않는다. 대니얼은 무상함을 강조하면서 "영적 연결의 순간들"을, "꿈처럼 부서지기 쉬운 것", "강력하지만 소중하고 망가지기 쉬운 것" 그리고 타인들의 "감시나 회의를 견뎌내지 못하는 것", 그러므로 의미 있는 것으로 지키기 위해서는 주위에 보호용 울타리를 쳐야 하는 것이라고 표현한다. 이들의 코멘트를 통해 보도위츠는 개인의 변화의 영역이라 간주되는 영성과 사회 변화의 영역으로 간주되는 정치를 대담하게 결합하되, 관객도 자신의 믿음을 공유해야 한다고 말하거나 특정 전통이나 집단에 속해야만 이러한 실천을 이해할 수 있다는 암시를 던지지 않는 방식으로 결합한다.

　　우리는 보도위츠가 비디오에서 보여주는 예술가와 활동가의 생각에 그가 동조하는지조차 알 수 없다. 그는 비디오라는 미디어를 이용해 상이한 관점들과 크게 다른 세계들을 결합시켜 "자신을 위한 우주론"을 창조하고, "〔자신의〕 역사적 현재를 이해하고자" 한다. 2000년 그의 개인적 "우주론"에는 코피 아난의 에이즈 관련 유엔 연설뿐 아니라, 주방에서 오렌지주스를 따라 알약을 삼키면서 커피가 내려오기를 기다리는 자신만의 반복적 의례도 포함된다. 친구인 리처드 엘로비치는 이런 반복을 기도의 매력 중 하나라고 기술한다. 엘로비치에 따르면 이들이 효력을 내는 이유는 알약과 다름없이 "〔그것이〕 내가 붙잡을 수 있는, 말 그대로 내 손안의 실체"이기 때문이다. 보도위츠가 언급하는 우주론이라는 개념은 자본주의가 느껴지는 방식을 기술하기 위해 그가 이용하는 관념이다. 그가 선택한 과정은 자신에게 중요한 조각들(혹은 아카이브)을 모으는 것이지, 신자유주의에 관한 거대 서사나 정치적 행동을 따르라는 신성한 명령을 창조하는 것이 아니다. 그가 보기에 우울은 전 지구화가 진행되고 있는 문화에서 에이즈와 함께 사는 일(그리고 에이즈 운동)이 의미하는 바를 설명하기에는 지나치게 얇고 묘사력이 떨어지는 말이기 때문이다.

영적 실천(혹은 신성한 일상)

나는 황홀경 따위 믿지 않아
하늘을 날고 싶지 않아
친구들을 모조리 뒤에 버려두고
인류에게 등을 돌린 채 말이야.
왜 우리는 이 땅에 머물며 잘 살 수 없는 것일까?
— 그레천 필립스, 「황홀」

내가 **영적 실천**을 **일상 습관의 유토피아**의 한 형태로, 그리고 정치적 우울에 대한 가능한 대응책으로 끌어들이는 것을 일부 독자들은 분명 받아들이기 힘들 수 있다. 수많은 학자들이 단호히 세속주의를 고수한다는 사실을 생각하면 얼마든지 있을 수 있는 일이다.[50] 하지만 내 논의 내내 끈질기게 존재하는 영성 범주—보도위츠의 「습관」뿐 아니라 카시아누스의 아케디아와 재키 앨리그잰더의 성스러움의 교육학—는 감정과 정치를 이어주는 종래의 방식들이 실패했다는 것을 보여줄 뿐 아니라, 감정과 정치를 이어주는 다른 방식들에 내가 붙인 이름이다. "내가 붙잡을 수 있는, 내 손안의 (비유가 아닌) 말 그대로의 실체"로서 기도나 영적 수행은 대개 아주 평범한 형식의 지속, 할 수 없는 것이 많은 상황 한가운데서 이루어지는 믿음이나 희망의 작은 몸짓이다.

　　영적인 문제를 회의적으로 보는 사람들에게는 **영적 실천** 개념을 탈신비화할 방법이 많다. 영적 실천을 일상의 습관이나 **창조적 실천**이라는 더 세속적 범주의 관점에서 생각하는 편이 이를 이해하기 더 쉬운 방법일 수 있다. 영적 실천이 일상성과 반복과 이어져 있다는 것, 그리고 자포자기와 절망의 느낌이 강력히 존재하는 곳에 영적 실천이 약하고 덧없는 채로 존재한다는 사실은, 영적 실천이 반드시 초월도, 지금 이곳의 엉망진창인 현실로부터의 도피도 아니라는 점을 시사하지 않는가. 창조적 실천과 마찬가지로 영적 실천 역시 매일 매일 하는 활동이며, 그 의미는 다른 어딘가에서 벌어지는 결과가 아니라 실천 과정 자체에 있다는 점 역시 맞다. 영적 실천은 체현이나 물리적 차원을 지닌 의례의 형식—촛불 켜기, 주문 암송하기, 침묵 속에 앉아 있기—과 관련이 있기 때문에 감각과 정동의 관점에서도 얼마든지 기술할 수 있다. 영적 실천은 현재나 평범한 경험에 내재하는 영적 존재나 신성함에 대한 자각의 형태를 띠지만, 그렇다 해도 영적 초월의 순간이라는 것들 역시 대개 심신의 느낌이 강화된 순간에 불과하다. 영적 실천이라는 개념에서 신비를 빼도 별 문제 없어 보인다.

하지만 습관과 실천 개념을 통해 영성을 평범한 것으로 간주한다 해도, 이러한 탈신비화 작업은 궁극적으로 영성을 세속화해 영성의 황홀감과 마법 같은 성질을 제거해버려 그 온전한 울림을 포착하지 못한다.[51] 오히려 앞의 장에서 언급한 재키 앨리그잰더의 질문을 다시 환기해보자. 학문에서 영성을 진지하게 다룬다는 것은 무엇을 의미할까? 우울을 공적 감정이라는 렌즈를 통해 보고자 하는 이 프로젝트의 시도 한가운데서 왜 영성과 관련된 이런 입장이 지속적으로 등장하는 것일까? 기성 종교를 거부하는 이들이 취하는 범주인 영성은 특정 종교 전통을 포용하는 이들이 보기엔 정통성을 결여한 것으로 보일 수 있고, 세속주의를 자임하는 이들이 보기엔 불합리한 미신으로 비칠 수 있다. 어쨌거나 양쪽 모두에게 영성은 근거가 너무 부족하거나, 숨김 하나 없는 노골성으로 비칠 수 있다. 영성은 전근대적이거나 현대성 외부에 있는 것으로 간주되는 문화를 연상시킴으로써, 세속적인 현대 주체에게는 접근 불가능한 것으로 간주되거나, 그 이국적 특성에 매료된 이들에게 도용당하는 문화적 타자성의 영역으로 의구심의 대상이 된다. 특히 백인 중산층 영성의 "뉴에이지" 문화는 문화적 도용, 개인주의, 소비지상주의와 감상주의라는 근거로 비판의 손쉬운 표적이 된다.[12]

　　그러나 백인 중산층의 영성을 진지하게 고려하지 못하게 차단하는 것은 인종 분열을 도드라지게 할 뿐 아니라, 인종 분열을 영속시킬 위험이 있다. 영적 실천들이 차지하는 위상은 대체로 기성 종교 영역의 외부에 있었다. 비난을 받거나 억압당하거나, 영적 실천에 종교의 지위를 허용하지 않는 인식론적 폭력의 대상이 되어왔던 것이다. 아프리카의 디아스포라 종교 실천, 가톨릭교와 토착민 문화의 혼합 버전, 그리고 토착민 사유 방식의 부활과 보존—이들은 모두 근대성과 세속주의 간의 엄격한 등가관계를 붕괴시킨다—에 존재하는 식민주의에 대한 반발은 영적 실천과 정동 정치 간의 교차성을 암시한다. 이런 전통들과 실천들이 주류 대중문화에 지속적으로 영향을 끼치고 있다는 사실은 이들을 비판할 근거이기는커녕, 이런 전통이 두각을 드러내고 있다는 것, 그 전통에 대한 탐구가 감정에 주의를 집중하고 있다는 것을 보여준다. 요가와 불교 명상, 신세계인 아메리카의 가톨릭교, 아프리카의 디아스포라 실천, 그리고 토착민 영성들이 많은 사람들에게 흔해졌다는 것(본인들이 공개적으로 표명하건 말건 수많은 학자들도 여기 포함된다), 이 실천들이 헬스장으로 가거나 치료사에게 가는 방법 옆에 일상생활 실천의 일환으로 존재하고 있다는 것을 감안하면, 이 실천들을 그저 문화적 도용의 형식으로 치부하는 것으로는 부족해 보인다.

　　사실 영성은 종교와 세속을 가르는 개념상의 교차로에 서 있다. 종교와 세속 사이의 구분은 느낌의 역사와 공적 영역의 역사에서 중심 위치를 차지한다. 정동의 역사는 세속화의 역사이며(세속화의 역사가 정동의 역사이기도 하다), 그 역사에는 종교적 감정이 가정, 가족 그리고 시장 내 감정의 승인된 형식으로 전이되는 과정이 포함된다. (그리고 신과 접속하고 있다는 느낌의 자리에 깊은 개인적 감정이라는 진실이 대신 들어섰다.53) 젠더 연구 덕에 이성적인 공적 영역의 반대급부인 정동에 주목했던 작업이 처음에 시작했던 일을 완수하려면, 이제 그 작업은 동류의식을 바탕으로 한 휴머니즘을 촉진시켰던 18세기와 19세기의 감상성, 그리고 노예 폐지 문화에 깃든 종교적 감정이라는, 잔여 형식*을 살펴야 한다. 종교와 감정생활의 논의에서 또 하나 중요한 각축장은 섹슈얼리티를 둘러싼 우리 시대의 도덕적 공황상태이다. 퀴어 학자들이 시사하는 바대

---

* 레이먼드 윌리엄스는 문화를 지배 문화, 새로 출현하는 문화, 잔여 문화로 나눈다. 과거의 문화 중 일부가 현재에도 존속해 실천될 때 이를 잔여적 문화라 한다.

로 이러한 공황상태는 이런 상태가 전혀 세속적이지 않다는 것을 보여준다.54 영성은 대개 억압된 것의 귀환이라는 형식을 띠며, 이 경우 영성은 종교와 세속 간의 구별이 엉망진창이 되거나 해결이 되지 못하거나 붕괴되는 문화적 형태로 나타난다.55 영성은 여전히 종교와 정동을 다루는 학문의 주변부에서 중심으로 진입하지 못하지만, 그래도 영성이 종교 및 정동이라는 범주와 비슷한 점은 세속 범주에 압력을 가할 수 있는 능력을 갖추고 있다는 것이다. 학문적 성격을 띤 종교 연구는 대체로 세속적이고 비판적인 시각을 견지한다. 종교를 문화 속으로 포개어 넣는 중요한 작업을 하려 할 때도 마찬가지다. 하지만 종교 연구의 또 다른 방향은 종교를 문화적 표현으로 탈신비화하지 않고 "황홀감"enchantment(그리고 이와 관련된 다른 느낌들)의 형식을 고수하는 것이다.

여기서 나의 목적은 영성을 거부하는 경향을 중단하는 것, 심지어 "뉴에이지" 버전으로 표명되는 영성조차 놓치지 않는 것, 그럼으로써 영성이 공적 감정에 제공하는 자원들을 생각해보는 것이다. 영성을 고수하는 경우, 관습적 정치의 노골적이고 가시적인 사회 운동뿐 아니라 일상생활의 실천이나 문화적 표현의 형식을 구성하는 더 일반적인 종류의 움직임에서 표현되는 느낌의 정치를 명확히 표명할 때 도움을 받을 수 있다. 일상 습관과 영적 실천에 관해 같이 사유하면 우울을 새로운 삶의 방식이 필요한 문제로 사유할 수 있는 자원을 제공받을 수 있다. 일상의 습관과 영적 실천의 연결점을 포용하면, 미적인 것이나 수행적인 것을 대안적 정치의 형식으로 보자고 요청하는 유토피아적 주장에 수반되는 영적 울림에 관해 사과하거나 이런 울림을 삭제하지 않아도 된다.[56] 영적 실천이 길러주는 삶의 방식들은 뜻깊은 사회 변화를 수반할 수 있을 뿐 아니라, 지금 여기서 당장 시작할 수 있는 몸의 실천이기도 하다. 영적 실천은 현재에 대한 관심, 그리고 현재를 내재적으로 의미심장하거나 충분하다고 생각하는 현재 지향성에 대한 자각으로 이루어져 있다. 이런 자각은 모더니즘 현현modernist epiphany*과 닮아 있다. 모더니즘 현현 역시 여성 문화처럼 영적 실천이라는 개념을 위한 또 하나의 오랜 실험실이다. 그러나 평범한 일상성은 대중적이거나 일상적인 것부터 엘리트 문화에 이르는 전 범위의 장소에서 비범한 반면, 모더니즘 실천들은 일상 경험을 미적 형식으로 전환하는 과정에서 대개 비범함과 일상적인 평범함을 분리시킨다.[57]

영성을 일상과 관련지으면, 느낌의 표현이 뭔가 다른 것이 되어야만 정치적이 될 수 있다고, 그것이 사회 변화의 첫 단계거나 재료라고, 혹은 개인의 경험은 집단적인 것이 되어야만 중요성을 띤다고 전제하는 모델, 문화연구의 중심을 차지하는 바람에 피하기 매우 어려워진 모델을 바꿀 때 도움이 된다. 유토피아처럼, 영성 역시 초월이 아니라 실천을 통해 지금 여기에서 할 수 있는 것이라는 개념

* 한순간 자신, 삶, 그리고 현상세계를 초월하는 궁극의 진리를 뛰어넘는 인식의 순간을 모더니즘에서 부르는 용어. 내적 독백이나 의식의 흐름과 더불어 종래의 서술 기법이나 단선적 세계관을 거부하는 예술 형식으로 등장한 개념이다.

이 생길 때, 마찬가지로 사회 비판이 더 심오한 의미나 다른 곳에 있는 "진정한" 정치를 찾아다니는 형식을 취하지 않는다면, 감정 표현은 "정치"라 불리는 뭔가 다른 것으로 변환되고 나서야 중요성을 띠게 될 필요가 없다.

영적 실천은 우리가 모르는 것에 더 개방적이 될 수 있는 방법이기도 하다. 영적 실천은 종종 자아 너머의, 혹은 자아보다 더 큰 것(물론 때로 영성은 자아와 일상 경험에 내재한다고 말해지기도 한다), 따라서 우리의 현재 생각을 넘어서는 것(물론 미지의 것은 생각 대신 느낌으로 표명될 수도 있다)과 이어지는 방법으로도 기술된다. 영적 경험이나 실천은 감정과 정치를 이어주는 구체적 단계를 추적하라고 요구하는 통상적인 문화비평 모델과 다른 사유 방식이나 감정 방식에 도움이 된다. 영적 실천에서 우리는 답보상태나 부족한 지식을 마주할 의지, 사태의 결과가 어떻게 될지 모르면서도 그 느낌과 함께 가겠다는 의지, 모른다는 사실을 두려워하기보다 수용하거나 심지어 환영하는 연습을 할 의지를 기른다. (두려움이나 불안이나 무지의 포용은 가령 페마 초드론과 틱낫한의 대중 불교의 중심이며, 이브 세지윅도 설득력 있게 기술하는 내용이다.[58])

「습관」에서, 시각미술 작가 클레어 펜터코스트는 사트크리야라는 쿤달리니 요가 명상을 하는 모습으로 나온다. 사트크리야sat kriya 명상에는 사트남sat nam(진리는 나의 정체성이라는 뜻)이라는 문구를 암송하는 부분이 있다. 쿤달리니 요가 전통에서 명상은 영적 기술, 즉 정신과 육신, 그리도 둘을 결합하는 에너지의 중심에 대한 기술로 통한다. 정신을 집중시키는 주문을 암송할 때는 머리 위로 두

손을 합장해야 하며(매우 힘든 동작이다) 배꼽 주위의 근육을 펌프질하듯 힘을 주었다 빼야 한다. 이 행위는 장기 전체에 영향을 끼치고, 정신뿐 아니라 일곱 곳의 에너지 중추인 차크라에 골고루 분포한 영적인 몸을 열도록 더 온전한 호흡을 촉진시킨다. 내가 펜터코스트의 명상 수련을 알아본 건, 내가 하루를 준비하려고 11분 동안 매일 하는 명상 실천과 그의 수련이 똑같았기 때문이다. 이 명상은 나의 집중력을 벼려주어, 근심거리와 전쟁을 벌일 때 도움이 된다. 주의를 흐트러뜨리는 수많은 할 일과 세계의 재앙들로부터 일단 벗어난 후, 이 문제들을 더 차분한 방식으로 바라볼 수 있는 자세를 취하게 해준다는 뜻이다. 명상은 위기 한가운데서도 집중력을 잃지 않는 법, 존재하는 순간에 온전히 존재할 수 있도록 감각 도구(인지와 감정, 정신과 육신의 도구)를 갖출 영적인 전사를 키우는 기술이다. 그러나 이러한 명상은 매일 되풀이해야 한다. 수련은 절대로 끝나지 않는다. 정신은 늘 방황하고 몸은 스트레스에 치이며 영혼은 약해진다.

　　내가 영성 개념의 가치를 지적으로 지원해줄 자료를 발견한 곳은 내 프로젝트를 위해 직접 수집한 동지들의 상이한 아카이브였다. 4세기 사막의 수도자 카시아누스가 아케디아를 가리켜 중죄 중 하나라고 지적한 글은, 특정 프로젝트나 일련의 이상에 대한 믿음을 잃어버린 현대 지식인이나 활동가가 빠질 수 있는 절망이나 자포자기에 관해 놀랄 만큼 쉬운 설명을 제시한다. 재키 앨리그잰더는 포스트식민의 조건인 "연결 끊기"disconnection와, 글을 쓰지 못하는 상태, 그리고 일상적인 절망감을 모두 치유할 수 있는 성스러운 실천에 관해 말한다. 초기 기독교 수도자들과 우리 시대 포스트식민 지식인들이 모두 영성의 방향을 가리키는 것은 그리 놀랍지 않다. 수도자들도 포스트식민 지식인들도 모두 이성이라는 서양 세속 지식의 주변부에서 형성되어온 전통에 속해 있기 때문이다. 영성을 복구하려면 지리적이고 역사적인 주변과 비이성적이며 미신이라고 치부되어온 토착민 실천들을 모두 살펴보아야 한다. 페미니스트 공예가들과 함께, 초기 기독교 수도자들과 포스트식민 지식인들은 과학적이지 않은 지식, 텍스트를 벗어나 몸과 실천에서 비롯되는 지식, 그리고 영성의 영역이라 부를 만한 비물질적 원천에서 비롯되는 지식의 형식을 제공한다.

이렇듯 다양한 지혜의 원천은 내가 일상적인 것과 영성이 결합된 힘이 자포자기, 고립, 그리고 우울의 해결책일 수 있음을 인식하도록 해주었다. 습관이나 수행 형식을 띤 노동—종려나무 잎사귀를 모으는 일, 디아스포라 및 토착 전통의 의례를 수행하는 일, 뜨개질이나 코바늘뜨기, 글쓰기—은 정치적인 것에 대한 새로운 이해와 지식을 만들어낸다. 습관과 수행의 노동은 우울과 회복적 관계를 맺게 해줄 뿐 아니라, 그럼으로써 우울을 진단해 알아야 할 대상 지식으로 보는 의학 모델에 대처할 다른 방안을 만들어낸다. 우울이나 아무것도 하지 못한 채 붙들린 상태의 경험은 우리가 아직 모르는 것으로의 초대, 그리고 문화연구가 왜 중요한지 일깨워주는 방법이 될 수 있다. 영적 실천과 마찬가지로 창조적 실천—학문 역시 창조적 실천의 일부다—은 논문을 쓰거나 우울을 변형시키거나 인생을 계획

할 때 답을 제시하는 게 아니라, 알지 못함, 과정에 대한 믿음, 육신과 정신과 감각을 포괄하여 무슨 일이 일어나는지 찬찬히 보도록 만드는 유기적·전체론적 지성을 믿는 태도이다.

에필로그

린다 배리, 「그게 뭔지」.

이건 좋을까? 이건 형편없나?

이건 좋을까? 이건 형편없나? 언제부터 이 두 가지 질문
이 내 작품에 내가 던지는 유일한 질문이 되었는지, 언제
부터 그림을 그리고 이야기를 짓는 일이 "내 작품"이라 부
르는 것으로 변했는지 잘 모르겠다. 아는 거라고는 이제
그림과 이야기 짓는 일이 재미있기는커녕 두려워지기 시
작했다는 것뿐이다.

— 린다 배리, 『그게 뭔지』, 123쪽.

이건 좋을까? 이건 형편없나? 위의 두 가지 질문은 『그게 뭔지』라는 린다 배리의 작가 매뉴얼에 나오는 후렴구다. 배리의 『그게 뭔지』는 창작 과정에 대한 고찰이자, 예술가로 성장하는 과정이 담긴 작가의 성장 회고록이자, 기억이 "시간의 지점들"인 장소에 어떻게 각인되는지, 그 각인된 기억에서 이미지들이 어떻게 출현하는지를 다루는 철학적 탐구, 텍스트와 그림 간의 관계가 이야기에 없어서는 안 될 핵심 부분을 차지하는 장르 초월 그래픽 서사이다.[1] 배리는 어린 시절 그림 그리는 게 즐거웠다는 이야기를 전하면서, 남들의 판단이 창작 충동을 죽이는 기능을 하기 시작했던 순간을 언급한다. 배리가 잉크 얼룩처럼 생긴 동그라미에 얇은 막대기 같은 다리가 달린 모습으로 창조한 쌍둥이 악마 캐릭터 중 한 녀석은 그의 작품이 좋다고 말하고, 다른 한 녀석은 형편없다고 말한다. 이 두 녀석이 자리 잡기 시작하면서 배리는 이제 "창작이 뭔지" 모른 채 그저 신나고 싶어 뭔가 끼적이는 즐거운 창작을 할 수 없게 되어버린다. 이 두 악마 캐릭터는 그가 창작 과정의 일부로 끄적거리는 친숙한 동물들과 대조를 이룬다. 이 친숙한 동물 중에는 그를 지키는 수호 문어나 오징어처럼, 그가 그림을 그리는 동안 늘 잊어버리는 바람에 다시 상기시켜야 하는 교훈을 일깨워준다. "뭔가 생생하게 살아 있는 것이 형태를 취하도록 내버려 둘 만큼 오랫동안 아무것도 모르는 채로 있을 능력을 갖출 것!"이라는 교훈이다.[2] (「에필로그」의 마지막 도판을 보라!)

배리가 그린 창작 과정의 간섭쟁이 악마들은 이 책에 실을 글을 쓰는 내내 나를 괴롭혔다. 특히 회고록을 쓸

　　　　　　　　　　　　　우울: 공적 감정

때였다. 배리의 두 가지 질문에 추가된 질문 또 하나는 내 머릿속에서 울리는, "넌 정교수야. 네가 원하는 건 뭐든 할 수 있다니까!"라고 말하는 목소리다. 내가 붙들린 상태에 빠져 아무것도 못하고 있을 때 이 목소리는 더 노골적이고 수치심을 안기는 어조를 택했다. "넌 정년이 보장된 교수야. 도대체 뭐가 문제야?" 다른 변종들로는 "이건 학문이 아니야." 같은 주제의 변종인데 우리 중 일부에게는 훨씬 더 가시 돋친 힐난으로 느껴지는 말도 있었다. "도대체 뭣 때문에 이딴 걸로 세상을 바꿀 수 있다고 생각하지?" 많은 사람들은 내가 원하는 건 뭐든 할 수 있다고 말해주었지만, 그렇다는 **느낌**은 들지 않았고, (내가 지닌) 특권이라는 물적 현실과 두려움이라는 생생한 체험 간의 긴장은 또 다른 "근심거리와의 전쟁"을 낳았다. 그것이 이 책의 프로젝트가 되었다.

　　일부 독자들은 「우울 일기」 이후를 궁금해했다. 명백히 나는 첫 책을 출간하고 정교수직을 얻는 일뿐 아니라 학자로서도 왕성한 활동을 하는 성공적인 경력을 꾸려왔기 때문이다. 그 이야기의 지평 너머, 최소한 나를 아는 사람들이 보기에 내게는 20년 동안 이어진 행복한 반려관계와 퀴어 친구들의 근사한 네트워크가 건재하다. 그러나 그 길은 그렇게 단순하지 않다. 이 책은 첫 책을 쓴 이후 겪은 최악의 불안한 시기에 썼다. 불안을 "치유"할 방법 중 하나는 이 책을 쓸 시간을 얻는 것이었지만, 그 단순한 해결책조차 쉽게 얻은 것은 아니었다. 내가 재직하던 대학에서는 교내 연구비 지원을 세 번이나 거절했다. (안식년을 받을 수 없었던 때라 연구 휴가를 내려면 연구비 지원을 받는 게 유일한 방법이었다.) 추측컨대 학교 측에서 내 지원서를 거절한 이유 중 하나는 느낌을 다루는 연구, 특히 비판적 회고록 형태를 띤 통섭 연구 작업이 진지한 연구처럼 보이지 않았기 때문이 아니었을까 싶다.

안식년과 연구 휴가는 일류 대학의 교수가 누리는 사치라고 생각할 수 있겠지만, 그것은 글을 더 쓰고, 강의를 더 하고, 학생지도를 더 하고 더 많은 행정 일을 할 의무에서 해방되는 휴식, 목숨을 구하는 안식이기도 하다. 학계를 비롯한 직장 내 능률 문화는 조직 구성원들의 업무량을 증가시키고 있다. 소위 특권직이라는 교수직을, 급진 문화연구뿐 아니라 인문학 전반에 몰아치고 있는 예산 삭감의 바람과 끝없는 압박에 침식당하지 않도록 지키려는 고군분투는 번아웃이라는 극도의 심신 쇠약 상태를 초래할 수 있다.3 고위직이나 특권직에 종사하는 사람들조차 참담한 노동조건을 겪고 있다면, 세력이나 안정성 혹은 노동시간의 자유가 훨씬 적은 직종 종사자들에게 이러한 변화가 의미하는 바가 무엇이겠는가? 나는 내 경험이 특이하기는커녕 학계에서 으레 벌어지는 일이라고 생각한다. 나의 이야기는 예외가 아니라 상례다. 따라서 「우울 일기」에 함축된 메시지 중 하나가 답보상태가 닥쳐와도 빠져나갈 문이 있다는 것이라는 점은 맞지만, 그렇더라도 고군분투는 여전히 진행형이다.

이 책을 쓰느라 겪은 어려움에 대한 해결책 하나는 내 학문 연구가 창작 작업이라고 끈질기게 생각하는 것이었다. 그 창작 작업의 유일한 중요성은 그것이 나에게 중요했다는 점뿐일 수도 있지만 말이다. 혹은 린다 배리가 예리

우울: 공적 감정

하게 짚어내듯 "우리가 판타지 세계를 창조하는 이유는 현실에서 도피하기 위해서가 아니라 현실에 머물기 위해서이다."4 글쓰기에 관한 배리의 조언은 내가 이 책을 쓰는 동안 의지했던 조언들과 아주 유사하다. 자유 글쓰기, 자기 검열하지 않기, 이미지와 장소에 대한 구체적 기억 소환하기, 이 모든 방법들은 창작 글쓰기 실천이나 초보 창작 교육에서조차 꽤 흔히 쓰이지만, 고급 학문 관행에서 늘 받아들여지는 방법은 아니다. 자유 글쓰기를 할 때 종이에서 절대로 펜을 들면 안 된다거나, 그림을 그리거나 뭔가 생각 없이 끼적이는 활동 등을 통해 계속 손을 놀리라는 배리의 조언은 기발하다. 배리가 『그게 뭔지』의 뒤쪽에 실어놓은 일간 노트의 내용은 과정이 자료임을 보여주는 탁월한 사례이다. 그는 핵심 구절을 쓰고 이미지를 그릴 뿐 아니라 겉으로 보기에 무의미한 끼적임을 만들고, 그 결과는 최종 책의 페이지 디자인으로 통합된다.

정말 더 나아질까?

하지만 당신이 집중하는 법을 제대로 배운다면, 다른 선택지가 있다는 것을 알게 된다. 북적이고 후텁지근하고 느리고 소비자 지옥 같은 상황을, 뜻깊고 성스럽고, 별을 창조했던 힘과 동일한 힘인 사랑과 유대감과 저 심연 속 만물의 신비로운 통일감으로 뜨겁게 체험하는 힘은 실제로 당신의 것이다.
— 데이비드 포스터 월리스,「진짜 자유?」

3장에서 나는 유토피아와 영적 실천을 끌어들여 논의를 이어갔다. 이런 나의 논의가 휴식이나 해결책이나 행복한 결말을 암시하는 듯 비칠 수 있다. 그러나 여기서 내가 제시하는 최종 메시지는 "더 나아질 거야"라고 간주할 만한 것이 되지 못한다. "더 나아질 거야"라는 슬로건은 자살 생각에 빠질 지경에 몰리는 퀴어 청년들을 절망과 자포자기에서 구하도록 설득할 목적으로 최근 제작한 비디오 캠페인에서 가져온 문구다.*5 우울이 로런 벌랜트가 말한 더딘 죽음의 한 형태라면 거기서 깨끗이 탈출할 방법은 없다. 생존이라는 일상의 실천 주위를 떠돌아다니는 나쁜 기분은 늘 거기 있다. 특히 그 우울이 정치적 우울일 때는 더더욱 그러하다. 정치적 우울은 진정한 경제 정의와, 폭력의 역사에 대한 더 나은 심판이 내려질 때까지 결코 끝나지 않는다. 그러나 행복한 결말이 없다고 해서 반드시 항상 기분이 나빠야 한다거나 나쁜 기분이 희망이나 즐거운 느낌을 차단하는 상태라는 뜻은 아니다.

"더 나아질 거야" 캠페인*은 러트거스대학의 타일러 클레멘티의 자살 사건을 비롯하여 이 캠페인의 촉매제 역할을 했던 일부 사례들과 함께 우울 및 우울과 싸우는 법을 다루는 흥미로운 연구다. 변화를 이룰 수 있다는 걸 진정 믿는 이 캠페인의 문제점을 찾기란 어렵지 않으며, 실

---

* 2010년 미국에서 LGBTQ+ 청소년들의 자살이 급증하면서 게이 칼럼니스트 댄 새비지(Dan Savage)와 테리 밀러(Terry Miller)가 성소수자 청소년을 위해 "더 나아질 거야"(It Gets Better)라는 제목으로 유튜브에 영상을 올렸다.

우울: 공적 감정

제로 퀴어 문화계에서 이 캠페인의 문제점을 지적하는 중요한 몇몇 비판도 나온 바 있다.6 잭 핼버스탬이 간결하게 표현했듯, 일은 "더 나빠진다".7

　　그러나 "더 나아질 거야"라는 태도에 관해 어떤 식으로든 일반화하는 태도는 섣부른 선택일 수 있다. 이 슬로건은 하도 급속히 퍼져 수백 개의 관련 비디오 영상물이 나와 있고, 그중 많은 영상물은 댄 새비지가 처음 제작했던 영상물보다 더 복잡할 뿐 아니라, 예측 불가능한 결과를 다수 산출한다. 그럼에도 불구하고 내 생각에 "더 나아진다" 캠페인에 잠재된 문제 중 하나는 "더 나아진다"라는 조언이 아무리 진심 어린 것이라 하더라도 죽지 말고 살아 있으라는 명령이 직접적이건 중재를 거친 간접적 성격의 것이건 대개 실패할 수밖에 없다는 것이다. 불행하게도, 누군가에게 삶을 포기하지 말라고 명령을 내리는 행위는 우리의 간절한 바람에도 불구하고 수행적 언설이 아니다. 애정 어린 표현은 우연일 때를 제외하고 수많은 중독의 기저에서 본인도 모르게 작용하는 자기혐오 습관이나 자신에 대한 불쾌감을 치유하는 방안으로 꼭 변모하지는 않는다. 우리 중 다수는 누군가―알코올중독 형제, 우울한 자매, 약물 중독자 사촌, 절망에 빠진 학생, 퀴어 친구―에게 계속 살아가라고, 혹은 그가 사랑받고 있음을 기억하라고 격려하려 애써본 적이 분명 있다. 하지만 지식과 인식은 동일하지 않기 때문에, 삶을 포기하지 않는 것은 실천에 의한 연

＊＊ 동급생이 퀴어인 클레멘티의 사생활 영상을 폭로한 후 클레멘티가 자살한 사건.

에필로그　　　　　　　　　　　　　　　　　　　　377

습의 결과이지 그저 순간적인 느낌이 아니다. 따라서 살아야겠다는 확신의 순간은 덧없이 짧을 수 있다. 격려와 설득이 친구에게서 오건 유명인사에게서 오건 생생한 대화를 통해 오건 아니면 유튜브 영상(아니면 인터넷이 등장하기 전 많은 퀴어 청소년들이 의지했던 생명줄인 도서관의 책)에서 오건 크게 달라지지 않는다.

퀴어 전문가들이 지적해왔듯, 나이가 어린 친구들을 도우려는 욕망은 때론 어린 시절과 청소년 시절의 아이들이란 보호를 받아야 한다는, 감상적이고 윗사람입네 하는 생각에서 비롯되지만, 우리 자신이 느껴본 적 있는 자살 욕망과 절망이라는 암울하고 때로는 은밀한 급소에서 비롯되기도 한다. 생애 주기 중 그 어느 때보다 더 불안한 시기를 겪고 있는 청소년 및 대학생 퀴어 전체에 대한 걱정과 더불어, 이 책은 성장이 반드시 더 나아지는 것을 의미하지 않았던 많은 사람들, 더 나아질 때까지 기다리는 법을 알 수 없었던 사람들, 나와 그다지 다르지 않은 사람들의 기억들이 출몰하는 공간이다.[8] 내 친구 로라 로메로는 나의 첫 책 『복잡한 느낌들』을 끝내도록 영감을 제공해주었으면서도, 도무지 수그러들지 않는 절망으로 오랫동안 서서히 빠져들다 자살을 택해 결국 살아남지 못한 이들 중 한 사람이 되었다.

성인이라는 것—혹은 백인이거나 남성 중산층이라는 것, 혹은 전문가로 창작자로 성공한다는 것—은 자포자기에 빠지지 않을 수 있는 보호막을 전혀 보장해주지 않는다. 가령 데이비드 포스터 월리스의 사례를 생각해보라. 자살로 생을 마감했을 당시 월리스는 아이도 아니었고 퀴

우울: 공적 감정

어도 아니었다. 다만 감각을 마비시키는 표준 백인 중산층 삶의 영향을 묘사하는 그의 뛰어난 능력은 그가 왜 우울에 빠져들어 침잠했는지 이유를 짐작케 한다. "더 나아질 거 야"라는 슬로건은 칭송받는 그의 유명한 졸업식 연설과 병치해볼 수 있겠다. 그가 했던 연설의 장르는 졸업하는 선배가 후배에게 인생의 지혜와 조언을 전달하는 형식을 띠고 있다. 하지만 월리스는 이 장르를 전복시켜, 청춘의 잠재력과 열의를 활용하여 세계가 당면한 문제에 사회적인 책임감으로 대처하라는 예의 경건함을 비껴나가, 대학 졸업장이라는 인생의 절정기와 막 성인이 되는 졸업 시기가 대개 청소년기의 불안에서 별로 멀지 않다는 점을 상기시킨다. 월리스는 이 대졸자들이 미래에 마주하게 될 수 있는 "권태, 반복적 일상, 그리고 사소한 좌절"의 힘, 감각을 마비시키는 힘을 깊숙이 파고 들어간다. 그에게 유명세를 준 몰입형 사실주의의 섬세한 묘사법을 통해 월리스는 나의 「우울 일기」에도 나오는 장면 하나를 그려낸다. 슈퍼마켓까지 가야 하는, 주눅 드는 경험에 대한 묘사다.

일례로, 그저 평범한 성인이 보내는 하루를 생각해보자. 아침에 일어나 대졸자 사무직들이 으레 가는 할 일 산더미인 직장으로 출근해, 여덟 시간에서 열 시간 동안 열심히 일을 한 다음 퇴근길, 피곤하고 스트레스를 받은 상태로 해야 할이라고는 집에 들어가 맛난 저녁밥을 먹는 것뿐이다. 저녁밥을 해치운 다음 한 시간가량 긴장을 풀 수도 있고 그런 다음 일찍 잠자리에 든다. 당연히 다음 날 아침 똑같은 일을 다시 해야 하니까.

하지만 갑자기 집에 먹을 게 하나도 없다는 사실이 떠오른다. 이번 주에 힘든 업무가 있어 장을 볼 짬이 나지 않았고, 이제 퇴근 후 차를 운전해 슈퍼마켓까지 가야 한다. 주말이니 교통 상황이 어떨지 빤하다. 형편없이 막힌다. 슈퍼마켓까지 가는 데만도 필요 이상 오래 걸릴 테고, 도착한다 해도 상점은 무지하게 붐빈다. 당연히 이 시간쯤 직장인이라면 모조리 식료품을 쟁여두려고 슈퍼마켓으로 몰려들 테니까. 게다가 끔찍할 정도로 환한 조명이 켜져 있고 영혼을 죽이는 녹음된 음악이나 대기업이 만든 팝송으로 시끄러울 테니 정말 가고 싶지 않은 곳이 슈퍼마켓이지만, 서둘러 들어갔다 빠져나오려 해봐야 그럴 수도 없다. 거대하고 눈부신 조명 가득한 상점의 헷갈리는 매대 사이를 헤매고 다녀야 원하는 물건을 찾을 수 있을 테고 피곤에 찌들어 서두르는 다른 사람들과 그들이 끌고 다니는 카트를 뚫고 거지 같은 카트를 밀고 다녀야 한다(등등 이쯤에서 그만해야겠다. 정말 긴 의식이니까). 결국 살 물건으로 카트를 다 채웠다. 그런데 이젠 계산대가 충분치 않다. 오늘 같이 바쁜 날 계산대가 모자라다니. 계산을 기다리는 사람들의 줄은 믿을 수 없을 만큼 길다. 정말 멍청하고 짜증나는 상황이다. 하지만 내 좌절을 계산대에서 정신없이 일하는 아주머니한테 퍼부어댈 수는 없다. 그 양반 역시 단조로움과 무의미함으로 따지자면 이곳 명문대에 있는 우리 누구의 상상력도 범접하지 못할 정도의 단조롭고 무의미한 일로 매일 과로하고 있기 때문이다.

이 대목은 어이없다 못해 우스울 정도로 고통스러운 세부

우울: 공적 감정

묘사로 가득 차 있다. 이런 묘사야말로 월리스의 "묘사로의 전환"을 보여주는 예술 기교다. 이러한 묘사는 월리스의 공감 개념에서 중심을 차지한다. 월리스가 생각하는 공감이란, 자신이 무지막지하게 짜증스럽게 여기는 사람들의 고충 가득한 삶을 (지나칠 정도로 고통스러운 세부 묘사로) 상상하는 능력이다. 월리스는 평범한 일상적 삶의 느낌을 세세히 기록하는 비범한 능력으로 일상의 경험과, 더 현란한 형식을 띤 자포자기 상태, 가령 자살과 그 사촌 격인 살인에 가까운 폭력 같은 스펙터클한 형태의 절망이 이어져 있음을 넌지시 드러낸다.9

　　권태에 대한 월리스의 길고도 긴 묘사는 이 장의 서두에 인용한 그의 논평에서 절정을 이룬다. 이 논평에서 월리스는 자기 나름의 권태와 공격성과 불안으로 가득 차 타인들을 위한 관심이나 공감조차 느낄 수 없을 만큼 오래 쌓인 자아도취적 자기혐오의 쳇바퀴 밖으로 나가지 못하는 사람들에게 이런 "근심거리와의 전쟁"을 수행하는 방법에 관해 자신만의 조언을 제공한다. 포스트모더니즘을 대표하는 미국의 이성애자 백인 소설가, 비판적 세속주의를 상징하는 작가치고는 놀랍게도, 월리스는 신성함과 숭배를 언급하며, "집중하라"는 그의 조언은 매일 매일 해야 하는 마음 챙김 및 경건한 수련과 닮아 있다. 월리스의 말로 짐작해보자면, 집중은 지속적으로 해야 하는 힘들고 어려운 실천이자 수행이지, 대학에서 학위를 받거나 나이를 먹는다고 그냥 되는 일이 아니다. 심지어 슈퍼마켓에 늘어선 사람들의 줄에서조차 신성한 의미심장함을 볼 "자유"를 기르는 일은 일상생활에서 힘들여 해야 하는 수행이자 기술이다. 윌리스가 경고하는 둔감함이나 무감함이라는 기본 바탕에는 (커다란 스포츠카 소유주들과 그들의 소비지상주의를 향한 저주 같은) 비판이 포함되어 있다. 하지만 그의 글은 비판을 비판하고 영리하고 올바르다고 잘난 척하는 행태를 비판할 때조차 그런 비판과 잘난 척에 굴복하기가 너무나 쉽다는 것에 대한 공감(그리고 절망) 역시 표명한다. 작가 자신이 비판과 잘난 척에 굴복하지 않는 실천을 제대로 해내지 못했다는 것 자체가 그 실천이 얼마나 어려운지 시사한다. 탈출할 방안을 생각해낼 수 있다는 것, 혹은 생각의 답보상태를 아름답게 묘사하는 것만으로 꼭 충분한 것은 아니니까 말이다.

치실을 쓰면서 삶을 이어가라

우리의 느낌을 알아가고 수용하는 과정에서, 그 느낌, 그리고 그 느낌을 정직하게 탐색하는 작업은 가장 급진적이고 과감한 아이디어를 낳는 성소이자 산란지가 된다. 시를 통해 우리는 우리의 느낌을 (변화를 일으키는 데 꼭 필요한) 차이가 몸담을 수 있는 아지트로 만들 수 있고, 유의미한 행동을 개념화할 수 있다. 지금 당장이라도 나는 꿈과 시를 통해 내게 오지 않았더라면 도저히 받아들이거나 이해할 수 없었고 두렵기까지 했던 아이디어를 열 개라도 댈 수 있다. 시를 알기 위해서는 나태하게 환상을 품는 것이 아니라 스스로가 "그래 이거야"라고 느끼는 것의 진정한 의미에 주의를 기울이는 훈련이 필요하다.

　　　　　　　　　우울: 공적 감정

— 오드리 로드, 「시는 사치가 아니다」

나는 그저 솔직해지고 싶다. 당신이 살아가면서 실제로 겪게 될 것들에 대해 말이다. 당신은 살면서 치실을 사용할 것이다. 여러 해 동안 치실을 쓰고 있을 것이다. 거울 앞에서 거울이 없는 곳에서, 여자 친구와 함께 있을 때나 혼자일 때나 쓸 것이다. 여자 친구는 당신이 치실을 쓴다는 사실에 흥분해 있다. 왜냐하면 자기도 치실을 쓰긴 해야 하는데 남자 친구가 치실을 쓰다니 퍽 인상적이라고 생각하기 때문이다. 결국 여자 친구는 당신이 치실 질을 할 때 자기도 같이 해도 되느냐고 물어올 것이다. 함께 하면 더 쉬울 거라면서. 여자 친구가 당신과 함께 서서 엉덩이와 허벅지를 당신과 부딪쳐 가며 치실을 쓰는 동안 당신은 지저분한 욕실 조명 아래 선 자신을 응시하고 있다.
— 아일린 마일스, 「그걸 하면서 산다고?!」

내 친구 낸시가 우울을 돌파하기 위해 세운 핵심 계획은 두 가지다. (1) 계속 움직인다. (2) 타인들을 돕는다. 이 책은 자기계발 관련 책들과 그 책에서 제시하는 할 일 목록에 대해 극도로 양면적인 견해를 갖고 있다. 그럼에도 불구하고 이 책에는 자기계발이라는 장르를 향한 나만의 열망이 들어 있다. 자기계발이라는 장르로 하여금 끝없이 확산되어 새로운 정체성들, 진단들, 그리고 인구통계와 경향들을 따라잡게 해주는 틈새시장 마케팅에 발맞추어, 우울을 다루는 내 방식의 자기계발서인 이 책은 학자이자 퀴어인 독자들, 특히 자기계발 장르에 유보적인 태도를 견지하거나 탈동일시하는 태도를 견지함에도 불구하고 이 장르에 호기심

에필로그   383

을 잃지 않고 있는 독자들을 향한 것이다. 퀴어 자기계발이라는 하위 장르에는 내 동지들이 좀 있다. 케이트 본스타인이 그중 한 명이다. 그가 쓴 『자,살자: 청소년, 괴짜, 무법자들이 자살 대신 할 수 있는 101가지』는 "더 나아질 거야" 유의 감상주의를 피하면서 유머와 삐딱함이 가미된 지혜를 전달한다.[10]

내가 꿈꾸는 조언 매뉴얼에는 어려움이 사라지기를 기원해주는 식이 아니라 어려움을 정면으로 마주하고 같이 어려움 쪽으로 가볼 의지를 발휘함으로써 내게 지혜와 위안을 주었던 많은 사상가들과 작가들의 논평이 포함되어 있다. 이 책의 결론 격으로 오드리 로드와 아일린 마일스의 글귀를 나란히 인용했다. 두 작가는 자신만의 방식으로 레즈비언 공동체에서 과감한 전사이자 시인으로 명망이 높은 인물이다. 이들은 자신의 육신과 느낌을 돌봐야 할 필요, 더 큰 싸움을 치르기 위해 "급진적인 자기 소유"를 창조할 필요를 강조하는 작가이다.

로드에게 시란 사치가 아니다. 사회변혁의 에너지는 자신만의 진실에 대한 느낌에 접근할 수 있는 역량에 달려 있으며, 그러한 접근 능력을 길러주는 것은 창의력이기 때문이다. 로드의 지혜와 월리스의 지혜 사이에는 놀라운 접점이 존재한다. 둘 사이의 연결점은 이런 종류의 지혜에 정체성 확인이 꼭 필요하다는 주장 따위가 설 자리 없음을 암시하는 것일 수도 있다. 지혜의 원천은 다양할 수 있기 때문이다. 로드와 월리스 둘 다 삶의 실천은 새로운 관념에서 나오는 것이 아니라는 점을 역설한다. 월리스는 자신이 말하는 수많은 내용이 우리를 둔감하게 만들 만큼 만연해

우울: 공적 감정

있는 진부한 것들에 존재한다는 점을 기꺼이 인정한다. 반면 억압받는 이들의 편에 선다는 점에서 의로움을 갖춘 로드는 흑인 가모장제의 감정과 느낌을 백인 가부장제의 이성과 대치시키며, 그럼으로써 (아프리카 디아스포라에서 어렵게 획득한 생존을 비롯한) 전통의 실천을 승리라고 좀 더 쉽게 주장할 수 있는 것인지도 모르겠다.

> 때로 우리는 무언가 새로운 아이디어를 꿈꾸며 스스로를 기만하기도 한다. 머리가 우리를 구할 것이다. 두뇌만으로 자유로워질 수 있으리라. 하지만 우리 여성들, 여성이자 인간인 우리를 구원해줄 새로운 아이디어가 가만히 서서 기다리고 있지는 않다. 있는 것이라곤 우리 안에 존재하는 오래된, 그동안 잊고 있던 아이디어들, 새로운 조합들, 추론과 깨달음뿐이다. 또 그것들을 새롭게 시도해보려 새로 갈고 닦은 용기뿐이다.
> 왜냐하면 새로운 아이디어란 존재하지 않기 때문이다. 그것을 느끼는 새로운 방식이 있을 뿐이다. 일요일 아침 일곱 시에 아침밥을 먹는다는 건 어떤 느낌인지, 격렬한 사랑을 나누는 동안은 어떤 느낌인지, 전쟁을 한다는 건 어떤 느낌인지, 아이를 낳는다는 건 어떤 느낌인지, 죽은 이들을 애도한다는 건 어떤 느낌인지 성찰하는 새로운 방식이 있을 뿐이다.[11]

감화를 주는 설교 형식을 띤 로드의 장중한 글 옆에서, 이를 닦는 것을 삶에 대한 헌신으로 해석하는 아일린 마일스의 관조는 일상에서 치르는 평범한 의식의 힘을 시사한다. 『이걸 겪으며 살아간다』라는 퀴어 페미니즘 글 모음집에 공개되었고, 자기 파괴에 맞서기 위해 창의력을 사용하는 문제를 논하는 마일스의 글은 내게 설렘과 황홀감을 선사했다. 치과를 찾아다니는 일이야말로 살고자 하는 욕망이 스스로를 표명하는, 작지만 중요한 수많은 방편 중 하나라고 생각했던 내가 틀리지 않다는 것을 확인해주었기 때문이다. 건강을 돌보는 일은 중산층의 사치일지 모르지만, 마일스는 "마흔 살에 이가 빠진 다음 마흔넷에 죽은" 노동자 계층 아버지의 운명에 저항하며, 장수의 비결로 우울 치료보다 치과 치료를 선택한다. "20대 시절 난 단 한 번도 정신과 치료를 받은 적이 없지만 정신치료보다는 치과를 항상 먼저 생각하기로 결심했고, 치과에 갈 때면 정신치료까지 받는 것이라고, 그러니 일거양득이라고 생각했다. 하지만 여전히 술만 마시면 정신이 나가는 바람에 치실 질을 잊곤 했다."[12]

배리의 자유로운 글쓰기와 노트에 끼적이기, 윌리스의 장보기 일상, 로드의 일요일 아침 의례들, 마일스가 매일 하는 치실 질—내가 일상을 살아가는 법에 관한 이러한 통찰들을 수집했던 이유 중 하나는 이 각기 다른 장소에서 내 「우울 일기」의 메아리를 보는 게 너무 기뻤기 때문이다. 나의 일상에는 영적인 것도 있지만, 집구석에 매일 뭉게뭉게 쌓이는 먼지더미도 있다. 글쓰기와 고양이 뒤치다꺼리도 모두 내 일상이다. 하지만 아무리 열심히 노력해도 나는 여전히 치실 질을 매일 하지는 못하는 것 같다.

우울: 공적 감정

린다 배리, 「그게 뭐지」.

옮긴이 해제

우울을 공적 감정으로 정치화하기

『우울: 공적 감정』은 우울이 우리 시대에 일상적 경험이자
느낌이라는 점에서 출발해, 우울을 우울한 사람들의 개인
적인 경험이 아니라 공적인 느낌으로 정치화한다. 우울을
공적 감정으로 다룬다는 것은 우리 시대 너무나 많은 이들
이 경험하는 우울을, 사회가 사람들에게 요구하는 삶의 방
식과 직결된 문제로 다룬다는 것을 뜻한다. 우리 시대 우
울은 구조적 사회문제를 개인들에게 전가함으로써, 개인적
해결책을 찾도록 강요함으로써 양산되는 공적 문제다.

　　앤 츠베트코비치는 정신의학과 임상심리학이 주
류를 형성한 우울증 논의에 문화연구와 페미니즘, 퀴어 정
동 이론으로 개입하면서 우울을 여러 층위에서 이해하는
다양한 아카이브를 구축한다. 여기에는 퀴어 이론 및 페미
니즘 문화연구 아카이브(「서론」과 「2부」), 중세 초기 기독
교 아카이브(「2부 1장」), 좌파 멜랑콜리에 대한 마르크스
주의 아카이브 및 유색인종 트라우마 연구 아카이브(「2부
1장」), 아메리카 원주민 및 흑인의 영적 전통과 흑인 디아
스포라 페미니스트 아카이브(「2부 2장」), 퀴어 예술가들과
퀴어 하위문화 아카이브(「2부 3장」), 일상과 정동에 주목
한 페미니스트들의 아카이브(「서론」과 「에필로그」)가 포
함된다. 이런 다양한 아카이브는 지배적인 우울증 담론과
대중적 인기를 누리는 우울증 회고록에 대한 비판적 논의
를 제시하는 한편 여기서 누락된 이야기도 들려준다.

츠베트코비치에게 우울은 우리 시대를 설명하는 이론의 시작점이다. 우울을 "어떻게 살아갈 것인지에 대한 논의의 시작점으로 적절하게 표현할 수 있는 문화 분석의 장"(55면)을 제시하기 위해 저자는 다양한 분야의 문헌을 살펴보고 다양한 장르의 글쓰기를 활용한다. 주류 담론이 우울을 이해하는 방식을 넘어서려면 기존의 학술적 글쓰기만으로는 불충분하기 때문이다. 우울은 3인칭으로 설명하기 어려운 느낌이자 경험이다. 우울을 체험한 저자의 회고록(「우울 일기」), 우울 증상을 다룬 중세부터 현대까지 서구의 여러 논의에 대한 역사적 고찰(「2부 1장」), 우리 시대의 우울을 노예제, 식민주의, 고향상실 및 박탈, 인종화된 폭력의 역사와 연결하여 탐구한 학술서와 회고록에 대한 비평(「2부 2장」), 우울과 함께 살아가는 방법을 제시한 퀴어 하위문화와 퀴어 예술가들의 다양한 실천(「2부 3장」), 그리고 츠베트코비치의 삶과 연구에 통찰을 가져다준 작가들의 목록(「에필로그」). 우울을 키워드로 현재의 삶과 사회를 이해하려는 시도의 기저에는 우울로 생을 마감한 친구들에 대한 공적인 애도도 있다. 「우울 일기」와 「에필로그」는 이들의 죽음과 삶을 공적으로 기억하는 글이기도 하다. 우울에 대한 이 책의 이론적 공헌은 우울을 생물학적 요인(유전적 문제 혹은 호르몬 불균형)이 아니라 폭력의 역사가 남긴 흔적으로 설명하는 문화연구 비평을 제시하는 데 있다.

우울과 새로운 삶의 방식

저자는 자신의 우울 경험을 직접적으로 나누는 회고록 글쓰기를, 우울을 연구하는 일차적 방법론으로 삼는다. 「우울 일기」에서 저자가 기록한 대로, 우울을 극복하고 관리해야 할 문제로만 본다면 우울과 함께 살아가는 우리 자신과 삶에 대해 많은 것을 놓치게 된다. 저자는 우울이 "몸의 감각에 주의를 기울이며"(64면) 삶의 우선순위를 바꾸어달라는 마음의 소리이고, "새로운 삶의 방식이 필요한"(365면) 시기임을 알려주는 느낌이라고 회고한다. 「우울 일기」에서 우울은 발목이 삐어 퉁퉁 부었는데도 그 고통을 느낄 여유가 없는 상태로 시작된다. 저자가 경험하는 우울은 다양한 증상으로 발현된다. 떨어진 집중력, 어마어마한 불안감, 몸을 가누기 어려울 정도로 높은 심박수, 공황발작, 많이 자도 늘 피곤한 느낌, 무어라 설명하기 어려운 여러 통증, 산더미처럼 쌓인 일들 가운데서 느끼는 두려움과 공허, 침대에서 일어날 수 없는 무기력, 고마운 이들에게 감사편지 한 장 쓰기 힘든 상태 등.

우울은 "긴 역사가 집적된 결과"이며 "우울과 역사의 연관성"은 "기억을 들추고 이야기를 함으로써 힘들게 구축해야 할 것"이다(84면). 저자는 자신과 비슷한 나이에 조울증을 겪었던 아버지를 떠올리지만 우울을 유전의 문제로 보지 않는다. 대신 이주민으로서 아버지의 삶과 조울증을 아메리칸 드림과 연결해 생각한다. 우울이 사회적 압력이나 폭력의 역사에 대응하면서 생긴 흔적이라면, 우울을 말하고 이해하는 다양한 이야기가 우울의 해결책이 될 수 있다. 이것이 바로 이 책이 우리에게 나누어주는 중요한 관점이다.

항우울제와 심리상담 외에 우리에겐 더 많은 것이

우울: 공적 감정

필요하다. 우울을 새로운 삶의 방식을 요구하는 신호로 생각하게 해주는 다양한 자원들을 찾아내는 것 역시 해결책이 될 수 있다. 또 우리에게 매일 필요한 것은 우울과 함께 살아가는 방법들이다. 그 실천을 살펴보면, 우울을 새로운 사회성(사람들과 함께 하는 방식)으로 생각할 수 있다. 이 책과 함께 우리는 우울을 새로운 사회성을 만들어가는 정치적 자원으로 활용해낼 방식을 찾을 수 있다.

신자유주의 시대 감정 관리와 퀴어 정동 이론

이 책은 정동 이론을 구축한 중요한 책이다. 저자는 서론에서 로런 벌랜트, 캐슬린 스튜어트 등 자신과 함께 연구한 필 탱크 및 퍼블릭 필링스 그룹이야말로 현대 비판 이론에서의 정동적 전환에 크게 기여한 핵심적 자원이라고 말한다. 이 책과 비슷한 시기에 나온 정동 이론의 중요한 저작들 중 한국에 출간된 것을 보면, 사라 아메드의 『감정의 문화정치』(2004년), 스튜어트의 『투명한 힘』(2007년), 바버라 에런라이크의 『긍정의 배신』(2009년), 정동 이론 선집인 『정동 이론』(2010년), 아메드의 『행복의 약속』(2010년), 벌랜트의 『잔인한 낙관』(2011년), 잭 핼버스탬의 『실패의 기술과 퀴어 예술』(2011년), 크리스티안 마라찌의 『자본과 정동』(2011년) 등이 있다.

정동 연구, 특히 츠베트코비치, 벌랜트, 아메드 등 퀴어 페미니스트들의 정동 연구는 1990년대 후반 이후(한국에서는 2000년대 이후) 사람들이 신자유주의적 구조 변동에 적응하도록 하는 문화정치를 그 맥락으로 한다. 신자유주의적 문화정치의 특징 중 하나는 개인들의 감정 관리

를 산업화하고 국가 정책에도 반영한다는 것이다. 1990년
대 후반 이후 발흥하여 대규모 시장을 형성한 웰니스 산업,
긍정 심리학과 동기부여 이론, 자기계발, 온갖 치료와 힐
링 문화, 회복탄력성과 행복 산업 등은 신자유주의적 재구
조화로 증가한 노동 불안정성과 사회적 위태로움에 개인
을 적응시키는 문화적 통치술의 주요한 일부다. 2000년대
이후 발흥한 정동 연구는 이런 신자유주의적 구조 변동과
재구조화를 관리하는 신자유주의적 문화정치(혹은 신자유
주의적 주제 형성)에 대한 연구이기도 하다. 신자유주의적
주체는 자기계발을 통해 인적 자본으로서의 가치를 높이려
고 애쓰는 기업가적 주체다. 이런 주체 형성의 이면에는 현
재의 정치경제 구조에서 탈진한 사람들을 적극적으로 관리
하는 산업과 담론이 작동한다. 그 초점은 자기계발을 통한
성공에서 "소확행"으로 대표되는 행복으로 이동해왔으며,
여기에 포섭되지 않는 주체에게도 적극적인 우울증 관리가
요구된다.

　　츠베트코비치는 "신자유주의와 전 지구화, 즉 현재
의 정치경제 상태를 정동 관점에서 설명하는 방식"으로 우
울에 접근한다(34면). 우리 시대 우울증 담론은 기업 문화
와 시장경제의 요구와 속도에 부응할 수 있는 주권적 개인
이 되라는 신자유주의적 요구에 대처하지 못한 개인들의
"실패"를 관리하는 장치다. 거대한 규모의 의료 및 심리치
료 산업과 항우울제 시장에서 우울증은 호르몬의 문제이거
나 개개인의 심리적 결함으로 다루어진다. 이미 소진된 상
태이기에 아무 생각도 행동도 할 수 없는 상태인 우울은 실
망, 배신, 좌절, 실패, 더딘 변화 등 사회적·환경적 요인의

영향을 받는다. 우울은 사회적 요인에 대한 정서적 반응으로 사회적이고 공적이고 정치적인 것이지만, 의학과 심리학 중심의 우울증 담론과 산업은 우울의 사회적 원인을 인지하지 못하게 하는 방식으로 우울한 사람들을 관리한다. 인구 관리 담론인 신자유주의적 우울증 담론은 회복탄력성 담론과 연결되어 작동한다.

정치적 우울에서 급진적 삶의 방식을 찾기

일상이 된 우울이야말로 우리가 섬세하고 복잡하게 다루어야 할 공적 의제이자 정치적 사안이다. 이 책이 우울을 이해하는 매우 다양한 방법과 담론을 소개하는 것도 이 때문이다. 츠베트코비치, 벌랜트, 아메드 등의 퀴어 정동 이론가들이 우울, 환상에 대한 애착심(＝잔인한 낙관), 부정적 감정(고통, 증오/혐오, 공포, 역겨움, 수치심 등)에 주목한 것은 우울 등의 부정적 정동을 정치적 활동의 정동적 자원으로 삼을 방법을 모색하기 위해서다.

신자유주의적 구조 변동과 문화 변동이 일어나는 동안, 탈정치화가 초래되었음에도 정치를 놓지 않는 이들이 일상적으로 경험하는 정동은 정치적 우울이다. 정치적 우울이란 이제까지 해온 방식의 시민정치는 더 이상 효과가 없으며 기분을 나아지게 해주지 않음을 감지한 느낌이며(디지털 자본주의의 맥락에서 마크 피셔는 이것을 냉소, 무기력, 체념으로 이루어진 "자본주의 리얼리즘"이라고 명명한다), 지난 몇십 년간 탈식민화, 민권운동, 노동정치에 만연해졌다. 그와 함께 탈진과 괴로움도 늘고 있다. 츠베트코비치, 벌랜트, 아메드, 핼버스탬이 전개한 이론적 작업의 배경과 동기를 이루는 정치적 우울은 미국과 서유럽에서 1980년대 이후, 즉 민권운동 이후이자 신자유주의 정책이 미국에서 본격화된 이후, 신사회 운동의 영향이 10년을 채 넘기지 못하면서 좌파가 시달려온 것이다. 변화를 바라고 변화를 이루려고 분투했던 좌파와 퀴어가 경험하는 우울은 좌파 멜랑콜리, 퀴어 멜랑콜리로 논의되었고(츠베트코비치는 이 두 멜랑콜리를 2부 1장 후반부에서 논의한다), 인종주의로 인한 심리적 구조화와 상처는 2000년 이후 인종 멜랑콜리로 논의되었다. 포스트식민 멜랑콜리(폴길로이)가 있지만, 식민주의, 노예제도, 인종차별 등 폭력의 역사와 그 역사의 출몰("사후세계")로 인해 소수인종이나 집단이 경험하는 일상적 우울은 아주 조금씩 이야기되는 중이다.

　　츠베트코비치의 연구 배경을 이루는 것은 좌파와 퀴어의 정치적 우울인데, 이 정치적 우울을 가장 강력한 이론의 자원으로 삼은 것이 바로 퀴어 페미니스트 정동 연구 그룹 퍼블릭 필링스와 필 탱크다. 퍼블릭 필링스는 정동과 일상에 주목하는 연구 그룹의 텍사스 지회명이며 츠베트코비치가 주도한다. (필 탱크는 시카고 지회이며 벌랜트가 주도한다.) 이들의 정동 이론은 느낌과 감정, 감수성을 연구 주제로 삼아 새로운 비평을 벼려냈다. 이들은 수치심(세지윅), 실패(핼버스탬), 멜랑콜리(아메드), 우울(러브) 같은 부정적 감정을 탈병리화하고, 그 결과로 유토피아, 희망, 행복 같은 범주를 부정적 느낌의 형식들과 뒤엉켜 있는 것이자 심지어 그것들이 촉진하는 것(츠베트코비치, 벌랜트)이라고 재사유하는 논의를 제시한다. 이들의 논의는

우울: 공적 감정

(노동정치와 정체성 정치 등 집단 정치를 가동하는 감정적 원료인) 분노와 주권 의식보다는 실망과 비주권적 행동에 주목한다. 현재 사람들의 정치적 결정을 이해하려면 사람들이 실제로 일상을 어떻게 살아가는지를, 현재 상태에 적응하려는 몸부림의 양상을 살펴보아야 한다는 것이다. "정치적 우울에 대한 논의는 실망을 견디며 살아가는 방법을 찾고, 급진적 비전과 삶의 방식이 끈질기게 지속된다는 점을 스스로에게 상기해야 하는 필요에서 비롯한다. … 실망을 견뎌낼 정동적 에너지도 필요하다. 집단학살, 식민화, 노예제도, 디아스포라의 초국가적 역사를 거론하는 기억의 공적 문화로 시선을 돌리는 것은 현재 우리가 경험하는 것을 아직까지 극복되지 않은 트라우마의 역사와 연결해서 볼 필요가 있기 때문이다"(25-26면).

바로 이 지점이 츠베트코비치의 우울 논의가 트라우마 연구에 빚지면서도 그와 달라지는 지점이다. 트라우마 연구는 대사건, 큰 충격, 그로 인한 근본적 단절에 주목한다. 우울은 아무것도 하지 못하는 상태에서 겨우겨우 살아가는 상태나 축적된 슬픔이라는 감정의 일상적 경험이다. 우울을 통해 이런 상태나 감정이 사회구조적 요인(의 끈질긴 영향)과, 현재를 사로잡는 과거(의 미세한 영향) 둘 다와 연결된 것임을 포착할 수 있기 때문이다. 사소하거나 개인적인 것으로 치부되는 일상적·부정적 감정을 공적인 것으로 만들어 역사화하고 정치화하는 것, 이것이 퀴어 페미니즘이 정동 이론에 기여한 바다. 2000년대 이후의 맥락에서 "정동 정치에 주목하는 것은 실망과 실패, 더딘 변화를 다루려고 애쓰는 한 가지 방식이다. … 퍼블릭 필링스는 사회운동과 연구를 함께 이어가려 노력하는 과정에서 생겨나는 좌절을 포함한 느낌들, 운동의 감응 장치에 주목함으로써 운동을 재사유하는 프로젝트다"(27면).

퍼블릭 필링스와의 대화와 협업에 바탕을 둔 츠베트코비치의 우울 연구는 9 · 11과 군사주의에 찬성하는 감정의 확산, 이라크 전쟁, 부시의 재선, 2008년 금융위기, 월가 점령 운동, 대학을 향한 대대적 공격 등을 그 맥락으로 한다. 퍼블릭 필링스 모임에서 츠베트코비치는 다음과 같이 질문한다. "무엇 때문에 사람들이 부시에게 투표하거나 전쟁을 찬성하게 되는가? 불안과 무감각이 결합하면서 만연해진 이런 정치적 결정은 일상생활의 맥락에서 어떻게 작동하는가? 지식인이자 활동가인 우리는 지금 겪고 있는 정치적 실망과 실패에 깃든 에너지를 변모시켜 변화를 도모할 힘으로 만들려면 어떻게 해야 하는가? 희망은 어디에서 가능해질까?"(16면) 이것이 정치적 우울에서 나오는 질문이다. 이런 문제 제기를 바탕으로 츠베트코비치는 우리가 항우울제 처방 대신 활용할 수 있는 담론과 실천을 제시한다. "퍼블릭 필링스의 세계에 의학적인 것이든 정치적인 것이든 마법의 묘책이란 없으며, 느리고 꾸준한 작업을 통해 기운을 회복시키는 생존, 유토피아 꿈꾸기, 그리고 변화를 위한 정동의 여러 도구가 있을 뿐이다"(17면).

폭력의 역사와 일상의 느낌을 연결하는 아카이브

츠베트코비치는 "우울을 키워드로 삼아 우리 시대 일상생활의 정동적 차원을 기술한다"(33면). 무언가를 키워드로 삼는다는 것은 그것으로 우리 시대를 살펴본다는 뜻이다.

우울: 공적 감정

정동, 감정, 느낌 등을 이론적 개념으로 정교화하는 데 연구 에너지나 지면을 낭비하지 않겠다는 뜻이다. 현재의 치료 문화와 뇌과학은 우울증이 어릴 때 또는 언젠가 일어난 나쁜 일 때문이라거나 어린 시절 "상처입은 내면아이" 때문이라거나, 호르몬 탓(생화학적 장애이거나 유전자적 불운)이라고도 설명한다. 이런 설명은 거대 서사를 이용해서 사회적 문제를 개인의 탓으로 둔갑시켜 의료화하는 것이다. 한편 "자본주의와 폭력과 트라우마가 문제"라고 설명하는 거대 서사 역시 아침에 침대에서 일어나는 데는 아무런 도움이 되지 않는다. 그래서 츠베트코비치는 폭력의 역사와 일상생활의 느낌들을 연결해 우울을 설명하는 다양한 아카이브를 찾아 나선다.

　　1부 「우울 일기」는 우울의 일상을 기록한다. 저자의 우울 회고록은 우울의 원인을 설명하거나, 우울을 극복하기 위한 방법을 제시하거나, 여러 해결책의 실패 혹은 성공담을 들려주지 않는다. 대신 우울로 인해 몸이 어떤 상태를 경험하게 되는지, 우울과 더불어 살아가는 힘겨운 일상이 어떤 모습인지를 기록한다. 저자의 우울 회고록은 우울을 답보상태로 논하기도 한다. 우울을 답보상태로 다룰 때 그 해결책은 창의성(다른 생각, 다른 실천)이 된다. 벌랜트는 『잔인한 낙관』에서 사람들이 위기가 일상화된 현재를 살아가는 상태를 답보상태로 개념화한다. 츠베트코비치는 벌랜트의 답보상태 개념을 우울을 설명하는 범주로 사용하면서 이론적 답보상태, 정치적 답보상태, 정신적 답보상태 등으로 확장한다. 인문학적 공간(창의성이 허용되는 사회적 공간)을 넓히려는 것이다.

    2부 1장은 우울을 논의하는 다양한 학문적 계보와 지도에 호기심이 많은 독자에게 가장 흥미로울 것이다. 이 장은 중세 초기 수도사들이 경험하는 영적 위기인 아케디아가 신체적 증상으로 드러나는 양상에 주목한다. "우울을 다루는 친숙한 의학 모델과 거기에 수반되는 역사들을 낯설게 하는 것이다"(163면). 아케디아가 우리 시대 퀴어 및 좌파 활동가들이 경험하는 정치적 우울과 매우 비슷한 형태를 띠기 때문이기도 하다. 아케디아와 우울의 유사성은 우울을 정신질활으로 보는 통념에서 벗어나게 해준다. 이 장의 두 번째 절은 대중적 인기를 끈 우울증 회고록 네 권을 비판적으로 논의한다. 이런 대중적 서사는 구체적인 해결책을 제시하고 개인의 책임을 면제해주지만, 우리 시대 우울에 복잡한 문화적 맥락이 있음을 무시한다. 세 번째 절에서는 우울증 관련 의학과 약리학의 발전사를 개괄하면서 항우울제 기술 개발의 역사 및 『정신질환 진단 및 통계 편람』(DSM)의 진화 과정을 살펴본다. 문화사가들이 논의한 대로, 항우울제 혁명은 "과학의 혁명이 아니라 마케팅의 혁명"이다(184면). 약물로 우울을 해결하는 시장을 만들어냈기 때문이다. 『DSM』은 심리적 문제를 질병으로 보는 의학 모델을 강화하는 정신질환 분류 체계를 야심차게 제시함으로써 우울한 인구 집단 관리를 더 용이하게 만든다. 마지막 두 절은 정신분석학과 뇌과학의 우울 논의를 정리하면서, 아감벤 등의 학자들이 아케디아를 새롭게 발견하면서 논의한 좌파 멜랑콜리 문헌과 트라우마 연구 문헌을 비평한다. 정체성 정치 등 정치적 변혁을 도모한 여러 집단의 정치적 우울에 대한 웬디 브라운의 분석을 우리 시대 우울과 연결

우울: 공적 감정

하여 다시 읽는 점도 흥미롭다.

　　2부 2장은 현재 우리를 우울하게 만드는 사회구조
가 식민주의, 노예제도, 집단학살의 역사를 이어받은 것이
라고 논의한다. 우울이 폭력의 역사를 물려받은 현재의 사
회구조에 대한 합리적인 반응이라는 것이다. 우울을 인종
주의(그리고 그것을 변화시킬 수 없다는 체념과 절망)와
관련지어 사유하기 위해 저자가 들여다보는 아카이브는 우
울증에 관해 전혀 주목받지 않았던 것이다. 아프리카계 디
아스포라 연구자들의 책(세이디야 하트먼의 『어머니를 잃
다』와 재키 앨리그잰더의 『가로지르기의 교육학』)에 주목
하여 저자는 이 두 학자가 경험하는 답보상태를 설명한다.
"이 답보상태는 노예제로 인한 아카이브의 부재와 인종차
별이 발생시키는 장기적 영향으로 경험하게 되는 글을 쓰
지 못하는 상태와 정치적 우울을 포함한다"(58면). 이 장
은 노예제도, 대량학살, 식민주의라는 지리적·정치적 박
탈의 역사가 장기간에 걸쳐 현재까지도 아프리카계 디아스
포라가 경험하는 절망과 우울에 영향을 미친다고 논의한
다. 그러면서 앨리그잰더가 말한 "급진적 자기소유"(마음,
감각, 느낌을 포함하는 탈식민화)가 어떻게 우울을 이해하
는 심리지리가 될 수 있는지도 다룬다. 츠베트코비치는 하
트먼과 앨리그잰더의 논의에 기반해 우울을 다룬 두 명의
백인 작가들의 회고록을 비평한다. 두 권의 회고록은 의학
적 치료 모델을 회의적으로 보면서 우울증을 적응, 해석,
새로운 삶의 방식으로 살아가는 과정으로 기술한다.

　　2부 3장은 실천적으로 가장 유익한 장이자 마음 깊
이 울리는 감동이 가득 담긴 장이다. 이 장은 우울과 함께

살아가는 다양한 방법을 제시한다.

이 책은 마티 출판사의 앳 시리즈 덕분에 출판되었다. 앳 시리즈를 기획하고 출간한 마티 편집부는 사회적 고통, 불안, 외로움, 우울 등에 대해서 다른 이야기를, 현재 우리 사회를 살아가는 노곤함과 위태로움을 이야기하고 싶어 했다. 역자가 할 수 있는 이야기를 듣고 흔쾌히 이 책을 출판해준 마티 출판사에 감사한다. 이 책의 원고를 더 좋은 원고로 만들어준 정희경, 서성진, 조은 세 분에게 감사한다. 이 책은 대부분 오수원이 번역했고 「서론」과 「2부 2장」을 박미선이 번역했다. 모쪼록 이 책이 우울한 일상을 견디는 데, 우리가 함께 우울을 정치적 자원으로 활용하는 데 조금이나마 도움이 되기를 바란다.

2024년 겨울
박미선 씀

주

서론

1. 퍼블릭 필링스의 텍사스주 지회인 오스틴(Austin) 그룹의 핵심 구성원에 는 샘 베이커, 얼리사 해러드, 네빌 호드, 데버라 캅찬, 앤 레이놀즈, 재닛 스테이거, 캐슬린 스튜어트, 우리가 가르치는 대학원생들이 포함된다. 이 책의 집필이 끝날 즈음 크레이그 캠벨, 조시 건, 헤더 힌드먼, 랜디 루 이스, 소피안 메라벳, 서스 스텀이 합류했다.

2. 필 탱크 시카고에 대한 더 자세한 논의는 다음을 참조. Berlant, "Critical Inquiry, Affirmative Culture." 필 탱크 구성원에는 로런 벌랜트, 데버라 굴드, 배닐린 그린(Vanalyne Green), 메리 패튼, 리베카 조라크가 있다. 이 그룹은 시카고대학교에서 2004년 3월 "우울: 무엇에 좋은가?"라는 학 술대회와 2007년 10월 "불안, 절박함, 분노, 희망 … 정치적 감정에 대한 학술대회"(Anxiety, Urgency, Outrage, Hope … A Conference on Political Feeling)를 조직했다(http://politicalfeeling.uchicago.edu/; 2012년 3월 15 일 접속). 이 학술대회에 대한 리뷰는 다음을 참조. Carmody and Love, "Try Anything."

3. Gordon, "Something More Powerful Than Skepticism."

4. 다음을 참조. Clough and Halley, *The Affective Turn*; Gregg and Seigworth, *The Affect Theory Reader* [멜리사 그레그·그레고리 시그워스 편저, 『정동 이론』, 최성희·김지영·박혜정 옮김, 갈무리, 2015].

5. 여기서는 포괄적이고 철저한 목록을 제시하기보다 나의 사유에 가장 많 은 영향을 미쳤거나 나의 논의에 도움이 된 몇 가지 문헌을 언급하려 한 다. 그 이유는 감정 연구를 하는 동조자들을 인정하기 위한 것인데, 이들 중 많은 이가 퍼블릭 필링스가 기획한 행사와 프로그램에 직접적으로 관 련되어 있다. 그래서 나는 폭넓음이나 완전함에 대한 더욱 객관적이라 추정되는 기준을 따르기보다는 퍼블릭 필링스에서 함께 활동한 이들, 나 의 연구에 영향을 준 작업과 네트워크를 참고문헌을 만드는 방식으로 사 용한다.

   퍼블릭 필링스와 직접적 관계가 있는 이들의 저작은 다음과 같다. Baker,

Written on the Water; Berlant, *The Queen of America Goes to Washington City*, *The Female Complaint*, *Intimacy*, *Compassion*, *Cruel Optimism*. 벌랜트의 연구는 이외에도 더 많다. Boler, *Feeling Power*; Cobb, *God Hates Fags*; Duggan, *Sapphic Slashers*, *The Twilight of Equality*; Gould, *Moving Politics*; Hoad, *African Intimacies*; Jakobsen and Pellegrini, *Love the Sin*; Joseph, *Against the Romance of Community*; Love, *Feeling Backward*; Luciano, *Arranging Grief*; Manalansan, *Global Divas*; Muñoz, *Disidentifications*, *Cruising Utopia*, "Between Psychoanalysis and Affect: A Public Feelings Project," "Feeling Brown," "Feeling Brown, Feeling Down"; Reynolds, *Robert Smithson*; Soto, *The De-Mastery of Desire*; Staiger, *Perverse Spectators*; Stewart, *A Space on the Side of the Road*, *Ordinary Affects* [캐슬린 스튜어트, 『투명한 힘』, 신해경 옮김, 밤의책, 2022]; Torres, *Black, White, and in Color*; Woodward, *Statistical Panic*.

나의 이전 연구는 다음과 같다. Cvetkovich, *Mixed Feelings*; "Public Sentiments" (Ann Pellegrini와 공동 편저); *An Archive of Feelings*; "Public Feelings"; Staiger, Cvetkovich, and Reynolds, *Political Emotions*. 퍼블릭 필링스의 작업은 이브 코소프스키 세지윅의 『남성들 사이에서』(*Between Men*)에서 『만지는 느낌』(*Touching Feeling*)에 이르는 작업이 없었다면 상상하기 어렵다. 이 책을 인쇄할 즈음 세지윅 사후에 출간된 『프루스트 작품 속의 날씨』(*The Weather in Proust*)는 "정동적 전환"에 대한 논의에 기여한다.

정동, 느낌, 감정에 대한 중요한 다른 책으로는 다음을 꼽을 수 있다. Abu-Lughod and Lutz, *Language and the Politics of Emotion*; Ahmed, *The Cultural Politics of Emotion* [사라 아메드, 『감정의 문화정치』, 시우 옮김, 오월의봄, 2023], *Queer Phenomenology*, "Happiness," *The Promise of Happiness* [『행복의 약속』, 성정혜·이경란 옮김, 후마니타스, 2021]; Boym, *The Future of Nostalgia*; Brennan, *The Transmission of Affect*; Butler, *The Psychic Life of Power* [주디스 버틀러, 『권력의 정신적 삶』, 강경덕·김세서리아 옮김, 그린비, 2019], *Precarious Life* [『위태로운 삶』, 윤조원 옮김, 필로소픽, 2018], *Frames of War* [『전쟁의 프레임들』, 한정라 옮김, 한울, 2024]; Crimp, *Melancholia and Moralism* [더글러스 크림프, 『애도와 투쟁』, 김수연 옮김, 현실문화, 2021]; Dolan, *Utopia in Performance*; Eng, *The Feeling of Kinship*; Eng and Kazanjian, *Loss*; Flatley, *Affective Mapping*; Gordon, *Ghostly Matters*; Halberstam, *The Queer Art of Failure* [잭 핼버스탬, 『실패의 기술과 퀴어 예술』, 허원 옮김, 현실문화, 2024]; Holland, *Raising the Dead*; Koestenbaum, *Humiliation*; Lutz, *Unnatural Emotions*; Massumi, *Parables of the Virtual*; Moten, *In the Break*; Ngai, *Ugly Feelings*; Probyn, *Blush*; Reddy, *The Navigation of Feeling* [윌리엄 M. 레디, 『감정의 항해』, 김학이 옮김, 문학과지성사, 2016]; Salecl, *On Anxiety* [레나타 살

우울: 공적 감정

레츨,『불안들』, 박광호 옮김, 후마니타스, 2015]; Seremetakis, *The Sense Still*; Snediker, *Queer Optimism*; Taussig, *The Nervous System*; Teada, *Feeling in Theory*, *Looking Awry*; Warner, *Publics and Counterpublics*.

영향력 있는 다른 작업에는 다음이 포함된다. Bejamin, *Illuminations*, *Reflections*, *The Arcade Project*, *Selected Writings*; Habermas, *The Structural Transformation of the Public Sphere* [위르겐 하버마스, 『공론장의 구조변동』, 한승완 옮김, 나남, 2004]; Williams, "Structures of Feeling."

관련 있는 이 이상의 연구들은 구체적인 세부 주제에 따라 후주에 그 목록을 제시한다. 퀴어 이론에 대한 추가적인 서지 목록은 주 13번을 참조. 트라우마에 대한 목록은 주 17번을 참조. 인종과 정동에 대한 목록은 주 18번을 참조. 페미니즘, 젠더, 여성의 장르에 대한 목록은 주 19번 참조.

6. 정동적 전환을 보여주는 글 모음집은 다음을 참조. Clough and Halley, *The Affective Turn*; Gregg and Seigworth, *The Affect Theory Reader*. 그레그와 시그워스는 정동적 전환점을 들뢰즈의 작업을 확산시킨 주요 인물 중 한 명인 브라이언 마수미(Brian Massumi)뿐 아니라 이브 세지윅과 래리 그로스버그(Larry Grossberg)의 영향이 결합된 지점에서 찾아낸다. 퀴어 이론 내부에서 들뢰즈의 정동 논의를 중요하게 활용한 이로는 재스비어 푸아(Jasbir Puar)가 있고 좀 더 일반적으로는 엘리자베스 그로스(Elizabeth Grosz)가 있다. Puar, *Terrorist Assemblages*; 그로스의 연구는 다음을 포함하여 최근 저작도 참조. Elizabeth Grosz, *Time Travels*, *Becoming Undone*.

7. 이런 구분에 대한 자세한 논의는 다음을 참조. Gregg and Seigworth, *The Affect Theory Reader*; Flatley, *Affective Mapping*; Gould, "On Affect and Protest."

8. 정동 이론과 정신분석학의 (상호 배타적이라기보다) 상호 보완적인 관계에 대한 논의를 다룬 『여성과 공연』(*Women and Performance*) 제19권 2호(2009)와 이 특집호에 실린 무뇨스의 서문 "From Surface to Depth, between Psychoanalysis and Affect," 정신분석학의 영향을 크게 받은 연구의 예로는 브레넌의 『정동의 전파』참조. 브레넌은 정동의 신체적 속성과 상호 주체적 특성에도 주목한다. 세지윅이 정신분석학의 대안을 탐색하고자 심리학자 실번 톰킨스의 연구에 관심을 돌린 것에 대해서는 다음을 참조. Sedgwick and Frank, *Shame and Its Sisters*.

9. 퍼블릭 필링스와 들뢰즈의 영향을 받은 이들 사이의 동조자 관계는 우정 어린 친밀한 관계이고 쉽게 알아볼 수 있다. 예를 들어 무뇨스가 편집에 참여한 『여성과 공연』특집호에 퍼트리샤 클러프가 참여했고, 그레그와 시그워스가 편집한 『정동 이론』에는 벌랜트와 스튜어트의 글이 실려 있다. 굴드는 「정동과 저항」(On Affect and Protest)이라는 글에서 정동과 감정을 구분한 들뢰즈식 개념을 사용한다.

10. 이 책의 부제는 "퍼블릭 필링스[공적 감정] 프로젝트"였는데 초고를 제출하고 나서 바뀌었다. 이 문구는 2008년 텍사스대학교에서 열린 학술대회를 바탕으로 출간한 글 모음집인 『정치적 감정』(*Political Emotions*)을 함께 편저한 나와 재닛 스테이거, 앤 레이놀즈가 사용해온 표현이자, 무뇨스가 『여성과 공연』 정동 특집호에서, 그리고 로런 벌랜트도 『잔인한 낙관』에서 사용했던 말이다. 부제는 바뀌었지만 이 책은 여전히 그 정신에 있어서는 "퍼블릭 필링스 프로젝트"다.

11. Sedgwick, "Paranoid Reading and Reparative Reading, or You're So Paranoid, You Probably Think This Essay Is about You," *Touching Feeling*, 123-52.

12. Stewart, *Ordinary Affects*. 스튜어트는 첫 저작 『길 옆의 공간』(*A Space on the Side of the Road*)과 「문화 이론의 정치에 관하여」(On the Politics of Cultural Theory)를 포함한 초기 글에서뿐 아니라 자신의 연구 이력 전체에서 이런 주장을 펼치고 있다.

13. 다음을 참조. Sedgwick, *Touching Feeling*; Sedgwick and Frank, *Shame and Its Sisters*. 「서론」의 주 2번에서 언급한 Ahmed, Cobb, Butler, Crimp, Dolan, Duggan, Eng, Gould, Halberstam, Hoad, Jakobsen and Pellegrini, Joseph, Love, Manalansan, Muñoz, Soto, Snediker, Warner의 문헌을 함께 참조.. 퀴어 시간성에 대한 연구는 다음을 참조. Dinshaw, *Getting Medieval*; Freeman, "Queer Temporalities," *Time Binds*; Halberstam, *In a Queer Time and Place*. 핼버스탬의 이 책은 과거와 현재 사이의 정동적 관계에 주목함으로써 퀴어 정동 이론의 풍부한 자원이 되어왔다.

14. 이 논쟁은 에델먼(Edelman)의 『미래는 없다』(*No Future*)를 둘러싸고 일어났다. 다음을 참조. Caserio; Dean; Edelman; Halberstam; Muñoz, "The Antisocial Thesis in Queer Theory," *Cruising Utopia*; Weiner and Young, "Queer Bonds."

15. 『퀴어 낙관론』(*Queer Optimism*)에서 스네디커는 특히 에델먼을, 그리고 트라우마에 대한 나의 연구를 예로 들어 "퀴어 비관론"(queer pessimism)을 비판한다(특히 이 책의 21-25면을 참조).

16. 다음을 참조. Eng, Halberstam, and Muñoz, "What's Queer about Queer Studies Now?"; Murphy and Ruiz, "Queer Futures." 무뇨스가 주류 게이 정치의 음울한 상태(그리고 에델만이 논의한 반사회성)가 『크루징 유토피아』(*Cruising Utopia*)를 저술하는 데 영감을 주었다고 한 설명도 참조.

17. 다음을 참조. Cvetkovich, *An Archive of Feelings*. 트라우마 연구에서 핵심 저작은 다음과 같다. Caruth, *Trauma and Unclaimed Experience*; Eyerman, *Cultural Trauma*; Felman and Laub, *Testimony*; Hirsh, *Family Frames*; Kaplan, *Trauma Culture*; LaCapra, *Representing the Holocaust, History and*

Memory after Auschwitz, Writing History, Writing Trauma; Leys, Trauma; Miller and Tougaw, Extremities; Sturken, Tangled Memories; Young, The Texture of Memory.

18. 인종 및 정동을 연구하는 이런 작업에는 주 2번에서 언급한 이들(Amed, Eng, Gordon, Hoad, Holland, Manalasan, Moten, Muñoz, Soto) 외에 다음도 포함된다. Cheng, The Melancholy of Race; Eng and Han, "A Dialogue on Racial Melancholia"; Gilroy, Postcolonial Melancholia; Hartman, Scenes of Subjection; Hartman, Lose Your Mother; Khanna, Dark Continents; Zwarg, "Du Bois on Trauma."

19. 페미니즘과 여성 장르에 대한 중요한 연구는 다음을 참조. Armstrong, Desire and Domestic Fiction; Barnes, States of Sympathy; Berlant, The Anatomy of National Fantasy; Berlant, The Female Complaint; Brown, Domestic Individualism; Burgett, Sentimental Bodies; Cherniavsky, That Pale Mother Rising; Cvetkovich, Mixed Feelings; Davidson, Revolution and the Word; Davison and Hatcher, No More Separate Spheres!; Halberstam, Skin Shows; Hendler, Public Sentiments; Merish, Sentimental Materialism; Radway, Reading the Romance; Romero, Home Fronts; Samuels, The Culture of Sentiment; Samuels, Romances of the Republic; Sanchez-Eppler, Touching Liberty; Sedgwick, Between Men; Stern, The Plight of Feeling; Tompkins, Sensational Designs.

20. "감상성의 미해결 과제"(unfinished business of sentimentality)는 벌랜트의 책 『여자의 불평』(The Female Complaint)의 부제다. 퍼블릭 필링스의 세대적 특수성을 주장하는 나의 설명은 1980년대 초 코넬대학교 대학원에서 내가 벌랜트에게 가르침을 받았던 덕분이기도 하다. 당시 벌랜트는 로맨스와 감상성을 연구했는데 그의 연구는 선정적 작품에 대한 나 자신의 연구와 함께 시작되었다.

21. Kleinman, Das, and Lock, Social Suffering; McLagan, "Principles, Publicity, and Politics" and "Introduction: Making Human Rights Claims Public"; Keenan, "Mobilizing Shame"; Berlant, Compassion.

22. 2001년 시카고대학교와 바너드칼리지에서 열린 모임에서 결성된 다른 초기 그룹 중 하나는 페미니스트 펀디츠(Feminist Pundits)다. 페미니스트 펀디츠는 리사 더건이 앞장서서 만든 집단이다. 더건은 벌랜트와 함께 『우리의 모니카, 우리 자신』(Our Monica, Ourselves)이라는 편서를 출판했다. 이 책은 이런 종류의 퀴어 페미니즘의 공적 논평을 보여주는 한 예다. 좀 더 최근에 더건은 무뇨스, 핼버스탬, 타비아 농오와 팀을 이루어 불리 블로거스(Bully Bloggers)라는 블로그스피어를 만들었다. http://bullybloggers.wordpress.com.

23. 비록 정동적 전환의 특징을 이론의 탈피 혹은 심지어 이론의 고갈을 보

여주는 신호라고 보기도 하지만, 이것은 확실히 퍼블릭 필링스에 혹은 더 일반적으로 보자면 정동적 전환으로 발생한 연구에도 해당되지 않는다. 정동적 전환으로 발생한 연구는 문화 이론과 사회 이론에 여전히 영감을 받는다. 그렇지만 이론적 통찰은 특정한 사례, 지역 사례, 어느 것이 더 큰 이론적 질문의 결과일지에 대한 발견과 설명에도 뿌리를 둘 수 있다. 예컨대 내가 퍼블릭 필링스 프로젝트로서 우울에 초점을 두는 것은 우울을, 일상생활과 정치에 대한 더 광범위한 질문을 연구하는 방법으로 사용하려는 노력의 일부다. 이론의 언어는 무엇이 아카이브 혹은 증거를 구성하는가에 대한 방법론적 질문을 비롯해 광범위하게 역사를 가로지르는 관심사를 거론하는 아카이브 자료나 개인적 에세이와 회고록이 포함될 수 있다.

24. 2001년 1월 시카고대학교에서 재닛 제이컵슨과 로런 벌랜트가 조직했다. 퍼블릭 필링스는 향후 토론을 위한 주제로 등장했고 2001년 9월 말 바너드칼리지에서 열린 두 번째 전국대회를 준비하는 다섯 개의 하위그룹 중 하나였다. (이 전국대회는 2001년에 일어난 9·11에 대한 토론이 의미심장하게 지배적이었다.)

    좀 더 최근인 2009년 3월 펜실베이니아대학교에서 열린 "성을 다시 생각하기"(Rethinking Sex)라는 학술대회는 헤더 러브가 조직했는데, 이 학술대회는 많은 영향을 미친 게일 루빈의 글[1984년에 처음 출간되었던 「성을 사유하기」(Thinking Sex)로, 『일탈』(임옥희·조혜영·신혜수·허윤 옮김, 현실문화, 2015)에 실려 있다]과 1982년 바너드대학교에서 섹슈얼리티를 주제로 열린 악명 높은 학술대회에 대한 성찰을 느낌의 정치를 논의하는 세션과 결합해 이런 문화적 계기와 운동 사이의 연결점을 만들어냈다. 이 학술대회 자료집의 일부는 다음으로 출간되었다. Love, "Rethinking Sex."

25. Gilbert and Gubar, *The Madwoman in the Attic* [샌드라 길버트·수전 구바, 『다락방의 미친 여자』, 박오복 옮김, 북하우스, 2022]; Chesler, *Women and Madness* [필리스 체슬러, 『여성과 광기』, 임옥희 옮김, 위고, 2021].

26. 예컨대 다음을 참조. Benjamin, *The Arcades Project,* 특히 "Paris, Capital of the Nineteenth Century," 3-26; Williams, *Culture and Society, 1780-1950* and *Maxism and Literature*; Taussig, *The Nervous System,* 특히 "Tactility and Distraction," 141-48; Stewart, *A Space on the Side of the Road*; Seremetakis, *The Senses Still*; Gordon, *Ghostly Matters.*

27. Duggan, *The Twilight of Equality?*

28. Ehrenberg, *La fatigue d'être soi.* 영역판 *The Weariness of the Self.*

29. 영구적 전쟁과 예외상태에 대해서는 예컨대 다음을 참조. Foucault, "Society Must Be Defended" [미셸 푸코, 『사회를 보호해야 한다』, 김상운

옮김, 난장, 2015]; Agamben, *Homo Sacer* [조르조 아감벤, 『호모 사케르』, 박진우 옮김, 새물결, 2008], *State of Exception* [『예외상태』, 김항 옮김, 새물결, 2009]. 신자유주의에 대해서는 다음을 참조. Harvey, *A Brief History of Neoliberalism* [데이비드 하비, 『신자유주의: 간략한 역사』, 최병두 옮김, 한울, 2009]; Brown, "Neoliberalism and the End of Liberal Democracy."

30. 다음을 참조. Williams, *Keywords* [레이먼드 윌리엄스, 『키워드』, 김성기 · 유리 옮김, 민음사, 2010]; Bennett, Grossbert, and Morris, eds., *New Keywords*; Burgett and Hendler, *Keywords for American Cultural Studies.*

31. 필 탱크 시카고는 키워드들을 함께 설명하는 위키 사이트를 만들었다.

32. 다음을 참조. Berlant, "Slow Death (Sovereignty, Obesity, Lateral Agency)."

33. 이브 세지윅이 말한 대로, "내가 설명할 수 있는 한에서 현재에 대중적인 생각은 우울을 한편으로는 일종의 만성적인 자연적 침울함으로, 혹은 완전히 외생적인 병으로 이해하는 것 같다. 이 병은 의학과 실증적 정신 위생학이 영웅적으로 병을 물리칠 때까지 전혀 의심하지 않는 숙주를 기습할 수 있다." ("Teaching/Depression")

34. 다음을 참조. Duggan, *The Twilight of Equality?* 공교육과 대학의 해체에 대해서는 다음을 참조. Readings, *The University in Ruins* [빌 리딩스, 『폐허의 대학』, 윤지관 · 김영희 옮김, 책과함께, 2015]; Newfield, *Ivy and Industry*; 특히 *Unmaking the Public University.*

35. 세지윅은 실번 톰킨스, 멜라니 클라인, 회복적인 것으로 초점을 옮겨 간 정동적 전환의 일부가 된 『복잡한 느낌들』이 이론의 편집증적 위치를 일상화하는 체계를 보여주는 전형적인 예가 되는 방식을 비판하면서 이러한 [개념적] 막힘상태를 포착한다. 『복잡한 느낌들』에 대한 세지윅의 다음 논의를 참조. Sedgwick and Frank, *Shame and Its Sisters,* 15-19. 지금 되돌아보니 흥미로운 것은 세지윅이 당시 내가 씨름하던 문제를 그토록 날카롭게 알아보면서도 『복잡한 느낌들』에서 회복적인 것을 향해가는 제스처를 주목하지 못한 채 그 자신은 비판적 양식에 머물렀다는 점이다. 특히 그중에서도 우울과 공적인 감정에 대한 나의 연구는 내 나름으로 형태를 갖추던 정동적 전환을 수반했던 막힘상태를 좀더 관대한 시각에서 보기 위해 세지윅과의 조우를 오랜 기간 숙고함으로써 나온 결과다. 편집증적 해석에 대한 세지윅의 비판에 끈질기게 나타나는 편집증적 양상에 대한 논의를 다음을 참조. Love, "Truth and Consequences."

36. 다음을 참조. Romero, *Home Fronts.* 회복적인 것이 사용된 방식에 대해서는 다음을 참조. Davidson and Hatcher, *No More Separate Spheres!*

37. 다음을 참조. "Starved," *SAQ,* 434. 이 글은 다음 책에 재수록되었다. Halley and Parker, *After Sex?* 답보상태는 벌랜트의 『잔인한 낙관』의 핵심

개념이다. 『잔인한 낙관』은 내가 이 책을 쓰려고 할 즈음인 2011년에 출간되었다. 나는 이 책과 다른 글에서도, 『잔인한 낙관』보다 먼저 출간된 글들을 참고했음을 밝혔다. 이 글들이 나의 논의를 형성했기 때문이다. 여기서 답보상태에 대해 인용한 대목의 한 버전이 『잔인한 낙관』 199면 [한국어판 361면]에 나오며, 답보상태는 4-5면[한국어판 14-17면]에서 도 다뤄진다.

38. Berlant, "Starved," 434-35.

39. 전통적 의학과 대체의학 그리고 융의 정신분석학 틀을 조합하여 우울증을 "붙들린 상태"로 설명하는 의학적 이론은 다음을 참조. Gordon, *Unstuck*. 고든의 책을 소개해준 나의 침술사 로라 매슈스에게 감사한다.

40. 아메드는 『퀴어 현상학』과 『행복의 약속』에서 정동에 현상학적으로 접근한다. 아메드의 현상학적 접근은 우울을, 붙들려 있는 상태와 아메드가 "끈적끈적한" 감정들이라고 부른 것의 관계를 포함하는 답보상태로 사유하는 것에도 적절한 관련성을 지닌다. 이런 사유는 물질적인 것과 심리적인 것을 함께 연결하여 사유한다.

41. 예컨대 다음을 참조. Freeman, *Time Binds* (좀 더 일반적으로는 이 책에 실린 "Queer Temporalities"); Halberstam, *The Queer Art of Failure*; Love, *Feeling Backward*; Stockton, *The Queer Child, Or Growing Sideways in the Twentieth Century*.

421. Sedgwick, "Queer and Now," 19.

43. "우울을 통해서 서로를 알게 된다"는 구절은 필 탱크 시카고가 일부 후원한 학술대회 종합토론에 참여한 호세 무뇨스의 논평에서 나왔다. 이 학술대회는 "우울: 무엇에 좋은가?"라는 제목으로 2004년 3월 시카고대학교에서 열렸다.

44 Dolan, "From Flannel to Fleece."

1부 우울 일기
성찰

1. 이 전략, 특히 회고록처럼 느낌의 공적 표현을 바탕으로 하는 가정소설과 감상소설 같은 여성 장르를 비판하는 경향에 적용되는 이 전략에 대해 더 알아보려면 다음을 참조. Cathy Davidson and Jessamyn Hatcher, *No More Separate Spheres!*, 7-26.

2. 회고록에 대한 논쟁을 다룬 사례로, 지적 성찰을 자극하는 사례를 보려

우울: 공적 감정

면 다음을 참조. Yagoda, *Memoir*. 물론 내 실천에 영향을 끼치는 퀴어, 학계, 그리고 디아스포라 회고록 문제를 직접 다루고 있지는 않지만 시사하는 바가 크다.

창작 논픽션(creative nonfiction) 같은 용어가 회고록에, 소설과 나란히 문학계의 인정을 받을 가치가 있는 장르라며 존귀함을 부여했지만, 회고록은 또한 소설의 경쟁자로 간주되었고, 미적 가치를 위험에 빠뜨리는 "실화"의 선정성에 대한 욕망을 독려하는 것으로도 여겨졌다. 제임스 프레이(James Frey)의 중독 관련 회고록『작은 백만 개 조각들』(*A Million Little Pieces*)이 허구로 밝혀지면서 불거진 논쟁은 (미적이건, 사회적이건, 경제적이건) 회고록의 가치를 실화 여부에 두어야 하는지, 그렇다면 얼마나 두어야 하는지에 관한 진행 중인 일련의 논쟁 중 하나에 불과하다. 프레이의 책은 오프라의 북클럽에 소개되었기 때문에 그의 책이 허구라는 것이 알려지자 어마어마한 파장이 일었고 오프라가 자기 프로그램에 프레이를 부르는 사태가 빚어졌다. 오프라는 나중에 프레이에게 사과했다. 아마 그를 거짓말쟁이로 몰아간 것이 회고록과 진실에 대한 더 큰 문제를 둘러싸고 프레이를 희생양 삼은 것이라는 인식 때문이었던 듯하다.

이 밖에 다른 유명한 사례들, 가령 소설가 JT 르로이(JT Leroy)의 가짜 정체성, 그리고 번저민 빌코미르스키(Binjamin Wilkomirski)의 거짓 홀로코스트 회고록『파편들』(*Fragments*) 같은 사례는 회고록의 선정성이 그 진정성에 대한 선정적 이야기들, 즉 심지어 수상적은 회고록일망정 그에 내장된 더 큰 사회적 문제보다 진실과 거짓 여부의 문제에만 집착하는 이야기들을 낳는다는 점을 시사한다. 가짜 회고록에 대한 이런 스캔들은 친족성폭력을 둘러싼 거짓 기억 증후군을 연상시키는 면이 있고, 기억해야 할 점은 재니스 하켄(Janice Haacken)이 주장한 대로 설사 거짓이라 간주되는 이야기도 억압과 상처의 경험에 대한 증언을 제공할 수 있으며, 회고록에 진실성이 있어야 한다는 요구에도 불구하고 회고록은 픽션의 형식으로 읽어야 한다는 점이다. 다음을 참조. Haacken, *The Pillar of Salt*.

3. 퀴어 회고록은 다수의 장르를 가로지르며, 대개 일인극, 그래픽 서사, 설치미술, 역사소설, 그리고 창작 논픽션처럼 기존 장르의 실험적 틈새에서 작동한다. 중요한 작가들을 조금만 소개하자면 체리 모라가, 오드리 로드, 미니 브루스 프랫(Minnie Bruce Pratt), 도러시 앨리슨(Dorothy Allison), 앰버 홀리보(Amber Hollibaugh), 존 네슬(Joan Nestle), 레슬리 파인버그(Leslie Feinberg)가 있다. 이들은 노동자계급 및 유색인 레즈비언 세대를 대변하며, 레즈비언 페미니즘 문화에 참여했고 그 문화에 의해 형성되었으나 또 한편으로는 회고록과, 거기 동반되는 선집 같은 형식을 사용함으로써 레즈비언 및 퀴어 정체성에 대한 획일적 이해를 비판하기도 했다. 내게 중요한 사례들은 다음과 같다. Allison, *Two or Three Things I Know for Sure*; Bechdel, *Fun Home*; Kron, 2.5 *Minute Ride and 101*

Humiliating Stories; Lorde, *The Cancer Journals:* Moraga, *Loving in the War Years*. 그리고 문화기술지적 영화와 비디오도 포함된다. 예컨대 다음이 있다. Jean Carlomusto, *Monte Cassino*; Marlon Riggs, *Black Is/Black Ain't*. 특히 그레그 보도위츠와 리처드 펑(Richard Fung), 앨릭스 주하스(Alex Juhasz), 그리고 엘런 스피로(Ellen Spiro)의 작품들이다.

퀴어 자전적 공연에 관해서는 다음을 참조. Hughes and Roman, *O Solo Homo*; Muñoz, *Disidentifications*. 비디오에 관해서는 다음을 참조. Pidduck, "Queer Kinship and Ambivalence: Video Autoethnographies by Jean Carlomusto and Richard Fjung." 레즈비언 페미니즘 인쇄물 문화 내 회고록의 중요한 토대는 출판사였다. 파이어브랜드(Firebrand)와 실 (Seal), 크로싱(Crossing), 키친 테이블(Kitchen Table) 같은 출판사들이 회고록을 출간하고 유통하여 공적 논의의 장을 갖지 못했을 작품들에 공적 장을 마련해주었고, 회고록에 공간과 기획을 제공했던 페미니즘 서점망의 기여도 있었다. 공공 문화로서의 페미니즘 서점의 역사에 관해서는 다음을 참조. Kristen Hogan, "Reading at Feminist Bookstores: Women's Literature, Women's Studies, and the Feminist Bookstore Network."

4. 그러나 질병 서사는 의료 담론을 확증하는 동시에 비판할 수 있다. 가령 많은 우울 회고록 형태의 대중서들은 약의 힘을 지지함으로써 의학의 지혜를 상당히 강화하지만, 이들이 그런 힘을 갖는 것은 환자의 목소리가 중요한 증거로 아프다는 것과 치료를 받는다는 것이 어떤 느낌인지에 관한 정성적 설명을 제공하는 사례사를 제공하기 때문이다.

   에이즈 회고록에 관해서는 다음을 참조. Tougaw, "Testimony and the Subjects of AIDS Memoirs."

   질병 서사, 특히 질병 서사가 질병을 새로운 정체성과 힘 기르기에 대한 접근 형식으로 새로 개념을 만드는 방식에 관해서는 다음을 참조. Couser, *Recovering Bodies and Vulnerable Subjects*; Hawkins, *Reconstructing Illness*; Charon, *Narrative Medicine*. 급성장 중인 장애 연구 분야도 의미심장하다. 이 분야는 회고록, 그리고 소위 "장애"에 대한 변화된 회복적 이해를 위한 이론 모두의 자원을 제공한다. 맥루어(McRuer)의『불구 이론』 (*Crip Theory*) 같은 퀴어 관점이 여기 포함된다.

5. 가야트리 스피박(Gayatri Spivak)의 「서발턴은 말할 수 있는가?」(Can the Subaltern Speak?)를 참조. 『포스트식민 이성 비판』(*A Critique of Post-colonial Reason* [가야트리 스피박, 『포스트식민 이성 비판』, 태혜숙·박미선 옮김, 갈무리, 2005])에 3장 「역사」(History)로 개정되어 실려 있다. 또한 다음도 참조. Scott, "The Evidence of Experience"; Hartman, *Scenes of Subjection and Lose your Mother*; Franklin and Lyons, "Special Effects: The Testimonial uses of Life Writing"; Schaffer and Smith, *Human Rights and Narrated Lives*.

6. 다음을 참조. Brison, *Aftermath*; Davidson, *Thirty-Six Views of Mount Fuji*; Gallop, *Feminist Accused of Sexual Harrassment*; Hirsch, *Family Frames*; Hirsch and Spitzer, "'We Would Not Have Come without You': Generations of Nostalgia"; Kacandes, *Daddy's War*; Miller, *Getting Personal, Bequest and Betrayal, But Enough about Me*; Passerini, Autobiography of a Generation; Sedgwick, *A Dialogue on Love*; Miller and Rosner, "Writing a Feminist's Life: The Legacy of Carolyn G. Heilbrun." 이 글은 Heilbrun, *Writing a Woman's Life* [캐럴린 하일브런, 『셰익스피어에게 누이가 있다 면』, 김희정 옮김, 여성신문사, 2002] 같은 작품의 중요성을 탐색한다.

    자서전에 관한 중요한 페미니즘 연구로는 다음을 참조. Brodzki and Schenck, *Life/Lines*; Smith and Watson, eds., *Getting a Life and Women, Autobiography, Theory*; Gilmore, *The Limits of Autobiography*.

7. 그러나 학문적 회고록에 대한 비판적 논의는 다음을 참조. Franklin, *Academic Lives*. 이 책은 캐시 데이비드슨과 이브 세지윅, 제인 갤럽과 벨 훅스를 논의한다. 프랭클린은 학문적 회고록이 제도 비판의 형식으로 잠 재력이 있다고 보지만 이런 회고록에 나타나는 개인 특유의 경향을 경계 하기도 한다.

8. 라이엇걸의 역사를 보려면 다음을 참조. Marcus, *Girls to the Front*.

9. 예컨대 다음을 참조. Goldberg, *Writing Down the Bones* [내털리 골드버 그, 『뼛속까지 내려가서 써라』, 권경희 옮김, 한문화, 2018]; Lamott, *Bird by Bird* [앤 라모트, 『쓰기의 감각』, 최재경 옮김, 웅진지식하우스, 2018].

10. 미시간 여성 음악 페스티벌(Michigan Womyn's Music Festival)이 후원 한 워크숍, 질 돌런과 오스틴의 루드 머케니컬(Rude Mechanicals) 극단이 제작한 "여자답게 던져 시리즈"(Throws Like a Girl Series)와 오스틴 프로 젝트에 감사한다. 오스틴 프로젝트에 관해서는 다음을 참조. Bridgforth, Jones, and Moore, *Experiments in a Jazz Aesthetic*.

11. 예컨대 다음을 참조. Taussig, *What Color Is the Sacred?, My Cocaine Museum*. 이 저작들은 작가다운 방식으로 이론과 이야기를 결합한다. 스튜 어트의 『투명한 힘』도 간결한 미니 에세이나 해설의 형식을 사용한다.

12. Lorde, "Poetry Is Not a Luxury," 37.

13. 가령 『뼛속까지 내려가서 써라』라는 책에서 내털리 골드버그는 글쓰기 를 체현된 움직임으로 계속 느끼기 위해 손으로 글을 쓰는 작업이 중요하 다고 주장한다. 그리고 나도 이런 이유로 종종 손으로 글을 쓰지만, 내 생 각에 컴퓨터로 자유롭게 글을 쓰는 작업 역시 글을 쓰고 수정하는 속도를 높이기 때문에 나름대로 똑같이 가치 있다.

14. Sedgwick, "Queer Performativity," 15. 이 글의 한 버전은 『만지는 느낌』에 도 실려 있지만 자주 인용되는 이 구절과 "좋은 개/나쁜 개 비평"이라는

표현이 포함된 결론 단락은 빠져 있다.

15. 이런 측면에서 나는 퍼블릭 필링스 동조자들에게 영향을 받았고 받고 있
다. 특히 평범한 일상의 정동에 관해서는 캐슬린 스튜어트, 단조로운 정
동에 관해서는 헤더 러브, 그리고 멜로드라마와 탈극화된 정동에 관해
서는 로런 벌랜트에게 영향을 받았다. 다음을 참조. Staiger, Cvetkovich,
and Reynolds, *Political Emotions*.

2부 퍼블릭 필링스 프로젝트
1 우울을 글로 쓰기: 아케디아, 역사, 그리고 의학 모델

1. 카시아누스의 『수도원의 계율에 관하여』는 에드거 C.S. 깁슨(Edgar C.S.
Gibson)이 「카시아누스의 수도원 계율」(*The Institutes of John Cassian*)로 번
역했다. 이것이 담겨 있는 1894년판 『카시아누스 전집』(*The Works of John
Cassian*)은 『니케아 및 후기 니케아 교부 문헌 선집』(*The Select Library of
the Nicene and Post-Nicene Fathers of the Christian Church*)에 실려 있으며,
여기서 인용된 부분은 267면에 있다. 『수도원의 계율에 관하여』에는 "대
죄"의 원천으로 복무하는 "여덟 가지 흠결" 각각에 관한 편들뿐 아니라 수
도자의 의복, 주간 기도와 야간 기도 체계, 그리고 세속생활의 포기에 관
한 편들도 포함되어 있다. 이후 인용은 본문에서 장 번호로 표기할 것이
고 「아케디아 정신에 관하여」(Of the Spirit of Accidie)라는 제목의 1894
년판의 제10편(266-275면)을 참조한다. 더 최근에 나온 램지(Ramsey)의
번역서(2000년)도 있다.

2. 내가 쓴 라틴어 자료는 *Patrologia Latina Database*, Book 49의 온라인판이
다. 여기에는 카시아누스가 쓴 그대로의 『수도원의 계율에 관하여』의 전
체 내용이 포함되어 있다.

3. Dinshaw, *Getting Medieval*. 아케디아를 논하기 위해 내가 퀴어 중세 연구
를 사용하는 것은 우연이 아니다. 의학과 우울에 대한 나의 접근법과, 동
성애에 관한 근대적 지식 이전의, 동성 섹슈얼리티와 친밀성을 추적하
는 섹슈얼리티의 역사들 간에는 방법상의 유사성이 있기 때문이다. 이
런 노선을 따르는 추가 사례를 보려면 다음을 참조. Frecero, *Queer/Early/
Modern*; Lochrie, *Heterosyncracies*.

4. 아케디아에 대한 나의 자료는 주로 다음과 같다. Jackson, *Melancholy and
Depression*; Bloomfield, *The Seven Deadly Sins*; Wenzel, *The Sin of Sloth*. 이
중 문화연구나 계보학의 틀로 논의하는 책은 없다. 아케디아를 "영적 무
미건조함"으로 보는 논의에 대해서는 웬젤(Wenzel)의 책 62면을 참조.

우울: 공적 감정

"영적 권태"는 라틴어 "taedium cordis"를 번역한 말이다. 초서(Chaucer) 가 "괴로운 마음의 고뇌"를 사용한 것에 관해서는 아래 주 6번을 참조. 잭 슨(Jackson)과 블룸필드(Bloomfield)와 웬젤이 쓰는 틀은 오래됐지만 이 들은 계속해서 (나의 책을 비롯해) 현대 저작의 자료로 쓰이고 있다. 그 리고 중세 연구에 대한 최근 문화연구의 접근법에서 유래해 계속되고 있 는, 과거와 현재를 이어주는 아케디아 연구는 매우 귀중하다.

5.   카시아누스의 여덟 가지 흠결인 식탐(gastrimargia/gula), 육욕(fornicatio/ luxuria), 탐욕(avaritia/filagylia), 분노(ira), 슬픔(tristitia), 나태(acedia), 허용(cenodoxia), 자만(superbia) 각각은 『수도원의 계율에 관하여』에 장 별로 설명되어 있다. 이 여덟 가지 흠결이 그레고리의 칠죄종인 자만 (superbia), 분노(ira), 시기(invidia), 탐욕(avaritia), 나태(acedia), 식탐 (gula), 육욕(luxuria)이 되었다. Bloomfield, *The Seven Deadly Sins*. 특히 69-77면을 보라.

6.   영문학사에서 아케디아에 대한 가장 중요한 재현 중 하나는 초서의 「본 당 신부의 이야기」(The Parson's Tale)다. 여기서 초서는 카시아누스를 따 라 아케디아를 "괴로운 마음의 고뇌"(the angwissh of troubled herte)라고 묘사한다. 중세 텍스트에 나오는 아케디아의 유산은 이 프로젝트의 범위 를 벗어나므로, 나는 카시아누스의 텍스트에 논의를 국한해 아케디아에 대한 수정주의적 논의의 잠재적 가치를 말하려 한다.

7.   Solomon, *The Noonday Demon*, 292-95.

8.   클리반스키와 파노프스키와 작슬의 『사투르누스와 멜랑콜리』는 멜랑 콜리 범주의 역사를 다룬 대표적인 텍스트다. 멜랑콜리에 대한 르네상 스 시대의 정식화를 수용했을 뿐 아니라 (가령 멜랑콜리를 다룬 뒤러의 판화 같은) 역사 자료의 탐구가 문화 이미지의 의미를 산출해준다고 가 정하는 도상학적 방법 때문에도 그렇다. 직접 인용 문장은 *Saturn and Melancholy*, 42.

9.   Solomon, *The Noonday Demon*, 25. 가령 이 글에서 국립정신건강연구소 는 18세 이상 미국인의 9.5퍼센트(2090만 명)가 기분 장애를 가지고 있 다고 보고한다. 여기에는 주요 우울 장애를 지닌 6.7퍼센트(1480만 명) 가 포함된다. 15세에서 45세 사이 미국 성인 장애의 주된 원인이다. "The Numbers Count: Mental Disorders in America," on the NIMH website, http://www. nimh. nih. gov/.

10.   Solomon, *The Noonday Demon*, 25.

11.   세계보건기구 웹사이트(2012년 3월 15일 접속)의 보고에 따르면, "우울 증은 2000년 기준, 장애생활연수로 측정한바 장애의 주된 원인이며, 전 세계 질병 부담의 네 번째로 큰 요인이다. 2020년까지 우울증은 전 연령, 양성(兩性)에 대해 장애보정생존연수 순위 2위에 오를 것으로 예상된다.

오늘날 우울은 이미 양성을 종합하여 15-44세 연령의 장애보정생존연수의 두 번째 원인이다."

12. 예상했겠지만, 통계치는 우울과 정신질환에 대한 과학 및 사회과학 학문뿐 아니라 언론 설명의 흔한 특징이다. 그러나 통계치는 다음과 같은 문화연구서의 중요한 배경으로도 쓰인다. Ross, *The Aesthetics of Disengagement*; Orr, *Panic Diaries*; Lane, *Shyness*.

13. 예를 들어 다음을 참조. Whybrow, *A Mood Apart*. 이 책은 기분 장장애에 대한 현재의 과학 지식을 사례사와 결합한다. 또한 다음도 참조. Karp, *Speaking of Sadness*. 이 책은 우울로 고통받는 이들과의 인터뷰를 통해 우울이 환자의 관점에서 어떻게 느껴지는지 탐색한다.

제약 산업의 성공 역시 항우울제라는 뜨거운 주제에 대한 출판 붐을 일으켰다. 항우울제에 대한 대중서들, 특히 크레이머의 책이 나오고 나서 이런 책을 비판하는 책들이 쏟아져 나왔다. 여기에는 다음이 포함된다. Breggin and Breggin, *Talking Back to Prozac*; Valenstein, *Blaming the Brain*; Glenmullen, *Prozac Backlash*.

소위 SSRI의 혁신적인 힘에 대한 대중의 관심을 따라 이 저자들에게 명성을 안겨주었던 1990년대에 출간된 책들 이후, 최근 나온 책들 역시 저자에게 우울증과 정신질환에 대한 가시적 대중 전문가의 위상을 계속 부여하고 있다. 다음을 참조. Kramer, *Against Depression* [피터 D. 크레이머, 『우울증에 반대한다』, 고정아 옮김, 플래닛, 2006]; Whybrow, *American Mania*; Karp, *Is It me or My Meds?*.

14. 제이미슨의 『조울병, 나는 이렇게 극복했다』는 조울병을 다루고 있긴 하지만 항우울제에 관한 논쟁의 맥락에서 등장했고, 정신질환에 대한 약물 치료를 설득력 있게 옹호한다. 카프(Karp)의 『슬픔을 말하기』(*Speaking of Sadness*) 역시 저자 본인이 겪은 우울과의 사투를 다루고 있다. 그러나 그는 의사가 아니라 사회학자다.

앞서 인용한 저자들처럼 제이미슨 역시 정신질환에 대한 책, 특히 정신질환과 창의력 간의 연관성을 다루는 책을 계속 낸다. 그러나 그의 책들은 의학 모델의 틀 안에 여전히 남아 있다. 다음을 참조. Jamison, *Exuberance*.

15. 오브라이언의 회고록 『패밀리 실버』와 스미스의 『뿌리가 물을 찾아 뻗어나갈 때』는 우울의 의학 모델에 대한 대안을 제시하는 책으로 다음 장에서 살펴볼 것이다. 나의 논의에 영향을 끼친 다른 우울 회고록과, 관련 문학 텍스트는 다음과 같다. 케이시(Casey)의 『불경한 유령』(*Unholy Ghost*), 저자의 충격요법 치료를 순차적으로 기술한 매닝(Manning)의 『잠류』(*Undercurrents*), 우울과 온라인 커뮤니티를 다룬 레즈비언/퀴어소설인 블랙브리지(Blackbridge)의 『프로작 하이웨이』(*Prozac Highway*)가

우울: 공적 감정

있다. 이 소설은 메슬의 『소파 위의 프로작』(Prozac on the Couch)에서 세부적으로 논의한다. 그리고 주로 백인 중산층 장르인 회고록 중에서 드물게 유색인 여성이 쓴 회고록의 특징을 지닌 단콰(Danquah)의 『버들이여 나를 위해 울어라』(Willow Weep for Me), 오스틴에서 지역 출간된 친한 친구의 생생한 이야기인 해리스(Harris)의 『절망의 바다』(An Ocean of Despair), (사회복지사로) 의학 전문성을 갖춘 작가의 또 다른 회고록으로 『편안한 무감각』에 나오는 자신의 항우울제 비판에 대한 보완 격 저서인 바버의 『검은 의자에서 울리는 노래』(Songs from the Black Chair), 우울을 근대성 및 자본주의와 연결하기 위해 푸코 이론을 사용하는 메이스(Mays)의 『검은 개들의 입 속으로』(In the Jaws of the Black Dogs), 그리고 데이비드 포스터 윌리스의 주목할 만한 저작이 있다. 일상생활의 경험으로서 우울의 구조를 찾으려는 그의 노력으로는 단편 「우울한 사람」(The Depressed Person), 2005년 케니언칼리지 졸업식 주제 강연이 있다. 이 강연은 This Is Water [데이비드 포스터 윌리스, 『이것은 물이다』, 김재희 옮김, 나무생각, 2023]라는 제목의 책으로 출간되었고, 이 책의 「에필로그」에서 간단히 논했다.

16. Solomon, *The Noonday Demon*, 133.

17. 우울을 다루는 상당수의 주요 대중서들은 처음에 이런 지면을 통해 알려졌다. 이런 지면들은 권위 있는 과학에 대한 대중의 견해에 주된 플랫폼으로 복무한다. 가령 크레이머의 『우울증에 반대한다』는 2005년 4월 17일 자 『뉴욕 타임스 매거진』에 "우울증에 심오한 건 하나도 없다"(There's Nothing Deep about Depression)라는 제목의 기사로 등장했다. 같은 잡지에 지난 5년간 실린 다른 중요한 기사들은 다음과 같다. Daphne Merkin, "My Life in Therapy," 4 August 2010. 이 글에서 저자는 자신의 경험을 이용해 장기 심리치료의 가치에 의문을 제기한다. 그리고 다음도 있다. "A Journey through Darkness: My Life with Chronic Depression," 6 May 2009; Bruce Stutz, "Self Nonmedication," 6 May 2007; David Dobbs, "A Depression Switch," 2 April 2006. 이 기사들 중 거의 전부가 의학 모델의 변종, 특히 약물 치료에 초점을 맞춘다. 약물의 한계와 문제에 의문을 제기할 때도 다르지 않다.

18. 다음을 참조. Berlant, "On the Case." 소설과 사례사의 상호 역사에서 인문학과 과학, 픽션과 논픽션의 복잡한 중첩을 논의한 글로는 다음을 참조. Tougaw, *Strange Cases*.

19. Dudley, *Antidepressants*, 14.

20. Solomon, *The Noonday Demon*, 31.

21. 다음을 참조. Greenberg, "Manufacturing Depression."

22. Healy, *The Creation of Psychopharmacology*, 4. 이 이야기의 버전들을 보

려면 특히 힐리의 책 3장을 보고 다음도 참조할 것. Shorter, *A History of Psychiatry* [에드워드 쇼터, 『정신의학의 역사』, 최보문 옮김, 바다출판사, 2020]; Dudley, *Antidepressants*. 힐리는 정신약리학사를 연구하는 역사가들 중 가장 상세한 (그리고 다작하는) 역사가 중 한 명이다. 힐리 자신이 이 분야와 밀접한 관련을 맺고 있기 때문이다. 여기에는 토론토대학교의 자리를 거부당했던, 논란이 된 사건도 포함된다. 그가 토론토대학교의 자리로 들어가지 못한 이유는 힐리가 항우울제 사용자들의 자살 위험에 대한 제약회사들의 불충분한 보고를 공개적으로 비판했기 때문이다. 그의 다음 책 『프로작을 먹으면 되지』(*Let Them Eat Prozac*)도 참조. 힐리가 저술한 다른 중요한 책으로는 다음의 인터뷰집이 있다. *The Antidepressant Era, The Psychopharmacologists*.

이 이야기 중 문화적·사회적 맥락을 더 제공하는 버전을 보려면 다음을 참조. Ehrenberg, *The Weariness of the Self*; Metzl, *Prozac on the Couch*; Orr, *Panic Diaries*.

23. Shorter, *A History of Psychiatry*, 255.

24. 다음을 참조. Morrison, "The Discovery and Development of the First Modern Antidepressants."

25. Healy, *The Creation of Psychopharmacology*, 104. 그리고 젠더 정치와 냉전의 정치를 포함하여 정신약리학의 사회적 맥락을 제공하면서도, 과학 연구를 문화 형성물로 파악하는 역사를 보려면 다음을 참조. Orr, *Panic Diaries*.

26. 다음을 참조. Orr, *Panic Diaries*.

27. Metzl, *Prozac on the Couch*.

28. 분류에 관한 논의는 다음을 참조. Kirk and Kutchins, *The Selling of DSM*; Horwitz and Wakefield, *The Loss of Sadness*; Shorter, *History of Psychiatry*; Metzl, *Prozac on the Couch*. 공황 장애에 관한 논의는 다음도 참조. Orr, *Panic Diaries*. 사회 불안 장애에 관해서는 다음을 참조. Lane, *Shyness*. 그리고 조울증과 양극성 장애에 관해서는 다음을 참조. Martin, *Bipolar Expeditions*.

29. 다음을 참조. Shorter, *A History of Psychiatry*; Lane, *Shyness*. 이 책은 스피처(Spitzer)와의 광범위한 인터뷰를 싣고 있다. 다음도 참조. Orr, *Panic Diaries*. 이 책에도 스피처와의 인터뷰가 있다.

30. 『정신질환 진단 및 통계 편람』 제3판(1980년)과 제4판(1994년)을 보라.

31. PTSD에 관해서는 다음을 참조. Young, *The Harmony of Illusions*. 성 정체성 장애에 관해서는 다음을 참조. Bryant, "Making Gender Identity Disorder of Childhood."

우울: 공적 감정

32. 섹슈얼리티의 역사들과 의학사들 간의 생산적 연계는 가령 스티븐 엡스타인(Steven Epstein)의 연구에서 확연히 드러난다. 엡스타인은 에이즈 위기 동안 환자-활동가들이 행한 의료 전문가로서의 역할을 연구하다가 의학과 공공보건의 사회적 차이와 정치에 관한 더 일반적 연구로 옮겨 갔다. 다음을 참조. Epstein, *Impure Science, Inclusion.*

33. 찰스 바버의 『편안한 무감각』은 인지행동 치료와 신경심리학처럼, 약물에 대한 대안을 권고한다. 댄 블레이저의 『멜랑콜리의 시대』는 우울을 역사적 문제로 이해할 수 있도록 사회정신의학으로 돌아가자고 요청한다. 앨런 V. 호위츠와 제롬 C. 웨이크필드의 『슬픔의 상실』은 진단이 지나치게 넓은 영향력을 끼치고 있는 세태를 비판하면서 범주의 개혁이 필요하다고 주장한다. 어빙 커시의 『황제의 신약』(*The Emperor's New Drug*)은 약물 연구를 다시 고찰함으로써 많은 항우울제들이 위약 효과가 있다고 시사한다. 항우울제에 대한 이러한 회의론에 대응해 크레이머는 2011년 7월 9일 자 『뉴욕 타임스』에 「항우울제 변호」(In Defense of Antidepressants)라는 제목의 칼럼을 썼다. 이 칼럼으로 인해 약물을 둘러싼 논쟁이 여전히 진행 중이다.

34. Horwitz and Wakefield, *The Loss of Sadness.* 이 논의는 유용하며, 특히 정신의학을 내부에서 비판한다는 점에서 그렇지만, 근대 정신의학과 의학 이전의 우울의 역사에 대한 이 책의 이해는 대개 잭슨의 『멜랑콜리와 우울』(*Melancholia and Depression*)의 윤곽을 따르고 있으며, "정상적 슬픔"(normal sadness) 개념은 나름의 정상화 경향이 있다.

35. 그린버그와 커시에 대한 비평은 다음을 참조. Menand, "Head Case: Can Psychiatry Be a Science?," *New Yorker,* 1 March 2010.

36. 의료 문헌과 정신분석학 문헌에 영적이고 신체적인 실천을 향한 변화의 징후가 일부 있다. 가령 『현대 정신분석학』(*Contemporary Psychoanalysis*)에 실린 글들을 보라. 『한낮의 우울』에 대한 솔로몬의 설명인 "우울도 깃털이 달린 것"(Depression, Too, Is a Thing with Feathers)도 포함되어 있고, 솔로몬의 의학 모델에 의문을 던지고 대안적인 지식을 제시하는 글들도 있다. 사회적인 것과 영적인 것을 통합하는 글로는 다음이 있다. O'Leary, "Putting It Together While Falling Apart"; Horwitz and Wakefield, "Noonday Demons and Midnight Sorrows"; Blechner, "Interaction of Social and Neurobiological Factors in Depression." 이외에 특히 다음도 참조. Chambers and Elliott, *Prozac as a Way of Life*; Squier, "The Paradox of Prozac as Enhancement Technology"; Chambers, "Prozac for the Sick Soul." 고든의 책 『붙들린 상태에서 벗어나』(*Unstuck*)는 영적 실천을 비롯하여 전통의학과 대체의학을 결합하고 있다.

영적 실천을 더 온전히 포용하면서 치료에 대한 나의 대안적 사유에 특히 유용했던 다른 책들로는 불교 지향의 후버(Huber)의 『우울 책』(*The*

Depression Book), 그리고 불교, 유대교, 진보 정치에 의지하는 그린스팬 (Greenspan)의 *Healing through Dark Emotions* [미리엄 그린스팬, 『감정 공부』, 이종복 옮김, 뜰, 2008]가 있다.

37. 가령, 면역 개념을 의학적 의미 너머까지 확장시키려 하는 면역의 계보학적 역사를 보려면 다음을 참조. Cohen, *A Body Worth Defending*. 그리고 대스턴(Daston, 갤리슨[Galison]과 공저, *Objectivity*), 라투르(Latour, *We Have Never Been Modern* [브뤼노 라투르, 『우리는 결코 근대인이었던 적이 없다』, 홍철기 옮김, 갈무리, 2009]), 스탕게르스(Stengers, *Cosmopolitics I and II*) 같은 학자들이 대표하는 유럽의 과학사와 생명정치의 역사에 대한 연구들도 있다. 급성장하는 과학 및 기술 연구 분야는 클라크(Clarke) 외, 『생의료화』(Biomedicalization) 같은 모음집에 명백히 나오듯, 과학사와 문화연구에 기반을 둔 인문학의 중요성을 시사한다. 그러나 여기서 나의 목적은 과학 지식에 대한 대안을 계속 탐색하자고 제안하는 것이다.

38. 감정 연구에서 문화적 접근과 과학적 접근을 결합하기 위해 인류학을 사용한 사례를 보려면 다음을 참조. Reddy, *The Navigation of Feeling*. 레디는 감정의 담론 구성에 대한 연구에 우호적이진 하지만, 감정이 무엇인지 말하지 않는 감정의 문화사를 비판한다.

39. 생기론에 대해서는 다음을 참조 Bennett, *Vibrant Matter*. 유물론에 대해서는 다음을 참조. Coole and Frost, *New Materialisms*.

40. 다음과 같은 영향력 있는 초기 저서를 참조. Damasio, *Looking for Spinoza* [안토니오 다마지오, 『스피노자의 뇌』, 임지원 옮김, 사이언스북스, 2007], *The Feeling of What Happens* [『느낌의 발견』, 고현석 옮김, 아르테, 2023], *Descartes' Error* [『데카르트의 오류』, 김린 옮김, 눈출판그룹, 2017]. 『스피노자의 뇌』는 허스트베트(Hustvedt)의 『떨고 있는 여자, 혹은 내 신경의 역사』(*The Shaking Woman, or A History of My Nerves*) 같은 대중서에서 받아들여졌다. 전 세대의 책들이 항우울제와 우울의 의학 모델에 해준 일을 해준 대중서들이다. 『스피노자의 뇌』는 문학 연구, 특히 다음과 같은 서사 이론에도 주목할 만한 영향을 끼쳤다. Young, *Imagining Minds*; Zunshine, *Why We Read*. 뇌과학에서 발전 중인 이 문헌들을 살필 수 있도록 나를 격려해주고, 진행 중인 그의 회고록 『네가 얻은 것: 한 가족 유기체의 초상』(*The One You Get: Portrait of a Family Organism*)을 통해 영감을 준 데 대해 제이슨 토고에게 감사한다. 이 책의 일부분은 「군소갯민숭달팽이」(Aplysia californica)로 발표되었다.

41. 다음을 참조. Wilson, *Psychosomatic*, 29; "Underbelly." 이 "생물학으로의 전환"(biological turn)의 다른 사례를 보려면 다음을 참조. Grosz, *Becoming Undone*.

42. 명상 과학 논의의 사례를 보려면 다음을 참조. Khalsa and Bhajan,

Breadthwalk.

43. Agamben, *Stanzas.*

44. Eng and Kazanjian, "Introduction: Mourning Remains," in *Loss.* 특히 12-14 면에 카시아누스에 대한 언급이 있다.

45. Foucault, *Religion and Culture.* 특히 "The Battle for Chastity(1982)," 188-197, 그리고 "About the Beginning of the Hermeneutics of the Self(1980)," 158-81을 참조. 『성의 역사』의 미출간 4권인 "육신의 고백"(The Confessions of the Flesh)을 위한 푸코의 계획에 대한 추가 논의를 보려면 다음을 참조. Carrette, *Foucault and Religion*; Halperin, *Saint Foucault*; Boyarin and Casteli, "Introduction: Foucault's *The History of Sexuality.*" 마지막 글은 푸코의 미출간 저작을 위한 고대 후기 기독교 자료에 대해 논한 『섹슈얼리티의 역사 저널』(*Journal of the History of Sexuality*) 특집호의 일부다.

46. Brown, "Resisting Left Melancholia." 좌파 멜랑콜리에 관한 벤야민의 글은 다음을 참조. "Left-Wing Melancholy." 벤야민과 멜랑콜리에 대해 더 보려면 다음을 참조. Pensky, *Melancholy Dialectics.*

47. 다음을 참조. Radden, *The Nature of Melancholy.* 아리스토텔레스와 버턴에서 프로이트와 클라인에 이르는 분야의 핵심적인 1차 사료들을 살필 뿐 아니라 멜랑콜리에 대한 문헌의 핵심 주제와 문제들을 유용하게 종합하고 요약해놓은 책이다. 래든은 특히 멜랑콜리와 우울이 연결될 수 있는지에 관한 문제에 주의를 기울이며, 두 개념의 등가성을 가정하지 않고 두 개념이 중첩되는 방식을 살피려 한다. 또 하나 중요한 연구서는 다음과 같다. Jackson, *Melancholy and Depression.* 과거와 현재 사이의 연속성을 보려 하는 관점에서 관련 문헌을 살피는 책이다.

48. 과거에서 현재를 보는 것—가령 아무리 조잡해도 의학 모델에 대한 선례를 과거에서 찾는 것—과 현재에 말을 걸기 위해 과거의 차이들과 대안들을 통해 과거를 찾는 것 간에는 차이가 있다. 내가 멜랑콜리와 우울에 관심을 두는 이유는 둘의 유사성 때문이 아니라 중요한 차이 때문이다. 그래서 나는 과거의, 그리고 과거와 현재의 역동적 관계 둘 다를 강조하는 역사 연구의 모델을 사용한다. 나는 특히 과거와의 정동적 관계, 그리고 현재와의 퀴어 연결점들을 강조하는 퀴어 시간성 모델에 영향을 받았다. (다음을 참조. Freeman, "Queer Temporalities.") 이런 저작은 우리로 하여금 멜랑콜리가 우울의 의학 모델이 놓친 어떤 것을 재현하는지, 그리고 이 초기 모델들에 우리가 현재를 다시 사고하도록 도와줄 수 있는 어떤 자원들이 존재할지도 모르는지 질문하도록 격려한다. 크리스틴 로스(Christine Ross) 또한 멜랑콜리가 우울에 의해 대체되었고, 멜랑콜리를 창의성과 정상 경험의 중심으로 보는 통념이 이제는 병리화를 중심으로 하는 의학 모델에 의해 퇴출되었다는 점을 시사한다(*The Aesthetics of Disengagement*, chapter 2 참조).

49. 가장 두드러진 사례는 다음 책이다. Jackson, *Melancholy and Depression*. 이 책은 솔로몬의『한낮의 우울』의 멜랑콜리와 우울의 역사에 대한 장의 바탕으로 복무한다.

50. 특히 다음을 참조. Klibansky, Panofsky, and Saxl, *Saturn and Melancholy*. 멜랑콜리를 다룬 뒤러의 유명한 판화에 나타난 창조적 멜랑콜리의 절정을 논하고 있다. 또한 다음도 참조. Babb, *The Elizabethan Malady*. 앞서 인용된 젠더 연구들은 영웅적 · 낭만적 멜랑콜리를 창조적 천재성의 징후로 보는 이런 모델을 반대한다.

51. 우울의 의료화에 반대하기 위해 멜랑콜리에 대한 인문주의 전통을 이렇게 이용하는 사례로는 다음을 참조 Wilson, *Against Happiness* [에릭 G. 윌슨,『멜랑콜리 즐기기』, 조우석 옮김, 세종서적, 2010]. 로스처럼 정신분석학 전통에 더 의지하는 저자들은 멜랑콜리의 장점을 덜 제시하는 경향을 보인다.

52. 에릭 윌슨(Eric Wilson) 같은 저자들이 탐색한 창의력과 우울증 간의 연관성에 대한 가장 명시적 거부를 보려면 특히 다음을 참조. Kramer, *Against Depression*.

53. 무의식의 작용을 포용하는 것, 상실을 구성적인 것으로 구축하는 것, 약리학이나 정신분석학 외에 다른 형태의 치료를 독려하는 것은 우울에 대한 현대 의학 지식에 중요한 개입으로 복무한다. 정신분석학 전통은 멜랑콜리에 대한 풍성한 연구에 영향을 끼쳤고, 이는 멜랑콜리 범주를 흡수해 성별화 · 인종화 · 퀴어화하는 결과를 낳았다. 페미니즘 이론가들은 상실과 멜랑콜리 재현의 성별화된 차원들을 탐색해왔다. 다음과 같은 저작이 이런 논의를 한 예다. Kristeva, *Black Sun*; Shiesari, *The Gendering of Melancholia*; Enterline, *The Tears of Narcissus*.

정신분석학에 기반을 둔 멜랑콜리 개념은 식민주의, 인종, 그리고 사회사 논의에서 생산적으로 사용되어왔고, 이렇게 해서 심리가 사회성을 포용하도록 심리 개념을 확대하는 결과를 낳았다. 예컨대 다음을 참조. Cheng, *The Melancholy of Race*; Eng and Han, "Dialogue on Racal Melancholia"; Gilroy, *Postcolonial Melancholia*; Holland, *Raising the Dead*; Khanna, *Dark Continents*; Muñoz, *Disidentifications*, "Feeling Brown, Feeling Down," 그리고 곧 출간될 책『갈색 피부를 지닌 인종의 감각』(*The Sense of Brown*)에 실릴 다른 글들. 다음도 참조. Moten, *In the Break*; Zwarg, "Du Bois on Trauma."

54. Brown, "Resisting Left Melancholia," 464.

55. Brown, "Resisting Left Melancholia," 464.

56. 여기서 내가 하는 주장과 비슷한 주장을 보려면 다음을 참조. Love, *Feeling Backward*, 149-152. 러브는 브라운이 좌파 멜랑콜리를 "단죄하

우울: 공적 감정

지 않고 진단"하려 했다고 높이 평가하되, 브라운이 궁극적으로는 "자신이 혐오하는 신자유주의 논쟁 비슷한 것으로 들어가는 것"처럼 보인다고 지적한다(149, 150). 과거와의 멜랑콜리적 관계로부터 스스로를 분리하는 주의주의적(voluntarist)[의지가 지성보다 우위에 있다는 철학적 입장] 희망에 대한 브라운의 요청에 반대하기 위해 러브가 벤야민의 "역사의 천사"에 대한 칼라 프레체로(Carla Freccero)의 논의를 활용한 것은 그것이 여기서 탐색하는 영적 범주들을 가리킨다는 점에서 시사하는 바가 있다. 아케디아 개념에 영감을 받은 영적 실천 형식의 관점에서 정치 생활을 생각하면 러브와 프레체로의 흥미를 끄는 "수동성의 정치"(politics of passivity)를 더 온전히 포용할 수 있게 된다. 아케디아는 또한 멜랑콜리를 정신분석학에서 분리해 일부 독자들이 저항하는 종교적 계보로 돌려보내며, 그럼으로써 아케디아의 의미를 다양화하고, 멜랑콜리를 "나쁜" 느낌이 아니라 "좋은" 느낌으로 만들기 위해 브라운이 가하는 명백한 압력을 거부할 수 있다. 앤 리스 프랑수아(Anne-Lise François)의 "퇴행"(recessive action)에 대한 이론은 수동성의 정치 논의를 확장하는 데 도움이 된다. 다음을 참조. *Open Secrets*.

57. 다음을 참조. Eng and Kazanjian, *Loss*; Crimp, *Melancholia and Moralism*. 애도와 정치 간의 관계는 버틀러의 『위태로운 삶』도 참조. 역시 멜랑콜리가 성별화된 주체 형성에서 수행하는 역할에 대한 버틀러의 진행 중인 논의에 기대고 있다.

58. Love, *Feeling Backward*, 162. 퀴어 역사들에 특히 주의를 기울인, 상실과 멜랑콜리와 역사에 대한 풍성한 다른 논의로는 다음을 참조. Dinshaw, *Getting Medieval*; Freeman, *Time Binds*; Luciano, *Arranging Grief*; Nealon, *Foundlings*.

59. Snediker, *Queer Optimism*.

60. Flately, *Affective Mapping*. 현대 예술 실천에서 멜랑콜리와 우울 간의 관계에 대한 시사적인 주장을 보려면 다음을 참조. Ross, *The Aesthetics of Disengagement*.

61. 다음을 참조. Crimp, *Melancholia and Moralism*.

62. 다음을 참조. Crimp, *Melancholia and Moralism*; Love, *Feeling Backward*; Berlant, *Cruel Optimism*; Gould, *Moving Politics*; Halberstam, *The Queer Art of Failure*.

63. Agamben, *Stanzas*, 13.

64. 이 장을 쓰는 동안 뒤늦게 발견한 것은 노리스(Norris)의 『아케디아와 나』(*Acedia and Me*)다. 아케디아를 근대 영성 범주로 설명한 회고록 기반의 저술로, 수도원장 바울의 의례에 대한 논의로 출발하며 그 의례가 행위 예술과 유사하다는 점 역시 지적한다. 노리스는 우울을 치료하기 위해

베네딕도 수도원에서 2년을 보냈고, 이 영성 범주가 현대 생활과 연관이 있다는 것을 밝히는 그의 능력은 주목할 만하다. 그러나 노리스는 아케디아와 우울을 연결하면서도, 궁극적으로는 의학 질환으로서의 우울과, 신앙의 상실과 지루함과 권태의 영적 문제를 기술하는 개념으로서의 아케디아 간의 구별을 문제시하지 않는다.

아케디아와 우울 간의 관계를 고려하는 우리 시대의 도피에 대한 다른 설명은 다음을 참조. Maitland, *A Book of Silence* [세라 메이틀런드, 『침묵의 책』, 홍선영 옮김, 마디, 2016]. 이 책에 관심을 갖게 해준 얼리사 해러드에게 감사한다.

65. 다음을 참조. Marina Abramović, *Marina Abramović: The Artist Is Present*; Viso, *Ana Mendieta*; Montano, *Letters from Linda M. Montano*.

66. 다음을 참조. Charles Barber, *Comfortably Numb*, 191-210; Greenberg, *Manufacturing Depression* (특히 315-37면); Tougaw, "Aplysia californica."

2 박탈에서 급진적 자기소유로: 인종차별과 우울

이 장의 제사의 출처는 다음과 같다. Smith, *Twilight: Los Angeles, 1992*, 108. 영상 버전에는 코넬 웨스트의 대사 일부만 담겼고, 전문은 출간된 대본집에 수록되어 있다. [편집자 주: 「황혼: 로스앤젤레스, 1992」는 1992년 LA 폭동을 다룬 스미스의 1인극으로, 한인 상인, 흑인 등 200여 명을 인터뷰한 후 스미스가 각각의 캐릭터로 분해 당시의 상황을 재현했다. 대본집은 Anchor Books 판본과 Dramatists Playservice Inc. 판본이 있는 것으로 보이는데, 이 책이 참조한 것은 후자다.]

1. "(내 머릿속의) 빵 부스러기를 뿌린 길을 따라서"라는 구절은 내가 『느낌의 아카이브』에서 방법론을 설명하려고 캐슬린 해나(Kathleen Hanna)에게서 빌려온 문구다. 이 문구는 『우울: 공적 감정』에서 나의 연구 프로젝트에 적절한 관련성을 지닌다.

2. 이런 연구 문헌에는 다음이 포함된다. Muñoz, *Disidentifications*, "Feeling Brown," "Feeling Brown, Feeling Down"; Holland, *Raising the Dead*; Cheng, *The Melancholy of Race*; Eng and Han, "Dialogue on Racial Melancholia"; Eng and Kazanjian, *Loss*; Moten, *In the Break*; Khanna, *Dark Continents*; Gilroy, *Postcolonial Melancholy*; Zwarg, "Du Bois on Trauma."

3. 이것은 "멜랑콜리 상태/국가"(Melancholic States) 학술대회에서 핵심적 쟁점이었다. 앤마리 포티어(Anne-Marie Fortier)와 게일 루이(Gail Lewis)가 조직한 이 학술대회는 랭카스대학교에서 2000년 9월 27-28일에 개

최되었다. 이 학술대회에서 펼쳐진 논의에서 특히 의미심장했던 것은 가예 첸(Gaye Chen)과 난디타 샤마(Nandita Sharma)의 "좋은 슬픔! 부여된 정체성을 인식하고 우리의 변화의 상상계를 변화시키기"(Good Grief! Recognizing Imposed Identities and Transforming Our Imaginary of Change)였다. 이 발표는 어떻게 멜랑콜리가 상실한 기원에 대한 향수감 혹은 감상일 수 있는지에 초점을 맞추고 그것을 "좋은" 슬픔의 한 형식으로 다르게 볼 수 있는지를 질문한다

4. 다음을 참조. Eng and Han, "Dialogue on Racial Melancholia." 러브의 연구서 『뒤로 느끼기』(Feeling Backward)도 부정적 정동의 논의에 유용하다. 또한 플래틀리(Flatley)의 『정동적 지도 그리기』(Affective Mapping)는 듀보이스의 저작을 포함해 표현되지 않는 형태의 멜랑콜리를 살펴본다.

5. Eng and Han, "Dialogue on Racial Melancholia," 106, 108.

6. Eng and Han, "Dialogue on Racial Melancholia," 108.

7. 음악, 특히 실험적 재즈와 비밥을 인종에 따라 다른 정동과 아프리카 디아스포라 역사를 또박또박 표현한 것으로 보는 논의는 다음을 참조. Moten, In the Break.

8. 다음을 참조. Kleinman and Good, Culture and Depression. 정신 건강을 의료인류학 및 문화사, 사회사의 관점에서 접근하는 좀 더 최근의 연구는 다음도 참조. DelVecchino Good, Hyde, Pinto, and Good, Postcolonial Disorders.

9. 예를 들어 다음을 참조. Sue and Sue, Counseling the Culturally Different.

10. 다음을 참조. Stephanie A. Riolo, Tuan Anh Nguyen, John F. Greden, and Cheryl A. King, "Prevalence of Depression by Race/Ethnicity: Findings from the National Health and Nutrition Examination Survey III," American Journal of Public Health 95 (2005): 998-1000. 이 논문은 주요 우울 장애 비율이 아프리카계 미국인과 멕시코계 미국인보다 백인에게서 더 높게 나타나지만 전자, 특히 교육 수준이 낮고 영어를 사용하지 않는 멕시코계 미국인에게는 더 높은 기분 부전 장애를 보인다고 지적한다. 이 조사 결과는 빈곤이 유색인보다 백인에게 더 큰 차이를 만들어냄을 보여준다.

다음도 참조. V. Lorant, D. Deliege, W. Eaton, A. Robert, P. Philippot, and M. Ansseau, "Socioeconomic Inequalities in Depression: A Meta-Analysis," American Journal of Epidemiology 157, no. 2 (2003): 98-112. 이 논문은 우울증 비율이 낮은 사회경제적 지위를 지닌 이들에게 더 높게 나타나는지를 탐구한다. 연구 결과는 그럴 가능성이 높다로 나타나지만 결정적으로 그렇다는 것은 아니다. 이는 부분적으로 엄격한 진단 및 측정과 유색인종 보건의료 실태를 접근하는 방법의 부재로 인한 방법론적 문제 때문이다. 다음도 참조. C. H. Carrington, "Clinical Depression in

African American Women: Diagnoses, Treatment, and Research," *Journal of Family Practice* 55, no. 1 (2006): 30-39. 이 논문은 아프리카계 미국인 일반, 그리고 특수하게는 아프리카계 미국인 여성에 대한 연구가 부족하기 때문에 아프리카계 미국인과 백인의 우울증 발병률을 비교하기는 어렵다고 논의한다.

11. 다음을 참조. Lisa A. Cooper, Junius J. Gonzales, Joseph J. Gallo, Kathryn M. Rost, Lisa S. Meredith, Lisa V. Rubenstein, Nae-Yuh Wang, and Daniel E. Ford, "The Acceptibility of Treatment for Depression among African-American, Hispanic, and White Primary Care Patients," *Medical Care* 41, no. 4 (2003), 479-89. 다음도 참조. Alessa P. Jackson, "The Use of Psychiatric Medications to Treat Depressive Disorders in African American Women," *Journal of Clinical Psychology* 62, no. 7 (2006), 793-800. 이 논문은 "문화에 기반해 약학에 보이는 저항이나 태도는 정신성 약물/진료의 사용을 복잡하게 할 수 있으며 종종 1차 의원에서의 최전선 진료 시에 그렇다"고 논의한다(영문 초록에서 인용함).

12. Yu-Wen Ying, "Explanatory Models of Major Depression and Implications for Help-Seeking among Immigrant Chinese-American Women," *Culture, Medicine, and Psychiatry* 14, no. 3 (1990), 393-408.

13. A. K. Das, M. Olfson, H. L. McCurtis, and M. M. Weissman, "Depression in African Americans: Breaking Barriers to Detection and Treatment," *Journal of Clinical Psychology* 62, no. 7 (2006), 영문 초록에서 인용함. 다음도 참조. E. L. Barbee, "African American Women and Depression: A Review and Critique of the Literature," *Journal of Clinical Psychology* 62, no. 7 (2006): 779-91; Jackson, "The Use of Psychiatric Medications to Treat Depressive Disorders in African American Women." 이 두 논문은 이 학술지가 「임상적 우울증과 아프리카계 미국인 여성: 진단, 치료, 연구의 문제들」(Clinical Depression and African American Women: Issues of Diagnosis, Treatment, and Research)이라는 제목으로 다룬 특집란에 실렸다.

14. Christina G. Watlington and Christopher M. Murphy, "The Roles of Religion and Sexuality among African American Survivors of Domestic Violence," *Journal of Clinical Psychology* 62 (2006), 837-57; Karnina L. Walter and Jane M. Simoni, "Reconceptualizing Native Women's Health: An 'Indigenist' Stress-Coping Model," *American Journal of Public Health* 92 (2002), 520-24.

15. 이 분야에서 핵심적인 선집은 예를 들어 다음을 참조. Comas-Díaz and Griffith, *Clinical Guidelines in Cross-Cultural Mental Health*.

16. 다음을 참조. Quimby, "Ethnography's Role in Assessing Mental Health Research and Clinical Practice."

17. Kleinman and Good, *Culture and Depression.*

18. O'Neil, *Disciplined Hearts.*

19. Holland, "The Last Word on Racism." 다음도 참조. Holland, *The Erotic Life of Racism.* 홀랜드의 책은 내가 이 책을 쓰고 있는 동안 출간되었다.

20. Gilmore, *Golden Gulag,* 28.

21. 서로 다른 아카이브 중 이 장을 쓰는 데 이용 가능한 것을 선택하기 어려 웠다. 아시아계 미국인 연구, 멕시코계 미국인 연구, 라티노/라티나 연 구, 탈식민 연구 각각은 우리 시대 이주와 탈장소화 주변에서 순환하는 공적인 감정을 사유하는 데 풍성한 이론과 문화를 제공한다. 앞서 언급 한 인종 멜랑콜리에 대한 연구 외에도, 사법 개혁과 감정적 정의 사이의 관계에 대한 학술 연구는 나의 연구 프로젝트에 중요했다. 예를 들어 다 음을 참조. Eng, *The Feeling of Kinship*; Lowe, *Immigrant Acts*; 특히 Lowe, "The Intimacies of Four Continents." 로의 이 글은 인종차별과 우울을 연 결하는 프로젝트가 수반하는 통합된 비교학적 연구에 모델이 된다. 『탈 동일시』(*Disidentifications*)에서 인종화된 정동에 대한 호세 무뇨스의 지 속적 연구와 곧 출간될 『갈색 피부를 지닌 인종의 감각』도 토대가 되는 연구다.

멕시코계 미국인 연구에서 가톨릭교와 토착민 실천이 만나는 교차점에 대한 연구는 내가 정동과 영성의 교차점을 사유하는 작업에 중요했다. 나의 연구에 필수적인 텍스트에는 다음이 포함된다. Anzaldúa, *Border- lands/La Frontera*; Sandoval, *Methodology of the Oppressed.* 그리고 모라가의 저작들. 모라가의 최근 저서(*A Xicana Codex of Changing Consciousness*)는 토착민에 초점을 맞춘다.

아프리카계 미국인 연구와 원주민 연구가 서로 만나는 교차점에 대한 연구와 관련하여 나는 다음 책에서 영감과 자극을 받았다. Holland and Miles, *Crossing Waters, Crossing Worlds.* 이 교차로에서 나의 연구는 나의 이모 실리아 헤이그-브라운(Celia Haig-Brown)과의 대화에서도 영향을 받았다. 이모와 나는 토니 모리슨이 「말해지지 않는 말할 수 없는 것들」 (Unspeakable Things Unspoken)이라는 글에서 토착민 문화를 언급하지 않은 점이 시사하는 함의점, 그리고 최소한 캐나다에서 토착민 연구를 디아스포라 연구와 통합하지 않으려는 저항이 함의하는 것에 대한 대화 를 나누었다. 많은 것 중 이것이야말로 유용한 방식으로 여기서 연결점 을 만들어내는 어려운 과제를 상기시켜주는 경고장이다. 다음을 참조. Haig-Brown, "Decolonizing Diaspora."

22. Smith, *Twilight: Los Angeles, 1992,* 109.

23. 다음을 참조. Farred, *What's My Name?*

24. 넬라 라슨의 소설 『패싱』에는 내가 말한 "감정적 패싱"이 많이 나온다. 이

소설에는 주인공 클레어 켄드리가 하는 분명한 패싱의 또 다른 형태가 수행되는 사건이 많다. 또 다른 주인공인 아이린이 클레어의 백인 남편이 인종차별적 언사를 내뱉는 장면, 남편이 클레어와 춤을 추는 것에 질투심을 느끼며 바라보다가 컵을 깨는 장면 등에서 아이린 레드필드는 실제로 느끼는 감정을 공손한 예의라는 얇은 판으로 가린다. 이런 예의는 다른 형태의 패싱으로 숨기는 분노와 격렬한 화를 그 자체로 명백히 드러내는 것이기도 하다. 이 절에서 더 논의하지 않은 한 가지는 소위 우울과 공손한 예의바름의 정동적 수행 사이의 관계다. 이런 예의바름은 "억압된 감정"으로 이해해서는 안 되고 감정적 표현의 상이한 양식들로 이해해야 한다. 다음을 참조. Larsen, *Quicksand and Passing*.

Anzaldúa, *Borderlands/La Frontera*; Kristina Wong, *Wong Flew over the Cuckoo's Nest* (2008년 2월, 오스틴 오프센터 극장에서 한 공연). 「니어폴리탄」에 대한 논의는 다음을 참조. Bustamante and Muñoz, "Chat"; Muñoz, "Feeling Down, Feeling Brown" and "The Vulnerability Artist."

25. Harper, "The Evidence of Felt Intuition," 649. 하퍼의 이 글은 사변적 추론과 직관에 대한 일반적 논의도 제시한다. 하퍼는 다음과 같이 주장한다. "소수자의 존재 자체는 이토록 짐작일 뿐인 생각을 반복하게 만든다. 왜냐하면 계속해서 그 존재는 사회적 활동과 개인적 상호작용의 가장 틀에 박힌 일상적 경우조차 사람들의 심기를 건드리는 사회적 구별 행위나 차별적 대우가 일어날 수 있는 경우로 만들기 때문이다"(643). 이 글에서 그가 구체적으로 논의하는 것은 "흑인 퀴어 연구"이며, 남들에 대한 이야기(gossip)와 같은 짐작 역시 퀴어가 빈번히 사용하는 연구 방법이라는 점을 기억하는 것이 도움이 된다. 예를 들어 다음을 참조. Abelove, *Deep Gossip*; Butt, *Between You and Me*.

26. 버틀러의 인터뷰에서 인용. 이 이야기의 다른 판본은 다음을 참조. Rowell and Butler, "An Interview with Octavia E. Buler."

27. Melissa Harris-Lacewell, "Black Women's Depression and Resisting the Myth of Strength." (2004년 12월 시카고대학교에서 열린 학술대회 "우울: 무엇에 좋은가?"에서 발표한 발표문). 해리스-레이스웰 (지금은 해리스-페리[Harris-Perry]다)은 블로그와 대화라는 비공식적 장르를 사용하여 인종차별과 인종 정치의 일상적 정동적 삶을 논의한다. MSNBC 텔레비전 쇼를 포함하여 공적 지식인으로서 그의 현재 활동에 대해서는 다음 사이트를 참조. melissaharrisperry.com

28. Hartman, *Lose Your Mother*, 6.

29. Hartman, *Lose Your Mother*, 16.

30. Hartman, *Lose Your Mother*, 39.

31. Hartman, *Lose Your Mother*, 41, 42.

32. 새로운 노예 서사의 모범이 되는 소설은 『빌러비드』지만 다음과 같은 작품도 포함된다. Gayl Jones, *Corregidora*; Butler, *Kindred* [옥타비아 버틀러, 『킨』, 이수현 옮김, 비채, 2016]; Edward P. Jones, *The Known World* [에드워드 P. 존스, 『알려진 세계』, 이승학 옮김, 섬과달, 2004]. 노예 서사와 새로운 노예 서사는 어마어마하게 방대한 양의 비평을 불러일으켰다. 나의 사유에 중요한 준거점을 준 비평으로는 다음을 참조. Spillers, "Mama's Baby, Papa's Maybe"; Morrison, "Unspeakable Things Unspoken"; Gordon, *Ghostly Matters* (이 책은 한 장을 할애하여 『빌러비드』를 논의한다); Holland, *Raising the Dead*; Moten, *In the Break*, Hartman, *Scenes of Subjection*.

33. Hartman, *Lose Your Mother*, 171.

34. Hartman, *Lose Your Mother*, 115

35. Hartman, *Lose Your Mother*, 119.

36. Hartman, *Lose Your Mother*, 152, 153.

37. Hartman, *Lose Your Mother*, 143.

38. Hartman, *Lose Your Mother*, 130.

39. Hartman, *Lose Your Mother*, 130.

40. Hartman, *Lose Your Mother*, 132.

41. Hartman, *Lose Your Mother*, 234.

42. Hartman, *Lose Your Mother*, 234.

43. Hartman, *Lose Your Mother*, 170.

44. 하트먼이 더 공공연히 표출하는 실망과 마야 안젤루(Maya Angelou)가 표현한, 잘 포착되지 않는 은근한 실망 사이의 차이, 그리고 예를 들어 조지프 프로젝트에서 가나 정부가 추진한 것을 포함하여 노예제 관광에 대한 낙관과 관련된 논의를 더 보려면 다음을 참조. Commander, "Ghana at Fifty."

45. Hartman, *Lose Your Mother*, 18.

46. 2007년 1월 27일 PBS, *Tavis Smiley Presents*에서 방송된 세이디야 하트먼과의 인터뷰. "구술사, 증언, 회고록 및 공적 감정의 여러 장르"라는 나의 강의를 듣던 학생들에게 감사한다. 나의 학생들이 알려준 덕분에 이 인터뷰에 주목할 수 있었다.

47. Alexander, *Pedagogies of Crossing*, 326.

48. Alexander, *Pedagogies of Crossing*, 293.

49.   Alexander, *Pedagogies of Crossing*, 294.

50.   Alexander, *Pedagogies of Crossing*, 320.

51.   Alexander, *Pedagogies of Crossing*, 294

52.   Alexander, *Pedagogies of Crossing*, 314, 315.

53.   Alexander, *Pedagogies of Crossing*, 279.

54.   Alexander, *Pedagogies of Crossing*, 319.

55.   Alexander, *Pedagogies of Crossing*, 274.

56.   Alexander, *Pedagogies of Crossing*, 328

57.   Alexander, *Pedagogies of Crossing*, 322.

58.   다음을 참조. Best and Harman, "Redress." 『어머니를 잃다』에 대한 나의 논의를 보완하는 다른 논의는 다음을 참조. Gopinath, "Archive, Affect, and the Everyday"; Halberstam, *The Queer Art of Failure*.

59.   Alexander, *Pedagogies of Crossing*, 287.

60.   『가로지르기의 교육학』에 실린 글 중 일부는 이 점을 좀 더 직접적으로 다룬다. 이 책은 초국가적 맥락에서 섹슈얼리티를 탐색하면서, 부유한 북반구를 낙후된 빈곤한 남반구와 비교하여 북반구의 섹슈얼리티에 대한 태도를 진보적인 것으로 구성하는 것을 거부하는 맥락에서 다룬다. 초국가적 섹슈얼리티에 대한 앨리그잰더의 획기적인 연구가 그로 하여금 신성한 것과 세속적인 것 사이의 관계도 재개념화하게 이끌었다는 점은 전혀 우연의 일치가 아니다. 사실 앨리그잰더의 연구와 하트먼의 작업의 차이를 구분하여 특징짓는 한 방법은 신성한 것의 수용이 퀴어 감수성을 뚜렷이 드러내는가 하는 점일 것이다.

61   오마이 오선 조니 L. 존스(Omi Osun Joni L. Jones)는 요루바족의 영적 전통들을 끌어와서 이 개념을 급진적 민주주의에 모델이 되는 재즈 미학의 전제로 또박또박 논의한다. 다음을 참조. Bridgforth, *Love Conjure/ Blues*, Introduction; Bridgforth, Jones, and Moore, *Experiments in a Jazz Aesthetic*. 이 계보는 베넷(Bennett)의 『생동하는 물질』(*Vibrant Matter*)과 같은 생기론에 대한 현재의 관심에 토대를 제공해주는 서구의 철학 계보에 대한 대안을 제시한다.

62.   다음을 참조. Gordon, "Something More Powerful Than Skepticism."

63.   Jacqui Alexander, "Sites of Memory: The Atlantic and Other Crossings" (2008년 11월 20일, 텍사스대학교 오스틴 캠퍼스에서 한 강연).

64.   다음을 참조. O'Nell, *Disciplined Hearts*.

65.   다음을 참조. Maria Yellow Horse Brave Heart (Oglada and Hunkpapa

Lakota), "The Return to the Sacred Path," "From Intergenerational Trauma to Intergenerational Healing"; Yellow Horse Brave Heart and Deschenie, "Resource Guide." 마리아 옐로 호스 브레이브 하트는 타키니 네트워크(Takini Network)의 설립자다. 타키니 네트워크는 토착민을 역사적 트라우마로부터 치유하는 것을 돕는 데 전념하는 비영리 조직다. "공동체 치유 프로그램 기반 원주민 건강과 문화" 단체인 화이트 바이슨(White Bison)은 온라인 저널 『웰브리티』(*Wellbriety*)를 출간한다. www.whitebison.org.

66. 다음을 참조. Haig-Brown, *Resistance and Renewal*. (헬렌 헤이그-브라운[Hellen Haig-Brown]과 협업해 만든) 영상 작업 「귀향」(Pelq'ilc)도 참조. 이 영상은 원래 프로젝트와 아이들을 위해 인터뷰한 사람들의 이야기를 계속해서 끝까지 담고 있다. 캐나다의 원주민 기숙학교 진실과화해위원회에 대한 더 많은 정보는 이 위원회의 웹사이트(http://www.trccvr.ca/)를 참조. 다음도 참조. Wilson and Yellow Bird, *For Indigenous Eyes Only* (특히 다음 장을 참조. "Relieving Our Suffering).

67. 다음을 참조. Turner, *This Is Not a Peace Pipe*.

68. 다음을 참조. Alfred, *Peace, Power, Righteousness*.

69. 주권에 대한 퀴어 토착민의 논의는 다음도 참조. Justice, Rivkin and Schneider, "Nationality, Sovereignty, Sexuality"; Driskill, Finley, Gilley, and Morgensen, *Queer Indigenous Studies*.

70. O'Brien, *The Family Silver*, ixxx.

71. O'Brien, *The Family Silver*, xii.

72. 2부 1장의 주 14번에 제시한 목록을 참조.

73. O'Brien, *The Family Silver*, 206.

74. 계급, 남성성, 학계가 서로 만나는 교차점에 초점을 두었기 때문에 나의 논의에 거의 포함될 뻔한 또 다른 책으로는 바버의 『검은 의자에 앉아서 부른 노래』(*Songs from the Black Chair*)다. 바버도 의학 모델과 제약 회사를 비판한 책인 『편안한 무감각』의 저자다. 최근에 출판된 이 책은 앞 장에서 언급했듯 정신 건강을 둘러싼 정치를 논의하는데, 이 책보다 앞서 쓴 회고록을 활용하는 일에 대해서는 아무런 언급이 없다. 하버드를 중퇴한 이후 점점 하락하는 궤적에 대한 바버의 설명은, 특히 그가 교수의 아들이기에, 학계의 압력에 대한 흥미로운 질문을 제기한다. 자살한 고등학교 친구가 이 책의 감정적 중심을 형성한다.

75. O'Brien, *The Family Silver*, 264.

76. O'Brien, *The Family Silver*, 37.

77.   O'Brien, *The Family Silver*, 23.

78.   O'Brien, *The Family Silver*, 146.

79.   O'Brien, *The Family Silver*, 80.

80.   O'Brien, *The Family Silver*, 334.

81.   Smith, *Where the Roots Reach for Water*, 76.

82.   Smith, *Where the Roots Reach for Water*, 110.

83.   Smith, *Where the Roots Reach for Water*, 113.

84.   Smith, *Where the Roots Reach for Water*, 113.

85.   Smith, *Where the Roots Reach for Water*, 114.

86.   Smith, *Where the Roots Reach for Water*, 172.

87.   Smith, *Where the Roots Reach for Water*, 116.

88.   Smith, *Where the Roots Reach for Water*, 132.

89.   사실 기이할 정도로 직접적인 연결점이 있다. 왜냐하면 오브라이언은 내 친구인 로라 로메로가 사망하기 한 해 전인 1996년에 조직한 미국현대 어문학회의 토론회 "프로작을 복용하는 교수들"(Professors on Prozac)에 참석한 적이 있다고 언급한다. 나는 이 토론회의 발표자 모집에 대해 로 라와 의논한 적이 있다. 이 토론회는 우리 둘 다 집행위원으로 일했던 대 중문화 분과가 제안한 것 중 하나였다. 오브라이언은 우울 경험과 연구 자들로 이루어진 이 토론회 사이에 연결점이 끊겨 있는 것을 발견하고는 "사람들이 프로작에 대해서 이야기하는 이유는 우울에 대해 이야기하기 를 두려워하기 때문"이라고 언급한다(258).

90.   Smith, *Where the Roots Reach for Water*, 131.

91.   Smith, *Where the Roots Reach for Water*, 136.

92.   『패밀리 실버』에 대해 이와 비슷한 주장을 제시한 서평은 다음을 참조. Cahn, "Of Silver and Serotonin."

93.   여기에는 제인 톰킨스의 『학교에서의 삶』(*A Life in School*)을 상기시키는 것이 있다. 톰킨스의 이 회고록은 학교에서 탁월한 소녀가 자신의 길을 페미니즘과 이론에서 발견할 때조차 경험하는 성공의 한계를 추적한다. 톰킨스에게 출구는 (오브라이언도 괴롭혔던 것인) 교육 체계의 한계들 과 아이비리그 및 여러 엘리트 대학의 특권에 의문을 제기하는 여러 형식 의 급진적 교수법을 통해서 나온다.

94.   예를 들어 스튜어트가 탈산업화된 웨스트버지니아의 풍경을 복잡한 문 화기술지로 쓴 『길 옆의 공간』과 비교해보라. 이 책에서 스튜어트는 이

지역을 자본주의와 탈산업화의 (외부가 아니라) 건너편으로 제시한다. 스미스의 출신 지역인 서던오하이오는 토니 모리슨의 소설 『빌러비드』에 나오는 장소다. 이 공간 배경은 노예제도의 역사를 이 풍경에 핵심적인 것으로 만든다.

95. 예를 들어 스케챌(Scheckel)은 「떠돌아다니는 향수」(*Traveling Nostalgia*)에서, 멜랑콜리와 관련이 있는 의료 진단을 받은 질병인 향수의 기원이 어떻게 유럽 여행자뿐만 아니라 노예 및 탈장소화를 경험한 겨레들(고향을 그리워한다기보다는 미친 것으로 여겨지는 이들)이 겪은 식민적 조우와 고향상실에 있는지를 들여다본다. 스미스가 자신의 시골 지역 출신지들을 수용하는 것은, 시골 지역에 대해서 도시 지역을 특권화하는 퀴어 연구를 그 내부로부터 비판하는 렌즈를 통해서도 생산적으로 읽어낼 수 있다. 다음을 참조. Herring, *Another Country*; Gray, *Out in the Country*.

96. 동부 체로키족의 역사는 다음을 참조. John R. Finger, *The Eastern Band of Cherokees, 1819-1900* (Knoxville: University of Tennessee Press, 1984); *Cherokee Americans: The Eastern Band of Cherokees in the Twentieth Century* (Lincoln: University of Nebraska Press, 1991).

97. 다음을 참조. Lowe, "The Intimacies of Four Continents."

98. 이 문구는 다음 책에서 빌려온 것이다. Miller and Hirsch, *Rites of Return*.

99. 땅을 오염되지 않은 자연이라기보다는 상처를 입은 역사로 재현하는 것을 포함하여 땅에 대한 퀴어 애착심에 대한 논의를 더 보려면 나의 책 『느낌들의 아카이브』에 실린 잰 지타 그로버(Jan Zita Grover)의 『저 멀리 북부로』(*North Enough*)에 대한 논의를 참조.

100. 이 질문 그리고 이에 대한 수많은 대화를 나눈 것에 대해 실리아 헤이그-브라운에 대해 감사한다. 다음을 참조. Haig-Brown, "Decolonizing Diaspora." 이 글의 부제를 나는 이 절의 소제목으로 사용하기도 했다.

3 일상 습관의 유토피아: 공예, 창의성, 영적 실천

1. Stewart, *Ordinary Affect*, 52.

2. Stewart, *Ordinary Affect*, 2. 스튜어트의 저작에 있는 평범성에 대한 논의는 다음을 참조. Highmore, *Ordinary Lives*, 7-9; Vogel, "By the Light of What Comes After."

3. Love, "Feeling Bad in 1963."

4. *Diagnostic and Statistical Manual of Mental Disorders: DSM-IV.* "주요 우울

삽화" 진단을 받으려면 이런 증상들 중 다섯 가지 이상이 2주 동안 나타나야 하고, 그중 최소한 하나는 "우울한 기분"이거나 "흥미나 즐거움 상실"이어야 한다. 그러나 내가 여기서 말하고 싶은 것은 "우울한 기분"은 더 온전한 묘사가 필요한, 공백이 있는 큰 범주라는 것이다.

5. Brennan, *The Transmission of Affect*.

6. 평범한 일상의 정동이 사건이 된 사례로 콜럼바인 고등학교 총기사건은 다음을 참조. Stewart, "Teenagers Who Kill," *Ordinary Affects*, 74.

7. 다음을 참조. Cvetkovich, *An Archive of Feelings*; Berlant, "I Hate Your Archive," *The Queen of America Goes to Washington City*, 10-15; Berlant, ."On the Case." "불행의 아카이브"(unhappy archives)에 관해서는 다음을 참조. Ahmed, *The Promise of Happiness*. 묘사로의 전환에 대해서는 다음을 참조. Love, "Feeling Bad in 1963." 퀴어 아카이브에 대한 내 사유에 영감을 계속 주는 것은 무뇨스의 「증거로서의 무상」(Ephemera as Evidence)이며, 내가 주제로 다루고 있는 예술가들과 나의 가까운 관계는 핼버스탬이 『퀴어한 시간과 장소에서』(*In a Queer Time and Place*)에서 학문 연구를 하는 비평가를 퀴어 아카이브 담당자로 논의한 바를 반영한다.

8. Highmore, *Ordinary Lives*.

9. 르 티그레의 앨범 「페미니스트 내기」(Feminist Sweepstakes)에는 「킵 온 리빙」(Keep On Livin)이라는 노래도 포함되어 있다. 이 노래는 『느낌의 아카이브』의 앞부분에 소개되어 있다.

10. 무기력함과 무절제한 표현 사이의 연관성은 우연만은 아닌 듯하다. 왜냐하면 이 글을 쓸 무렵 캐슬린 해나(르 티그레와 비키니 킬[Bikini Kill]이라는 밴드의 일원이었다)가 (키키와 허브에서 활동했던) 케니 멜먼과 함께 줄리 로인(The Julie Roin)이라는 밴드로 공연하고 있기때문이다.

11. 키키와 허브의 공연에 대한 자세한 설명은 다음을 참조. Vogel, "Where Are We Now?"

12. Metzl, *Prozac on the Couch*.

13. Friedan, *The Feminine Mystique*, Kolmar and Barthkowski, *Feminist Theory*, 198-203면에서 발췌.

14. 벌랜트의 『여자의 불평』을 참조하되 "근사정치성"에 대해서는 이 책의 10면, "감상적 흥정"에 대해서는 20-23면을 보라.

15. 다음을 참조. Berlant, *The Female Complaint*. 여기서 내가 하는 논의를 더 넓고 더 상세한 버전으로 제시한다. 벌랜트의 분석이 특히 강력한 이유는 (「여자의 불평」(Female Complaint)이라는 글로) 1980년대 시작된 작업을 아우르고, 역사적 페미니즘 연구를 비롯하여 그 때 이후 출현한 연구까지 포괄하여 여성 문화의 의의, 그리고 친밀한 공적 영역과 감정의

정치의 문제를 향한 그 작업의 진화를 설명하기 때문이다. 『여자의 불평』
의 발전에 바탕이 된 초창기 글들은 나의 사고를 형성해주는 역할을 했
지만, 그 단행본 형식 역시 여기서 내가 하는 논의의 중요한 토대를 제공
한다. 이는 여성 문화 텍스트의 유통과 반복에 대한 풍성한 아카이브로
서뿐 아니라, 이 텍스트들을 공적 감정 이론과 관련짓는 탁월한 능력 때
문에도 가능했다. 나의 논의는 벌랜트의 『잔인한 낙관』과 일치하지 않을
수 있지만—벌랜트의 책은 이 책과 비슷한 시기에 출간되었다—여기서
나는 『여자의 불평』뿐 아니라 『잔인한 낙관』의 논의에도 초점을 맞추고
있다. 느낌의 정치 구조에 대한 벌랜트의 최근 분석의 페미니즘 계보를
강조하기 위함이다.

16.   Berlant, *The Female Complaint*, 21

17.   Berlant, "Cruel Optimism," Gregg and Seigwoth, *Affect Theory Reader*, 110
에 실려 있다. 새로운 형식의 친밀성 논의를 보려면 리오 버사니와 데
이비드 핼퍼린(David Halperin)에 대한 벌랜트의 비평을 참조. "Neither
Monstrous nor Pastoral, but Scary and Sweet." "페미니스트 킬조이"에 관
해서는 아메드의 『행복의 약속』 2장을 참조.

18.   Sedgwick, "Pedagogy of Buddhism", *Touching Feeling*, 153-81.

19.   이 절의 제사로 인용한 글의 전체는 레슬리 홀의 앨범 「백 투 백 팔즈」
(Back to Back Palz)에 들어가 있는 「수공예 대화」를 볼 것. 레슬리 홀의 웹
사이트www.lesliehall.com)를 참조. 「수공예 대화」의 뮤직 비디오는 유
튜브에서 찾아볼 수 있다.

20.   스티치는 현재 중단된 상태다. 레니게이드 수공예 박람회는 2003년 시
카고에서 시작되어 지금은 브루클린, 샌프란시스코, 로스앤젤레스에서
모임을 하고 있으며(www.renegadecraft.com), 다른 모임들로는 밀워키,
오스틴, 런던의 예술 대 수공예(Art vs. Craft)와 시카고의 DIY 트렁크 쇼
(DIY TrunkShow, www.diytrunkshow.com)가 있다. 초기에는 지역의 풀
뿌리 행사로서의 성격이 더 컸지만, 이 행사들 중 다수가 지금은 기업 후
원을 받고 있으며, 오스틴의 SXSW 같은 음악 페스티벌이나 게이 프라이
드 축제에서 발견할 수 있는, DIY와 자본주의가 결합한 성격을 띤다.

21.   다음을 참조. Levine and Heimerl, *Handmade Nation*. 일군의 예술가와 지
역을 살피는 책이다. 이에 대한 동명의 다큐멘터리 영화도 참조.

22.   수공예의 역사와 이론을 다룬 유용한 책으로는 다음을 참조. Adamson,
Thinking through Craft [글렌 애덤슨, 『공예로 생각하기』, 하지은 · 임미
선 · 전주희 · 문유진 옮김, 미진사, 2016]; Alfody, *NeoCraft*; Risatti, *A
Theory of Craft* [하워드 리사티, 『공예란 무엇인가』, 허보윤 옮김, 유아당,
2023]. 『공예로 생각하기』와 『새로운 수공예』(*NeoCraft*)는 현대성과 수공
예의 양극화를 반대하고 수공예를 현대 미술을 구성하는 범주로, 또 그

역으로도 이해하려 한다는 점에서 특히 중요하다.

새로운 형식의 수공예에 수반되는 새로운 이론이 이 책을 쓰는 동안 발전했다. 수공예의 부활과 수공예의 정치에 대한 나의 관심 중 많은 부분을 공유하는 최근 책으로는 다음을 참조. Adamson, ed., *The Craft Reader*; Buszek, *Extra/Ordinary*.

23. 예컨대 다음을 참조. Somerson, "Knot in Our Name." 뜨개질 동아리가 행동주의로 옮겨 간 역사를 기술하는 글이다. 『비치』(*Bitch*)는 인쇄 문화를 이용해 수공예와 다른 새로운 형식의 페미니즘 행동주의를 촉진한 제3물결 페미니즘 출판물 중에서 유명하다. 가령 『버스트』(*Bust*)라는 잡지의 창립자 데비 스톨러(Debbie Stoller)는 대중서 『스티치 앤드 비치』(*Stitch'n Bitch*)가 시작한 다중 매체 가내공업으로 나아갔다. 다음 웹사이트를 참조. www. knithappens. com

24. 그리어(Greer)의 웹사이트(www. craftvism. com)에서 발췌. 이 웹사이트에는 크래프티비즘 프로젝트를 보여주는 아카이브도 있다(2012년 3월 15일 접속). 다음도 참조. Greer, *Knitting for Good!*, "Craftivist History," in Buszek, *Extra/Ordinary*, 175-83.

25. 가령 다음 책에 실린 예술가들에 대한 조사를 참조. Hung and Magliaro, *By Hand*; McFadden, Scanlan, and Edwards, *Radical Lace and Subversive Knitting*(2007년 미술디자인박물관 전시 카탈로그); Levine and Heimerl, *Handmade Nation*. 『급진적 레이스와 전복적 뜨개질』(*Radical Lace and Subversive Knitting*)은 전문 작가들의 진열장 역할을 하고, 『손으로』(*By Hand*)는 미술 작가와 수공예 작가를 결합하며, 『핸드메이드 네이션』(*Handmade Nation*)은 상업 수공예 실천을 하는 이들에게 더 주목하지만, 상업과 비상업 간의 구별은 명확치 않으며 수많은 사람들이 이 책들 중 두 권 이상에 등장한다.

26. 가령 다음의 전시 카탈로그에서 페미니즘 미술 실천의 역사에 관한 진행 중인 논쟁들을 보라. Butler and Mark, *WACK!*; Phelan and Recklitt, *Art and Feminism*. 페미니즘 미술과 수공예에 관한 논의를 보려면 애덤슨(Adamson)의 월딩과 시카고에 관한 논의를 참조. 『공예로 생각하기』의 150-158면에 실린 「페미니즘과 아마추어리즘의 정치」(Feminism and the Politics of Amateurism)라는 절에서 다루고 있다. 이 글에는 현대 미술 작가 마이크 켈리(Mike Kelley)와 트레이시 에민(Tracey Emin)이 수공예와 미술의 동등함을 주장하기보다 수공예의 비루한 지위를 포용하려 한다고 주장하기도 한다.

27. 따라서 이들은 로스가 『단절의 미학』(*The Aesthetics of Disengagement*)에서 탐색하는 것과는 매우 다른 관계를 예술과 우울 간에 만들어낸다. 로스의 논의는 작품으로 우울이나 멜랑콜리를 회복시키는 것보다는 이를 수행하는 작가들에게 주로 초점을 맞춘다.

28. 관련 기록을 보려면 플루언트-컬래버레이티브의 웹사이트(www. fluentcollab. org)와 페페의 웹사이트(www. sheilapepe. com)를 참조(둘 다 2021년 3월 15일 접속).

29. 다음을 참조. Oliver, *Hand+Made*. 페페의 작품은 다음의 책에도 소개 되어 있다. McFadden, Scanlan, and Edwards, *Radical Lace and Subversive Knitting*.

30. 2010년 2월 10일에서 13일까지 개최된 대학미술협회(College Art Asso- ciation)의 학술대회에서 발표한 「무상의 종말」(The End of Ephemera).

31. 오스틴에 있는 아트 하우스에서 2009년 5월 28일에 진행된 갤러리 토 크. 페페의 갤러리 토크 온라인 버전은 다음을 참조. *Blackbird Archive: An Online Journal of Literature and the Arts* 2, no. 1 (2003). 페페의 웹사이트 (www. sheilapepe. com)도 보라.

32. 2002년 샌프란시스코 현대미술관과 2006년 뉴욕의 유대인박물관에서 헤세의 주요 회고전이 있었다. 이 회고전들을 통해 헤세의 작품은 새로 운 세대의 학자들과 예술가들의 조명을 받았다. 헤세를 다룬 저작은 다 음을 참조. Halberstam, *In a Queer Time and Place*. 헤세와 루스 볼머(Ruth Vollmer)와의 관계, 그리고 1960년대 뉴욕 미술계에 대해서는 다음을 참 조. Reynolds, "A Structure of Creativity."

33. 레이디 사스콰치에 대한 내용을 더 보려면 칼라 가닛(Carla Garnet)이 큐레이터로 참여한 2009년 맥매스터대학교에서의 전시 카탈로그를 참조. 나의 평론 「괴물 만지기: 인조 모피 속의 딥 레즈」(Touching the Monster: Deep Lez in Fun Fur)도 실려 있다. 다음도 참조. Mitchell, *Ladies Sasquatch*, 26-31; Freeman, *Time Binds*, 85-93; Moore, *Sister Arts*, 189-94.

34. 이 설치 작품은 2008년 캐나다의 국립섬유박물관에서 전시되었다. 다 른 버전의 「굶주린 가방」은 2010년 뉴욕 시 데이비드 놀런 갤러리(David Nolan Gallery)에서 열린 전시 "가시적인 바기나"(Visible Vagina)에 설치 되었다.

35. 다음을 참조. "Deep Lez I Statement." (http://www.allysonmitchell.com) Mitchell and Cvetkovich, "A Girls Journey into the Well of Forbidden Knowledge."

36. 다음을 참조. Mitchell, Sorkin and Quinton, *When Women Rule the World*. 이와 함께 "그는 언제나 우리보다 젊을 것이다"(She Will Always Be Younger than Us)라는 제목의 전시가 진행되었다. 올리 코건(Orly Cogan), 웬즈데이 루핍추(Wednesday Lupypciw), 캣 마자, 질리언 스트롱 (Gillian Strong), 진저 브룩스 다카하시가 수공예 작품으로 참여했다.

37. 미첼이 레즈비언 페미니즘 및 1970년대와 맺고 있는 관계를 퀴어 시간성 의 형식으로 논의한 내용은 다음을 참조. Freeman, *Time Binds*, 85-93.

38. 「월경 오두막 달콤한 월경 오두막」은 2010년 1월부터 3월까지 맥매스터 미술관에서 전시 "피어스: 여성들의 열혈 영화/비디오"(FIERCE: Women's Hot-Blooded Film/Video)의 일환으로 전시되었다.

39. Sedgwick, "Queer Performativity," 15. 세지윅 자신의 섬유공예 실천에 대한 시사는 『만지는 느낌』, 특히 「서론」에서 "질감"(texture) 개념을 논할 때 등장한다. 세지윅의 섬유공예 작품을 더 온전히 보려면 『프루스트 작품 속의 날씨』를 참조.

40. 다음을 참조. Dolan, *Utopia in Performance*.

41. 아닌 게 아니라, 뜨개질과 영성을 연결하는 대중 저서는 어마어마하게 많다. 몇 작품을 소개하자면 다음과 같다. Susan Gordon Lydon, *The Knitting Sutra: Craft as a Spiritual Practice* (San Francisco: Potter Craft, 2004); Bernadette Murphy, *Zen and the Art of Knitting: Exploring the Links between Knitting, Creativity, and Spirituality* (Avon, Mass.: Adams Media, 2002); Tara John Manning, *Mindful Knitting: Inviting Contemplative Practice to the Craft* (Boston: Tuttle, 2004), *Compassionate Knitting: Finding Basic Goodness in the Work of Our Hands* (North Clarendon, Vt.: Tuttle, 2006); Betty Christiansen, *Knitting for Peace: Make the World a Better Place One Stitch at a Time* (New York: Stewart, Tabori, and Change, 2006).

42. Muñoz, *Cruising Utopia*, Gordon, "Something More Powerful Than Skepticism"; Ahmed, ed. "Happiness," *New Formations* 특집호, *The Promise of Happiness*; Dolan, *Utopia in Performance*; Snediker, *Queer Optimism*. 햅버스탬의 『실패의 기술과 퀴어 예술』은 유토피아와 그 정동적 타자들 간의 변증법적 관계에 대한 퀴어 이론의 숙고에 또 하나의 최근 논의를 더했다. 마르크스주의와 페미니즘에 영향을 받은 관점은 다음을 참조. Passerini, *Memory and Utopia*. 이 책은 특히 페미니즘에서 나타나는 유토피아적 정치 욕망에 관해 다룬다.

43. 다음을 참조. Caserio, Dean, Edelman, Halberstam and Muñoz, "The Antisocial Thesis in Queer Theory."

44. 따라서 나는 퀴어 낙관론을 외치는 마이클 스네디커의 제안에 동의하지 않는다. 퀴어 연구가 "멜랑콜리, 자기파괴, 수치, 죽음 충동"(4) 같은 부정적 정동에 초점을 맞추는 퀴어 비관론의 특징으로 점철해왔다는 그의 진단에 동의하지 않는 것이다. 왜냐하면 이런 작업의 너무 많은 부분이 긍정적 정동과 부정적 정동 사이의 구별에 진을 빼기 때문이다. 하지만 이름이야 퀴어 비관론이건 퀴어 낙관론이건 나는 정동의 어휘를 확장해 구체성을 키우자는 그의 요청의 핵심에는 동의한다. 다음을 참조. Snediker, *Queer Optimism*. 특히 12-15면을 보라.

45. 멜랑콜리 개념을 세계의 정동 지도를 제작하고 그것을 감각 존재로서 협

상하는 방법으로 사고하는 관점을 보려면 다음을 참조. Flatley, *Affective Mapping.*

46. 다음을 참조. Gordon, "Something More Powerful than Skepticism", 196.

47. 특히 푸코의 『성의 역사』 중 출간되지 않은 4권 "육신의 고백" 관련 자료를 보라. 그중 일부는 다음 책에 담겨 있다. Foucault, *Religion and Culture.* 다음도 참조. Carrette, *Foucault and Religion*; Halperin, *Saint Foucault.*

48. 영화에 대한 추가 정보는 다음을 참조. Bordowitz, *Drive.* 시카고 현대미술관에서 열린 보도위츠 전시 카탈로그다. 보도위츠는 퍼블릭 필링스 모임에 정기적으로 참석했고 시카고대학교에서 열린 "우울: 무엇에 좋은가?"라는 초기 학술학회에도 참석했다. 벌랜트의 『잔인한 낙관』에도 보도위츠의 영화「습관」에 대한, 나와 겹치는 해석이 담겨 있다. 보도위츠의 작업이 지닌 가치는 우리 시대의 정동 경험을 사유하는 데 있다는 견해를 공유한다. 『잔인한 낙관』 55-63면[한국어판 106-120면]을 보라.

49. 시의 형식을 띤 질문들을 담은 보도위츠의 최근작을 참조. *Volition.*

50. 이 절의 제사로 인용한 글의 전체는 그레천 필립스의 앨범「나는 그 여자를 위로하고 있었을 뿐이야」(I Was Just Comforting Her)를 보라.

51. 황홀감에 대해서는 다음을 참조. Bennett, *The Enchantment of Modern Life.*

52. 예컨대 다음을 참조. Carrette, *Selling Spirituality.*

53. 세속주의의 개념과 역사에 대한 논의로는 예컨대 다음을 참조. Asad, *Formations of the Secular.* 『종교의 계보들』(Genealogies of Religion)에서 종교 범주의 사회적 생산에 관해 논했던 내용에서 출현한 논의다. 다음도 참조. Taylor, *A Secular Age*; Jakobsen and Pellegrini, *Secularisms.* 종교 범주에 관한 이런 근본적으로 새로운 연구는 영성 같은 범주를 새롭게 탐구할 여지 역시 열어놓는다.

54. 예컨대 다음을 참조. Cobb, *God Hates Fags;* Jokobsen and Pellegrini, *Love the Sin.*

55. 예컨대 다음을 참조. McGarry, *Ghosts of Futures Past.* 이 책은 19세기 영성을 퀴어성과의 관계까지 포함해 다루고 있다.

56. 가령 뎁 마골린이 유대인 메시아에 관해 공연한 일인극「오 홀리 나이트와 다른 유대교적 실수들」(Oh Wholly Night and Other Jewish Solecisms)에 대한 돌런의 논의는 다음을 참조. Dolan, *Utopia in Performance*, 56-62.

57. 모더니즘 미학과, 초월적이지 않은 반(反)우울 멜랑콜리 형식에 관해서는 다음을 참조. Flatley, *Affective Mapping.*

58. 예를 들어 다음을 참조. Chödrön, *When Things Fall Apart, The Places That Scare You;* Hanh, *The Heart of Understanding*; Sedgwick, "Pedagogy of

Buddhism," *Touching Feeling*, 153-81. 세지윅의 글에서는 불교와 비판 이론의 우아한 융합을 볼 수 있다. 세지윅의 존재감이 그것을 아무리 제대로 인정한다 해도 불충분하고 어떻게 표현한다 해도 부족할 만큼 풍성하게 감도는 글이다.

에필로그

1. 배리는 그래픽 서사를 통해 그림과 텍스트를 결합해 창작 과정과 예술가의 성장에 관해 말한다. 그의 이런 논의는 앨리슨 벡델(Alison Bechdel)의 『펀 홈』(*Fun Home*)의 논의와 비슷하다. 나의 다른 글 「앨리슨 벡델의 『펀 홈』에서 아카이브 그리기」(Drawing the Archive in Alison Bechdel's *Fun Home*)도 참조.

2. Barry, *What It Is*, 135.

3. 번아웃 논의에 대해서는 다음을 참조. Zwicker, "Things We Gained in the Fire."

4. Barry, *What It Is*, 40.

5. 이 절의 제사는 데이비드 포스터 월리스가 2005년 케이언칼리지에서 한 졸업식 연설 「진짜 자유?」에서 인용한 것이다. 이후 연설문이 『이것은 물이다』에 수록되기도 했다. 해당 연설을 www. humanity. org에서 볼 수 있다(2011년 3월 접속).

6. 예컨대 다음을 참조. Lim, "Queer Suicide." 재스비어 푸아, 앤 펠레그리니, 잭 핼버스탬과 다른 이들이 에세이도 참조.

7. Jack Halberstam, "It Gets Worse . . . ," in Lim, ed., "Queer Suicide." 핼버스탬이 『불리 블로거스』에 쓴 글들은 http://bullybloggers. wordpress. com/을 보라. 타비아 뇽오가 "더 나아질 거야"에 대해 논한 2010년 9월 30일자 글 「학교생활의 혼란」(School Daze)도 올라가 있다.

8. Tamar Lewin, "Record Level of Stress Found in College Freshmen," *New York Times*, 26, January 2011.

9. 평범한 일상생활에 대한 이러한 묘사는 그의 단편 「우울한 사람」(The Depressed Person)에 나오는, 우울에 대한 더 명시적인 묘사를 보완한다. 이 소설은 진이 빠질 정도로 복잡하고 소외를 불러오는 자기혐오의 정신적 논리를 추적한다. 치료사나 전화를 건 친구와의 대화에서 어떤 의미 있는 위로도 찾을 수 없는 우울한 사람의 고립은 치료 문화 내에 존재하는 공감적 연결이나 충분한 주의의 형식이 실패하고 있음을 시사한다.

우울: 공적 감정

월러스의 걸작 소설『한없는 농담』(*Infinite Jest*, 1996년) 또한 정신질환과 중독을 다루는 의학 서사에 귀중한 대안을 제시한다.

10. 본스타인도 "더 나아질 거야" 관련 영상을 제작했고 자신의 책『자, 살자』(*Hello Cruel World*)에서 이 문구를 이미 사용했다.

11. Lorde, "Poetry Is Not a Luxury," 37.

12. Myles, "Live through That?!," 219-20.

Abelove, Henry. *Deep Gossip*. Minneapolis: University of Minnesota Press, 2003.

Abramović, Marina, and Klaus Peter Biesenbach. *Marina Abramović: The Artist Is Present*. New York: Museum of Modern Art, 2010.

Abu-Lughod, Lila, and Catherine Lutz. *Language and the Politics of Emotion*. Cambridge: Cambridge University Press, 1990.

Adamson, Glenn. *The Craft Reader*. Oxford: Berg, 2010.

_____. *Thinking through Craft*. Oxford: Berg, 2007 [『공예로 생각하기』, 하지은 · 임미선 · 전주희 · 문유진 옮김, 미진사, 2016].

Agamben, Giorgio. *Homo Sacer: Sovereign Power and Bare Life*. Stanford: Stanford University Press, 1998 [『호모 사케르』, 박진우 옮김, 새물결, 2008].

_____. *Stanzas: Word and Phantasm in Western Culture*. Minneapolis: University of Minnesota Press, 1993 [『행간』, 윤병언 옮김, 자음과모음, 2015].

_____. *State of Exception*. Trans. Kevin Attell. Chicago: University of Chicago Press, 2005 [『예외상태』, 김항 옮김, 새물결, 2009].

Ahmed, Sara. *The Cultural Politics of Emotion*. Edinburgh: Edinburgh University Press, 2004 [『감정의 문화정치』, 시우 옮김, 오월의봄, 2023].

_____. *The Promise of Happiness*. Durham: Duke University Press, 2010 [『행복의 약속』, 성정혜 · 이경란 옮김, 후마니타스, 2025].

_____. *Queer Phenomenology: Orientations, Objects, Others*. Durham: Duke University Press, 2006.

Ahmed, Sara, ed. "Happiness." Special issue of *New Formations* 63 (2008).

Alexander, M. Jacqui. *Pedagogies of Crossing: Meditations on Feminism, Sexual Politics, Memory, and the Sacred*. Durham: Duke University Press, 2005.

Alfody, Sandra, ed. *NeoCraft: Modernity and the Crafts*. Halifax: Press of the Nova Scotia College of Art and Design, 2007.

Alfred, Taiaiake. *Peace, Power, Righteousness: An Indigenous Manifesto*. Don Mills, Ontario: Oxford University Press Canada, 1999.

Allison, Dorothy. *Two or Three Things I Know for Sure*. New York: Penguin, 1995.

Anzaldúa, Gloria. *Borderlands / La Frontera*. 1987. 2nd ed. San Francisco: Aunt Lute, 1999.

Armstrong, Nancy. *Desire and Domestic Fiction: A Political History of the Novel*. New York: Oxford University Press, 1987.

Asad, Talal. *Formations of the Secular: Christianity, Islam, Modernity.* Stanford: Stanford University Press, 2003.

_____. *Genealogies of Religion: Discipline and Reasons of Power in Christianity and Islam.* Baltimore: Johns Hopkins University Press, 1993.

Babb, Lawrence. *The Elizabethan Malady: A Study of Melancholia in English Literature from 1580 to 1642.* East Lansing: Michigan State University Press, 1951.

Baker, Samuel. *Written on the Water: British Romanticism and the Maritime Empire of Culture.* Charlottesville: University of Virginia Press, 2010.

Barber, Charles. *Comfortably Numb: How Psychiatry Is Medicating a Nation.* New York: Pantheon, 2008.

_____. *Songs from the Black Chair: A Memoir of Mental Interiors.* Lincoln: University of Nebraska Press, 2005.

Barnes, Elizabeth. *States of Sympathy: Seduction and Democracy in the American Novel.* New York: Columbia University Press, 1997.

Barry, Lynda. *What It Is.* Montreal: Drawn and Quarterly, 2008.

Bechdel, Alison. *Fun Home: A Family Tragicomic.* Boston: Houghton Mifflin, 2006 [『펀 홈』, 이현 옮김, 움직씨, 2018].

Benjamin, Walter. *The Arcades Project.* Cambridge: Belknap Press of Harvard University Press, 1999 [『아케이드 프로젝트 1, 2』, 조형준 옮김, 새물결, 2005, 2006].

_____. *Illuminations: Essays and Reflections.* Ed. Hannah Arendt. New York: Schocken, 1969.

_____. "Left-Wing Melancholy." *The Weimar Republic Sourcebook,* ed. Anton Kaes, Martin Jay, and Edward Dimendberg. Berkeley: University of California Press, 1994. 304-6.

_____. *Reflections: Essays, Aphorisms, Autobiographical Writing.* Ed. Peter Demetz. New York: Schocken, 1978 [『펀 홈』, 이현 옮김, 움직씨, 2018].

_____. *Selected Writings.* 4 vols. Ed. Michael W. Jennings, Howard Eiland, Marcus Bullock, and Michael W. Doherty. Cambridge: Belknap Press of Harvard University Press, 1999-2004.

Bennett, Jane. *The Enchantment of Modern Life: Attachments, Crossings, and Ethics.* Princeton: Princeton University Press, 2001.

_____. *Vibrant Matter.* Durham: Duke University Press, 2009 [『생동하는 물질』, 문성재 옮김, 현실문화, 2020].

Bennett, Tony, Lawrence Grossberg, and Meaghan Morris, eds. *New Keywords: A Revised Vocabulary of Culture and Society.* Oxford: Blackwell, 2005.

Berlant, Lauren. *The Anatomy of National Fantasy: Hawthorne, Utopia, and Everyday Life.* Chicago: University of Chicago Press, 1991.

_____. "Critical Inquiry, Affirmative Culture." *Critical Inquiry* 30 (2004), 445-

51.

_____. *Cruel Optimism*. Durham: Duke University Press, 2011 [『잔인한 낙관』, 박미선 · 윤조원 옮김, 후마니타스, 2024].

_____. "The Female Complaint." *Social Text* 19-20 (1988), 237-59.

_____. *The Female Complaint*. Durham: Duke University Press, 2008.

_____. "Neither Monstrous nor Pastoral, but Scary and Sweet: Some Thoughts on Sex and Emotional Performance in Intimacies and What Do Gay Men Want?" *Women and Performance* 19, no. 2 (2009), 261-73.

_____. "On the Case." *Critical Inquiry* 33, no. 4 (2007): 663-72.

_____. *The Queen of America Goes to Washington City: Essays on Sex and Citizenship*. Durham: Duke University Press, 1997.

_____. "Slow Death (Sovereignty, Obesity, Lateral Agency)." *Critical Inquiry* 33, no. 4 (2007), 754–80.

_____. "Starved." Janet Halley and Andrew Parker, eds. "After Sex: On Writing since Queer Theory." Special issue of *SAQ: South Atlantic Quarterly* 106, no. 3 (2007), 433-44, republished as *After Sex: On Writing since Queer Theory*. Durham: Duke University Press, 2011.

Berlant, Lauren, ed. *Compassion: The Culture and Politics of An Emotion*. New York: Routledge, 2004.

Berlant, Lauren, ed. *Intimacy*. Chicago: University of Chicago Press, 2000.

Berlant, Lauren, and Lisa Duggan, eds. *Our Monica, Ourselves: The Clinton Affair and National Public Interest*. New York: New York University Press, 2001.

Best, Stephen, and Saidiya Hartman, eds. "Redress." Special issue of *Representations* 92 (fall 2005).

Blackbridge, Persimmon. *Prozac Highway*. Vancouver: Press Gang, 1997.

Blazer, Dan G. *The Age of Melancholy: Major Depression and Its Social Origins*. New York: Routledge, 2005.

Blechner, Mark C. "Interaction of Social and Neurobiological Factors in Depression." *Contemporary Psychoanalysis* 44, no. 4 (2008), 571-80.

Bloomfield, Morton W. *The Seven Deadly Sins: An Introduction to the History of a Religious Concept, with Special Reference to Medieval English Literature*. East Lansing: Michigan State College Press, 1952.

Boler, Megan. *Feeling Power: Emotions and Education*. New York: Routledge, 1999.

Bordowitz, Gregg. *Drive: The aids Crisis Is Still Beginning*. Chicago: White Walls, 2002.

_____. *Fast Trip, Long Drop*. 1993. Videotape.

_____. *Habit*. 2001. Videotape.

_____. *Volition*. New York: Printed Matter, 2009.

Bornstein, Kate. *Hello Cruel World: 101 Alternatives to Suicide for Teens, Freaks, and*

Other Outlaws. New York: Seven Stories Press, 2006 [『자, 살자』, 송섬별 옮김, 이매진, 2016].

Boyarin, Daniel, and Elizabeth A. Castelli. "Introduction: Foucault's *The History of Sexuality:* The Fourth Volume, or, A Field Left Fallow for Others to Till." *Journal of the History of Sexuality* 10, nos. 3-4 (2001), 357-74.

Boym, Svetlana. *The Future of Nostalgia.* New York: Basic Books, 2001.

Breggin, Peter Roger, and Ginger Ross Breggin. *Talking Back to Prozac: What the Doctors Won't Tell You about Today's Most Controversial Drug.* New York: St. Martin's Press, 1994.

Brennan, Teresa. *The Transmission of Affect.* Ithaca: Cornell University Press, 2004.

Bridgforth, Sharon. *Love Conjure/Blues.* Washington, D. C. : Redbone Press, 2004.

Bridgforth, Sharon, Omi Osun Joni L. Jones, and Lisa L. Moore, eds. *Experiments in a Jazz Aesthetic: Art, Activism, Academia, and the Austin Project.* Austin: University of Texas Press, 2010.

Brison, Susan J. *Aftermath: Violence and the Remaking of a Self.* Princeton: Princeton University Press, 2002.

Brodzki, Bella, and Celeste Schenck, eds. *Life/Lines: Theorizing Women's Autobiography.* Ithaca: Cornell University Press, 1988.

Brown, Gillian. *Domestic Individualism: Imagining Self in Nineteenth-Century America.* Berkeley: University of California Press, 1990.

Brown, Wendy. "Neo-liberalism and the End of Liberal Democracy." *Theory and Event* 7, no. 1 (2003), 1-23.

_____. "Resisting Left Melancholia." *Loss: The Politics of Mourning,* ed. David Eng and David Kazanjian. Berkeley: University of California Press, 2003. 458-65.

Bryant, Karl. "Making Gender Identity Disorder of Childhood: Historical Lessons for Contemporary Debates." *Sexuality Research and Social Policy* 3, no. 3 (2006), 23-39.

Burgett, Bruce. *Sentimental Bodies: Sex, Gender, and Citizenship in the Early Republic.* Princeton: Princeton University Press, 1998.

Burgett, Bruce, and Glenn Hendler, eds. *Keywords for American Cultural Studies.* New York: New York University Press, 2007.

Bustamante, Nao, and José Muñoz. "Chat." *The Way That We Rhyme.* Exhibition catalogue. San Francisco: Yerba Buena Arts Center, 2008. 10-13.

Buszek, Maria Elena, ed. *Extra/Ordinary: Craft and Contemporary Art.* Durham: Duke University Press, 2011.

Butler, Cornelia H. , and Lisa Gabrielle Mark, eds. *wack! Art and the Feminist Revolution.* Cambridge: mit Press, 2007.

Butler, Judith. *Frames of War: When Is Life Grievable?* New York: Verso, 2009 [『전쟁의 프레임들』, 한정라 옮김, 한울, 2024].

_____. *Precarious Life: The Powers of Mourning and Violence.* New York: Verso, 2004 [『위태로운 삶』, 윤조원 옮김, 필로소픽, 2018].

_____. *The Psychic Life of Power: Theories in Subjection.* Stanford: Stanford University Press, 1997 [『권력의 정신적 삶』, 강경덕 · 김세서리아 옮김, 그린비, 2019].

Butler, Octavia. *Interview.* Locus Magazine, June 2000, online (accessed 8 September 2011).

_____. *Kindred.* 1979. Boston: Beacon Press, 1988 [『킨』, 이수현 옮김, 비채, 2016].

Butt, Gavin. *Between You and Me: Queer Disclosures in the New York Art World, 1948–1963.* Durham: Duke University Press, 2005.

Cahn, Susan. "Of Silver and Serotonin: Thinking through Depression, Inheritance, and Illness Narratives." *American Quarterly* 59, no. 4 (2007), 1225-36.

Cameron, Julia. *The Artist's Way: A Spiritual Path to Higher Creativity.* New York: Putnam's, 1992 [『아티스트 웨이』, 임지호 옮김, 경당, 2012].

Carmody, Todd, and Heather K. Love. "Try Anything." *Criticism* 50, no. 1 (2008), 133-46.

Carrette, Jeremy. *Foucault and Religion: Spiritual Corporality and Political Spirituality.* London: Routledge, 2000.

_____. *Selling Spirituality: The Silent Takeover of Religion.* London: Routledge, 2005.

Caruth, Cathy, ed. *Trauma: Explorations in Memory.* Baltimore: Johns Hopkins University Press, 1995.

_____. *Unclaimed Experience: Trauma, Narrative, and History.* Baltimore: Johns Hopkins University Press, 1996.

Caserio, Robert L., Tim Dean, Lee Edelman, Judith Halberstam, and José Esteban Muñoz. "The Antisocial Thesis in Queer Theory." *PMLA* 121 (May 2006), 819-28.

Casey, Nell, ed. *Unholy Ghost: Writers on Depression.* New York: Harper Collins, 2002.

Cassian, John. [Joannis Cassiani]. *De Coenobiorum Institutis. Patrologia Latina Database,* Book 49. Alexandria, Va.: Chadwick-Healey, 1996. http://pld.chadwyck.co.uk/.

_____. "The Institutes of John Cassian." *The Works of John Cassian. A Select Library of the Nicene and Post-Nicene Fathers of the Christian Church, Second Series, Book 11,* eds. Philip Schaff and Henry Wace. Translated from the Latin by Edgar C. S. Gib-son. Buffalo: Christian Literature Publishing Company, 1894.

_____. *The Institutes.* Trans. Boniface Ramsey. Mahwah, N.J.: Newman Press of the Paulist Press, 2000.

Chambers, Tod. "Prozac for the Sick Soul." *Prozac as a Way of Life*, ed. Tod Chambers and Carl Elliott. Chapel Hill: University of North Carolina Press, 2004. 194-206.

Chambers, Tod, and Carl Elliott, eds. *Prozac as a Way of Life*. Chapel Hill: University of North Carolina Press, 2004.

Charon, Rita. *Narrative Medicine: Honoring the Stories of Illness*. New York: Oxford University Press, 2006.

Cheng, Anne. *The Melancholy of Race*. New York: Oxford University Press, 2001.

Cherniavsky, Eva. *That Pale Mother Rising: Sentimental Discourses and the Imitation of Motherhood in 19th-Century America*. Bloomington: Indiana University Press, 1995.

Chesler, Phyllis. *Women and Madness*. Garden City, N.Y.: Doubleday, 1972 [『여성과 광기』, 임옥희 옮김, 위고, 2021].

Chödrön, Pema. *The Places That Scare You: A Guide to Fearlessness in Difficult Times*. Boston: Shambhala, 2007 [『지금 여기에서 달아나지 않는 연습』, 구승준 옮김, 한문화, 2011].

_____. *When Things Fall Apart: Heart Advice for Difficult Times*. Boston: Shambhala, 2002 [『모든 것이 산산이 무너질 때』, 구승준 옮김, 한문화, 2017].

Chute, Hillary L. *Graphic Women: Life Narrative and Contemporary Comics*. New York: Columbia University Press, 2010.

Clarke, Adele E., Laura Mamo, Jennifer Ruth Fosket, Jennifer R. Fishman, and Janet K. Shim, eds. *Biomedicalization: Technoscience, Health, and Illness in the U.S.* Durham: Duke University Press, 2010.

Clough, Patricia Ticineto, and Jean Halley, eds. *The Affective Turn: Theorizing the Social*. Durham: Duke University Press, 2007.

Cobb, Michael. *God Hates Fags: The Rhetorics of Religious Violence*. New York: New York University Press, 2006.

Cohen, Ed. *A Body Worth Defending: Immunity, Biopolitics, and the Apotheosis of the Modern Body*. Durham: Duke University Press, 2009.

Comas-Díaz, Lillian, and Ezra E. H. Griffith. *Clinical Guidelines in Cross-Cultural Mental Health*. New York: John Wiley, 1988.

Commander, Michelle D. "Ghana at Fifty: Moving toward Kwame Nkrumah's Pan-African Dream." *American Quarterly* 59, no. 2 (2007), 421-41.

Coole, Diana and Samantha Frost, eds. *New Materialisms: Ontology, Agency, and Politics*. Durham: Duke University Press, 2010 [『신유물론 패러다임』, 박준영·김종갑 옮김, 그린비, 2023].

Couser, G. Thomas. *Recovering Bodies: Illness, Disability and Life-Writing*. Madison: University of Wisconsin Press, 1997.

_____. *Vulnerable Subjects: Ethics and Life Writing*. Ithaca: Cornell University Press,

2004.

Crimp, Douglas. *Melancholia and Moralism: Essays on aids and Queer Politics.* Cambridge: MIT Press, 2002 [『애도와 투쟁』, 김수연 옮김, 현실문화, 2021].

Cvetkovich, Ann. *An Archive of Feelings: Trauma, Sexuality, and Lesbian Public Cultures.* Durham: Duke University Press, 2003.

_____. "Drawing the Archive in Alison Bechdel's Fun Home." *Women's Studies Quarterly* 36, nos. 1-2 (2008), 111-28.

_____. *Mixed Feelings: Feminism, Mass Culture, and Victorian Sensationalism.* New Brunswick: Rutgers University Press, 1992.

_____. "Public Feelings." Janet Halley and Andrew Parker, eds. "After Sex: On Writing since Queer Theory." Special issue of *SAQ: South Atlantic Quarterly* 106, no. 3 (2007), 169-79, republished as *After Sex: On Writing since Queer Theory.* Durham: Duke University Press, 2011.

Cvetkovich, Ann, with Allyson Mitchell. "A Girl's Journey into the Well of Forbidden Knowledge." *GLQ* 17, no. 4 (2011), 603-18.

Cvetkovich, Ann, and Ann Pellegrini, eds. "Public Sentiments." Special issue of *Scholar and Feminist Online* 2, no. 1 (2003).

Damasio, Antonio. *Descartes' Error: Emotion, Reason, and the Human Brain.* New York: G. P. Putnam, 1995 [『데카르트의 오류』, 김린 옮김, 눈출판그룹, 2017].

_____. *The Feeling of What Happens: Body and Emotion in the Making of Consciousness.* New York: Mariner Books, 2000 [『느낌의 발견』, 고현석 옮김, 아르테, 2023].

_____. *Looking for Spinoza: Joy, Sorrow, and the Feeling Brain.* New York: Mariner Books, 2003 [『스피노자의 뇌』, 임지원 옮김, 사이언스북스, 2007].

Danquah, Meri Nana-Ama. *Willow Weep for Me: A Black Woman's Journey through Depression.* New York: Ballantine, 1998.

Daston, Lorraine, and Peter Galison. *Objectivity.* New York: Zone, 2007, 2010.

Davidson, Cathy N. *Revolution and the Word: The Rise of the Novel in America.* New York: Oxford University Press, 1985.

_____. *Thirty-Six Views of Mount Fuji: On Finding Myself in Japan.* Durham: Duke University Press, 2006.

Davidson, Cathy N., and Jessamyn Hatcher, eds. *No More Separate Spheres! A Next Wave American Studies Reader.* Durham: Duke University Press, 2002.

Deavere Smith, Anna. *Twilight: Los Angeles, 1992.* New York: Dramatists Play Service, 2003.

DelVecchio Good, Mary-Jo, Sandra Teresa Hyde, Sarah Pinto, and Byron J. Good, eds. *Postcolonial Disorders.* Berkeley: University of California Press, 2008.

Diagnostic and Statistical Manual of Mental Disorders: DSM-iii. Washington, D.C.: American Psychiatric Association, 1980. Revised edition, *DSM-iii-R,*

1987.

Diagnostic and Statistical Manual of Mental Disorders: DSM-iv. Washington, D.C.: American Psychiatric Association, 1994. Revised edition, DSM-iv-TR, 2000.

Dinshaw, Carolyn. *Getting Medieval: Sexualities and Communities, Pre- and Postmodern.* Durham: Duke University Press, 1999.

Dolan, Jill. "From Flannel to Fleece: Women's Music, Lesbian Feminism, and 'Me.'" Unpublished manuscript.

_____. *Utopia in Performance: Finding Hope at the Theater.* Ann Arbor: University of Michigan Press, 2005.

Driskill, Qwo-Li, Chris Finley, Brian Joseph Gilley, and Scott Lauria Morgensen, eds. *Queer Indigenous Studies: Critical Interventions in Theory, Politics, and Literature.* Tucson: University of Arizona Press, 2011.

Dudley, William, ed. *Antidepressants (The History of Drugs).* Detroit: Greenhaven, 2005.

Duggan, Lisa. *Sapphic Slashers: Sex, Violence, and American Modernity.* Durham: Duke University Press, 2000.

_____. *The Twilight of Equality? Neoliberalism, Cultural Politics, and the Attack on Democracy.* Boston: Beacon Press, 2003 [『평등의 몰락』, 한우리 · 홍보람 옮김, 현실문화, 2017].

Edelman, Lee. *No Future: Queer Theory and the Death Drive.* Durham: Duke University Press, 2004.

Ehrenberg, Alain. *La fatigue d'être soi: Depression et société.* Paris: O. Jacob, 1998.

_____. *The Weariness of the Self: Diagnosing the History of Depression in the Contemporary Age.* Montreal: McGill–Queen's University Press, 2010.

Eng, David. *The Feeling of Kinship.* Durham: Duke University Press, 2010.

Eng, David, Judith Halberstam, and José Muñoz, eds. "What's Queer about Queer Studies Now?" Special issue of *Social Text 84/85* (2005).

Eng, David, and Shin-Hee Han. "A Dialogue on Racial Melancholia." *Loss: The Politics of Mourning,* ed. David Eng and David Kazanjian. Berkeley: University of California Press, 2003, 343–71.

Eng, David, and David Kazanjian, eds. *Loss: The Politics of Mourning.* Berkeley: University of California Press, 2003.

Enterline, Lynn. *The Tears of Narcissus: Melancholia and Masculinity in Early Modern Writing.* Stanford: Stanford University Press, 1995.

Epstein, Stephen. *Impure Science: aids, Activism, and the Politics of Knowledge.* Berkeley: University of California Press, 1996.

_____. *Inclusion: The Politics of Difference in Medical Research.* Chicago: University of Chicago Press, 2007.

Eyerman, Ron. *Cultural Trauma: Slavery and the Formation of African American Identity.* Cambridge: Cambridge University Press, 2001.

Farred, Grant. *What's My Name? Black Vernacular Intellectuals.* Minneapolis: University of Minnesota Press, 2003.

Felman, Shoshana, and Dori Laub. *Testimony: Crises of Witnessing in Literature, Psychoanalysis, and History.* New York: Routledge, 1992.

Flatley, Jonathan. *Affective Mapping: Melancholia and the Politics of Modernism.* Cambridge: Harvard University Press, 2008.

Foucault, Michel. *Religion and Culture.* Ed. Jeremy R. Carrette. New York: Routledge, 1999.

_____. "Society Must Be Defended": Lectures at the College de France 1975– 76. Trans. David Macey. New York: Picador, 2003 [『사회를 보호해야 한다』, 김상운 옮김, 난장, 2015].

François, Anne-Lise. *Open Secrets: The Literature of Uncounted Experience.* Stanford: Stanford University Press, 2007.

Franklin, Cynthia G. *Academic Lives: Memoir, Cultural Theory, and the University Today.* Athens: University of Georgia Press, 2009.

Franklin, Cynthia G., and Laura E. Lyons, eds. "Special Effects: The Testimonial Uses of Life Writing." Special issue of *Biography* 27, no. 1 (2004).

Freccero, Carla. *Queer/Early/Modern.* Durham: Duke University Press, 2006.

Freeman, Elizabeth. *Time Binds: Queer Temporalities, Queer Histories.* Durham: Duke University Press, 2010.

Freeman, Elizabeth, ed. "Queer Temporalities." Special issue of *GLQ* 13, nos. 2–3 (2007).

Friedan, Betty. *The Feminine Mystique.* New York: Norton, 1963 [『여성성의 신화』, 김현우 옮김, 갈라파고스, 2018].

Gallop, Jane. *Feminist Accused of Sexual Harassment.* Durham: Duke University Press, 1997.

Gilbert, Sandra M., and Susan Gubar. *The Madwoman in the Attic: The Woman Writer and the Nineteenth-Century Literary Imagination.* New Haven: Yale Univer-sity Press, 1979 [『다락방의 미친 여자』, 박오복 옮김, 북하우스, 2022].

Gilmore, Leigh. *The Limits of Autobiography: Trauma and Testimony.* Ithaca: Cornell University Press, 2001.

Gilmore, Ruth Wilson. *Golden Gulag: Prisons, Surplus, Crisis, and Opposition in Globalizing California.* Berkeley: University of California Press, 2007.

Gilroy, Paul. *Postcolonial Melancholia.* New York: Columbia University Press, 2005.

Glenmullen, Joseph. *Prozac Backlash: Overcoming the Dangers of Prozac, Zoloft, Paxil, and Other Antidepressants with Safe, Effective Alternatives.* New York: Simon and Schuster, 2000.

Goldberg, Natalie. *Writing Down the Bones: Freeing the Writer Within.* Boston: Shambhala, 1986 [『뼛속까지 내려가서 써라』, 권경희 옮김, 한문화, 2018].

Gopinath, Gayatri. "Archive, Affect, and the Everyday: Queer Diaspora Revisions." *Political Emotions,* ed. Janet Staiger, Ann Cvetkovich, and Ann

Reynolds. New York: Routledge, 2010. 165–92.

Gordon, Avery F. *Ghostly Matters: Haunting and the Sociological Imagination.* Minneapolis: University of Minnesota Press, 1997.

———. "Something More Powerful Than Skepticism." *Keeping Good Time: Reflections on Knowledge, Power, and People.* Boulder: Paradigm Publishers, 2004. 187–205.

Gordon, James S. *Unstuck: Your Guide to the Seven-Stage Journey out of Depression.* New York: Penguin, 2008.

Gould, Deborah. *Moving Politics: Emotion and acT up's Fight against aids.* Chiago: University of Chicago Press, 2009.

———. "On Affect and Protest." *Political Emotions,* ed. Janet Staiger, Ann Cvetkovich, and Ann Reynolds. New York: Routledge, 2010. 18–44.

Gray, Mary L. *Out in the Country: Youth, Media, and Queer Visibility in Rural America.* New York: New York University Press, 2009.

Greenberg, Gary. Interview. Leonard Lopate Show. wnyc, 12 February 2010. Online (accessed March 2011).

———. "Manufacturing Depression: A Journey into the Economy of Melancholy." *Harper's, May* 2007, 35–46.

———. *Manufacturing Depression: The Secret History of a Modern Disease.* New York: Simon and Schuster, 2010.

Greenspan, Miriam. *Healing through Dark Emotions: The Wisdom of Grief, Fear, and Despair.* Boston: Shambhala, 2004 [『감정 공부』, 이종복 옮김, 뜰, 2008].

Greer, Betsy. *Knitting for Good! A Guide to Creating Personal, Social, and Political Change, Stitch by Stitch.* Boston: Trumpeter, 2008.

Gregg, Melissa, and Gregory J. Seigworth, eds. *The Affect Theory Reader.* Durham: Duke University Press, 2010 [『정동 이론』, 최성희 · 김지영 · 박혜정 옮김, 갈무리, 2015].

Grosz, Elizabeth. *Becoming Undone: Darwinian Reflections on Life, Politics, and Art.* Durham: Duke University Press, 2011.

———. *Time Travels: Feminism, Nature, Power.* Durham: Duke University Press, 2005.

Grover, Jan Zita. *North Enough.* Minneapolis: Graywolf Press, 1996.

Haacken, Janice. *The Pillar of Salt: Gender, Memory, and the Politics of Looking Back.* New Brunswick: Rutgers University Press, 1998.

Habermas, Jürgen. *The Structural Transformation of the Public Sphere: An Inquiry into a Category of Bourgeois Society.* Cambridge: MIT Press, 1989 [『공론장의 구조변동』, 한승완 옮김, 나남, 2004].

Haig-Brown, Celia. "Decolonizing Diaspora: Whose Traditional Land Are We On?" *Cultural and Pedagogical Inquiry* 1, no. 1 (2009), 4–21.

———. *Resistance and Renewal: Surviving the Indian Residential School.* Vancouver: Tillacum, 1988.

Haig-Brown, Celia, and Helen Haig-Brown. *Pelq'ilq (Coming Home).* 2008.

Videotape.

Halberstam, Judith. *In a Queer Time and Place: Transgender Bodies, Cultural Lives.* New York: nyu Press, 2005.

_____. *The Queer Art of Failure.* Durham: Duke University Press, 2011 [『실패의 기술과 퀴어 예술』, 허원 옮김, 현실문화, 2024].

_____. *Skin Shows: Gothic Horror and the Technology of Monsters.* Durham: Duke University Press, 1995.

Hall, Leslie. "Craft Talk." *Back to Back Palz,* 2010. cd recording.

Halley, Janet, and Andrew Parker, eds. "After Sex: On Writing Since Queer Theory." Special issue of *SAQ: South Atlantic Quarterly* 106, no. 3 (2007). Republished as *After Sex: On Writing Since Queer Theory.* Durham: Duke University Press, 2011.

Halperin, David M. *Saint Foucault: Towards a Gay Hagiography.* New York: Oxford University Press, 1995.

Hanh, Thich Nhat. *The Heart of Understanding: Commentaries on the Prajnaparamita Heart Sutra.* Berkeley: Parallax, 1988 [『틱낫한 스님의 반야심경』, 강옥구 옮김, 장경각, 2003].

Harper, Phillip Brian. "The Evidence of Felt Intuition: Minority Experience, Everyday Life, and Critical Speculative Knowledge." *GLQ: A Journal of Gay and Lesbian Studies* 6, no. 4 (2000), 641–57.

Harris, Thor. *An Ocean of Despair.* Austin: Monofonus Press, 2009.

Hartman, Saidiya V. *Lose Your Mother: A Journey along the Atlantic Slave Route.* New York: Farrar, Straus and Giroux, 2007.

_____. *Scenes of Subjection: Terror, Slavery, and Self-Making in Nineteenth-Century America.* New York: Oxford University Press, 1997.

_____. "Venus in Two Acts." *Small Axe* 12, no. 2 (2008), 1–14.

Harvey, David. *A Brief History of Neoliberalism.* New York: Oxford University Press, 2005 [『신자유주의: 간략한 역사』, 최병두 옮김, 한울, 2009].

Hawkins, Anne Hunsaker. *Reconstructing Illness: Studies in Pathography.* West Lafayette, Ind.: Purdue University Press, 1993.

Healy, David. *The Antidepressant Era.* Cambridge: Harvard University Press, 1997.

_____. *The Creation of Psychopharmacology.* Cambridge: Harvard University Press, 2002.

_____. *Let Them Eat Prozac: The Unhealthy Relationship between the Pharmaceutical Industry and Depression.* New York: New York University Press, 2004.

_____. *The Psychopharmacologists.* London: Oxford University Press, 2000.

Heilbrun, Carolyn G. *Writing a Woman's Life.* New York: W. W. Norton, 1988 [『셰익스피어에게 누이가 있다면』, 김희정 옮김, 여성신문사, 2002].

Hendler, Glenn. *Public Sentiments: Structures of Feeling in Nineteenth-Century American Literature.* Chapel Hill: University of North Carolina Press, 2001.

Herring, Scott. *Another Country: Queer Anti-Urbanism.* New York: New York

University Press, 2010.

Hertz, Neil. *George Eliot's Pulse*. Stanford: Stanford University Press, 2003.

Highmore, Ben. *Ordinary Lives: Studies in the Everyday*. London: Routledge, 2011.

Hirsch, Marianne. *Family Frames: Photography, Narrative, and Postmemory*. Cambridge: Harvard University Press, 1997.

Hirsch, Marianne, and Nancy K. Miller, eds. *Rites of Return: Diasporic Poetics and the Politics of Memory*. New York: Columbia University Press, 2011.

Hirsch, Marianne, and Leo Spitzer. "'We Would Not Have Come without You': Generations of Nostalgia." *American Imago* 59, no. 3 (2002), 253–76.

Hoad, Neville. *African Intimacies: Race, Homosexuality, and Globalization*. Minneapolis: University of Minnesota Press, 2007.

Hoagland, Edward. "Heaven and Nature." *Unholy Ghost: Writers on Depression*, ed. Nell Casey. New York: Harper Collins, 2002. 44–59.

Hogan, Kristen. "Reading at Feminist Bookstores: Women's Literature, Women's Studies, and the Feminist Bookstore Network." Ph.D. diss., University of Texas, 2006.

Holland, Sharon Patricia. *The Erotic Life of Racism*. Durham: Duke University Press, 2012.

_____. "The Last Word on Racism: New Directions for a Critical Race Theory." *South Atlantic Quarterly* 104, no. 3 (2005), 403–23.

_____. *Raising the Dead: Readings of Death and (Black) Subjectivity*. Durham: Duke University Press, 2000.

Holland, Sharon P., and Tiya Miles, eds. *Crossing Waters, Crossing Worlds: The African Diaspora in Indian Country*. Durham: Duke University Press, 2006.

Horwitz, Allan V., and Jerome C. Wakefield. *The Loss of Sadness: How Psychiatry Transformed Normal Sadness into Depressive Disorder*. Oxford: Oxford University Press, 2007.

Horwitz, Allan V., and Jerome C. Wakefield. "Noonday Demons and Midnight Sorrows: Biology and Meaning in Disordered and Normal Sadness." *Contemporary Psychoanalysis* 44, no. 4 (2008), 551–70.

Huber, Cheri. *The Depression Book: Depression as an Opportunity for Spiritual Growth*. Murphys, Calif.: Keep It Simple Books, 1999.

Hughes, Holly, and David Roman, *O Solo Homo: The New Queer Performance*. New York: Grove, 1998.

Hung, Shu, and Joseph Magliaro, eds. *By Hand: The Use of Craft in Contemporary Art*. New York: Princeton Architectural Press, 2007.

Hustvedt, Siri. *The Shaking Woman, or A History of My Nerves*. New York: Picador, 2010.

Jackson, Stanley W. *Melancholy and Depression: From Hippocratic Times to Modern Times*. New Haven: Yale University Press, 1986.

Jakobsen, Janet R., and Ann Pellegrini. *Love the Sin: Sexual Regulation and the Limits of Religious Tolerance*. New York: New York University Press, 2003.

Jakobsen, Janet R., and Ann Pellegrini, eds. *Secularisms*. Durham: Duke University Press, 2008.

Jamison, Kay Redfield. *Exuberance: The Passion for Life*. New York: Alfred A. Knopf, 2004.

_____. *An Unquiet Mind: Memoir of Moods and Madness*. New York: Alfred A. Knopf, 1995 [『조울병, 나는 이렇게 극복했다』, 박민철 옮김, 하나의학사, 2005].

Jones, Edward P. *The Known World*. New York: Amistad, 2003 [『알려진 세계』, 이승학 옮김, 섬과달, 2024].

Jones, Gayl. *Corregidora*. New York: Random House, 1975.

Joseph, Miranda. *Against the Romance of Community*. Minneapolis: University of Minnesota Press, 2002.

Justice, Daniel Heath, Mark Rivkin, and Bethany Schneider, eds. "Nationality, Sovereignty, Sexuality." Special issue of *GLQ* 16, nos. 1–2 (2010).

Kacandes, Irene. *Daddy's War: Greek American Stories. A Paramemoir*. Lincoln: University of Nebraska Press, 2009.

Kaplan, E. Ann. *Trauma Culture: The Politics of Terror and Loss in Media and Literature*. New Brunswick: Rutgers University Press, 2005.

Karp, David Allen. *Is It Me or My Meds? Living with Antidepressants*. Cambridge: Harvard University Press, 2006.

_____. *Speaking of Sadness: Depression, Disconnection, and the Meanings of Illness*. New York: Oxford University Press, 1996.

Keenan, Thomas. "Mobilizing Shame." *South Atlantic Quarterly* 103, no. 2/3 (2004), 435–49.

Khalsa, Gurucharan Singh, and Yogi Bhajan. *Breathwalk: Breathing Your Way to a Revitalized Body, Mind, and Spirit*. New York: Broadway Books, 2000.

Khanna, Ranjana. *Dark Continents: Psychoanalysis and Colonialism*. Durham: Duke University Press, 2003.

Kirk, Stuart A., and Herb Kutchins, eds. *The Selling of DSM: The Rhetoric of Science in Psychiatry*. New York: A. De Gruyter, 1992.

Kirsch, Irving. *The Emperor's New Drugs: Exploding the Antidepressant Myth*. New York: Basic Books, 2010.

Kleinman, Arthur, Veena Das, and Margaret Lock, eds. *Social Suffering*. Berkeley: University of California Press, 1997 [『사회적 고통』, 안종설 옮김, 그린비, 2002].

Kleinman, Arthur, and Byron Good. *Culture and Depression: Studies in the Anthropology and Cross-Cultural Psychiatry of Affect and Disorder*. Berkeley: University of California Press, 1985.

Klibansky, Raymond, Erwin Panofsky, and Fritz Saxl. *Saturn and Melancholy: Studies in the History of Natural Philosophy, Religion, and Art*. London: Thomas Nelson and Sons, 1964.

Koestenbaum, Wayne. *Humiliation.* New York: Picador, 2011.

Kolmar, Wendy K., and Frances Bartkowski. *Feminist Theory: A Reader.* Boston: McGraw Hill, 2005.

Kramer, Peter D. *Against Depression.* New York: Viking, 2005 [『우울증에 반대한다』, 고정아 옮김, 플래닛, 2006].

_____. *Listening to Prozac.* New York: Viking, 1993.

Kristeva, Julia. *Black Sun: Depression and Melancholia.* New York: Columbia University Press, 1989 [『검은 태양』, 김인환 옮김, 동문선, 2004].

Kron, Lisa. *2.5 Minute Ride and 101 Humiliating Stories.* New York: Theatre Communications Group, 2001.

LaCapra, Dominick. *History and Memory after Auschwitz.* Ithaca: Cornell University Press, 1998.

_____. *Representing the Holocaust: History, Theory, Trauma.* Ithaca: Cornell University Press, 1994.

_____. *Writing History, Writing Trauma.* Baltimore: Johns Hopkins University Press, 2001.

Lamott, Anne. *Bird by Bird: Some Instructions on Writing and Life.* New York: Pantheon, 1994 [『쓰기의 감각』, 최재경 옮김, 웅진지식하우스, 2018].

Lane, Christopher. *Shyness: How Normal Behavior Became a Sickness.* New Haven: Yale University Press, 2007.

Larsen, Nella. *Quicksand and Passing.* Ed. Deborah McDowell. New Brunswick: Rutgers University Press, 1986.

Latour, Bruno. *We Have Never Been Modern.* Cambridge: Harvard University Press, 1993 [『우리는 결코 근대인이었던 적이 없다』, 홍철기 옮김, 갈무리, 2009].

Le Tigre. "Much Finer." *Feminist Sweepstakes.* Mr. Lady Records, 2001. Music recording.

Levine, Faythe, and Cortney Heimerl. *Handmade Nation.* 2009. Film.

Levine, Faythe, and Cortney Heimerl, eds. *Handmade Nation: The Rise of DIY, Art, Craft, and Design.* Princeton: Princeton University Press, 2008.

Leys, Ruth. *Trauma: A Genealogy.* Chicago: University of Chicago Press, 2000.

Lim, Eng-Beng, ed. "Queer Suicide: A Teach-In." *Social Text.* www.socialtextjournal.org.

Lochrie, Karma. *Heterosyncracies: Female Sexuality When Normal Wasn't.* Minneapolis: University of Minnesota Press, 2005.

Lorde, Audre. *The Cancer Journals.* San Francisco: Aunt Lute Books, 1980.

_____. "Poetry Is Not a Luxury." *Sister Outsider.* Trumansburg, N.Y.: Crossing Press, 1984. 36–39 [『시스터 아웃사이더』, 주해연 · 박미선 옮김, 후마니타스, 2018].

Love, Heather K. *Feeling Backward: Loss and the Politics of Queer History.* Cambridge: Harvard University Press, 2007.

_____. "Feeling Bad in 1963." *Political Emotions,* ed. Janet Staiger, Ann

Cvetkovich, and Ann Reynolds. New York: Routledge, 2010. 112–33.

_____. "Truth and Consequences: On Paranoid Reading and Reparative Reading." *Criticism* 52, no. 2 (2010), 235–40.

Love, Heather K., ed. "Rethinking Sex." *Special issue of GLQ: A Journal of Lesbian and Gay Studies* 17, no. 1 (2011).

Lowe, Lisa L. *Immigrant Acts.* Durham: Duke University Press, 1996.

_____. "The Intimacies of Four Continents." *Haunted by Empire: Geographies of Intimacy in North American History,* ed. Ann Stoler. Durham: Duke University Press, 2006. 191–212.

Luciano, Dana. *Arranging Grief: Sacred Time and the Body in Nineteenth-Century America.* New York: New York University Press, 2007.

Lutz, Catherine. *Unnatural Emotions: Everyday Sentiments on a Micronesia Atoll and Their Challenge to Western Theory.* Chicago: University of Chicago Press, 1988.

Maitland, Sara. *A Book of Silence.* Berkeley: Counterpoint, 2008 [『침묵의 책』, 홍선영 옮김, 마디, 2016].

Manalansan, Martin. *Global Divas: Filipino Gay Men in the Diaspora.* Durham: Duke University Press, 2003.

Manning, Martha. *Undercurrents: A Therapist's Reckoning with Her Own Depression.* San Francisco: Harper San Francisco, 1994.

Marcus, Sara. *Girls to the Front: The True Story of the Riot Grrrl Revolution.* New York: Harper Perennial, 2010.

Martin, Emily. *Bipolar Expeditions: Mania and Depression in American Culture.* Princeton: Princeton University Press, 2007.

Massumi, Brian. *Parables for the Virtual: Movement, Affect, Sensation.* Minneapolis: University of Minnesota Press, 2002 [『가상계』, 조성훈 옮김, 갈무리, 2011].

Mays, John Bentley. *In the Jaws of the Black Dogs: A Memoir of Depression.* New York: Harper Collins, 1995.

McFadden, David Revere, Jennifer Scanlan, and Jennifer Steifle Edwards. *Radical Lace and Subversive Knitting.* New York: Museum of Arts and Design, 2007.

McGarry, Molly. *Ghosts of Futures Past: Spiritualism and the Cultural Politics of Nineteenth-Century America.* Berkeley: University of California Press, 2008.

McLagan, Meg. "Introduction: Making Human Rights Claims Public." *American Anthropologist* 108, no. 1 (2006), 191–95.

_____. "Principles, Publicity, and Politics: Notes on Human Rights Media." *American Anthropologist* 105, no. 3 (2003), 605–12.

McRuer, Robert. *Crip Theory: Cultural Signs of Queerness and Disability.* New York: New York University Press, 2006.

Merish, Lori. *Sentimental Materialism: Gender, Commodity Culture, and Nineteenth-Century America.* Durham: Duke University Press, 2000.

우울: 공적 감정

Metzl, Jonathan. *Prozac on the Couch: Prescribing Gender in the Era of Wonder Drugs.* Durham: Duke University Press, 2003.

Miller, Nancy K. *Bequest and Betrayal: Memoirs of a Parent's Death.* New York: Oxford University Press, 1996.

_____. *But Enough about Me: Why We Read Other People's Lives.* New York: Columbia University Press, 2002.

_____. *Getting Personal: Feminist Occasions and Other Autobiographical Acts.* New York: Routledge, 1991.

Miller, Nancy K., and Victoria Rosner, eds. "Writing a Feminist's Life: The Legacy of Carolyn G. Heilbrun." *Scholar and Feminist Online* 4, no. 2 (2006).

Miller, Nancy K., and Jason Tougaw, eds. *Extremities: Trauma, Testimony, and Community.* Urbana: University of Illinois Press, 2002.

Mitchell, Allyson. *Ladies Sasquatch.* Hamilton, Ontario: McMaster Museum of Art, 2009.

Mitchell, Allyson, and Ann Cvetkovich. "A Girl's Journey into the Well of Forbidden Knowledge." *GLQ* 17, no. 4 (2011), 603–18.

Mitchell, Allyson, Jennifer Sorkin, and Sarah Quinton. *When Women Rule the World: Judy Chicago in Thread.* Toronto: Textile Museum of Canada, 2009.

Montano, Linda M. Letters from Linda M. *Montano.* Ed. Jennie Klein. New York: Routledge, 2005.

Moore, Lisa L. *Sister Arts: The Erotics of Lesbian Landscapes.* Minneapolis: University of Minnesota Press, 2011.

Moraga, Cherríe. *Loving in the War Years: Lo que nunca pasó por sus labios.* Boston: South End Press, 1983.

_____. *A Xicana Codex of Changing Consciousness.* Durham: Duke University Press, 2011.

Morrison, Andrew L. "The Discovery and Development of the First Modern Antidepressants." *Antidepressants (The History of Drugs),* ed. William Dudley. Detroit: Greenhaven, 2005. 25–30.

Morrison, Toni. *Beloved: A Novel.* New York: Alfred A. Knopf, 1987 [『빌러비드』, 최인자 옮김, 문학동네, 2014].

_____. "Unspeakable Things Unspoken: The Afro-American Presence in American Literature." *Michigan Quarterly Review,* Winter 1989, 1–34.

Moten, Fred. *In the Break: The Aesthetics of the Black Radical Tradition.* Minneapolis: University of Minnesota Press, 2003.

Muñoz, José Esteban. "Between Psychoanalysis and Affect: A Public Feelings Project." *Special issue of Women and Performance* 19, no. 2 (2009).

_____. *Cruising Utopia.* New York: New York University Press, 2010.

_____. *Disidentifications: Queers of Color and the Performance of Politics.* Minneapolis: University of Minnesota Press, 1999.

_____. "Ephemera as Evidence: Introductory Notes to Queer Acts," *Women and Performance* 16 (1996), 5–16.

_____. "Feeling Brown: Ethnicity and Affect in Ricardo Bracho's The Sweetest Hangover (and Other sTds)." *Theatre Journal* 52, no. 1 (2000), 67–79.

_____. "Feeling Brown, Feeling Down: Latina Affect, the Performativity of Race, and the Depressive Position." *Signs: Journal of Women in Culture and Society* 31, no. 3 (2006), 675–88.

_____. "From Surface to Depth, between Psychoanalysis and Affect." Introduction to special issue of *Women and Performance* 19, no. 2 (2009), 123–29.

_____. *The Sense of Brown.* Durham: Duke University Press, forthcoming.

_____. "The Vulnerability Artist: Nao Bustamante and the Sad Beauty of Reparation." *Women and Performance: A Journal of Feminist Theory* 16, no. 2 (2006), 191–200.

Murphy, Kevin P., and Jason Ruiz, eds. "Queer Futures." Special issue of *Radical History Review* 100 (winter 2008).

Myles, Eileen. "Live through That?!" *Live through This: On Creativity and Self-Destruction,* ed. Sabrina Chapadjiev. New York: Seven Stories Press, 2008. 219–24.

Nealon, Chris. *Foundlings: Lesbian and Gay Historical Emotion before Stonewall.* Durham: Duke University Press, 2001.

Newfield, Christopher. *Ivy and Industry: Business and the Making of the American University, 1880–1980.* Durham: Duke University Press, 2003.

_____. *Unmaking the Public University: The Forty-Year Assault on the Middle Class.* Cambridge: Harvard University Press, 2008.

Ngai, Sianne. *Ugly Feelings.* Cambridge: Harvard University Press, 2005.

Norris, Kathleen. *Acedia and Me: A Marriage, Monks, and a Writer's Life.* New York: Riverhead, 2008.

O'Brien, Sharon. *The Family Silver: A Memoir of Depression and Inheritance.* Chicago: University of Chicago Press, 2004.

O'Leary, John V. "Putting It Together While Falling Apart: A Personal View on Depression." *Contemporary Psychoanalysis* 44, no. 4 (2008), 531–50.

Oliver, Valerie Cassel. *Hand+Made: The Performative Impulse in Art and Craft.* Houston: Contemporary Arts Museum, 2010.

O'Nell, Theresa D. *Disciplined Hearts: History, Identity, and Depression in an American Indian Community.* Berkeley: University of California Press, 1996.

Orr, Jackie. *Panic Diaries: A Genealogy of Panic Disorder.* Durham: Duke University Press, 2006.

Passerini, Luisa. *Autobiography of a Generation: Italy, 1968.* Trans. Lisa Erdberg. Middletown, Conn.: Wesleyan University Press, 1996.

_____. *Memory and Utopia: The Primacy of Intersubjectivity.* London: Equinox, 2006.

Pensky, Max. *Melancholy Dialectics: Walter Benjamin and the Play of Mourning.* Amherst: University of Massachusetts Press, 2001.

Phelan, Peggy, and Helena Reckitt. *Art and Feminism.* London: Phaidon Press, 2001 [『미술과 페미니즘』, 오숙은 옮김, 미메시스, 2007].

Phillips, Gretchen. *I Was Just Comforting Her.* Re-emergent Rascals, 2009. Music recording.

Pidduck, Julianne. "Queer Kinship and Ambivalence: Video Autoethnographies by Jean Carlomusto and Richard Fung." *GLQ* 15, no. 3 (2009), 441–68.

Probyn, Elspeth. *Blush: Faces of Shame.* Minneapolis: University of Minnesota Press, 2005.

Puar, Jasbir K. *Terrorist Assemblages: Homonationalism in Queer Times.* Durham: Duke University Press, 2007.

Quimby, Ernest. "Ethnography's Role in Assisting Mental Health Research and Clinical Practice." *Journal of Clinical Psychology* 62, no. 7 (2006), 859–79.

Radden, Jennifer. *The Nature of Melancholy: From Aristotle to Kristeva.* Oxford: Oxford University Press, 2000.

Radway, Janice. *Reading the Romance: Women, Patriarchy, and Popular Literature.* Chapel Hill: University of North Carolina Press, 1984.

Readings, Bill. *The University in Ruins.* Cambridge: Harvard University Press, 1996 [『폐허의 대학』, 윤지관 · 김영희 옮김, 책과함께, 2015].

Reddy, William M. *The Navigation of Feeling: A Framework for the History of Emotions.* Cambridge: Cambridge University Press, 2001 [『감정의 항해』, 김학이 옮김, 문학과지성사, 2016].

Reynolds, Ann Morris. *Robert Smithson: Learning from New Jersey and Elsewhere.* Cambridge: mit Press, 2003.

_____. "A Structure of Creativity." *Ruth Vollmer 1961–1978: Thinking the Line,* ed. Nadja Rottner and Peter Weibel. Ostfildern, Germany: Hatje Cantz, 2006. 48–57.

Risatti, Howard. *A Theory of Craft: Function and Aesthetic Expression.* Chapel Hill: University of North Carolina Press, 2007 [『공예란 무엇인가』, 허보윤 옮김, 유아당, 2023].

Romero, Lora P. *Home Fronts: Domesticity and Its Critics in the Antebellum United States.* Durham: Duke University Press, 1997.

Ross, Christine. *The Aesthetics of Disengagement: Contemporary Art and Depression.* Minneapolis: University of Minnesota Press, 2006.

Rowell, Charles H., and Octavia E. Butler. "An Interview with Octavia E. Butler." *Callaloo* 20, no. 1 (1997), 47–66.

Salecl, Renata. *On Anxiety.* New York: Routledge, 2004 [『불안들』, 박광호 옮김, 후마니타스, 2015].

Samuels, Shirley, ed. *The Culture of Sentiment: Race, Gender, and Sentimentality in Nineteenth-Century America.* New York: Oxford University Press, 1992.

_____. *Romances of the Republic: Women, the Family, and Violence in the Literature of the Early American Nation.* New York: Oxford University Press, 1996.

Sánchez-Eppler, Karen. *Touching Liberty: Abolition, Feminism, and the Politics of the Body.* Berkeley: University of California Press, 1993.

Sandoval, Chela. *Methodology of the Oppressed.* Minneapolis: University of Minnesota Press, 2000.

Schaffer, Kay, and Sidonie Smith. *Human Rights and Narrated Lives: The Ethics of Recognition.* New York: Palgrave, 2004.

Scheckel, Susan E. "Traveling Nostalgia." Paper delivered at the American Comparative Literature Association Meetings, 24–27 April 2008.

Schiesari, Juliana. *The Gendering of Melancholia: Feminism, Psychoanalysis, and the Symbolics of Loss in Renaissance Literature.* Ithaca: Cornell University Press, 1992.

Scott, Joan. "The Evidence of Experience." *The Lesbian and Gay Studies Reader,* ed. Henry Abelove, Michele Aina Barale, and David M. Halperin. New York: Routledge, 1993. 397–415.

Sedgwick, Eve Kosofsky. *Between Men: English Literature and Male Homosocial Desire.* New York: Columbia University Press, 1985.

_____. *A Dialogue on Love.* Boston: Beacon Press, 1999.

_____. "Queer and Now." *Tendencies.* Durham: Duke University Press, 1993. 3–19.

_____. "Queer Performativity: Henry James's The Art of the Novel." *GLQ* 1, no. 1 (1993), 1–16.

_____. "Teaching/Depression." *The Scholar and Feminist Online* 4, no. 2 (2006). www.barnard.edu/sfonline.

_____. *Touching Feeling: Affect, Pedagogy, Performativity.* Durham: Duke Univer--sity Press, 2003.

_____. *The Weather in Proust.* Durham: Duke University Press, 2011.

Sedgwick, Eve Kosofsky, Adam Frank, and Irving E. Alexander, eds. *Shame and Its Sisters: A Silvan Tompkins Reader.* Durham: Duke University Press, 1995.

Seremetakis, Nadia. *The Senses Still: Perception and Memory as National Culture.* Boulder: Westview, 1994.

Shorter, Edward. *A History of Psychiatry: From the Era of the Asylum to the Age of Prozac.* New York: John Wiley and Sons, 1997 [『정신의학의 역사』, 최보문 옮김, 바다출판사, 2020].

Slater, Lauren. *Prozac Diary.* New York: Random House, 1998; paperback ed., New York: Penguin, 1999.

Smith, Jeffery. *Where the Roots Reach for Water: A Personal and Natural History of Melancholia.* New York: North Point Press, 1999.

Smith, Sidonie, and Julia Watson, eds. *Getting a Life: Everyday Uses of Autobiography.* Minneapolis: University of Minnesota Press, 1996.

Smith, Sidonie, and Julia Watson, eds. *Women, Autobiography, Theory: A Reader.* Madison: University of Wisconsin Press, 1998.

우울: 공적 감정

Snediker, Michael D. *Queer Optimism: Lyric Personhood and Other Felicitous Persuasions.* Minneapolis: University of Minnesota Press, 2009.

Solomon, Andrew. "Depression, Too, Is a Thing with Feathers." *Contemporary Psychoanalysis* 44, no. 4 (2008), 509–30.

_____. *The Noonday Demon: An Atlas of Depression.* New York: Scribner, 2001 [『한낮의 우울』, 민승남 옮김, 민음사, 2021].

Somerson, Wendy. "Knot in Our Name: Activism beyond the Knitting Circle." *Bitch* 34 (winter 2007), 36–41.

Soto, Sandra K. *The De-Mastery of Desire: Reading Chican@ Like a Queer.* Austin: University of Texas Press, 2010.

Spillers, Hortense. "Mama's Baby, Papa's Maybe: An American Grammar Book." *Diacritics* 17 (summer 1987), 65–81.

Spivak, Gayatri Chakravorty. "Can the Subaltern Speak?" *Marxism and the Interpretation of Culture,* ed. Cary Nelson and Lawrence Grossberg. Urbana: University of Illinois Press, 1987. 271–313 [「서발턴은 말할 수 있는가?」, 『서발턴은 말할 수 있는가?』, 태혜숙 옮김, 그린비, 2013].

_____. *A Critique of Postcolonial Reason: Toward a History of the Vanishing Present.* Cambridge: Harvard University Press, 1999 [『포스트식민 이성 비판』, 태혜숙·박미선 옮김, 갈무리, 2005].

Squier, Susan. "The Paradox of Prozac as Enhancement Technology." *Prozac as a Way of Life,* ed. Tod Chambers and Carl Elliott. Chapel Hill: University of North Carolina Press, 2004. 143–63.

Staiger, Janet. *Perverse Spectators: The Practices of Film Reception.* New York: New York University Press, 2000.

Staiger, Janet, Ann Cvetkovich, and Ann Reynolds. *Political Emotions.* New York: Routledge, 2010.

Stengers, Isabelle. *Cosmpolitics I and II (Posthumanities).* Minneapolis: University of Minnesota Press, 2010, 2011.

Stern, Julia A. *The Plight of Feeling: Sympathy and Dissent in the Early American Novel.* Chicago: University of Chicago Press, 1997.

Stewart, Kathleen. "On the Politics of Cultural Theory: A Case for 'Contaminated' Critique." *Social Research* 58, no. 2 (1991), 395–412.

_____. *Ordinary Affects.* Durham: Duke University Press, 2007 [『투명한 힘』, 신해경 옮김, 밤의책, 2022].

_____. *A Space on the Side of the Road: Cultural Poetics in an "Other" America.* Princeton: Princeton University Press, 1996.

Stockton, Kathryn Bond. *The Queer Child, or Growing Sideways in the Twentieth Century.* Durham: Duke University Press, 2009.

Stoller, Debbie. *Stitch 'n Bitch: The Knitter's Handbook.* New York: Workman, 2003.

Stringer, Lee. "Fading to Gray." *Unholy Ghost: Writers on Depression,* ed. Nell Casey. New York: Harper Collins, 2002. 105–13.

Sturken, Marita. *Tangled Memories: The Vietnam War, the aids Epidemic, and the Politics of Remembering.* Berkeley: University of California Press, 1997.

Styron, William. *Darkness Visible: A Memoir of Madness.* New York: Vintage, 1990 [『보이는 어둠』, 임옥희 옮김, 문학동네, 2002].

Sue, Derald Wing, and David Sue. *Counseling the Culturally Different.* 3rd ed. New York: John Wiley and Sons, 1999.

Taussig, Michael T. *My Cocaine Museum.* Chicago: University of Chicago Press, 2004.

_____. *The Nervous System.* New York: Routledge, 1992.

_____. *What Color Is the Sacred?* Chicago: University of Chicago Press, 2009.

Taylor, Charles. *A Secular Age.* Cambridge: Belknap Press of Harvard University Press, 2007.

Terada, Rei. *Feeling in Theory: Emotion after the "Death of the Subject."* Cambridge: Harvard University Press, 2001.

_____. *Looking Awry: Phenomenality and Dissatisfaction.* Cambridge: Harvard University Press, 2009.

Tompkins, Jane. *A Life in School: What the Teacher Learned.* Reading, Mass: Perseus, 1996.

_____. *Sensational Designs: The Cultural Work of American Fiction, 1790–1860.* New York: Oxford University Press, 1985.

Torres, Sasha. *Black, White, and in Color: Television and Black Civil Rights.* Princeton: Princeton University Press, 2003.

Tougaw, Jason. "Aplysia californica." *From Boys to Men: Gay Men Write about Growing Up,* ed. Ted Gideonse and Rob Williams. Cambridge, Mass.: DaCapo Press, 2006. 287–302.

_____. *Strange Cases: The Medical Case History and the British Novel.* New York: Routledge, 2006.

_____. "Testimony and the Subjects of Aids Memoirs." *Extremities: Trauma, Testimony, and Community,* ed. Nancy K. Miller and Jason Tougaw. Urbana: University of Illinois Press, 2002. 166–85.

Turner, Dale A. *This Is Not a Peace Pipe: Towards a Critical Indigenous Philosophy.* Toronto: University of Toronto Press, 2006.

Valenstein, Elliot S. *Blaming the Brain: The Truth about Drugs and Mental Health.* New York: Free Press, 1998.

Viso, Olga. *Ana Mendieta: Earth Body.* Ostfildern, Germany: Hatje Cantz, 2004.

Vogel, Shane. "By the Light of What Comes After: Eventologies of the Ordinary." *Women and Performance* 19, no. 2 (2009), 247–60.

_____. "Where Are We Now? Queer World Making and Cabaret Performance." glq 6:1 (2000): 29–59.

Wallace, David Foster. "The Depressed Person." *Harper's Magazine,* January 1998, 57–64. Republished in *Brief Interviews with Hideous Men.* Boston: Little Brown, 1999. 37–69.

_____. *This Is Water: Some Thoughts, Delivered on a Significant Occasion, about Living a Compassionate Life.* Boston: Little, Brown, 2009 [『이것은 물이다』, 김재희 옮김, 나무생각, 2023].

Warner, Michael. *Publics and Counterpublics.* Cambridge: MIT Press, 2002.

Weiner, Joshua J., and Damon Young, eds. "Queer Bonds." Special issue of *GLQ* 17, nos. 2–3 (2011).

Wenzel, Siegfried. *The Sin of Sloth: Acedia in Medieval Thought and Literature.* Chapel Hill: University of North Carolina Press, 1967.

Whybrow, Peter C. *American Mania: When More Is Not Enough.* New York: W. W. Norton, 2005.

_____. *A Mood Apart: Depression, Mania, and Other Afflictions of the Self.* New York: Basic Books, 1997.

Williams, Raymond. *Culture and Society, 1780–1950.* Garden City, N.Y.: Doubleday, 1960.

_____, ed. *Keywords: A Vocabulary of Culture and Society.* 1976. Revised ed. New York: Oxford University Press, 1983 [『키워드』, 김성기 · 유리 옮김, 민음사, 2010].

_____. "Structures of Feeling." *Marxism and Literature.* New York: Oxford University Press, 1977. 128–35 [「감정의 구조」, 『마르크스주의와 문학』, 박만준 옮김, 지만지, 2013].

Wilson, Elizabeth A. *Psychosomatic: Feminism and the Neurological Body.* Durham: Duke University Press, 2004.

_____. "Underbelly." *Differences* 21, no. 1 (2010), 194–208.

Wilson, Eric G. *Against Happiness: In Praise of Melancholy.* New York: Farrar, Straus and Giroux, 2008 [『멜랑콜리 즐기기』, 조우석 옮김, 세종서적, 2010].

Wilson, Waziyatawin Angela, and Michael Yellow Bird. *For Indigenous Eyes Only: A Decolonization Handbook.* Santa Fe.: School of American Research, 2005.

Wojnarowicz, David. *Close to the Knives: A Memoir of Disintegration.* New York: Vintage Books, 1991.

Woodward, Kathleen. *Statistical Panic: Cultural Politics and Poetics of the Emotions.* Durham: Duke University Press, 2009.

Wurtzel, Elizabeth. *Prozac Nation: Young and Depressed in America.* New York: Riverhead, 1994 [『프로작 네이션』, 김유미 옮김, 민음인, 2011].

Yagoda, Ben. *Memoir: A History.* New York: Riverhead Books, 2009.

Yellow Horse Brave Heart, Maria. "From Intergenerational Trauma to Intergenerational Healing." *Wellbriety* 6, no. 6 (2005). Online.

_____. "The Return to the Sacred Path: Healing from Historical Trauma and Historical Unresolved Grief among the Lakota." Ph.D. dissertation, Smith College of Social Work, 1995.

Yellow Horse Brave Heart, Maria, and Tina Deschenie. "Resource Guide:

Historical Trauma and Post-Colonial Stress in American Indian Populations." *Tribal College Journal* 17, no. 3 (2006). Online.

Young, Allan. *The Harmony of Illusions: Inventing Post-Traumatic Stress Disorder.* Princeton: Princeton University Press, 1997.

Young, James Edward. *The Texture of Memory: Holocaust Memorials and Meaning.* New Haven: Yale University Press, 1993.

Young, Kay. *Imagining Minds: The Neuro-Aesthetics of Austen, Eliot, and Hardy.* Columbus: Ohio State University Press, 2010.

Zunshine, Lisa. *Why We Read: Theory of Mind and the Novel.* Columbus: Ohio State University Press, 2006.

Zwarg, Christina. "Du Bois on Trauma: Psychoanalysis and the Would-Be Black Savant." *Cultural Critique* 51 (Spring 2002), 1–39.

Zwicker, Heather. "Things We Gained in the Fire: Burnout, Feminism, and Radical Collegiality." *Not Drowning but Waving: Women, Feminism, and the Liberal Arts,* ed. Susan Brown, Jeanne Perreault, Jo-Ann Wallace, and Heather Zwicker. Edmonton: University of Alberta Press, 2011. 107–20.

우울: 공적 감정

62면: Altar of rocks from Waterton Park, Alberta. Photo taken in Ithaca, N. Y., 1986. Personal collection of the author.

86면: Ann holding Virgen of Guadalupe by John Hernandez. Photo taken in Austin, 1988. Personal collection of the author.

121면: Ann and her father with fish. Photo taken in Campbell River, B.C., 1961. Personal collection of the author.

도판 1: Allyson Mitchell, *War on Worries*, 2001. Shadow boxes, 5″ by 5″. Originally produced by Bucky and Fluff's Craft Factory, a collaboration between Lex Vaughn and Allyson Mitchell.

도판 2: Justin Bond and Kenny Mellman as Kiki and Herb, 2007. Photo by Liz Ligouri.

도판 3: Leslie Hall, *Stargazer*. Photo by Rena Hall.

도판 4: Lisa Anne Auerbach, *Body Count Mittens*, 2005. Photo courtesy of the artist.

도판 5: Lisa Anne Auerbach, *Take This Knitting Machine and Shove It*, installation at Nottingham Contemporary Museum, 2009. Photo courtesy of the artist.

도판 6: Magda Sayeg and Knitta Please, *Knitted Wonderland*, installation at Blanton Museum, Austin, 2011. Photo by Shawn P. Thomas.

도판 7: Betsy Greer, *These Are Dangerous Times*. Aida cloth and dmc thread. International Anti-War Graffiti Cross-Stitch Series: #2, Dublin, 2004. Photo courtesy of the artist.

도판 8: Sheila Pepe, *Lap*, 2001. Crocheted shoelaces, industrial rubber bands. Commissioned for Energy Inside, Faulconer Gallery, Grinnell College, Grinnell, Iowa.

도판 9, 10: Sheila Pepe, *Common Sense*, a collaboration with curator Elizabeth Dunbar, 2009. Yarn / audience participation. Solo exhibition at testsite/ Fluent-Collaborative, Austin. Photos by Kate Watson courtesy of Fluent-Collaborative.

도판 11: Sheila Pepe, detail from *Gowanus*. Nautical towline, shoelaces, shopping cart. Commissioned for Two Women: Carrie Moyer and Sheila Pepe, Palm Beach Institute of Contemporary Art (pbica), Lakeworth, Fla., 2004.

도판 12: Sheila Pepe, detail from *Greybeard*. Yarn, silver thread, shoelaces. In-

463

cluded in Empire of This, Claire Oliver Gallery, New York City, 2008. Collection of the artist.

도판 13: Sheila Pepe, *Mind the Gap*. Nautical towline, shoelaces, paint, hardware. Solo exhibition. University Gallery, University of Massachusetts, Amherst, 2005.

도판 14: Sheila Pepe, *Under the F&G*. Crocheted shoelaces, paint, hardware. Visual Art Center of Virginia, Richmond, 2003.

도판 15: Sheila Pepe, detail from *Your Granny's Not Square*. Crocheted yarn. Included in Color in 3D: Found, Applied and Readymade, Westport Arts Center, Westport, Conn., 2008. Collection of the artist.

도판 16: Sheila Pepe, detail from *Terminal*. Nautical towline, tulle, silver thread, industrial rubber bands, shoelaces. Commissioned for Decelerate, Kemper Museum of Contemporary Art, Kansas City, Mo., 2006.

도판 17: Sheila Pepe, *Mr. Slit*, 2007. Shoelaces, industrial rubber bands, yarn, hardware. 3.2 m x 2.1 m x .91 m. Collection of Lutz Hieber, Hanover, Germany.

도판 18-21: Allyson Mitchell, *Hungry Purse: The Vagina Dentata in Late Capitalism*. Visible Vaginas, David Nolan Gallery, New York City, 2010. Photos by Tom Powel Imaging, New York. Courtesy David Nolan Gallery and Francis Naumann Fine Art, New York.

도판 22-24: Allyson Mitchell, *Ladies Sasquatch*. McMaster Museum of Art, Hamilton, Ont., 2009. Photos by Cat O'Neil.

도판 25, 26: Sheila Pepe, *Common Sense II*, 2010. Yarn, rope structure / audience participation. Included in Hand + Made, Contemporary Arts Museum, Houston. Photos by author.

도판 27: Faith Wilding, *Crocheted Environment (Womb Room)*. Rope and yarn, 9' x 9' x 9'. Womanhouse, Los Angeles, 1972. Photo courtesy of the artist.

도판 28: Allyson Mitchell, *55 Things That Tried to Kill Me*, 2000. Works on paper.

도판 29: Allyson Mitchell, *Menstrual Hut Sweet Menstrual Hut*. fierce: Women's Hot-Blooded Film/Video, McMaster Museum of Art, Hamilton, Ont., 2010. Photo by Jill Kitchener.

도판 30: Gregg Bordowitz, stills from *Habit*, 2001.

371면: Lynda Barry. *What It Is*, 130. Montreal: Drawn & Quarterly Press, 2008. Copyright Lynda Barry 2012. Courtesy Drawn & Quarterly Press.

387면: Lynda Barry. *What It Is*, 135. Montreal: Drawn & Quarterly Press, 2008. Copyright Lynda Barry 2012. Courtesy Drawn & Quarterly Press.

찾아보기

465

우울: 공적 감정

119, 201, 203, 355, 388

마이젤, 스티븐(Meisel, Steven) 112

마자, 캣(Mazza, Cat) 345

마일스, 아일린(Myles, Eileen) 60, 383-386

마틴, 에밀리(Martin, Emily) 191

막힘상태(blockage) 48, 50, 51, 196, 212

『만지는 느낌』(Touching Feeling) 5

매카시, 션(McCarthy, Sean) 12

메라벳, 소피안(Merabet, Sofian) 10

메츨, 조너선(Metzl, Jonathan) 183, 184, 187, 190, 299

멘디에타, 아나(Mendieta, Ana) 208

멜랑콜리(melancholy) 19, 23, 24, 26, 50, 56, 57, 164, 166-168, 187, 188, 194-205, 215-217, 235, 238, 247, 250, 253, 267-270, 272, 275-277, 291, 350, 388, 394, 398

『멜랑콜리의 시대』(The Age of Melancholy) 188

『멜랑콜리의 해부』(Anatomy of Melancholy) 198

멜로드라마 28, 45, 59, 70, 75-78, 100, 152, 225, 243, 286, 290, 294-296, 298, 302, 303, 340, 343

멜먼, 케니(Mellman, Kenny) 294, 295

명상 68, 163, 164, 193, 209, 211, 212, 348, 356, 367, 368

『명작 동화집』(The Golden Book of Fairy Tales) 70

모노아민 산화효소 억제제(monoamine oxidase inhibitor, MAOI) 182

모더니즘 147, 200, 282, 313, 322, 366

모리슨, 토니(Morrison, Toni) 77, 221,

224, 235, 238

모튼, 프레드(Moten, Fred) 11

몬타노, 린다(Montano, Linda) 208, 209

몰아내기/박탈(dispossession) 58, 221-223, 233, 250, 257, 260, 269, 278, 280, 389, 399

무뇨스, 호세(Muñoz, José) 10, 11, 225, 350

무력증(inertia) 18, 24

무스토, 마이클(Musto, Michael) 113

무어, 리사(Moore, Lisa) 13

묵상 160, 162, 166, 207, 210, 348, 359

문화기억(cultural memory) 19

문화연구(cultural study) 22, 33-35, 37, 38, 53, 56, 169, 171, 178, 186, 191, 193, 195, 200, 203, 243, 366, 369, 374, 388, 389

「미스터 슬릿」(Mr. Slit) 325, 331

미첼, 앨리슨(Mitchell, Allyson) 10, 14, 281-283, 289-291, 299, 321, 332-335, 339-346

미첼, 조니(Mitchell, Joni) 347

민권(civil rights) 26, 27, 229, 234, 235, 240, 241, 243, 393, 394

밀러, 낸시(Miller, Nancy) 143

밀타운(Miltown) 187, 299

ㅂ

바르트, 롤랑(Barthes, Roland) 139

바버, 찰스(Barber, Charles) 188

바에즈, 존(Baez, Joan) 83

발륨(Valium) 187, 299

우울: 공적 감정

우울: 공적 감정

우울: 공적 감정

앤 츠베트코비치Ann Cvetkovich 지음
캐나다 온타리오주 오타와에 있는 칼턴대학교의 페미니즘 사회변혁 연구소 교수로 재직 중이다. 텍사스대학교 오스틴 캠퍼스에서 영문학, 여성학 및 젠더학 교수를 역임했고, 같은 대학 LGBTQ 연구 프로그램의 창립 책임자였다. 저서로 『복잡한 느낌들』 *Mixed Feelings*(1992), 『느낌의 아카이브』*An Archive of Feelings*(2003)가 있다. 『학자와 페미니스트 온라인』의 "공적 감상들" 특집호와 『정치적 감정들』*Political Emotions*(2010)을 공동 편집했다. 『GLQ: 레즈비언과 게이 연구 저널』의 공동 편집자이기도 했다.

　　앤 츠베트코비치는 2000년대 초반을 로런 벌랜트, 헤더 러브, 데버라 굴드 등과 함께 "퍼블릭 필링스" 프로젝트를 결성해 감정을 정치적 분석의 중요한 대상으로 삼은 연구와 다양한 활동을 해왔다. 흔히 개인적인 것으로 여겨지는 감정이 공적인 차원에서 형성되고 유통되고 작동한다는 점을 드러내고, 감정이 어떻게 사회적·정치적 삶과 연결되는지를 학술 연구와 예술, 정치 실천을 결합하는 실험적인 활동으로 탐구해왔다. 특히 이 책에서 츠베트코비치는 우울을 단순히 개인의 심리적 문제나 병리로 설명하는 기존의 의학적 접근에 의문을 제기하며, 부정적인 감정을 치료하고 극복해야 할 대상이 아니라, 현재의 사회구조를 분석하는 주요 단서이자 적극적으로 사유해야 할 키워드로 제시한다.

박미선 옮김
한신대학교 영미문화학과 교수. 현대 미국 문학과 페미니즘 이론을 가르치고 연구한다. 저서로 『오드리 로드』, 『페미니즘: 차이와 사이』(공저), 역서로 『흑인 페미니즘 사상』(공역), 『시스터 아웃사이더』(공역), 『포스트휴먼 페미니즘』(공역), 『잔인한 낙관』(공역), 『나는 당신의 자매입니다』(공역) 등이 있다.

오수원 옮김
서강대학교 영어영문학과를 졸업하고 같은 대학원에서 석사학위를 받았다. 동료 번역가들과 "번역인"이라는 공동체를 꾸려 전문 번역가로 활동하면서 문학, 역사, 철학, 과학 등 다양한 분야의 책을 우리말로 옮기고 있다. 『문장의 맛』, 『조의 아이들』, 『데이비드 흄』, 『처음 읽는 바다 세계사』, 『현대 과학·종교 논쟁』, 『세상을 바꾼 위대한 과학실험 100』 등을 번역했다.

우울: 공적 감정

앤 츠베트코비치 지음
박미선·오수원 옮김

초판 1쇄 인쇄 2025년 2월 18일
초판 1쇄 발행 2025년 3월 5일

ISBN 979-11-90853-61-3 (03300)

발행처   도서출판 마티
출판등록   2005년 4월 13일
등록번호   제2005-22호
발행인   정희경
편집   조은, 서성진
디자인   체조스튜디오

주소   서울시 마포구 잔다리로 101, 2층 (04003)
전화번호   02-333-3110
이메일   matibook@naver.com
홈페이지   matibooks.com
SNS   instagram.com/matibooks
            x.com/matibook
            facebook.com/matibooks